易地扶贫搬迁研究：
产业、就业与社区融入

仇焕广 陈菲菲 刘湘晖 张丽宾 ◎ 著

中国财经出版传媒集团
经济科学出版社
Economic Science Press

图书在版编目（CIP）数据

易地扶贫搬迁研究：产业、就业与社区融入／
仇焕广等著．－－北京：经济科学出版社，2022.7
ISBN 978 - 7 - 5218 - 3808 - 4

Ⅰ. ①易…　Ⅱ. ①仇…　Ⅲ. ①不发达地区 - 扶贫 - 移
民 - 研究 - 中国　Ⅳ. ①D632.4②F126

中国版本图书馆 CIP 数据核字（2022）第 113927 号

责任编辑：刘　莎
责任校对：杨　海
责任印制：邱　天

易地扶贫搬迁研究：产业、就业与社区融入

仇焕广　陈菲菲　刘湘晖　张丽宾　著

经济科学出版社出版、发行　新华书店经销

社址：北京市海淀区阜成路甲 28 号　邮编：100142

总编部电话：010 - 88191217　发行部电话：010 - 88191522

网址：www. esp. com. cn

电子邮箱：esp@ esp. com. cn

天猫网店：经济科学出版社旗舰店

网址：http://jjkxcbs. tmall. com

固安华明印业有限公司印装

787×1092　16 开　28.25 印张　400000 字

2022 年 7 月第 1 版　2022 年 7 月第 1 次印刷

ISBN 978 - 7 - 5218 - 3808 - 4　定价：120.00 元

资助致谢：

国家自然科学基金国际合作与交流项目"易地扶贫搬迁的社会经济与环境影响评估"（编号：71861147002）

国家自然科学基金青年项目"易地扶贫搬迁户返贫风险评估与阻断机制研究——基于多维贫困脆弱性视角"（编号：72003185）

中国人民大学2022年度"中央高校建设世界一流大学（学科）和特色发展引导专项资金"

前　言

　　易地扶贫搬迁是"十三五"脱贫攻坚战中"五个一批"工程的首要工程和标志性工程，有效解决了"一方水土养不好一方人"地区近1 000万贫困人口的脱贫发展问题，使其彻底摆脱恶劣的生存环境和艰苦的生产生活条件，通过"挪穷窝""换穷业"，真正实现"拔穷根"，为全面建成小康社会、实现第一个百年奋斗目标作出了重要贡献。

　　2020年底，"十三五"易地扶贫搬迁任务全面完成。"十三五"期间，全国累计投入各类资金约6 000亿元，建成集中安置区约3.5万个。其中城镇安置区5 000多个，农村安置点约3万个；建成安置住房266万余套，总建筑面积2.1亿平方米，户均住房面积80.6平方米；配套新建或改扩建中小学和幼儿园6 100多所、医院和社区卫生服务中心1.2万多所、养老服务设施3 400余个、文化活动场所4万余个；960多万建档立卡贫困群众全部乔迁新居并实现脱贫①。

　　"十三五"后期，以产业发展、就业扶持和社区融入为主要内容的后续支持体系逐步形成，贫困搬迁人口的收入和福利水平大幅提高。2019年以来，随着《关于进一步加大易地扶贫搬迁后续扶持工作力度的指导意见》和《2020年易地扶贫搬迁后续扶持若干政策措施》等相关后续扶持政策的出台，易地扶贫搬迁工作的重心逐步转移到后续帮扶上，安置区的产业发展、搬迁人口的就业能力和社区融入得到了极大改

---

　　① 中华人民共和国中央人民政府网，http：//www.gov.cn/xinwen/2020－12/04/content_5566953.htm.

善。调研显示，搬迁贫困人口中有 92% 参与产业扶贫，超过三分之二的贫困户得到新型经营主体带动；零就业家庭基本清零，83% 的安置点就业率达到 80% 以上；贫困搬迁人口的"两不愁三保障"全面实现，幸福感普遍较高，收入水平持续提升，人均纯收入从 2016 年的 4 221 元提高到 2019 年的 9 313 元，年均增幅 30.2%[①]。

　　未来，加强和完善以产业发展、就业扶持和社区融入为主的后续支持体系是巩固拓展易地扶贫搬迁成果、逐步实现搬迁地区乡村振兴的重要保障。目前我国农村正处于脱贫攻坚向乡村振兴转变的过渡期，而"十三五"易地扶贫搬迁人口是返贫风险最高、巩固拓展脱贫攻坚成果难度最大的一类人群。为此，2021 年中央"一号文件"明确强调要"扎实做好易地搬迁后续帮扶工作，持续加大就业和产业扶持力度，继续完善安置区配套基础设施、产业园区配套设施、公共服务设施，切实提升社区治理能力"。

　　为总结中国易地扶贫搬迁的成功经验，推动搬迁地区从脱贫攻坚向乡村振兴的平稳过渡，本书以易地扶贫搬迁后续支持体系为主要研究对象，结合大规模微观调研数据、多地深度访谈资料和多套宏观统计数据，从产业、就业和社区融入三个维度对易地扶贫搬迁政策的实施现状、成效、典型经验、存在的主要问题和对策开展系统性的深入研究。研究成果将为我国巩固拓展易地扶贫搬迁成果、实现与乡村振兴的有机衔接提供针对性的对策建议，也可以为全球其他国家尤其是发展中国家的扶贫政策制定提供经验借鉴。

　　本书主要分为三个部分：第一部分是易地扶贫搬迁后续产业发展篇。首先，基于大规模深入的易地扶贫搬迁户调研数据，分析易地扶贫搬迁后续产业发展的现状、成效及其影响因素；其次，结合深入访谈获

---

　　① 中华人民共和国中央人民政府网，http://www.gov.cn/xinwen/2020-12/03/content_5566832.htm.

取的数据资料和入户调研的实证结果，提炼总结后续产业帮扶的主要做法和典型经验，剖析后续产业帮扶存在的问题并提出对策；最后，从选择的典型案例对搬迁安置点的特色产业、扶贫车间、农村电商、新型经营主体、飞地经济以及返乡经济进行分析。

第二部分是易地扶贫搬迁后续就业扶持篇。首先，系统梳理易地扶贫搬迁后续就业扶持的政策背景及政策要求，并结合样本省份的深入访谈资料，总结提炼各地区后续就业帮扶的主要做法及典型经验；其次，利用安置区和搬迁贫困户的实地调研数据，深入分析易地扶贫搬迁后续就业扶持的现状、成效、存在的问题及其对策；最后，分省份分析典型就业帮扶案例，为进一步推进易地扶贫搬迁后续就业扶持工作提供科学依据。

第三部分是易地扶贫搬迁后续社区融入篇。首先，利用全国易地扶贫搬迁户数据与调研样本数据，对易地扶贫搬迁社区融入的现状和成效进行系统的实证分析；其次，提炼总结后续社区融入的主要政策措施与典型经验，剖析社区融入中存在的主要问题并提出政策建议；最后，对于甘肃、广西、贵州、湖南、山西、陕西、四川、云南8省区后续社区融入的典型案例进行研究。

目　录

第一篇　易地扶贫搬迁后续产业发展篇

概述 …………………………………………………………………… 2

第一章　易地扶贫搬迁后续产业帮扶的现状及成效分析／5

第一节　调研的基本情况和研究思路 ……………………………… 5

第二节　易地扶贫搬迁后续产业发展的成效评估 ………………… 9

第三节　易地扶贫搬迁后续产业发展的影响因素分析 ………… 17

第四节　结论与建议 ……………………………………………… 37

第二章　易地扶贫搬迁后续产业帮扶的经验总结及对策／40

第一节　产业后续帮扶的主要经验和做法 ……………………… 40

第二节　产业后续帮扶措施需要关注的问题 …………………… 59

第三节　总结与建议 ……………………………………………… 70

第三章　易地扶贫搬迁后续产业帮扶的典型案例研究／81

第一节　案例选择的针对性和背景 ……………………………… 82

第二节　特色产业：在农业供给侧做好独有资源和

生态化、有机化升级的文章 …………………………… 85

第三节　扶贫车间：楼上生活，楼下务工，

顾家挣钱两不误 ………………………………………… 95

第四节　农村电商：骨干扶贫产业展开互联网
营销的翅膀 ……………………………… 101

第五节　新型经营主体：用心安排利益连接方式，
切实解决扶贫难题 ……………………… 103

第六节　飞地经济：村集体入股　贫困户增收 ……… 108

第七节　返乡经济：让回到家乡的企业家比在
外面更能大展身手 ……………………… 112

第八节　结语：政策建议 ……………………………… 114

第二篇　易地扶贫搬迁后续就业扶持篇

概述 ………………………………………………………… 118

第四章　易地扶贫搬迁后续就业帮扶的政策背景与典型经验／121

第一节　易地扶贫搬迁后续就业帮扶的政策背景 …… 121

第二节　易地扶贫搬迁后续就业帮扶的政策要求 …… 125

第三节　易地扶贫搬迁后续就业帮扶的主要做法 …… 127

第四节　易地扶贫搬迁后续就业帮扶的典型经验 …… 136

第五章　易地扶贫搬迁后续就业帮扶的现状、成效及对策／139

第一节　从搬迁安置点调研看易地扶贫搬迁
后续就业帮扶现状 ……………………… 140

第二节　从搬迁贫困户调研看易地扶贫搬迁
后续就业帮扶现状 ……………………… 165

第三节　易地扶贫搬迁后续就业帮扶主要成效 ……… 288

第四节　研究总结与政策建议 ………………………… 291

第六章 易地扶贫搬迁后续就业帮扶的典型案例研究 / 305

第一节 贵州省后续就业典型案例 …………………………… 305

第二节 四川省后续就业典型案例 …………………………… 314

第三节 甘肃省后续就业典型案例 …………………………… 316

第四节 山西省后续就业典型案例 …………………………… 319

第五节 云南省后续就业典型案例 …………………………… 320

第六节 河南省后续就业典型案例 …………………………… 321

第七节 广西壮族自治区后续就业典型案例 ………………… 323

第三篇 易地扶贫搬迁后续社区融入篇

概述 …………………………………………………………… 326

第七章 易地扶贫搬迁后续社区融入的现状及成效分析 / 329

第一节 全国易地扶贫搬迁的进展情况分析 ………………… 330

第二节 易地扶贫搬迁调研样本概况 ………………………… 331

第三节 易地扶贫搬迁社区融入的现状及成效分析 ………… 333

第八章 易地扶贫搬迁后续社区融入的经验总结及对策 / 342

第一节 易地扶贫搬迁社区融入的主要政策措施梳理 ……… 342

第二节 易地扶贫搬迁社区融入的典型经验总结 …………… 346

第三节 易地扶贫搬迁社区融入存在的问题 ………………… 352

第四节 推动易地扶贫搬迁社区融入的政策建议 …………… 357

第九章 易地扶贫搬迁后续社区融入的典型案例研究 / 364

第一节 甘肃省后续社区融入典型案例 ……………………… 364

第二节 广西壮族自治区后续社区融入典型案例 …………… 377

第三节　贵州省后续社区融入典型案例 ……………………… 387

第四节　湖南省后续社区融入典型案例 ……………………… 398

第五节　山西省后续社区融入典型案例 ……………………… 410

第六节　陕西省后续社区融入典型案例 ……………………… 414

第七节　四川省后续社区融入典型案例 ……………………… 423

第八节　云南省后续社区融入典型案例 ……………………… 427

后记 ……………………………………………………… 439

第一篇　易地扶贫搬迁后续产业发展篇

概　　述

　　本篇对湖南省平江县、麻阳县、隆回县，广西壮族自治区河池市都安县和百色市的田阳区，四川省深度贫困地区的 7 个县和福建省长汀县，共 13 个县的安置点产业发展状况进行了调研。在分析研究 443 份入户调研数据、调研地所提供的官方数据、国务院扶贫办和国家统计局等部门的数据基础上，结合与当地干部、农户、企业家等交流访谈信息，本篇认为易地扶贫搬迁产业后续帮扶措施取得了巨大的成绩，产业后续帮扶措施成为搬迁户脱贫的重要支柱，产业发展基本覆盖到村，延伸带动到户到人。本篇指出，产业后续帮扶措施对搬迁户收入增长贡献程度高，与搬迁前对比，搬迁户对搬迁后的生活的整体满意度发生了巨大的积极变化。

　　本篇认为，各地在产业后续帮扶措施方面总结出了一系列好的经验做法，主要包括统筹规划，用本省（区）优势产业带动安置点特色产业；对农业扶贫产业提质增效，推进产业链融合发展；大力培育新型农业经营主体，强化利益联结机制；深化东西部扶贫协作，承接并推动产业转移；支持"小""微"经济形式，实现立体扶贫；打造扶贫品牌，利用电商网络等扩大产品销路等六个方面。

　　基于数据分析和访谈信息，笔者认为当前产业后续帮扶措施还有一些问题需要关注。如安置点的位置对搬迁户从事的产业有明显影响；农业扶贫产业受自然、技术、市场的因素影响较大；新型农业经营主体直接带动搬迁户的作用还不十分明显；搬迁户文化程度低、劳动能力弱，独立支撑产业发展面临较大问题；中西部承接产业转移的营商环境、自身定位还有待精准优化；等等。

因此，搬迁户面临巩固脱贫的任务仍然比较繁重，下一阶段产业后续帮扶措施的重点应是围绕产业带动就业来巩固脱贫与搬迁成果，增强搬迁户脱贫的稳定性和发展的可持续性，以实现"稳得住，有就业，逐步能致富"的目标。宜根据安置点的区位条件和安置类型选择产业，提高产业扶贫的精准度，对于实际已经过上城镇生活、将来不太可能返回农村生活的搬迁户，在稳定保障好原有的农业产业后续帮扶措施的基础上，要注意从新型城镇化战略角度考虑健全完善产业后续帮扶措施；从完善技术服务体系、加大基础设施投入、健全完善种（养）业保险制度、提高扶贫产品质量和梳理品牌等方面提高农业扶贫产业的抗风险能力；通过精准识别搬迁户的类型特点、壮大村集体经济等方式强化产业与搬迁户的利益链接机制，带动搬迁户融入产业链；发展劳动密集型产业，优化营商环境，加快安置点区域承接发达地区产业转移，国家和省级"十四五"规划中的重点项目重点工程可考虑向重点地区部署；继续重视"小""微"经济形式，稳定并提高政策预期，创造产业发展新机会；根据搬迁户劳动能力强弱开展培训，加大培训资金投入，重点加强贫困地区的基础教育和职业技术教育，提高产业发展的人力资本水平。

第一章

易地扶贫搬迁后续产业
帮扶的现状及成效分析

第一节　调研的基本情况和研究思路

一、基本情况

贫困是人类社会的顽疾。2015 年，我国在扶贫开发工作会议上，提出了实现脱贫攻坚目标的总体要求，明确指出易地搬迁是摆脱贫困的重要方式之一。2016 年，习近平总书记考察宁夏时深刻指出："发展产业是实现脱贫的根本之策。要因地制宜，把培育产业作为推动脱贫攻坚的根本出路。[①]"2017 年，党的十九大全面部署了三大攻坚战，精准脱贫是其中之一。2020 年 3 月，习近平总书记进一步强调："现在搬得出的问题基本解决了，下一步的重点是稳得住、有就业、逐步能致富"

[①] 习近平在宁夏考察时强调　解放思想真抓实干奋力前进　确保与全国同步建成全面小康社会. 中国网，http：//v. china. com. cn/news/2016 - 07/20/content_38924309. htm. 2016 - 7 - 20.

"要加大产业扶贫力度。①"

易地扶贫搬迁安置点的产业发展，无论从现实情况，还是长远效果，对实现"稳得住、有就业、逐步能致富"都具有极为重要的作用。中央民族大学中国少数民族研究中心承担了"2020 年易地扶贫搬迁安置点产业发展跟踪监测"任务之后，从 6 月中上旬开始，到 8 月中上旬，先后调研了福建省长汀县、湖南省麻阳县、四川省深度贫困地区的七个县、广西河池市都安县与百色市田阳区、湖南省平江县与隆回县，历时 2 个月。期间，调研组召开县级、安置区座谈会和开展访谈 50 余次，走访了不同规模的安置点 28 个，访谈了 440 户贫困户，3 户同步搬迁户，共发放并得到有效问卷 443 份。9 ~ 10 月间，调研组在广西的老师根据课题深入研究的需要，又赴龙胜县、融安县、环江县、龙州、平桂、永福等县（区）调研，丰富完善了有关资料。从区域的选择看，东部、中部、西部、西部深度贫困地区各有代表。

二、研究思路

（一）研究设计的原则与目的

明确研究对象、确定重点调研地区、考虑当前与今后的时代特点和要求是本篇突出考虑的因素，目的是为了总结成绩、抓住主要矛盾、提出合理化建议。

第一，以易地扶贫搬迁户中建档立卡贫困户里的集中安置户的产业后续帮扶措施为基本研究对象。根据中国政府网消息，截至 2020 年 3 月底，全国已累计建成易地扶贫搬迁安置住房 266 万余套，共有 961 万建档立卡贫困人口实现搬迁入住，搬迁入住率达 100%。其中绝大多数

---

① 习近平：在决战决胜脱贫攻坚座谈会上的讲话．中国政府网，http：//www. gov. cn/xin-wen/2020 – 03/06/content_5488175. htm. 2020 – 3 – 6.

已经脱贫摘帽，成效显著。然而，不能忽视的是，搬迁户中的建档立卡贫困户搬迁前长期居住在"一方水土养不活一方人"的区域，其自身特点决定了他们当中大多数是贫困户中的贫困户。而脱离了原有的生产生活环境，来到县城、乡镇和中心村，"工多农少"的从业状况和相当一部分生活在城镇、户口在农村等特点，又导致了他们与一般农村贫困劳动力在就业和发展产业时面临的环境有一定区别。例如，他们从相对自给自足的农耕生产生活方式转向自由竞争的市场经济，从邻里互助的经济转向独立自主程度较高的市场经济……种种的变化都使产业后续帮扶措施成为一个复杂的系统工程，如何根据搬迁户的自身特点，结合安置点的各种条件和国家政策，健全完善产业后续帮扶措施就成为研究的主要对象。同时，搬迁户是产业后续帮扶措施的受者，对搬迁户进行访谈调研构成了本项目的重要支撑。

由于分散安置能相对较好地解决易地扶贫搬迁户的就业和脱贫问题，加上时间有限等因素，研究以集中方式安置的搬迁户中的建档立卡贫困户的产业后续帮扶措施是本项目实施的主要目标。为方便起见，以后行文中，除非特别说明，"搬迁户"就指以集中方式安置的易地扶贫搬迁户中的建档立卡贫困户。

第二，以中西部特别是深度贫困地区为重点调研地区，兼顾东部。按照国家统计局向社会公布的数据，截至 2019 年末，中国农村贫困人口为 551 万人，比 2018 年底减少 1 109 万人，下降了 66.8%。同时，贫困发生率降为 0.6%，比 2018 年下降了 1.1 个百分点[①]。截至 2020 年 5 月 17 日，全国 832 个国定贫困县中，已有 780 个宣布脱贫摘帽，未摘帽的仅剩 52 个，52 个县全部属于西部地区，均为深度贫困地区，分布

---

① 2019 年全国农村贫困人口减少 1 109 万人. 中国政府网，http：//www.gov.cn/xinwen/2020 - 01/24/content_5471927. htm.

在 7 个省区①。这些地区由于经济社会发展起点低、自然条件比较差等因素，脱贫之后面临的"稳得住，有就业，能致富"的挑战会比其他地区大很多，中央和省级财政对这 52 个县加大了投入，7 省区分别制定了挂牌督战实施方案。因此，对贫困问题比较突出地方进行重点调研是应有之义。同时，了解东部搬迁户的发展，有助于比较，形成差异化、针对性强的政策建议。

第三，在"六稳、六保"方针、乡村振兴战略、经济双循环战略等背景下思考安置点产业发展。党的十九大报告提出实施乡村振兴战略，把产业兴旺摆在突出位置。脱贫攻坚战中的产业发展如何与乡村振兴相衔接、如何以后者为引领，是保持产业后续帮扶措施可持续性要着重考虑的问题。一段时间以来，国际政治、经济环境发生了重大变化，国际贸易摩擦加剧，世界遭遇了新冠肺炎疫情等突发性事件，国内市场一度遭受到较大冲击，国家及时提出了"六稳、六保"的要求，正在加快推动形成以国内大循环为主体、国内国际双循环相互促进的新发展格局。由于搬迁户群体整体上起点低，能力弱，产业发展时应该考虑这些背景，找准自身定位和切入点，主动对接有关战略、服务有关战略，通过融入国家战略来抓住机遇、创造机遇，强力带动安置点的产业发展。

（二）实地调研的主要内容

根据调研的原则、目的，调研组将问卷内容设计为五个部分。

第一部分是搬迁户基本情况。此部分侧重了解搬迁户的年龄、性别、家庭人口数、劳动力状况、民族成分、户口迁移情况等。受教育程度、通用语言的掌握程度对产业的影响、户口迁移与否是本部分较为关注的内容。

---

① 全国已有 780 个贫困县脱贫摘帽. 新华社，http：//www. xinhuanet. com/politics/2020 - 05/19/c_1126002752. htm.

第二部分为家庭搬迁前后基本情况。主要包括基本生活条件、生活的便利程度、耕地林地宅基地的状况等。在此部分，问卷对搬迁户搬迁前后的生活满意度进行了访谈和调查。

第三部分主要了解搬迁前后的就业、基本经济活动。调查内容包括搬迁户家庭的人口从业结构、毛收入、主要收入来源、支出结构、从事种养殖业状况、从事农副产品行业状况、从事电商与个体经营状况、就业岗位状况、贷款情况、参与新型农业经营主体活动情况、新冠肺炎疫情对生产经营活动的影响等。

第四部分为调研搬迁户的社会活动。主要是了解搬迁户的社会关系网络、对当地社会（包括安置点在内）的看法、与当地社会的融入程度等。

第五部分覆盖了就业培训情况。主要对搬迁户是否参加培训、有无兴趣、参加培训的动机、所学习的内容、培训的效果等进行了了解。

基于以上研究设计，本章将以湖南、广西、四川、福建四省（自治区）入户调研所获第一手数据和资料为基础，对易地扶贫搬迁后续产业发展和产业帮扶进行评估，并从安置点的劳动力从业状况与特点、受教育水平、语言能力、市场意识，以及生产资料状况、新型农业经营主体的角色与作用、劳动力的就业培训状况等多个方面深入分析影响安置点产业后续帮扶措施发展的关键问题，进而提炼总结易地扶贫搬迁后续产业帮扶中存在的主要问题，并针对相关问题提出对策建议。

第二节　易地扶贫搬迁后续产业发展的成效评估

产业发展是推动搬迁户实现脱贫、就业和增收的主要力量之一，其主要成绩体现覆盖面持续扩大，对人均可支配收入贡献最大，最终促进了搬迁户的脱贫、就业和增收，搬迁户的满意度发生了翻天覆地的变化，绝大多数对搬迁后的生活表示满意。

一、产业发展是脱贫攻坚的重要支柱

经过各地的不懈努力，扶贫产业已实现基本覆盖到村，延伸带动到户到人。近年来，全国贫困人口中有92%参与产业扶贫，超过三分之二的贫困户得到新型经营主体带动①。湖南省在贫困地区布局打造茶叶、油料、水产、水果、中药材等千亿级农业特色主导产业，努力实现每个贫困村都有1个以上特色优势扶贫产业，每个贫困户都有稳定收益来源的扶贫产业。通过脱贫攻坚"三落实"大数据平台产业扶贫子系统，进一步对有产业发展能力、发展意愿的贫困户精准识别，确保其在脱贫攻坚期内至少得到一轮产业发展帮扶，补齐覆盖面短板。广西由县谋划、自治区统筹，每个县（市、区）重点发展"5+2"个扶贫产业，每个村重点发展"3+1"个扶贫产业，将其纳入考核指标，扶贫产业逐步壮大。已脱贫的450万人中，有426万人通过产业帮扶实现增收脱贫，占脱贫人口的94.67%，高于全国72%的平均水平，产业扶贫是广西脱贫攻坚最主要的措施。四川省用粮油、猪、茶、菜、酒、竹、果、药、牛羊、鱼10大优势特色产业，以及现代农业种业、现代农业装备、现代农业烘干冷链物流3大先导性产业为引导，做到88个贫困县、11 501个贫困村全覆盖。有351万贫困人口依靠产业和就地产业务工脱贫，占脱贫总人口的56.16%②。

从实地入户调研的数据看，所调研的湖南、广西、四川、福建四省

---

① 全国扶贫办主任座谈会举行，部署下一步工作．中国网·中国扶贫在线，http：//f. china. com. cn/2020 – 09 – 02/content_76662931. htm. 2020 – 9 – 2.

② 有关面上数据，除特别注明之外，均由所调研地的扶贫部门提供。

区受访户收入情况证明了产业发展的重要作用。如表1-1所示，四省区受访户中工资补贴来源中扶贫产业占比均接近或超过80%，其中以福建省长汀县工资补贴来源中扶贫产业占比为最高，达到了86.11%。调研组认为，福建地处东南沿海、经济相对中西部繁荣、产业带动力相对中西部地区明显要强一些。总之，扶贫产业在东、中、西部省区，都显著发挥了减贫、脱贫的作用。

表1-1　　　　　　　　扶贫产业就业与分红情况　　　　　　　　单位：%

所在省区	工资补贴来源	分红情况	分红来源占比					
	扶贫产业	有分红占比	农田	小额贷款入股	小额贷款收益	风电扶贫	其他	
四川	80.28	44.55	28.58	58.57	11.43	1.43	0	
广西	77.15	42.11	18.18	27.27	18.18	9.09	27.27	
湖南	79.24	51.39	43.76	40.63	6.25	3.13	6.25	
福建	86.11	7.87	100	0	0	0	0	

二、产业发展对收入增长贡献程度高

包括产业发展在内的后续帮扶措施促进了搬迁户的脱贫、就业和增收。截至2019年底，湖南69.4万搬迁群众中，已脱贫人口为68.3万，脱贫率达98.3%；广西的71万搬迁群众中，已脱贫人口为68.81万人，脱贫率达96.9%；四川省的136.05万搬迁群众中，已脱贫人口为124.71万人，脱贫率为91.66%。

（一）对人均可支配收入贡献最高

就全国的情况而言，产业发展的减贫作用十分显著。自2015年以来，贫困地区农民的工资性收入、经营净收入和财产净收入在人均可支配收入中合计均占到 75% 左右，此三项均与产业发展直接相关。其中，经营净收入始终占比最高，工资性收入对人均可支配收入的贡献率最高①。如表 1-2 所示：

表 1-2　　贫困地区人均可支配收入各项占比、年均增速与贡献率　　单位：%

可支配收入	2015 年	2016 年	2017 年	2018 年	2019 年	年均增速	增收贡献率
工资性收入	33.4	34.1	34.2	35.0	35.3	12.5	39.1
经营净收入	42.9	40.7	39.7	37.5	36.0	5.8	22.5
财产净收入	1.2	1.3	1.3	1.3	1.4	14.4	1.7
转移净收入	22.5	23.9	24.8	26.2	27.3	16.4	36.8
合计	100	100	100	100	100	—	100.1

产业扶贫助推了全国贫困人口的脱贫增收。截至 2019 年底，全国农民人均可支配收入达到 16 021 元，相对于 2018 年，名义增长高达 9.6%，实际增长 6.2%。贫困地区农村的居民人均可支配收入达到 11 567 元，相对于 2018 年，名义增长达 11.5%，实际增长达 8.0%，比全国农村平均水平分别高 1.9 个和 1.8 个百分点②。

（二）调研地人均纯收入、家庭毛收入迅速增长

从所获样本数据来看，各地人均纯收入也都呈高速增长态势，人均纯收入与搬迁前相比有了巨大的提高（见图 1-1）。例如，截至 2019 年底，四川昭觉县搬迁后人均纯收入名义增幅③达 130%，普格县搬迁后人均纯收入名义增幅达到 143.68%。广西都安县与湖南麻阳县搬迁后人均纯收入名义增幅分别达到 71.32% 和 85.81%。湖南省平江县到 2019 年底增幅高达 161.48%。福建长汀县人均纯收入从搬迁前的 2 850 元，增长到目前的 12 961 元，增幅达到 353.78%。

---

①②　数据来源于国家统计局网站。
③　计算时未扣除价格上涨因素。以下行文中，除非进行了特殊说明，其他均为名义增长或名义增幅。

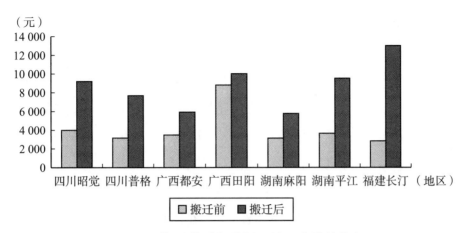

图1-1 搬迁前后部分调研地区人均纯收入

注：①所调研的四川甘孜藏族自治州有关县、湖南省隆回县未提供相关数据，故未纳入。

②搬迁后的数据以2019年底为依据。有的地方，如广西田阳区搬迁前已有相当部分易地扶贫搬迁安置户脱贫，因此从数据上看与搬迁前未脱贫的地区相比，增幅相对较小。

根据入户调研的情况，搬迁户十分清楚搬迁前后自己家庭毛收入发生较大增长。如表1-3显示，受访户自我评估搬迁前家庭毛收入平均有27 172.92元，搬迁后有44 434.32元，增长幅度达到了63.52%。实际过程中，调研组发现受访者虽然是家庭成员，但不一定完全清楚家庭的收入细节，给出的数据多是大概；加上一些收入以银行转账方式而非以现金形式进行，不易掌握，以及搬迁时间有先有后等因素，受访户低估收入的可能性是存在的，即整体上实际增幅可能更高。

表1-3 搬迁前后家庭毛收入情况 单位：元

所在省份（自治区）	搬迁前毛收入	搬迁后毛收入
	平均数	平均数
四川省	20 489.36	32 232.62
广西壮族自治区	36 775.51	57 581.63
湖南省	38 107.69	56 426.47
福建省	27 507.14	55 941.18
总计	27 172.92	44 434.32

（三）促进了就业，满意度发生翻天覆地的变化

产业发展创造了更多的就业岗位，帮助了搬迁户就业。从表1-4可以看出，截至2019年底，相关地方搬迁后就业人口数量较之搬迁前均有明显增加。例如，四川普格搬迁后就业人数增幅达到150.02%，广西都安县与湖南麻阳县的增幅也分别达到了70.62%和95.74%。图1-2直观地展现了搬迁前后各地就业人数的变化对比情况。

表1-4　　　　　　　　部分调研县就业变化情况

省、县名	就业人数		
	搬迁前（人）	搬迁后（人）	增幅（%）
四川昭觉	7 193	10 276	42.86
四川普格	5 262	13 156	150.02
广西都安	9 831	16 774	70.62
广西田阳	10 146	11 325	11.62
湖南麻阳	2 650	5 187	95.74
湖南平江	9 594	16 217	69.03
福建长汀	—	3 381	—

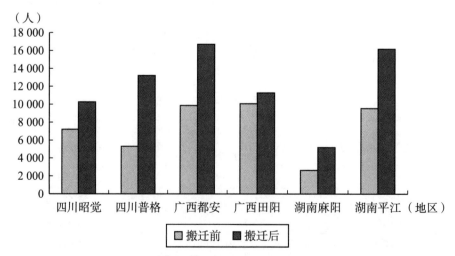

图1-2　搬迁前后部分调研地区就业人数

入户调查数据显示，受访搬迁户在搬迁前后对生活的满意度发生了巨大变化，说明包括产业扶贫在内的易地扶贫搬迁的各项措施卓有成效。搬迁前，对生活"非常不满意"和"不满意"的比例合计高达46.68%，感觉"一般"的高达48.28%，"非常满意"和"满意"的比例仅占5.03%。搬迁后，"非常满意"和"满意"的比例迅速上升至97.93%，"非常不满意"和"不满意"的比例大幅度降到1.15%，感觉"一般"的显著降到了0.92%。如图1-3所示。

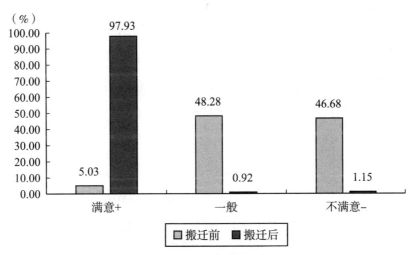

图1-3　搬迁前后生活满意度

搬迁户对安置点的基础设施，如道路、农田水利设施、电力设施、有线电视和通信设备等，满意度达到了98%以上，饮用水设施满意度达到了97%以上。如表1-5所示：

表1-5　　　　　　　　　**搬迁后对基础设施的满意度**　　　　　　　单位：%

基础设施	完全不满意	不太满意	一般满意	比较满意	非常满意
安置点道路	0.01	1.13	2.72	21.54	74.6
农田水利设施	0	0.91	4.32	23.41	71.36

续表

基础设施	完全不满意	不太满意	一般满意	比较满意	非常满意
饮用水设施	0.68	1.59	4.08	22.22	71.43
电力设施	0.22	0.68	2.05	21.82	75.23
有线电视	0.46	0.45	3.17	20.18	75.74
通信设备	0.24	1.36	1.59	20.45	76.36

　　由于社会对搬迁户搬迁后的生活开支状况非常关注，调研组特意设计了搬迁户对搬迁后生活上的开支是否满意这一问题，结果表示积极接受的占了绝大多数。有21%的受访人表示"很值"，51%的人表示"可以接受，生活比以前方便和丰富多了"，两项合计达到72%；表示"能够承受"的有25%，表示"无所谓"的仅占3%；前三项合计整体呈肯定态度的达到了97%。如图1-4所示。

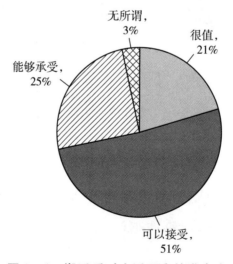

图1-4　搬迁后对生活开支的满意度

第三节　易地扶贫搬迁后续产业
发展的影响因素分析

一、搬迁后就业人口数量变化与务工务农的变化

就业人口数量这一指标样本数据来源于所调研的四川昭觉县和普格县、广西都安县和田阳区、湖南麻阳县和平江县。从表 1 - 6 中可以看出，截至 2019 年底，各地搬迁后就业人口数量较之搬迁前均有明显增加。其中四川普格县搬迁后就业人数增幅达到 150.02%，广西都安县与湖南麻阳县、平江县增幅也分别达到了 70.62%、95.74% 和 69.03%。图 1 - 5 更加直观地展现了搬迁前后各地就业人数的对比变化情况。

表 1 - 6　　　　　　　　　部分调研县就业变化情况

省、县名	就业人数		
	搬迁前（人）	搬迁后（人）	增幅（%）
四川昭觉	7 193	10 276	42.86
四川普格	5 262	13 156	150.02
广西都安	9 831	16 774	70.62
广西田阳	10 146	11 325	11.62
湖南麻阳	2 650	5 187	95.74
湖南平江	9 594	16 217	69.03

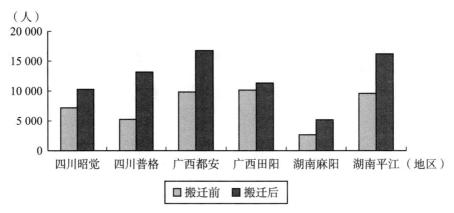

图1-5 搬迁前后部分调研地区就业人数

入户调查显示，搬迁户在安置点更多地希望通过务工来改善生活。如图1-6、图1-7所示，四川省受访户搬迁前愿意务农的比例为59.09%，搬迁后降为17.73%；搬迁前愿意外出务工、本地务工的比例为28.64%，搬迁后这一比例则迅速上升至68.63%。广西、湖南、福建受访户在搬迁前务农意愿比例本来就不高，分别为20.69%、20.27%、29.21%，搬迁后，这些比例则进一步降为12.07%、13.51%、13.48%，务工意愿则分别由搬迁前的74.14%、74.23%、68.54%进一步上升到81.03%、77.03%、77.53%。易地扶贫搬迁户在搬迁后表现出更为强烈的务工愿望。

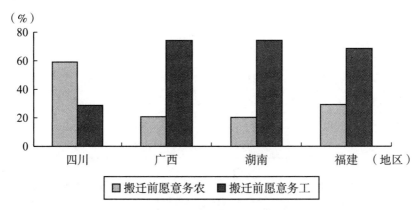

图1-6 受访地区搬迁前务工与务农意愿

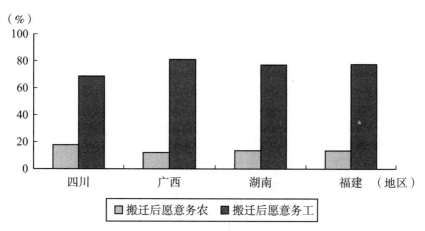

图 1 − 7　受访地区搬迁后务工与务农意愿

从国家统计局公布的数据看，2016 年以后，全国扶贫重点县贫困户的农业收入在人均可支配收入的占比确实在逐年降低，而工资性收入与二、三产收入占比则逐年提高，且超过了农业收入占比，证实了"工多农少"不仅是一种主观愿望，而且是一个正在发生的现实。如表 1 − 7 所示。

表 1 − 7　　　　　　　　　**全国扶贫重点县的有关收入统计**　　　　　　单位：%

收入类别	人均可支配收入占比		
	2016 年	2017 年	2018 年
农（牧）业收入	32	29.9	26.6
二、三产业收入	8.5	9.3	10.2
工资性收入	33.5	33.9	35

二、务农收入和作用的变化

正如"工多农少"所展现的，入户调研发现受访户搬迁前以务农收入为家庭主要收入来源的占百分比为 41%，搬迁后为 15.49%，务工收入与个体户经营收入为家庭收入主要来源的在搬迁前所占比重分别为48.97%和0.68%，搬迁后为74.26%和3.42%，各类政府补贴、救济等为家庭主要收入来源的在搬迁前后所占百分比分别为8.43%和5.92%。搬迁后，务工与个体户经营对整体收入的影响越来越大，但务农收入为家庭主要收入来源的所占百分比仍有15.49%，仅次于务工收入，各类政府补贴以及救济（含社会）等对收入的影响略有下降，易地扶贫搬迁户的"自我造血"能力正在逐步提高。

根据入户问卷调查结果来看，务农能够在相当程度上抵御新冠肺炎疫情等突发性事件的负面影响。据调研所获数据显示，新冠肺炎疫情的暴发使47.03%的易地扶贫搬迁家庭收入减少，51.6%的家庭没有受到影响，其收入与往年基本持平，仅有1.37%的家庭收入较之前有所增加（见图1-8）。

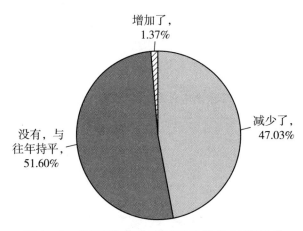

图1-8 新冠肺炎疫情对受访户收入的影响

在致使收入减少的因素中（见表1-8），受访者认为务工收入的减少是主要因素。其中由于外出打工机会少了，或者没有了而使收入减少的占比为61.85%，由于"就业岗位的工资减少了，或者就业岗位没有了"以及"自己生产的产品不好卖了，收入减少"所导致收入减少的占比均为 19.08%。可以看到，易地扶贫搬迁户的务工收入受市场影响较大。相对而言，受访户表示传统务农受新冠疫情的影响较小。

表 1-8　　　　　　新冠肺炎疫情中搬迁户收入减少因素

如果觉得自己收入减少了，主要是哪个因素引起的	计数（个）	百分比（%）
就业岗位的工资减少了，或者就业岗位没有了	33	19.08
自己生产的产品不好卖了，收入减少	33	19.08
外出打工机会少了，或者没有了	107	61.85
总计	173	100

　　调研发现，受访户中大多数都有"留有余地"的意识。主要表现在两个方面。一个是多数没有将户口迁移到安置点所在地。400 多位受访户中，有 83.37% 的人没有迁移户口。在主观愿望上，不愿意将农村户口转为城镇户口的比例达到了 73.14%。另一个是原住宅和宅基地虽然多数都按要求拆掉和复垦了，但是没有拆掉和完全复垦的仍有一定比例，处于闲置或者借给亲戚朋友住等状态。

三、安置点的区位对产业类型的影响

　　入户问卷调查显示，安置点所处位置不同，搬迁户的家庭毛收入不同（见表 1-9）。处于中心村的，搬迁后家庭平均毛收入为 49 338.71元，在乡镇安置的为 42 405.88 元，在县城及附近安置的为 45 896.34元，在本县产业园（含旅游区等，下同），为 36 300 元。该数据显示，安置在中心村的家庭毛收入最高，安置在产业园的最低。

表 1 - 9 受访户安置点位置与家庭毛收入

您家所处安置点的位置是	搬迁后毛收入（元）
	平均数
本县中心村	49 338.71
本县乡镇	42 405.88
本县城及附近	45 896.34
本县产业园区（含旅游区、工业园区等）	36 300.00
外县	45 500.00
总计	44 456.99

　　受访户中，有超过三分之一的在继续耕作原有的农田，但随着安置点位置的不同，搬迁户处理耕地处理的方式区别较大。从表 1 - 10 可以看出，安置在中心村的搬迁户，有 48.65%、即接近半数的受访户继续直接耕作自己的农田，是安置在乡镇、县城和产业园区中比例最高的。安置在产业园区的则几乎都不再自己直接耕作原来的农田，而是将其租给别人。安置在乡镇和县城的，自己运作的分别为 32.98%、36.5%，距离安置在中心村的有 10 多个百分点的差距。另外，在中心村、乡镇、县城安置的搬迁户对耕地的抛荒程度非常接近，均超过了 15%。从图 1 -9 我们可以更加直观地看到搬迁户耕田目前的整体状况。

表 1 - 10　　　　　　　　　　搬迁户耕田目前状况　　　　　　　　单位：%

安置点位置	自己种田	退耕还林（草）	已经流转	租给别人	抛荒	其他	总计
本县中心村	48.65	2.7	10.81	13.51	16.22	8.11	100
本县乡镇	32.98	24.47	12.23	5.85	15.96	8.51	100
本县城及附近	36.5	14	10	18	15	6.5	100
本县产业园区	0	0	0	100	0	0	100
总计	35.71	17.28	10.83	13.59	5.21	7.37	100

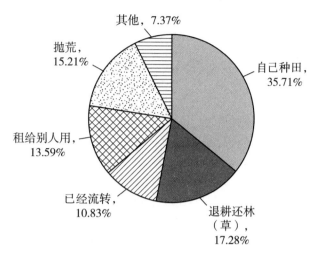

图 1 - 9 搬迁后原耕地状况

随着安置点位置的不同，搬迁户处理山地的方式也呈现较大区别。如表 1 - 11 所示，平均有 44.08% 的搬迁户选择了自己全部或部分直接经营管理。其中安置在县城和中心村的，有接近或超过 50% 的选择全部或部分自己经营管理，安置在产业园附近的，几乎都选择流转。与处理耕地的方式不同的是，四种安置点抛荒山地的程度都很低，平均仅有 3.27%。从图 1 - 10 可以更加直观地看到搬迁户山地处置的整体状况。

表 1 - 11		搬迁户山地处置状况				单位：%
安置点	全部或部分 自己经营管理	全部退耕 还林（草）	部分退耕 还林（草）	已经流转	抛荒	总计
本县中心村	51.85	18.52	7.41	22.22	0	100
本县乡镇	36.79	41.51	16.04	1.89	3.77	100
本县城及附近	49.54	27.52	11.93	7.34	3.67	100
本县产业园区	0	0	0	100	0	100
总计	44.08	32.24	13.06	7.35	3.27	100

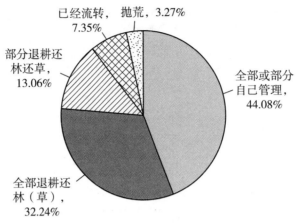

图 1 - 10　搬迁后原来山地的处置状况

但是当问卷要求受访户对"家庭收入主要来源"做唯一的一个选择时，不同安置点的搬迁户却做出了与处理耕地和山地不太一样的选择（见表 1 - 12）。安置点在中心村的，选择务农的仅有 5.26%，选择务工的占比高达 84.21%。安置点在乡镇和县城的，选择务农的比例分别达到了 14.36%、18.41%，高于在中心村安置的选择务农的比例；选择务工的则分别为 73.4%、73.63%，均低于安置点在中心村的。安置点在产业园区的，选择务工收入的达到 85.71%，排名第一；选择个体经营的，达到 14.29%，远远高于安置在其他地点的搬迁户。

表 1 - 12　　　　　　　　　受访家庭主要收入来源　　　　　　　　单位：%

安置点	务农收入（农林养殖业）	务工收入	个体户经营收入	各类政府与社会补贴、救济	其他	总计
本县中心村	5.26	84.21	5.26	2.63	2.63	100
本县乡镇	14.36	73.4	3.19	8.51	0.53	100
本县城及附近	18.41	73.63	2.49	4.48	1	100

安置点	务农收入（农林养殖业）	务工收入	个体户经营收入	各类政府与社会补贴、救济	其他	总计
本县产业园区	0	85.71	14.29	0	0	100
总计	15.14	74.77	3.21	5.96	0.92	100

上述情况基本能说明，距离自己的耕地或山地越远，搬迁户自己直接耕作或经营的情况就越少，尤其是以安置在产业园区的搬迁户表现最为明显。其中，安置在中心村的，继续耕作农田和经营山地的比例最高，但是实际主要收入依靠务工解决。安置在乡镇和县城的，尽管耕作农田的比例低于中心村，但是对农业收入的倚重要明显高于中心村安置点的搬迁户，而务工收入相对较低。此种情况说明安置在这两个地点的群体要么务工的比例少，要么从务工中获取的收入不高，而无论是哪种情况，他们都必须更多地依靠耕地或山地给自己增加收入。结合家庭毛收入状况，相对安置在中心村的，这两个群体可能就业渠道相对狭窄一些。安置在产业园的首先是靠务工收入，其次是个体经营，他们的耕地或是山地，几乎都流转或租给了别人，自己直接从事生产经营的很少。此种情况说明该群体目前直接从事传统农业的比例很低，主要依靠产业园区所创造的经济活动或外出打工来增加收入。结合其家庭毛收入明显偏低来看，该群体就业渠道可能更窄，创收的手段比较单一。

实际上所调研的地方均反映，以城镇安置和无土安置为主的安置点，就业渠道狭窄，就业压力最大，对产业发展类型的选择形成了新的挑战。

四、搬迁户搬迁后倾向于摆脱贫困的方式的变化

贫困户搬迁后主观愿意选择何种方式脱贫对产业后续帮扶措施的实施力度、选择何种产业等问题有重要影响，调研问卷设计了搬迁前后"您更倾向于哪一种方式让自己摆脱贫困"这一问题。受访户在回答此问题并只能选择一项时，选择"外出打工"的比例从搬迁前的44.34%上升为搬迁后的49.77%，在本地寻找工作机会的比例从6.11%上升至23.76%，"自己创业，做点买卖"的比例从1.81%上升到6.33%，"从事种养殖业"占比从41.4%下降到15.35%，"等待社会保障兜底"占比下降，"通过土地流转，入股分红等"在搬迁后占比上升（见表1-13）。

表1-13　　　　受访户搬迁前后倾向于摆脱贫困的方式　　　单位：%

倾向于摆脱贫困的方式	搬迁前	搬迁后
从事种养殖业	41.4	15.38
外出打工	44.34	49.77
通过本地企业招工就业	6.11	23.76
自己创业，做点买卖	1.81	6.33
通过土地流转、入股分红等	0.23	0.45
等待社会保障兜底	5.43	3.17
其他	0.68	1.13
合计	100	100

调研组了解到，实际生活中，绝大多数受访户有工作意愿并在实际生活中同时从事多种工作。他们既从事农业，也会做一些小买卖，当有合适的工作机会，也会去打工。同时，又如表1-14所示，在愿意选择在安置点工作的人当中，对在安置点工作的满意点有21.6%的人认为

是"灵活的工作时间"，23.54%的考虑的是"工作技能要求不高"，8.01%满意点为"可以把活带回家做"，这与调研组实地观察了解的情况是一致的。该情况对产业安排的项目、灵活度等提出了新的要求。

表1-14	安置点工作满意点	单位：%

安置点工作满意点	百分比
收入	11.17
灵活的工作时间	13.59
可以把活带回家做	8.01
工作技能要求不高	23.54
其他	43.69
总计	100

五、新型农业经营主体直接带动搬迁户的程度

新型农业经营主体代表着带动搬迁户脱贫致富的市场力量，连接着搬迁户与市场，问卷试图了解受访户对新型农业经营主体的看法。首先从受访户从事的传统种养殖业情况看。表1-15显示了种植业和养殖业缘起情况，两者缘起的各种原因占比情况相差无几，其中种植业和养殖业出于"自家的意愿"占比分别为17.86%和18.04%，在各项原因中占比最高，其次，出于"干部介绍""政府资金""院校技术培训""能人示范""企业推广""政府企业社会组织培训""银行贷款"原因占比均不足10%，而"以上都没有"这一项占比超过50%。从表1-16可以看到种植业和养殖业的销售渠道，养殖业销售渠道与种植业相比多出"自己做电商销售"这一渠道，但从两者销售渠道占比情况来看，"经销商收购"这一渠道在养殖业销售中占比12.11%，种植业占比29.69%，这一渠道种植业占比显著高于养殖业，"当地摆摊

出售"这一渠道在养殖业与种植业占比分别为10.53%和13.54%，"联系各地商户"在两者中占比分别为11.58%和11.46%，其余销售渠道占比均不足5%，而在"以上都没有"选项两者占比均较高，分别为37.5%和59.47%。以上可以看出新型农业经营主体直接带动种养殖业的作用与它们可以起的作用、与政府和社会的期待值之间还有较大差距。

表1-15　　　　　　　　　　受访户养殖业与种植业缘起

选项	养殖业缘起		种植业缘起	
	计数	百分比	计数	百分比
自家的意愿	35	18.04	35	17.86
干部介绍	11	5.67	11	5.61
政府资金	12	6.19	12	6.12
院校技术培训	5	2.58	5	2.55
能人示范	1	0.52	1	0.51
企业推广	3	1.55	3	1.53
政府企业社会组织培训	14	7.22	15	7.65
银行贷款	3	1.55	3	1.53
其他	1	0.52	1	0.51
以上都没有	109	56.19	110	56.12
总计	194	100	196	100

表1-16　　　　　　　　　　受访户养殖业与种植业销售渠道

养殖业销售渠道	计数	百分比	种植业销售渠道	计数	百分比
当地摆摊出售	20	10.53	当地摆摊出售	26	13.54
经销商收购	23	12.11	经销商收购	57	29.69
农业电商或扶贫电商大量收购	3	1.58	农业电商或扶贫电商大量收购	2	1.04
企业统购	1	0.53	企业统购	1	0.52

续表

养殖业销售渠道	计数	百分比	种植业销售渠道	计数	百分比
农业合作社经营销售	3	1.58	农业合作社经营销售	5	2.6
自己做电商销售	1	0.53	自己做电商	0	0
联系各地商户	22	11.58	联系各地商户	22	11.46
其他	4	2.11	其他	7	3.65
以上都没有	113	59.47	以上都没有	72	37.5
总计	190	100	总计	192	100

　　问卷调查了相关地方受访户加入合作社的情况。四川、广西、湖南和福建受访地区，未加入合作社家庭比例均高于已加入家庭比例（见图1-11），未加入合作社的原因及其所占比例如表1-17所示，其中"没有考虑过这个问题"这一原因占比达到77.97%，"没有人告诉可以加入"占比达到17.29%，"感觉没有用"这一选项比例为4.75%。大部分未加入合作社家庭没有考虑过这一问题，一小部分并不知晓，少数感觉没有用。在问卷中，有134位加入了合作社的受访户对加入合作社是否对改善生活有用进行了回答，超过72%的人认为其比较有用或很有

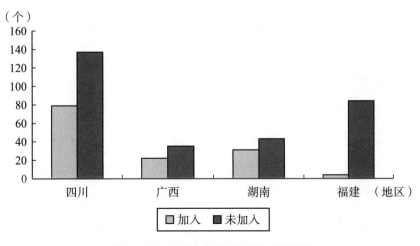

图1-11　受访户合作社加入情况

用，25.37%认为一般，2.24%认为没有用，由此可以看出，农民合作社在减贫增收方面效果显著，但大部分家庭还未认识到或体验到加入合作社的作用。

表 1-17　　　　　　　　受访户未加入合作社原因　　　　单位：%

所在省区	感觉没有用		没人告诉可以加入		没考虑过这个问题	
	计数	百分比	计数	百分比	计数	百分比
四川	2	1.48	33	24.44	100	74.07
广西	5	14.29	10	28.57	20	57.14
湖南	1	2.33	4	9.3	38	88.37
福建	6	7.41	4	4.94	71	87.65
总计	14	4.76	51	17.45	229	77.89

六、外出打工与返乡人员情况

外出务工是搬迁户重要的收入来源，而一段时间以来，外出务工人员也开始出现返乡创业的情况，将问卷与访谈两者结合起来调研，主要是为了了解外出务工对产业发展的影响。图 1-12 显示了搬迁后家庭人口从业结构。在所调研的县中，除上学、学龄前、病人以及老人之外，具有劳动能力的人口有 39% 的人口选择在附近工厂或企业打工，14%的人口从事公益性岗位，20% 的人选择外出打工，务农的人口比例为9%，从事个体经营的比例为5%，有 14% 的人处于无业待岗状态。在附近工厂或企业就业的人口比例最高，外出打工次之。在回答搬迁后选择何种脱贫方式这一问题时，有 49.77% 的人选择自己外出打工，有23.76%选择通过本地企业招工找到就业岗位，即接近50%的人都具有外出打工意愿。同时，受访者中，还有 49.66% 的人表示"不能胜任生产经营脱贫，逐步改善自己的生活"，而他们当中，如表 1-18 所示，在选择"不能通过发展生产经营脱贫致富的因素"时，因"没有能力和技术"的比例达到41.2%，选择"没有资金、信息的支持"这一原因的达到18.98%，两项合计达到了60.18%。另外，选择"没有亲戚朋友帮助"的也有6.02%，三项合计达到了66.2%。

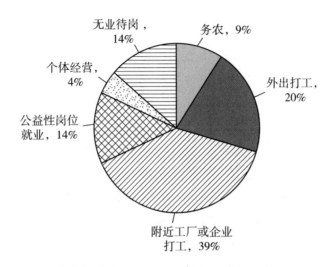

图1-12 搬迁后家庭人口从业结构

表1-18 不能通过生产经营脱贫致富的因素 单位：%

省区	没有能力和技术	没有公司、合作社帮助	没有技术指导、培训等	没有资金、信息的支持	没有亲戚朋友帮助	其他
四川	45.65	2.1	8.7	18.48	3.26	21.74
广西	47.37	0	0	15.79	7.89	28.95
湖南	44.19	0	0	27.91	6.98	20.93
福建	21.43	4.76	2.38	14.29	9.52	47.62
合计	41.2	1.85	4.17	18.98	6.02	27.78

受访者担心的问题是外出务工人员的相对优势所在。外出务工人员在相对发达的地区有过工作经历，积累了经验，能力得到提升，并且扩展了

人脉，只要家乡有合适的创业环境，返乡创业就能更好地发挥他们的作用，从而为安置点的扶贫工作做出贡献。在调研过程中调研组观察到，外出打工之人返乡就业已成为推动当地的扶贫事业发展的又一股新生力量。

七、受教育程度与通用语言掌握情况

劳动力受教育程度是影响产业发展的极为重要的因素。如图1-13中所示，受访户整体受教育程度较低。其中受教育程度以初中及以下文化程度为多数，占比达到94.83%，本科及以上文化程度人口占比仅为0.23%。此外，各省区受访户受教育程度层次分布差距较大（见表1-19），位于西部地区的广西地区受访户小学及以下文化程度的人口占当地受访户人口的44.83%，初中与高中文化程度占比合计为51.73%，大专文化程度占比为3.45%，即中学及以上文化程度人口超过了受访户半数以上；位于中部的湖南省受访户中，小学及以下文化程度占比为50%，初中及高中文化程度占比为47.3%，大专及本科和本科以上学历的为2.7%；位于东部的福建省受访户中，小学及以下文化程度占比40.45%，初高中文化程度合计为59.55%。据了解，所调研的四川省深度贫困地区受访户中小学文化以下文化程度合计比例超过了当地受访户的半数。因此，在受教育程度问题上，即使考虑到广西受访户的一些指标略好于位于中部的湖南省，一旦把西部深度贫困地区考虑进去，搬迁户的文化程度也大体呈东、中、西部递减的状态。

表1-19　　　　　　　　调研省区受访户文化程度　　　　　　　单位：%

所在省区	文盲/不识字	小学	初中	高中	中专/职高	大专	本科及以上
广西	3.45	41.38	48.28	3.45	0	3.45	0
湖南	13.51	36.49	36.49	8.11	2.7	1.35	1.35

所在省区	文盲/不识字	小学	初中	高中	中专/职高	大专	本科及以上
福建	11. 24	29. 21	51. 69	6. 74	1. 12	0	0
总计	28. 2	107. 08	136. 46	18. 3	3. 82	4. 8	1. 35

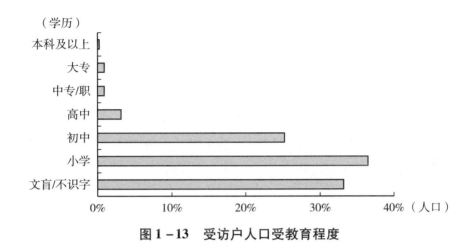

图 1-13　受访户人口受教育程度

　　调研发现，国家通用语言的使用程度对受访户承接产业、实现就业具有重要影响。从所获样本数据来看，受教育程度与国家通用语言的掌握程度呈正相关关系。高中及以上文化程度的受访户都能听懂并使用汉语。具有初中和小学文化程度不懂汉语的比例分别为 7.69% 和 4.40%，所占比例较低。文化程度为小学以下的有 87.91% 不懂汉语，即未受过教育的大部分不懂汉语①。具有小学及以上学历的超过 90% 的人都能使用汉语。

　　调查数据显示，不同地区对国家通用语言的掌握程度也不同。所调研的湖南省和福建省，受访家庭及其家庭成员都能运用国家通用语言。广西都安、田阳受访户中有 8.62% 不懂国家通用语言，四川省深度贫

———————

　　①　需要注意的是本次调研的入户访谈对象有相当比例在民族地区，所以出现此种情况。

困地区受访户不掌握国家通用语言的比例达到了38.74%。

数据显示，国家通用语言的掌握程度对是否务工的人数这一指标存在显著影响，掌握程度越高，务工人数越多，既掌握国家通用语言，又掌握少数民族语言的务工人数最多。图1-14显示，在民汉兼通、汉多民少以及民多汉少三种情况下，务工的人数均大于不务工的人数，且两者差距是依次递减的，即民汉兼通的人数中务工人数远远高于仅掌握少数民族语言的人数，也高于掌握通用语言较多，但掌握少数民族语言较少的情况。在完全不掌握国家通用语言的人中，不务工的人数要大于务工的人数。因此，在国家通用语言尚未普及、少数民族语言广泛使用的地区，对通用语言的掌握程度与对少数民族语言的掌握程度是影响就业以及个人、地方发展的重要因素。

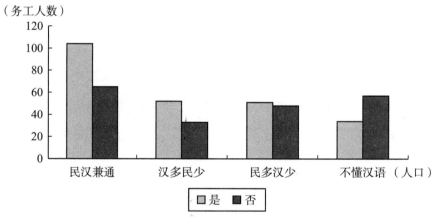

图1-14　受访户语言情况与是否务工

八、就业培训状况

授人以鱼，不如授人以渔，掌握一定的劳动技能是搬迁户就业并承担相应产业发展的基础条件。从所获样本数据来看，如表1-20所示，受访户中有 66.4% 的人搬迁后参加过技术方面的培训，33.56% 未参加技术培训。培训内容主要包括种植类、养殖类、建筑类、机械类、服务类、创业类等。97.96% 的培训是由村（居）委会、安置点的管理机构或当地政府组织，企业组织的培训占比为 2.04%，由村（居）委会或当地政府组织的培训占绝大多数。参加过 3 次及以下次数的人占比为 95.12%，参加过 6 次的占比仅为 1.05%。

表1-20 　　　　　　　技术培训相关问题回答统计 　　　　单位: %

您搬迁后是否参加过技术方面的培训	计数	百分比
是	295	66.44
否	149	33.56
您总共参与了几次培训		
3 次及以下	273	95.12
4 次	10	3.48
5 次	1	0.35
6 次	3	1.05
培训是谁组织的		
村（居）委会	39	13.27
当地政府	249	84.69
企业	6	2.04
培训的内容实用性强吗		
非常强	101	34.24
比较强	164	55.59
一般	30	10.17

在培训内容的有效性方面，参与过培训的人中，有 34.24% 的人认为培训的内容实用性非常强，55.59% 的人认为比较强，10.17% 的人认为一般，超过 80% 的人对培训内容表示满意。调研组在实地调研中，发现很多安置点的培训内容确实比较实用，符合搬迁户需求。例如培训

理发、厨艺、果苗培育和种植等等。有的地方政府发挥龙头企业的作用，让龙头企业根据业务发展的需要自己开展针对包括搬迁户、贫困户在内的农户的培训，达到培训效果的直接上岗，较好地解决了培训的实用性与针对性的问题。

九、搬迁户对政府和社会的依赖程度

由于易地扶贫搬迁户在搬迁之前的自然条件都比较差，其搬迁后如何摆脱贫困，对政府与社会的依赖程度就成为本次调研的关注点之一。图 1 - 15 显示了受访搬迁户的就业结构，在除去无劳动能力、在校学生以及无业待岗人员后，务工总人数占比为 68.42%，从事公益性岗位占比 15.79%。务工总人数占比最多，公益性岗位次之，务农人数低于公益性岗位，占比为 10.53%。

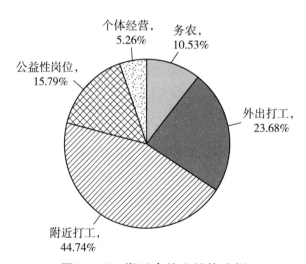

图 1 -15　搬迁户就业结构比例

根据问卷调查结果，实际上不同的地方对政府与社会的依赖程度也不一样。例如，在对搬迁后脱贫方式倾向这一问题的回答中，虽然四省区受访户中共有 3.17% 的人选择等待社会保障兜底，但是其中四川深度贫困地区的某县选择比例达到了 27.27%，湖南麻阳县、平江县的占比分别为 7.14% 和 5%，地区差别较大。调研还发现，所调研的四川省深度贫困地区的县通过公益性岗位解决搬迁户就业和收入的比例明显高于所调研的广西、湖南和福建的县。可以得出结论，目前部分搬迁户仍旧对政府与社会依赖性较多，其中深度贫困地区的这一情况较为突出。

十、自主创业意识与市场意识状况

发展产业、开拓市场需要有较强的市场意识、风险意识和自主创业意识等。调研组发现，搬迁户在这些方面相对比较弱。问卷从是否愿意贷款，以及受访户考虑的因素来观察。从所获得数据来看，受访户中有贷款意愿与无贷款意愿的占比分别为 45.16% 和 54.84%，不愿意贷款的比例略高于贷款比例，所调研的 13 个县中，11 个县的受访户不愿意贷款的比例都大于或等于 50%，四川深度贫困地区某县受访户不愿意贷款比例达到 84.62%，搬迁户家庭整体贷款意愿不高。

在不愿意贷款的因素统计中，"担心生产搞不好，不能按时还款"这一原因的占比为 44.54%，"感觉没有用"的占比为 39.08%。同时，个体经营在搬迁户的就业结构中所占比例较低。可以说，大部分搬迁户自主创业意识并不强，缺乏舆论所期望的市场开拓意识。

第四节　结论与建议

2020 年 3 月 6 日，习近平总书记在决战决胜脱贫攻坚座谈会上指出："总的看，我们在脱贫攻坚领域取得了前所未有的成就，彰显了中国共产党领导和我国社会主义制度的政治优势。这些成绩的取得，凝聚了全党全国各族人民智慧和心血，是广大干部群众扎扎实实干出来的"。易地扶贫搬迁取得了决定性成就，搬迁出的贫困户摆脱了过去"一方水土养不活一方人"的境地，生活从此翻开了崭新的一页。但是，从实地调研和各地反映情况看，安置点区域产业发展上仍具有较大的提升空间，产业发展需久久为功，持续发力。

从调研所获得的数据看，在考虑健全完善产业后续帮扶措施时，以下的情况值得关注：

第一，易地扶贫搬迁以及后续帮扶措施的效果是显著的，扶贫产业是增加收入与带动就业的主要力量之一。安置点的区位对产业项目的类型有一定影响。从人口就业结构与各地创业典型来看，农民工返乡正逐渐成为地方产业发展与摆脱贫困的主要力量之一。

第二，搬迁户的受教育水平、市场意识、自主创业能力等因素对产业发展影响巨大，产业后续帮扶措施须立足实际，循序渐进。

第三，搬迁户在搬迁后务工意愿明显上升，从事传统农业的收入占整个收入的比重在降低，务工与个体户经营对整体收入的影响越来越大，但后者受市场影响较大，农业收入仍在整体收入中占有重要分量，是易地扶贫搬迁户抵抗风险的屏障。

第四，新型农业经营主体直接带动搬迁户的程度不高，合作经济组织对于减少贫困作用明显，但搬迁户参与度仍旧不够，仍需大力推进。

第五，政府救济与补贴与公益性岗位在搬迁户经济活动中和就业结构中所占比重较高，在脱贫的道路上，仍有一小部分群众倾向于等待社会保障兜底，部分搬迁户对社会以及政府依赖程度依旧较高。

根据前面的分析，本章提出如下对策建议：

第一，培养安置点自身承载产业、发展产业的能力是产业后续帮扶措施的根本着眼点。鉴于安置点搬迁户的状况，应坚持外部带动、内部造血两头推动，逐步培育发展能力。要继续打造扶贫品牌，扩大扶贫产品的销售，通过电商网销、定点定向采购等手段支持扶贫产业发展。

第二，抓住经济双循环战略实施契机，尤其要抓住东部地区和安置点所在省区的发达地域的产业转移的机遇，优化营商环境，主动吸引、培育和发展劳动力密集型产业，创造更多更稳定的就业机会，在安置区或附近部署优势产业、特色产业。对于深度贫困地区，布局重点工程、重点项目时应给予倾斜。特别要注意发挥好返乡务工人员的带头示范作用。

第三，市场主体是产业发展和繁荣的支柱力量，应进一步加大对农民合作社、龙头企业、家庭农场等新型农业经营主体的支持力度，为其创造良好的市场经营环境，从根本上激发安置点的市场活力，带动搬迁户就业、致富。

第四，从管根本、管长远的高度出发，大力发展安置点区域的教育事业。结合目前的情况和产业发展的未来需要，一方面要加强对劳动力的职业技术培训，继续探索多种形式的、符合各地实际需求的职业技术培训；一方面要进一步加大基础教育的投入，确保较为年轻的一代完成9年义务制教育，从根本上夯实深度贫困地区的产业发展基础。

第五，立足安置点资源现状、产业现状和劳动力现状，支持各类小微经济形式发展，如庭院经济、小作坊、小门面等等，支持各种形式的灵活就业，通过就业带动劳动技能的提高，从而奠定产业发展的基础。对于有一定技术和能力、有意愿的搬迁户，鼓励自主创业。一言概之，即尊重当地的实际和搬迁户的意愿，适当加以引导与扶持，实现立体扶贫。

第二章

易地扶贫搬迁后续产业帮扶的经验总结及对策

本章将基于实地调研和深入访谈获得的资料，结合第一章实证分析的结果，总结梳理易地扶贫搬迁产业后续帮扶措施的主要做法和典型经验，剖析调研中发现的产业后续帮扶中存在的若干问题，并在此基础上提出政策建议。

第一节　产业后续帮扶的主要经验和做法

产业后续帮扶措施涵盖面广，涉及的领域、政策措施与具体内容非常丰富，任何一个领域的政策措施都值得深入调研、挖掘与总结。为了体现项目的要求，反映基本情况、主要进展，调研组从产业的统筹规划、生产组织、流通销售，以及产业转移等方面进行了总结，概括起来主要有六个方面：

一、统筹规划，用优势产业带动安置点特色产业

（一）突出顶层设计、规划引领

搬迁户都来自于石漠化、边远高寒、地质灾害频发等"一方水土养

不活一方人"的地区，由于长时间经济社会发展滞后，其承接发展产业的能力素质整体上比较低，而且安置点多处在中西部地区的县城、乡镇或中心村附近，原有产业呈现弱、小、散的状况。针对这些情况，通过加强顶层设计、制定专项产业发展规划，以指导具体产业后续帮扶措施落地，成为各地的普遍做法。

例如，湖南省先后制定《湖南省产业精准扶贫规划（2016～2020年)》《湖南省"一县一特"主导特色产业发展指导目录》，要求每个贫困县有一个明确的扶贫主导特色产业。2020年，面对突发新冠肺炎疫情，湖南省制定了《关于应对新冠疫情影响做好产业扶贫工作的通知》，要求各县（市、区）确定"一特两辅"重点扶贫产业目录。"一特"即一个县一个特色主导产业，"两辅"则是指覆盖贫困人口多、市场前景好的两个特色扶贫产业。2018～2020年间，湖南省还连续三年出台省重点产业项目管理意见，要求各地因地制宜精准选择扶贫产业，创新帮扶模式，做好利益联结和产销对接。

广西研究制定了《滇桂黔石漠化片区区域发展与脱贫攻坚广西实施规划（2016～2020年)》《广西壮族自治区农村脱贫攻坚"十三五"规划》《广西壮族自治区"十三五"产业精准扶贫规划》《关于促进贫困地区农产品产销对接的实施意见》等文件，乡村旅游扶贫三年行动方案、扶贫小额信贷管理办法等一系列配套文件也随之制定实施，涵盖了产业扶贫的各个方面。相应地，各市县也结合本地资源禀赋特点，因地制宜编制了产业扶贫规划、计划、方案，制定了落实措施。整个自治区形成了较为健全的产业扶贫政策体系。

四川省编制了《四川省"十三五"产业（农业）精准扶贫规划》，出台了《关于加强产业扶贫工作促进精准脱贫的意见》《关于进一步推进农业产业扶贫工作的指导意见》等文件。省农业厅专门成立了农业产业扶贫工作领导小组，制定了《打好农业产业扶贫三年攻坚战实施方案》，系统安排部署全省农业产业扶贫重点工作，分年度对全省农业产业扶贫工作进行跟踪、部署和指导。针对一些地区贫困面大、贫困程度深等状况，专门编制了《四川省深度贫困地区农业产业扶贫规划（2018~2020年）》，以提高产业布局的精准度。

（二）优势产业带动特色扶贫产业

通常情况下，安置区域自然资源都较为丰富，但囿于地方财力、技术、区位、视野等因素，长期得不到开发。相关省区经过认真研究，精准识别安置点自然资源的特色与优势，通过已有优势产业，或通过正在发展壮大的产业带动安置点特色扶贫产业发展。

例如，湖南省有三个全产业链产值已过千亿元，分别是粮食、禽畜和蔬菜，当前正着力打造茶叶、油料、水产、水果、中药材和南竹等优势特色产业，并争取实现产值过千亿元的目标。湖南省有计划、有步骤地将这些优势产业向贫困地区布局，通过把优势产业扶持措施与地方特色相结合，争取推动每个贫困村都有1个以上的特色优势扶贫产业，从而给每个贫困户带来稳定收益。调研组在麻阳县看到，该县冰糖橙入选省"一县一特"目录，进入了中央电视台"国家品牌计划——广告精准扶贫"项目，是县里脱贫攻坚的首选农业产业。全县3 464户搬迁户种植冰糖橙7 000余亩（约466.67公顷），产值达4 000余万元。2019年，该产业带动全县农民总体增收约5亿元。隆回县重点发展金银花、优质稻、龙牙百合、辣椒、茶叶等产业，金银花产业也纳入了省"一县一特"目录。目前，该县金银花产量已占全国的60%，龙牙百合占全国的70%，辣椒的生产加工产生了"军杰"等业内知名品牌。

广西采取"5+2""3+1"的产业发展模式，将地方特色资源发掘与产业扶持措施深度结合，分别在县级、村级地方实施。该模式的主要内容为：由自治区发布86个特色产业目录，全区106个有扶贫任务的县和 5 379 个贫困村在掌握目录内容、充分了解自身资源禀赋特点的基础上，经过调查研究与专家论证，从目录中遴选确定 5 个特色产业，将其作为脱贫攻坚期内的主导扶贫产业，从目录中另选 2 个作为自选产业。上述贫困村从目录中选取 3 个特色产业，将其作为脱贫攻坚期内的主导扶贫产业，再确定 1 个作为自选产业。主导产业确定后，原则上在脱贫攻坚期内不予变动，广西各级地方、各相关部门给予重点扶持；自选产业则可以一年一调整，同样可以得到相应的扶持。据了解，2019 年，全区有发展能力的贫困户中，有 92.92% 参与发展县级"5 + 2"特色产业，有 96.82% 参与发展贫困村"3 + 1"特色产业，形成了"县有扶贫支柱产业，村有扶贫主导产业，户有增收致富产业"的格局。

调研组在百色市田阳区看到，早在 2014 年广西就根据田阳（当时为田阳县）的农产品特点，建设了现代特色农业（果蔬）核心示范区，主要种植芒果、香蕉、火龙果等农产品。该示范区规划建设 20 万亩（约 13 333.33 公顷），分三期进行，目前已建成 1.1 万亩（约 733.33 公顷）。贫困户到核心示范区务工，人均收入可达 1.6 万元左右；4 262 户贫困户通过小额贷款、以带资入股的方式参与示范区利益分享，每年可获得 3 000 ~ 5 000 元不等的收益；全区 152 个村均享有示范区的股权，村集体每年可以获得 6 000 元的红利。

四川省农业的优势特色产业是"10 + 3"产业布局，这些产业也是扶贫产业的主要推动力量，覆盖了 88 个贫困县、11 501 个贫困村。所谓"10"，即粮（油）、猪（家禽）、茶、薯、药、竹、果（花椒）、菜、桑、鱼等具有优势特色的 10 个产业，"3"即现代种业、智能农机装备制造和烘干冷链物流 3 个先导性支撑产业。在四川省的深度贫困地区，大小凉山彝区重点发展特色水果、烟叶、马铃薯等；高原藏区重点发展高山蔬菜、牦牛、藏药等；乌蒙山区重点发展热带水果、蚕桑、特色养殖等；秦巴山区重点发展茶叶、道地药材、特色干果等。由于特色资源确定精准，扶持措施有力，扶贫产业明显上了层次。

例如，凉山州昭觉县利用当地高山季节类型多样的特点，大力发展高山错季种植蔬菜水果。昭觉县的土地资源海拔高度从 500~3 800 多米不等，温度、气候类型多样，可种植天然反季节蔬菜、水果，符合市场热点需求。该县扶持盛欣农业技术开发有限公司建立循环农业产业园区，通过加大基础设施建设和技术投入等多种手段，实现了园区一年种菜两次，主要涉及菜苔、西葫芦、白菜、花菜、莴笋、娃娃菜、青菜等，年产错季蔬菜 6 000 吨，销售总收入 2 400 万元左右。产业园已成为成都、重庆菜市场的优质供货商，部分产品还远销中国香港等地。据了解，循环产业园的高山错季蔬菜项目惠及贫困人口超过 2 000 人，贫困户因此而户均增收 6 300 元左右，人均增收约 2 000 元。

二、对农业产业提质增效，推进产业链融合发展

（一）建设现代农业产业发展平台

湖南按照"一县一特"产业布局，在 51 个贫困县共创建国家级现代农业产业园 2 个，省级现代农业产业园 13 个、优质农产品供应基地 18 个，国家级农业产业强镇 10 个、省级农业产业强镇 22 个，建设现代农业特色产业园省级示范园 272 个。到了 2020 年，广西在 6 个贫困县创建了国家及自治区现代农业产业园，在 17 个贫困县创建了中国及自治区特色农产品优势区，12 个贫困县乡镇纳入到国家农业产业强镇创建范围[1]。2016~2019 年间，四川在 88 个贫困县新建现代农业园区 250 个，认定省级星级园区 13 个；新建农产品初加工设施 1 860 座。新建

---

① 广西壮族自治区人民政府网站. http://www.gxzf.gov.cn/sytt/t6622999.shtml.

或改造特色产业基地 660 万亩（约 44 万公顷），新建或改造机电提灌站 2 556 个，新建或改造各级标准化养殖场 1 014 个。

（二）开展科技指导和科技服务

在科技扶贫方面，有关省区各自总结出了自己的特点。湖南省主要依托国家和省产业技术体系专家团队，在贫困地区引进优质特色农产品品种，开展产业技术服务；在 36 个贫困县（市、区）实施了农技推广服务特聘计划，招募 98 名特聘农技员，为县域农业特色优势产业发展、生产经营贫困农户提供技术帮扶，目的是服务好水稻、水果、茶叶、蔬菜等主导产业和蜜蜂养殖、红薯、中药材等特色产业，面积已达 119.73 万亩（约 7.98 万公顷）。四川省围绕农业产业扶贫配齐配强农技帮扶"三个一"突击队，实施"万名农业科技人员进万村开展技术扶贫行动"，对贫困户实现农技服务全覆盖。截至 2019 年底，已向省内 11 501 个贫困村共派出驻村农技员 12 424 人，组建农技专家服务团 890 个、技术巡回服务小组 3 069 个。四川省还出台了《进一步健全基层农技推广服务体系的意见》，健全农技推广体系，截至 2019 年底，累计在 45 个深度贫困县招募特聘农技员 326 人，在贫困地区推进了科技示范基地建设。

（三）支持全产业链发展

与传统小农户生产比较弱、产品附加值低、与市场连接不强等问题相比，产业融合发展能够有效提高产品附加值，促进农户生产更好地与市场对接，从而更有效地发挥减贫、脱贫、致富的作用。各地纷纷采取措施支持全产业链发展。例如，广西壮族自治区专门出台《关于印发产业扶贫全产业链扶持路径的通知》，对财政专项扶贫资金等如何支持扶贫产业生产、加工、冷藏、运输各环节进行了明确规定，发挥了引导作用，促进了生产、加工、品牌、市场一体化布局。调研组在都安瑶族自治县看到，其"贷牛还牛"的产业形成了"进、出、销"的全链条发展。例如，在"进"的环节上，由龙头企业从外地引进优良品种，待适应本地环境后植入可追溯芯片，及时发放给"贷牛"贫困户饲养，同时提供日常技术指导与防病治病服务。在"出"的环节上，龙头企业按市场定价从贫困户手中回购达到出栏标准的成品牛。在"销"的环节上，该县引进嘉豪实业有限公司，建成了广西都安西南冷链仓储物流中心，实现"贷牛还牛"冷链物流"供、储、展、运、销、配"全链条无缝衔接。都安全县发展肉牛养殖16万多头，目前已有乡级牛羊场19个，村级合作社达到了247个，牛羊产业实现100%覆盖贫困户。

三、大力培育和发展新型农业经营主体，强化利益联结机制

（一）培育新型农业经营主体

新型农业经营主体是带贫益贫的市场主体，能有效地组织和带动农户，特别是包括搬迁户在内的贫困户开展生产经营，既促使贫困户与市场形成更加紧密的连接，又将扶贫各方的利益更好地整合在一起。农业农村部发布消息称，到2020年5月底，全国已有222.5万家农民专业合作社进行了登记，联合社的数量在1万以上[①]。截至2018年底，全国家庭农场数量也达到了60万个[②]。今后，国家还将进一步加大对农民合作社的政策支持力度。

湖南、广西和四川均把培育新型农业经营主体放在了突出位置。湖南省给予新型农业经营主体所带动扶贫对象给予财政扶贫资金支持，对参与扶贫的新型农业经营组织提供贷款保证保险政策，全面落实农业种

[①] 农业农村部：全国依法登记农民合作社达222.5万家．人民政协网，http：//www. rmzxb. com. cn/c/2020－09－03/2659829. shtml. 2020－9－3.

[②] 国家统计局住户调查办公室．中国农村贫困监测报告（2019）［M］．北京：中国统计出版社，2019.

养税费减免政策，有效缓解贫困地区新型农业经营主体的资金压力。该省每年安排 5 亿元的省重点产业扶贫项目资金，在此基础上再安排 1.4 亿元的"百企"及千亿产业专项资金、0.5 亿元的农产品加工引导项目资金，直接用于支持扶贫产业和带贫主体发展。开展"千企帮村、万社联户"产业扶贫行动，到 2019 年底，参与行动的农业产业化龙头企业有 839 家，资金投入达到 2.17 亿元，共有 1 805 个贫困村得到帮扶，91 586 户贫困人口受益，39 206 位贫困人口因此解决了就业。有 6 897 个贫困村的产业发展得到了新型帮扶主体带动，占比高达 99.67%。

广西壮族自治区实施龙头企业成长计划，通过政策激励、财政支持，引导企业进得来、留得住、能发展。各市县把财政专项扶贫资金重点投向产业发展，通过扶贫项目库管理渠道，灵活运用以奖代补、资产收益扶贫、扶贫小额信贷贴息、政府购买服务等方式，建立完善的资产归属、收益分配和带贫益贫机制。截至 2020 年 6 月底，全区的项目库已有产业类项目 14 804 个，资金规模达到 142.20 亿元。2020 年初到调研组调研时，全区贫困村的农民专业合作社已累计为社员和当地群众组织农资采购 34.1 万吨、实施技术推广服务 75 万人（次）、实现产品销售 118.8 万吨，共有 118.1 万户贫困户因此而受益。

四川省坚持将 50% 以上涉农项目资金安排到贫困县，2016～2019 年间，共投入财政资金 184.6 亿元用于农业产业扶贫工作。2016～2019 年期间，88 个贫困县共培育农民合作社 26 085 个，纳入农场名录系统管理的家庭农场与规模经营户 41 148 个。其中，省级农民合作社示范社已有 493 个，省级家庭农场示范场达 766 个。全省的 19 791 个行政村当中，共有新型经营主体 35 881 个，其中贫困村 20 333 个，占比为 56.67%，新型经营主体带动贫困户增收 50.93 万户。

实地调研发现，致富带头人的作用发挥得好，相应的合作社也办得好。例如，湖南省平江县中共党员王解先心系扶贫，看准当地自然环境好、动植物资源丰富但尚未得到足够开发的机遇，于2017年3月在平江县余坪镇成立汇民农林农民专业合作社。该社以该县原生态自然成长的农作物，如竹笋、洋姜及散养动物，如黑山羊等为主要产品，一方面对有劳动意愿的贫困户提供资金帮扶、种苗帮扶和生产技术培训与指导，另一方面建立种养殖基地和农产品加工厂，逐步实现规模化生产与滚动发展，形成了"基地＋加工厂＋农户"的合作经营模式。至调研时，该合作社已与204户农户签约，其中贫困户148户，占比72.55％；已建立50亩（约3.33公顷）农产品集中种植基地，计划扩展到450亩（30公顷）；2018年，有38家农户实现较大盈利，12家增收效益明显，增收率达76％。该合作社走出了一条由产品到产业、由增量到增效转变的农业产业升值之路。

（二）直接帮扶

直接帮扶常见方式是对搬迁户加大资金支持、鼓励企业直接吸纳劳动力，对劳动力进行培训，提高劳动力劳动水平。

在培训方面，湖南省建立了贫困村创业致富带头人外出跟班学习和定向培养机制，每年每村培养1名以上创业致富带头人，截至2020年6月底，累计培训致富带头人63 068名，205 817户贫困户被带动。广西全区累计培训了贫困村创业致富带头人2.27万人，实现创业1.31万人，带动6.71万户贫困户脱贫。

相关省区注重使用小额贷款、创业奖补等手段直接支持搬迁户直接从事产业发展。如广西严格落实"应贷尽贷"政策，对符合条件、有贷款意愿的贫困户，引导银行简化评级授信程序。截至2020年7月底，全区2020年新增发放扶贫小额信贷17.58万户、78.37亿元，增量排全国第一位。四川省创新"扶贫再贷款＋小额信贷"模式，累计发放扶贫小额贷款255.42亿元。湖南省面对新冠肺炎疫情，针对不少受疫情影响不能外出或外出后又返乡的，以及受禁食陆生野生动物政策影响需要转产转业的贫困户、边缘户，明确将实施重点产业扶贫项目的省级财政扶贫资金 5 亿元优先用于扶持此类群体。调研地相关县市区均对搬迁户出台了自主创业专项的奖励办法。

福建省长汀县用激励性做法扶持贫困户和产业发展，是县级层面直接帮扶较为典型的做法。该县集中整合中央、省、市、县财政扶贫资金，建立有关激励机制，主要包括：按照规模补贴贫困户的种养成本；实施考评，对考评优秀的贫困户再给予一定的资金奖励，对继续扩大生产的贫困户进一步加大资金扶持力度；选择产业项目时，考虑"长（受益时间长）＋短（见效时间短）"结合、"老（传统产业）＋新（新兴产品）"结合、"土（本土优势产品）＋特（特色产品）"结合，既适应贫困户的传统习惯，又鼓励其从事新品种的种养殖，提高收入；对贫困户开展种养殖技术、电商技术等方面的培训与指导，对所有参与激励性扶贫产业项目的贫困户都购买产业扶贫保险；鼓励和引导农业龙头企业等新型农业经营主体企业用工时优先选择贫困群众，对吸纳贫困劳动力的用人单位给予社保补贴；参与激励性扶贫项目的经营主体均承诺优先回购贫困户的农副产品；依托邮政公司、供销社建立了两个"消费扶贫产销对接服务中心"，打通贫困户农产品的生产、运输、包装、销售等产业链。2020 年伊始至调研时，长汀县共实施激励性扶贫项目 319 个，有 3 976 家贫困户、14 127 人参与其中，覆盖了全县 275 个行政村和 68.74% 的贫困人口。长汀县的做法考虑了贫困户的习惯、现实因素与长远发展需要，考虑了经营主体的市场利益，考虑了产销结合，促使贫困户逐步从"要我脱贫"向"我要脱贫"转变，"授人以鱼"不如"授人以渔"也正在实现。

（三）委托经营

委托经营通常是指将搬迁户所拥有的资源，如财政扶贫资金、耕地、山林地等委托给致富能人、龙头企业、农民专业合作社等集中经营使用。由于后者拥有搬迁户不具备的技术、信息、市场能力等不可比拟的优势，加上资源能规模化运作，往往在生产经营上可以取得较好的经济效益，所获得利润的一部分返利给搬迁户，从而实现了新型农业经营主体和搬迁户的利益共享。

例如，广西都安县在"贷牛（羊）还牛（羊）"的模式中，就采取了包括合作社代养——由合作社代养牛犊获取分红在内的多种方式，实现了牛羊产业对贫困户全覆盖。在四川昭觉县循环农业产业园案例中，负责从事高山错季蔬菜种植的昭觉县盛欣农业技术开发有限公司从当地获得了流转的 3 080 亩（约 205.33 公顷）连片的耕地，该耕地流转自 760 户人家，其中建档立卡贫困户 168 户，1 亩地（0.0667 公顷）每年的流转费 500 元。

在通常情况下，受当地党委政府的引导支持，受委托经营的企业还根据生产环节的需要，招募有劳动能力和劳动意愿的搬迁户务工。如广西百色市田阳区芒果种植核心示范区每年都使用搬迁户从事修剪、喷农药、割草、采摘、打包、运输等工作，进一步把搬迁户吸纳到芒果产业中，增加了搬迁户的收入。

（四）股份合作

股份合作一般是指将搬迁户所拥有的资金、生产资料等折算成股份，由龙头企业等市场主体进行开发使用，并按股份收益进行分红返利。

例如，在广西百色市田阳区芒果产业案例中，该区引导 4 262 户建档立卡贫困户每户向银行贷款 3 万 ~ 5 万元政府贴息小额扶贫贷款，以带资入股方式参与示范区利益分享，在贷款期限内每年享受贷款本金 10% 的固定分红，连续享受 3 年，每年有 3 000 ~ 5 000 元不等的分红收入。贫困户前 3 年享受的固定分红资金还滚动注入核心示范区基地主营公司。贫困农民因此拥有了"股民"身份，能够在小额扶贫贷款到期后能够继续参与示范区的后续利益分成，长期享受一定比例的分红，在一定程度上解决了贫困户后期可持续增收的问题。四川甘孜县吉绒隆沟安置点共有 131 户搬迁户，该县把每户每年 5 000 元的产业周转金、连续 5 年积累的 2.5 万元作为股份，投入该县恒通生态农业发展有限公司，签订入股分红合同。该公司得到融资支持后，巩固发展原有的产业优势，年底可为每户贫困户分红 2 100 元。湖南隆回县军杰公司利用辣椒产业扶贫的经验中，贫困户以土地入股该公司的示范基地、苗圃基地，每年每户能从该公司得到不低于 2 000 元的分红收入。

（五）发展集体经济

相对于搬迁户，村集体往往拥有更多的资金来源、生产资料，也更容易整合产业发展所需的资源要素。通过壮大村集体经济促进产业发展、带动搬迁户，在经济比较落后、原有产业弱小、贫困群众分散且文化程度低的地方尤为显得重要。

例如，四川省甘孜县意识到贫困村应该抱团取暖，将 129 个贫困村投入的、每个村都有的产业周转金 200 万元集中起来，在斯俄乡旅游景区格萨尔王城里打造"百村产业基地"，每个村都在基地里按照统一设计建一个店铺，店铺的租金作为村集体的收入。村集体将部分收入分给农户，各农户一年平均得到了千元左右的分红。同时，搬迁户还可以在该产业基地附近实现就业。

在广西都安县，当地 147 个贫困村分别与当地 6 个龙头企业一起抱团发展澳寒羊、肉牛养殖业、毛葡萄加工等项目，实现村级集体经济稳定增收。为 104 个贫困村定向投入八仙标准厂房园区建设，产权归属贫困村共有，贫困村通过招租方式获得固定收益。村民合作社与引进入驻的龙头企业合作共建村级集体产业，解决村民合作社发展产业缺技术和产品销路问题。该县还注重完善和细化村集体经济委托合同相关条款，特别是明确涉及本金的归还时间、方式及风险责任追究办法，做到既获得稳定收益，也能保证本金安全。

上面所概括的利益联结机制只是最基本、最常见的形式。现实当中，正如前面所提到的案例显示的，这些方法、措施往往混合在一起并用。如搬迁户转让了土地等生产资料，又在企业、园区打工，既获得返利，又获得工资收入；有一定劳动技能的搬迁户在企业承担一定的生产任务，企业统一组织管理，农民获取基本劳动工资和收益比例分成；企业直接聘用，支付劳务报酬；等等。这些做法有力地增强了市场与搬迁户的联系，促进了产业发展。

四、深化东西部扶贫协作，推动产业转移

加强东西部扶贫协作，促进产业有梯度转移，实现区域经济协调发展，是国家坚持的重要战略。各地不仅在东西部扶贫协作中觅得了机遇，而且抓住返乡已成潮流的态势，顺势打造了新的产业亮点。

（一）加强东西部扶贫协作

东西部扶贫协作促进了东中西部地区产业合作进一步加深，增加了贫困劳动力就业，扩大了扶贫产品销售。截至 2020 年 8 月，东中部地区动员了 1 358 家民营企业和 613 家社会组织对 1 113 个村开展结对帮扶，已投入到村资金 2.8 亿元。经过东部与中西部地区政府的紧密衔接，全国外出务工贫困劳动力达到 2019 年的 106%。东部 9 省市的消费扶贫达到 319.99 亿元[①]。广东广西深入开展粤桂扶贫合作。2017~2019年间，广东与广西 54 个贫困县签约第一产业项目 347 个，合同投资额639.66 亿元。到 2020 年 4 月底，广西积极争取央企、粤港澳大湾区企

---

① 综合"全国扶贫办主任座谈会举行 部署下一步工作"（中国网·中国扶贫在线）、"扶贫产品销售近 1 300 亿元 脱贫攻坚普查完成实地入户调查"（中国网）两篇报道的消息。网址分别为：http：//finance. china. com. cn/fp/20200925/5385796. shtml 和 http：//www. gov. cn/xinwen/2020－09/05/content_5540765. htm.

业和民企在桂投资，合同项目 498 个，项目总投资额达 8 671.61 亿元。粤桂扶贫协作助力广西销售各类农产品 186.59 亿元。甘肃省加强与天津、福州、青岛、厦门 4 个扶贫协作市的产销对接，2019 年四市采购该省特色农产品 13.6 亿元。甘肃省政府连续两年举办甘肃特色农产品贸易洽谈会和"三区三州"贫困地区农产品产销对接会，组织该省龙头企业、产销协会和合作社与省外经销商成功签约 223.8 亿元，其中贫困地区 74.8 亿元。

（二）抓住返乡经济

调研组发现，在所走访的 13 个县中，各地推介的致富能手、农民专业合作社、龙头企业等典型中，凡具有本土背景的，几乎都有农民工返乡创业的因素，返乡农民当中的佼佼者已成为带动安置点发展的新生力量。国家统计局的调查数据证实了调研组的发现：全国大多数地区外出农民工在省内就近务工已形成潮流，新型职业农民队伍正在不断壮大。2019 年全国农民工总量为 29 077 万人，比 2018 年增长 0.8%。其中，如果把本地务工的农民工算为省内务工，则省内务工的农民工占全国农民工总量的比例高达 74.2%，超过了 21 575 万人；跨省流动的有 7 508 万人，仅占 25.8%，比 2018 年下降了 1.1%。截至 2018 年底，各类返乡下乡创新创业人员达到 780 万人①。

许多地方意识到，返乡经济给家乡带来的主要是人才、资金、技术和信息，从而加大了专门针对本地在外工作人士的招商引资力度，顺势承接了东部地区的产业转移。湖南省隆回县招商广东东莞军杰食品有限公司返乡发展是一个典型例子：辣椒是湖南省隆回县传统特色农产品，曾在 1957 年被定为国家辣椒生产基地，但长期以来处于弱、散状态，甚至在一段时间内有大量企业破产倒闭。2013 年，隆回县主动招商隆

① 国家统计局住户调查办公室. 中国农村贫困监测报告（2019）［M］. 北京：中国统计出版社，2019.

回籍范时军创办的广东东莞军杰食品有限公司，而范时军 20 世纪 90 年代赴广东时，的的确确是一名摆摊谋生的"打工仔"。2014 年，该公司与隆回县人民政府签订了年建设 5 万亩（约 3 333.33 公顷）辣椒生产基地的协议。截止到 2019 年底，该公司已累计投资 2 792 万元，自建辣椒标准化种植示范基地和种苗培育基地面积 2 905 亩（193.67 公顷），带领公司周围 5 个乡镇 2.8 万户 9.2 万人每年订单种植辣椒面积 3 万亩（2 000 公顷），辐射带动 12 个乡镇 4.4 万户 14.6 万人每年种植辣椒 3.4 万亩（2 266.67 公顷）。目前，该公司拥有现代化辣椒加工生产线 12 条，年加工能力达 12 万吨，总资产 4.62 亿元，2019 年实现了销售收入 6.85 亿元，成为辣椒行业的知名品牌。

军杰公司在扶贫事业上也投入了很大精力。主要采取的方式是为有劳动医院的贫困户免费提供辣椒种苗，免费提供技术服务，统一保底收购；对有务工意向、符合一定技能要求的，吸收到公司生产车间工作，增加贫困户的工资性收入；对以土地等资源入股的贫困户，每年进行分红；等等。2015 年以来，共有 678 户贫困户、2 530 位贫困人口因该公司的带动，实现每人每年稳定增收 1 500 元以上。2019 年 5 月，湖南省委书记杜家豪视察了军杰食品科技有限公司，对其返乡创业、积极参与扶贫的做法给予了充分肯定。

如果说东西部扶贫协作更多的是政府在发挥主导作用，吸引返乡人员发展家乡则更容易调动民间活力。外出务工的农民工在发达地区得到了锻炼，开阔了眼界，积累了资本和人脉，只要家乡提供合适的条件，返乡创业就能更好地发挥他们的作用，从不同的层面对安置点的产业发展做出贡献。在加快形成以国内大循环为主体、国际国内双循环相互促进的新发展格局的背景下，如何利用东西部扶贫协作框架和返乡人员推进安置点产业发展，显然是一个发力的方向。

五、支持"小""微"经济形式，实现立体发展

搬迁户受过去生产生活方式的影响，又都安置在县城乡镇或中心村，工作机会增多，相当一部分从事的是多种职业。以广西为例，截至2020年6月，广西全区易地扶贫搬迁建档立卡贫困户有16.38万，其中有劳动力的16.17万，已实现就业34.56万人。在就业人口中，采取灵活就业的有10.74万，占就业人数的31.08%。调研组观察到，实际生活中，不少人既忙一些农活，又做一些小买卖；既在家带孩子、做家务，又趁闲到扶贫车间打工；建筑工地忙、收入高时，去当建筑工人，果园丰收有钱赚时，又去贩卖水果或从事相关加工、运输等工作；诸如此类。入户调查显示，在愿意选择在安置点工作的受访人当中，有21.6%考虑的因素是"灵活的工作时间"，23.54%考虑的是"工作技能要求不高"，这与调研组实际调研中观察到的情况是一致的。

调研组专门了解了搬迁户在搬迁前后主观上对工作和创业的愿望，发现他们呈现较为积极的心态。当受访户被问到搬迁前后"您更倾向于哪一种方式让自己摆脱贫困"且只能选择一项时，受访户搬迁前选择"外出打工"的比例从44.34%上升为搬迁后的49.77%，在本地寻找工作机会的比例从6.11%上升至23.76%，"自己创业，做点买卖"的比例则从1.81%上升到6.33%。当被问及自己种植的产品和养殖的产品通过何种渠道销售时，分别有13.54%和10.53%的人选择了自己摆摊出售。也就是说，在涉及自己主动改变贫困境地的选项中，搬迁后受访户的比例都出现较明显的上升。

各地针对搬迁户的这些特点和倾向进行了积极引导与支持。

（一）支持扶贫车间

例如，湖南建设扶贫车间2 068个，解决群众就业14 400人。隆回

县采取优先供给扶贫车间用地、优先保障扶贫车间建设、优先给予后续奖补的做法，同时要求扶贫车间确保搬迁户务工来者不拒、确保务工搬迁户及时获得薪酬、确保搬迁户不能被随意解雇，建成了 8 个扶贫车间，实现搬迁户就业 130 人。广西在安置点建设了 23 个农民工创业园；所建设的 3 576 家扶贫车间中，有 511 家建在安置点。田阳区专门在安置点区域建设 17 家扶贫车间，就地安置搬迁群众就业 395 人。

（二）支持摆摊设点、自主创业

小摊位、小门面是适应搬迁户特点的重要经济形式。湖南省麻阳县建设门面 798 个、市场摊位 1132 个、柴棚 795 个、停车场 1 个，面积分别达到 34 017 平方米、8 685 平方米、9 259 平方米、2 400 平方米，一方面通过减免门面费、摊位费与相关税费，促进搬迁户就近就业，结合自己的能力、实际情况就业，另一方面将门面等出租给企业，租金转为分红给贫困户和搬迁户。截至 2020 年 6 月，受益贫困户已达 4 000 余人，人均增收 2 万元以上，创造经济效益近亿元。湖南省平江县把创业贴息贷款支持对象扩大到搬迁户，已向申请人发放不低于 10 万元的创业贷款，累计发放达到 1.34 亿元。广西都安县安排了农民工创业贷款配套担保基金 800 万元，共支持发放创业贷款约 3 990 万元。

（三）支持庭院经济

庭院经济在相当程度上符合搬迁户的生产生活习惯。四川省在贫困地区积极推广小果园、小鱼塘、小茶园、小桑园、小药园的五小"庭院经济"模式；结合地区特色，因人、因户施策，支持引导贫困户发展短期有收益、长期可致富的小买卖、小庭院、小养殖、小作坊等；根据搬迁户多有养猪的技能与习惯的特点，正计划在易地搬迁安置点附近为每户有养猪意愿的贫困户建设一个可养殖 1～10 头生猪的"共享猪圈"，该圈舍设计包括猪饲料加工、猪舍、粪污无害化处理池，解决了生猪的吃、养、排三个问题。

三地的经验表明，"微""小"经济活动看似不起眼，却适应了搬迁户的生产生活习惯和实际需求，不仅帮助搬迁户稳定了生活、抵御了风险，而且从长远看培养了其劳动技能，为融入当地产业发展奠定了基础。

六、打造扶贫产品品牌，通过电商网络扩大产品销路

（一）创扶贫品牌

没有品牌，产品就卖不出好价钱，贫困地区更是如此。各地在发展特色优势产业的同时，投入专项资金、制定专项政策，突出抓好品牌建设，一批扶贫品牌脱颖而出，逐步成为区域性，乃至全国性的品牌。

例如，四川省委省政府主要领导亲自谋划、亲自部署，扶贫、商务、农业农村等部门积极配合，成立了"四川扶贫"集体商标管理协调领导小组，创建了"四川扶贫"公益品牌。截至2020年6月底，全省有2 628家企业注册了5 630个产品。其中，标注"四川扶贫"公益品牌的产品中，仅中国驰名商标就有苍溪红心猕猴桃等38个产品，中国地理标志保护产品有稻城藏香猪等258个产品，取得中国驰名商标和中国地理标志保护产品"双认证"的有盐源苹果等8个产品。在新冠疫情防控期间，"四川扶贫"公益品牌助力破解扶贫产品滞销难题，累计销售畜禽、蔬菜、水果等扶贫产品4.5亿元，受益贫困群众近13万户。

湖南在51个贫困县中，集中了14个农业区域公用品牌，重点打造了主要产自贫困地区的"湖南红茶""安化黑茶"等4个省级区域公用品牌，推荐了保靖黄金茶、怀化碣滩茶等11个产品入选"广告精准扶贫"项目；设置贫困地区品牌建设专项资金，对贫困地区实行新登记地理标志的，一律奖励20万元。"安化黑茶""麻阳红心猕猴桃"等品牌

已经初步具有全国性影响力，形成了相对固定的消费群体。截至 2020 年 9 月，湖南省共认定扶贫产品 6 531 个，涉及 126 个县市区，总价值约 649.42 亿元。

广西发挥靠近广东的优势，从严把关，制定高标准，以深圳产品标准体系强力打造粤桂扶贫协作的"圳品"。调研时，全区贫困县的 10 个基地已有 7 个品种优质农产品通过"圳品"认证，批量入驻深圳各大商超。同时，还认定了 106 个县的 3 552 个农产品为扶贫产品，价值总量达 386.89 亿元。

（二）抓电商、促销售

调研组实地看到，电商、网销成为扶贫产品的重要销售渠道，许多乡村和乡镇的中心区域都有电商服务站或者销售店铺。湖南的贫困村已经建成 4 200 多个电商服务站，拥有 3.6 万家电商扶贫小店，2019 年全年的电商扶贫年销售额达到 150 亿元。该省麻阳县则打造"互联网＋冰糖橙产业化"平台，超过 50 家电商和快递企业、5 000 余名个体电商从业人员成为冰糖橙销售的主力。据报道，2020 年以来，湖南省安化县委常委、副县长陈灿平通过网络直播带货，半年左右销售黑茶达 1 500 多万元[①]。广西加强与阿里巴巴、京东、苏宁等多家综合性、垂直型的电商平台合作，开展"网红代销""直播带货"及特色网络节庆活动，许多扶贫产品，如芒果、百香果、罗汉果等大部分都实现了电商销售，2020 年以来已经累计网销 44.63 亿元。其中，广西的各地市长、县长"直播带货"促成网上销售 4 091 万元。四川针对 2020 年突发疫情，加强线上销售，实现销售滞销扶贫产品 4.06 亿元。

---

① 凌晨下播的网红县长：一人卖出 1 500 万元茶叶，两月暴瘦 12 斤. 新京报，https：//www.bjnews.com.cn/detail/160272507115408.html.2020－10－15.

第二节　产业后续帮扶措施需要关注的问题

安置点产业发展最终要解决的是搬迁户能否就业、稳定脱贫，并逐步走上富裕生活的道路。在充分看到和总结产业发展成就的前提下，调研组认为产业后续帮扶措施还需要关注以下问题，主要包括安置点区位因素、农业扶贫产业面临的基本风险、新型农业经营主体所起的作用、产业转移，以及搬迁户的劳动力素质问题。

一、安置点的区位对产业项目的类型有一定影响

调研组发现，安置点所处位置不同，搬迁户的家庭毛收入不同[①]。处于中心村的，搬迁后家庭平均毛收入为 49 338.71 元，在乡镇安置的为 42 405.88 元，在县城及附近安置的为 45 896.34 元，在本县产业园（含旅游区等，下同）的为 36 300 元。该数据显示，安置在中心村的家庭毛收入最高，安置在产业园的最低。即使考虑存在的抽样上的不足，在乡镇、县城和产业园安置的收入，也不如想象中的高。

受访户中，有超过三分之一的在继续耕作原有的农田，但随着安置点位置的不同，搬迁户处理耕地的方式区别较大。安置在中心村的搬迁户，有 48.65%，即接近半数的继续耕作自己的农田，是安置在乡镇、县城和产业园区中比例最高的。安置在产业园区的则几乎都不再自己耕

---

① 考虑到受访户在实际访谈中多数不能精确讲述自己的收入细节，而且访谈的时间有限，调研组采取了"家庭毛收入"这一概念对受访户进行了访谈，并在具体访谈时并没有拘泥于"家庭毛收入"这一书面语言，而是灵活采用了"大概收入""估计收入"等口语化的表达，以利于受访户的理解和沟通。

作原来的农田，而是将其租给别人等。安置在乡镇和县城的，自己种田的分别为32.98%、36.5%，距离安置在中心村的有10多个百分点的差距。另外，在中心村、乡镇、县城安置的搬迁户对耕地的抛荒程度非常接近，超过了15%[①]。

在山地问题上，平均有44.08%的搬迁户选择了自己全部或部分经营管理，但随着安置点位置的不同，搬迁户处理山地的方式也呈现较大区别。安置在县城和中心村的，有接近或超过50%的选择全部或部分自己经营管理，安置在产业园附近的，几乎都选择流转。与处理耕地的方式不同的是，四种安置点抛荒山地的程度都很低，平均仅有3.27%[②]。

调研组请受访的搬迁户对"家庭收入主要来源"进行一次唯一的选择，不同安置点的搬迁户做出了与处理耕地和山地不太一样的选择。安置点在中心村的，选择务农的仅有5.26%，选择务工的占比高达84.21%。安置点在乡镇和县城的，选择务农的反而比例分别达到了14.36%、18.41%，高于安置点在中心村的，选择务工的则分别为73.4%、73.63%，均低于安置点在中心村的。安置点在产业园区的，选择务工收入的达到85.71%，排名第一；选择个体经营的，达到14.29%，远远高于安置在其他地点的搬迁户[③]。

对于上述情况，可能性比较大的分析是：距离自己的耕地或山地越远，由于交通便利的程度、时间因素、劳动力因素等，搬迁户自己耕作或经营的愿望就越低，尤其是安置在产业园区的搬迁户表现最为明显。其中：

（1）安置在中心村的务农活动较多，但倚重务工收入的比重相对高。该群体继续耕作农田和经营山地的比例最高，但是实际主要收入依

---

①②③　有关统计表格见问卷调查分析报告。

靠务工解决。结合家庭毛收入情况，可以合理地推测，该群体因为在乡村，更熟悉当地社会，能更好地发挥过去储备的技能；或者说明该群体外出务工的比例比较高。总之，安置在中心村的搬迁户收入的渠道比较多、比较灵活。

（2）安置在乡镇和县城的务农活动相对少，但倚重务农收入的比重相对高。该群体尽管耕作农田的比例低于中心村，务工收入占比也很高，但是对农业收入的倚重要明显高于中心村安置点的搬迁户，而务工收入相对较低。说明安置在这两个地点的群体要么务工的比例少，要么从务工中获取的收入不高，必须更多地依靠耕地或山地给自己增加收入。结合家庭毛收入状况，相对安置在中心村的，这两个群体可能就业渠道相对狭窄一些。

（3）安置在产业园的务工和个体经营较多。该群体首先是靠务工收入，其次是个体经营，无论是耕地还是山地，几乎都选择了流转或租给别人，自己直接从事生产经营的很少。说明该群体目前直接从事传统农业的比例很低，主要依靠产业园区所创造的经济活动或外出打工来增加收入。结合其家庭毛收入明显偏低来看，该群体就业渠道可能更窄，创收的手段比较单一。

上述数据可能会受到样本选取因素的影响而产生一定程度的偏差，但是从实际了解的情况看，所调研的地方，以及调研组所收集到的其他资料显示，以城镇安置和无土安置为主的安置点，就业渠道狭窄，就业压力最大，对产业发展类型的选择形成了新的挑战。例如，贵州省"十三五"期间计划搬迁人口188万人，其中贫困人口150万人，绝大部分按照城镇化思路集中在县城及附近安置①，无土安置179.37万人，占比95.41%。广西71万搬迁贫困人口中，有67万人采取城镇无土安置，

---

① 贵州全面完成188万人易地扶贫搬迁. 中国青年报，https：//shareapp.cyol.com/cms-file/News/201912/23/web307098.html.

占比高达 94.4%。山西省"十三五"期间在集中安置点安置贫困人口
32.3 万人，其中县城附近安置 19 万人，占比 58.82%①。对于搬迁入城
的群众而言，就近从事传统农业面临诸多不便，收入来源主要依靠产业
发展创造的就业解决。

二、农业扶贫产业存在一定风险

在帮助包括搬迁户在内的贫困户脱贫摘帽过程中，农业扶贫产业发
展迅速，发挥了巨大的作用，但各地农业扶贫产业在实际也面临着一些
风险，基础性的主要包括三种：

（一）自然风险

产业扶贫项目实施过程中发生的各类难以预测的风险，常见的如水
灾、旱灾、雹灾、冻灾、风灾等，会不同程度影响项目实施的最终成
效。受灾程度比较严重的，往往对产业和农户都造成很大损失。例如，
2016 年 2 月 21～25 日，四川甘孜州连续 5 日发生强降雪，受灾范围包
括康定、泸定、白玉、理塘等 9 个县、共 57 个乡镇，农作物、畜产品、
农业基础设施等均遭到重创。例如，超过 2 500 亩（约 166.67 公顷）
羊肚菌受灾，近 400 座木制蔬菜大棚被大雪压垮、损坏，270 座牲畜暖
棚被压垮、损坏，造成了 5 000 余头牦牛饲料短缺②。2012 年 1 月下旬，
平均海拔 4 250 米的石渠县连续 41 天普降大雪，最低气温于夜间达到
了零下 37.2℃，不仅导致全县 10 个乡镇有 20 000 多人缺粮、缺衣被，
有不少还被冻伤，同时还有 9.4 万余头牲畜被极寒天气冻死③。

---

① 根据国务院扶贫办开发指导司和有关地方提供的数据整理。

② 甘孜强降雪致 57 个乡镇受灾，直接经济损失约 7 709 万. 四川新闻网，http：//
scnews. newssc. org/system/20160225/000651123. htm.

③ 四川石渠雪灾致 2 万多人受灾，400 余民兵紧急救援. 中国政府网，http：//www.
gov. cn/jrzg/2012 – 03/22/content_2097982. htm.

（二）技术风险

此种情况往往发生在选育、种植等环节，由于基层缺乏懂技术和相应经验的人才，青壮年又多外出打工，问题相对容易凸显。如湖南省隆回县岩口镇向家村在选择产业发展项目时，虽然经多处考察，确定桃、板栗为主要产品，但是当地为求快速效益，选择了栽种丰产大树。实际的结果是，种下去以后第一年还能开花结果，第二年长势就迅速衰弱，目前已全面淘汰。县农业局总结教训认为，现今果树栽培生产上多以嫁接苗为主，特点是丰产快，衰退也快，桃树生产大多 7~8 年就开始衰退，考察时看到累累硕果，其实也意味着其由盛转衰的转折点即将到来。县农业局认为，基层对有关技术不了解、不掌握，缺乏相应的经验分析和应对造成了这样的后果。

（三）市场风险

农产品生产有其自身周期，但市场需求情况变化较快。不少扶贫产业刚开始经营时，市场行情还很好。但等到农产品收获时，形势可能已经有了明显变化。因市场饱和、产品滞销、价格下跌、人工成本上升等因素，易导致出现扶贫产业亏损的情况。例如，广西百色市田阳区芒果、小番茄、沃柑等特色扶贫产业已初具规模，其中芒果种植面积达到 39.5 万亩（2.63 万公顷），成为全县农民增收的支柱产业。但是芒果、沃柑果苗要 3~5 年才挂果，周期长，收效慢，难以解决贫困户当下经济困难。2020 年受新冠肺炎疫情影响，市场出现萧条，价格下跌，田阳区有 4 家种植柑橘规模比较大的合作社共滞销柑橘约 1 000 多吨，所造成的经济损失约 300 万元，平均每家合作社损失 75 万元。

市场风险还包括一些突发的、不可预见因素。例如 2014 年发生的南北金银花正名事件，给相关产地造成了巨大的冲击，经过数年才得以逐渐恢复元气。

三、新型农业经营主体直接带动搬迁户的程度不高

（一）直接带动搬迁户从事种养殖业的作用不明显

根据入户调查，新型农业经营主体直接带动搬迁户的作用表现并不明显①。在被问及搬迁后从事种植业和养殖业的原因时，受访户表示出于"自家意愿"的占比分别为17.86%和18.04%，在各项原因中占比最高；选"能人示范"的略高于0.5%，选"企业推广"的仅略超过1.53%；选择"干部介绍"、"政府资金"、"院校技术培训"、"政府企业社会组织培训"以及"银行贷款"原因的占比均高于"能人示范"和"企业推广"，种植业、养殖业合计分别达到了23.64%和23.15%。

从养殖业和种植业的销售渠道看②，选择"农村合作社经营销售"的仅分别占1.58%和2.6%，选择"企业统购"的分别占0.53%和0.52%，而选择"当地摆摊出售"占比分别为10.53%和13.54%，选择"经销商收购"的分别为12.11%、29.69%；选择"联系各地商户"在两者中占比分别为11.58%和11.46%；其余销售渠道占比均不足5%。而在"以上都没有"选项两者占比都较高，两者分别为37.5%和59.47%。因此可以看出，在受访者的主观意识当中，相关新型农业经营主体在销售渠道的直接带动作用不甚明显。

（二）搬迁户直接参与不深

调研地区搬迁户加入农业合作社的程度不高。湖南、广西、四川、和福建地区未加入合作社家庭比例均高于已加入家庭比例③。受访户在被问及未加入合作社的原因时，表示"没有考虑过这个问题"这一原因占比达到77.97%，"没有人告诉可以加入"占比达到17.29%，"感

---

① ② ③　有关统计表格见问卷调查分析报告。

觉没有用"这一选项比例为 4.75%。意味着在没有加入的受访户中，有超过四分之三的没有考虑过这一问题，不到五分之一的并不知晓相关情况，少数感觉没有用。调研组同时了解到加入农业合作社的受访户的情况，超过 72% 的家庭认为其比较有用或很有用，25.37% 的家庭认为一般，2.24% 的家庭认为没有用，由此可以看出，农民合作社在减贫增收方面有较大成效，但也有许多家庭还未认识到或体验到加入合作社的作用，需进一步加大对农民合作社的支持力度，带动更多家庭加入进来。

（三）部分地区搬迁户对公益性岗位依赖程度高

据调研组了解，四川省深度贫困地区的一些县的公益性岗位在搬迁户就业岗位类型中占比较高，说明搬迁户缺乏新型农业经营主体的带动。例如，个别县的搬迁户中，有三分之一左右由公益性岗位吸收。而调研的广西、湖南、福建的县比例则保持在 2%~5% 之内，显示深度贫困地区的一些地方对政府的扶持依赖程度高，涉及新型农业经营主体的有关工作还有较大空间。

四、搬迁户的劳动能力弱，支撑产业发展的基础差

（一）文化程度普遍偏低

人力资本在产业发展过程具有举足轻重的作用。搬迁户当中的劳动力的受教育程度对安置点产业类型的选择、布局、前景等有着直接影响。从入户数据当中得知，所调研的搬迁户中，初中及以下文化程度为多数，比例超过了 90%，但是，如果分地区看，不同的地区则呈现不同的状况。四川省深度贫困地区受访户当中，小学及以下文化程度的比例超过了受访者的一半。而同处西部地区的广西，则是初中与高中文化程度合计占比超过受访者的一半，达到 51.73%。中部的湖南省受访户

初高中文化程度占比接近50%，处于东部地区的福建的受访户同类比例则接近60%。因此，搬迁户劳动力的劳动能力普遍偏低是一个客观存在，其中深度贫困地区的搬迁户的文化教育问题可能会给产业后续帮扶措施带来负面影响的问题非常突出①。

（二）部分地区掌握国家通用语言文字的程度较低

国家通用语言文字一般指的是汉语言文字。所调研的地区当中，不同地区对汉语掌握的程度区别较大。例如，四川省深度贫困地区接受访谈的搬迁户中，不掌握汉语的比例超过了三分之一，而广西都安县、田阳区的比例则降为8.62%。湖南省和福建省的受访户则没有表示不能使用汉语的情况②。

根据对入户数据的分析，掌握汉语程度高的，受教育程度较高，反之则较低。例如，同时熟练掌握汉语和少数民族语言的搬迁户中，不识字的比例为12.43%；熟练掌握汉语但仅掌握部分少数民族语言的，不识字的比例为10.59%；而熟练掌握少数民族语言但仅掌握部分汉语的，不识字的比例则上升到37.37%；完全不懂汉语的人当中，不识字的比例则飙升至87.91%。

入户调查数据同时显示，掌握汉语的熟练程度显著影响务工水平的高低③。问卷把掌握汉语和少数民族语言的情况分为四类：民汉兼通、汉多民少（熟练掌握汉语但仅掌握部分少数民族语言）、民多汉少（熟练掌握少数民族语言但仅掌握部分汉语）、不懂汉语，发现在前三者的情况下，务工的人数都超过了不务工的人数，两者之间的差距逐步缩小。在不懂汉语的类型中，不务工的人数则发生反转，超过了务工人数。由此可以看出，提高掌握国家通用语言文字的水平是发展产业、实现就业的重要措施，需要大力、深入推进。其中需要注意的是，在广泛

---

①②③　有关数据请参阅问卷调查分析报告。

使用少数民族语言的地区，由于熟练掌握国家通用语言和当地民族语言的人能抓住更多的机会，使得民汉兼通者务工机会最多，因此在此类地区的双语教育需要不断完善。

中央民族大学中国少数民族研究中心 2018 年在云南实施了少数民族综合社会调查，重点在少数民族比较集中的地方随机抽取了 4 000 户家庭、4 000 个成人，发现所调查地区的农业户口中，小学及以下文化程度的人数比例超过了 50%。这从侧面印证了西部地区，尤其是深度贫困地区受教育水平滞后的状况。国家统计局的研究指出，贫困发生率与户主受教育程度成反比，户主受教育程度低的群体贫困发生率相对较高。西部地区，尤其是深度贫困地区易地扶贫搬迁安置点巩固脱贫成果、通过产业致富的任务依然比较繁重。

（三）较为缺乏获取资金、信息和技术的渠道和能力

调研组认为受访户主观对自己劳动能力的评价和他们如何看待外部条件，是制定并健全完善产业后续帮扶措施的重要考量因素。问卷询问受访户"能否胜任生产经营脱贫，逐步改善自己的生活"，有 50. 34% 的表示能够胜任，49. 66% 的人表示不能胜任，即有信心通过产业发展脱贫和信心不足的，约各占一半。当信心不足的受访户在选择"不能通过发展生产经营脱贫致富的因素"时，有 41. 2% 的选择了"没有能力和技术"，18. 98% 的人选择了"没有资金、信息的支持"，两项合计达到了 60. 18%。此外，相关选择中还有"没有技术指导、培训"，比例为 4. 17%，选择"没有亲戚朋友帮助"的比例为 6. 02%，四项合计达到了 70. 37%。而选择"没有公司、合作社帮助"的仅为 1. 85%。一方面，在感到自己无法通过发展生产经营而脱贫致富的受访户里头，感觉获取资金、信息、技术的渠道和能力都有限的人占了大多数，需要政府、社会、企业等多方给予解决。另一方面，也说明不少受访户对自身的劳动能力有比较清醒的认识，从自身及相关因素找原因的较多，完全依赖外界的比例不高。

搬迁户劳动力的受教育状况说明，该群体本身自主创业的难度较大，也难以胜任技术含量较高的产业。现实中了解的情况也是如此，该群体在传统农业之外，多从事低端加工组装、搬运装卸、缝纫、家政保洁、包装、摆摊等技术含量低的工作，有一些岗位即使比较低端，也需要培训和多次培训之后才能上岗，他们当中真正能成为工厂骨干工人或种养殖能手的比较少。

五、中西部承接产业转移尚需加强

在世界经济形势前景不明朗、国际贸易摩擦不断加剧的情况下，中西部地区承接发达地区产业转移既能直接服务于加快国内经济大循环的战略，又确实能带动贫困地区的产业发展，解决搬迁户的就业增收问题。调研组走访的 13 个县里的所有扶贫车间，几乎都是东部企业开设或者为东部企业提供产品供应的。毋庸置疑，东中西部扶贫协作取得了丰硕的成果，但是调研组也发现，尽管中西部地区的劳动力工资低，通信、道路交通等基础设施好于东南亚国家，但在吸引东部地区企业自发、主动的投资上，仍然缺乏吸引力，许多东部企业大举转向东南亚等国家投资设厂。就实际了解的情况而言，突出反映在两个方面：

（一）微观政策支持环境不稳定

调研组成员接触过的几位东部企业家表示，他们考察了中西部地区之后，觉得劳动力价格、土地价格、资源价格、交通便利条件等都是具有吸引力的，但是就怕当地政策变来变去。有的企业家表示，其实投资地政策有没有优惠不是最重要的考虑因素，作为投资者能够承受一段时间的亏损，真正需要担心的是政策环境不稳定，导致投资的前景不明朗，投资前景不明朗意味着前期的亏损后期没有办法赚回来，因此最稳妥的办法是不投资。同时，中西部省份内部发达地区到本省贫困地区投资办厂也缺乏热情。一位在中部某县从事电子器件制造的企业家表示，他知道西部一带劳动力价格更低，不少地方交通也方便，但整体配套比较欠缺，所以选择在目前的所在地办厂。如何稳定企业家投资预期，做到让发达地区企业自发到中西部地区投资，需要付出相当多的努力。

（二）一些地方招商定位不够精准

调研组在某县工业园接触了一位做手套的企业家。他告诉调研组，他是本省××县人，母公司在沿海某地做手套企业，他在省会的分公司工作，因为成本上涨，受到家乡招商引资政策的吸引，遂将分公司转移到该县。该企业本来不符合县工业园高科技企业入驻的要求，由于工业园实际招不满，地方政府特批让该企业进驻工业园。进驻后，他发现工业园的厂房建设与沿海地区有差距。沿海地区的厂房只要企业入驻，基本就可以直接开工，而当地的厂房还需要企业自己拉线走管，既费时间精力，又额外增加支出，厂房的电梯也不能像东部地区一样使用小型机械驱动的运货工具，等等。该企业家认为，相对于东南亚国家，他的手套属于中高质量的，东南亚国家一时生产不了，因此还有市场，将来会怎么样，他表示且行且看。该企业由于生产效益较好，解决了不少贫困户的就业增收问题，得到了地方政府30万元的奖补。但该企业家言谈之中虽然感谢地方政府的奖励，但流露出更大的希望还是能够长远发展。该访谈所透露的信息是：如果中西部地区进一步下功夫，吸引东部地区一部分企业和本省发达地区产业仍然有相当空间；贫困地区在承接产业转移的过程中对自身的定位、招商对象的层次要有进一步的分析梳理，不能盲目求高求大；尽量要按照发达地区的软硬标准来建设，把成本优势变成现实吸引力。

在可见的时间范围内，安置点产业主要依靠外部力量带动发展，在经济双循环战略加快推进、各级政府财力紧张、安置点产业发展能力不强的情况下，中西部地区主动承接东部产业转移、引导本省份发达地区向安置点转移产业是帮助安置点产业发展、解决搬迁户就业增收可以利用的重要途径。它一方面需要发挥体制优势，深化政府间的东西部扶贫协作机制，发挥政府的引导作用，另一方面也要因势利导，注重发挥市场机制的作用，把改善和增强中西部的营商环境、引导发达地区企业主动到安置点区域投资设厂放在更加突出的位置。

第三节　总结与建议

党的十九届五中全会强调指出，要全面实施乡村振兴战略，"实现巩固拓展脱贫攻坚成果同乡村振兴有效衔接"，要"强化以工补农、以城带乡"。在乡村振兴战略中，产业兴旺位居首位，重要性特别突出。总的看来，安置点产业发展在近年来取得了迅速发展，基本做到了面上覆盖到村，点上带动到户、到人，成为搬迁户实现脱贫、就业和增收的重要力量，使搬迁户在搬迁后对生活的满意度发生了翻天覆地的变化，为进一步实施乡村振兴战略中的产业兴旺奠定了坚实的基础。各地主要从加强统筹规划、支持生产、优化组织管理和开拓市场与促进产业转移等环节，采取了一系列政策措施，取得了一系列好的经验与做法。这些经验和做法表明，产业后续帮扶措施正在逐步健全完善，渐成体系，实现产业兴旺有了良好的基础。

同时，搬迁户群体所面临的情况与一般贫困户、一般农户并不一样，该群体面临的"巩固拓展脱贫攻坚成果"的任务可能是相当突出、甚至是第一位的，安置点所在地需要通过不断地夯实产业发展的基础和后劲来实现产业兴旺。原因在于：第一，安置点主要位于中西部的县城、工业园、乡镇、中心村等，这些地方虽然条件比搬迁户搬迁前的条件有较大改善，但产业基础依然较为薄弱，扶贫产业整体还处于培育期。安置在中心村、乡镇、县城和产业园区的差别，也会给搬迁户参与产业的类型、水平带来不同的影响。第二，正在积极发展的农业扶贫产业还面临着自然风险、技术风险和市场风险的考验，搬迁户的务农收入存在不确定性。第三，新型农业经营主体直接带动搬迁户的作用还不够突出，搬迁户对加入新型农业经营主体认识不一，新型农业经营主体的带动作用还需要进一步发挥。第四，搬迁户的文化程度低、劳动能力弱，获取技术、信息和资金的水平低，渠道狭窄，部分地区掌握国家通用语言文字的水平也较低，缺乏与市场良好的沟通手段，这些因素都导致搬迁户自身素质支撑扶贫产业的可持续健康发展面临着较大的挑战。

还有一个不能忽视的因素是，产业发展都有周期性，尤其是农业产业，需要时间培育、巩固和发展，而易地扶贫搬迁工作在"十三五"期间才全面展开，如何搬迁出来是各有关地方首要考虑的问题，针对易地扶贫搬迁户的产业后续帮扶措施属于边试点、边推进、边完善的状态，许多地方出台的产业扶贫政策通常都是近两三年的事情，尚处在探索实验阶段，迫切需要先夯实基础，再追求产业兴旺。因此，易地扶贫搬迁安置点产业扶贫不是已经成熟，而是才刚刚开始，还需要持续发力、久久为功。

综上所述，为了实现党的十九届五中全会提出的"实现巩固拓展脱贫攻坚成果同乡村振兴有效衔接"，本篇认为，贫困户搬迁后，今后一段时间内产业后续帮扶措施的重点是围绕产业带动就业来巩固脱贫与搬迁成果，增强搬迁户脱贫的稳定性和发展的可持续性。在逐步夯实了安置点产业发展的基础之后，再实现向产业兴旺的转变，或者说到那时产业兴旺也就是水到渠成的事情。就产业后续帮扶措施而言，建议着力从以下几个方面进一步完善：

一、根据安置点区位条件和安置类型选择产业

（1）根据安置点的区位。对于主要在中心村、乡镇安置的搬迁户，继续延续和优化农业产业扶贫措施，引导龙头企业入驻或全产业链向安置点延伸，支持搬迁户参与种养殖、采摘、农产品初加工、包装运输等环节，增强农业产业的带动能力。针对在县城、工业园、旅游区等区域集中安置的搬迁户，既要继续发展传统农业和现代农业，又要注意发展第二、第三产业，如纺织、服装、玩具、皮革、家具、手工制作、餐饮、旅游等。对集中安置人数较多的地区，宜倾斜安排产业奖补等项目资金，经营规模、扶持方式可考虑适当放宽，扶持补助标准可适当提高。对于实际已经习惯城镇生活、将来不太可能返回农村生活的搬迁户，除了稳定保障好原有的基于农业农村角度提供的各项后续帮扶政策外，更应着重从新型城镇化战略角度考虑健全完善产业后续帮扶措施，做好乡村振兴战略与新型城镇化战略的统筹协调。

地处东、中、西部也是需要考量的因素。东部和中部部分省份的安置点自然条件相对较好，交通便利，搬迁户文化程度相对较高，普遍使用国家通用语言文字，可以布局有一定技术含量的涉农和非农产业，鼓励搬迁户自主创业；深度贫困地区的安置点在自然条件和交通便利的程度上都不能与东、中部省份相比，劳动力受教育程度低，部分地区还不能使用国家通用语言文字，一方面要保持政府财政资金的直接帮扶力度不减，另一方面宜深入发掘当地特色优势资源，如特色农牧产品、生态观光、文化旅游等，加强物流、交通环节，培育和发展当地特色产业。

（2）根据安置的类型。对于实行有土安置的贫困户，宜根据搬迁户的实际劳动能力和劳动技能，结合附近自然资源的特点与市场需求发展特色农业产业；对实行无土安置的贫困户，宜盘活原有的宅基地、承

包地和山林地，通过土地流转、入股分红和委托经营等方式，培育和发展规模化、现代化的高效特色农业，同时引导、鼓励搬迁户融入当地非农产业发展。

迁出地与迁入地的产业后续帮扶措施应做好配套衔接，形成有机的统一体。迁出地应该继续健全和完善原有的农业扶贫产业，继续保持和加强原有的益农惠农措施。迁入地则要根据自身所处的位置与资源禀赋，采取宜农则农、宜林则林、宜牧则牧、宜渔则渔、宜工则工、宜商则商的办法，综合运用前述提到的手段来进一步丰富产业项目布局。

二、多措并举，建立健全农业扶贫产业风险管理体系

农业风险管理体系内涵丰富，涉及诸多方面，就易地扶贫搬迁安置点的产业现状和搬迁户的特点而言，今后一段时间内应该主要解决以下几个主要问题：

（1）加大农业基础设施建设[①]。目前，绝大多数安置点及所在的县域，农业扶贫产业比较多地靠天吃饭，加强农业基础设施建设能有效地抵御自然风险、大幅度降低农业受灾而导致的返贫问题。例如，在干旱半干旱地区加大对节水灌溉技术的投入，缓解用水紧张的问题；在降水丰沛的地区加强水库、排水沟渠的建设，整治疏通河道，缓解水量过大导致涝灾的问题；在高寒牧场建设冬季草场棚圈设施和其他生产性基础设施，提高牧民抵御严寒风雪的能力，避免出现一场雪灾就导致牧民损失牛羊无数的情况；等等。

（2）建立健全技术服务体系。搬迁户文化素质普遍较低、劳动能力弱，迫切需要健全完善农业技术服务体系，以抵御自然与技术风险。

---

① 2021年3月国家公布的国民经济与社会发展"十四五"规划和2035年远景目标纲要对农业农村工作进行了全面部署，提出了现代农业农村的八大建设工程。

例如，积极开展农业气象服务工作，为农业生产提供准确的天气和气候预测预报，对可能出现的极端天气气候进行预警和准备；针对各种不同的气候条件，分产业类别做好预案，制定详细具有可操作性的抗灾减灾技术方案，实现未雨绸缪；开展好农作物重大病虫害气象监测预测实时服务，充实基层一线服务指导人员；等等。

在发挥好政府力量的同时，应综合运用财政、金融、税收等手段引导企业加大科研投入和科技服务。现实当中，一些龙头企业自发地在科研与产业发展中发力。例如，湖南省隆回县军杰食品有限公司建立了院士工作站，有专门的工作场所、经费、助手提供给所聘院士及其科研团队；建立了辣椒培育实验室，分门别类开发不同辣椒品种；建立农业工人培训教室，不仅提供电脑、电商、种植等方面的培训，还向受训人员提供部分补助资金。

（3）健全完善种（养）业保险制度。农业保险在一定程度上具有公共产品的性质，能降低生产风险，降低农民和企业的后顾之忧。例如，在广西都安县"贷牛（羊）还牛（羊）"的经验中，该县财政投入2 132万元为"贷"出的每头牛交400元、每只羊交50～75元不等的保险费，如果牛羊出现意外死亡，经理赔后可免费再领。这一措施极大地消除了贫困户的顾虑，在该产业实现贫困户全覆盖中起到重要作用。2020年，隆回县农业保险险种有水稻、玉米、油菜、甘蔗、金银花、生猪等13个品种保险，中央、省、县共计投入农业保险补贴4 047.6万元。

（4）强质量、树品牌、拓销路。质量好的品牌在市场上往往具有较强的竞争力，是抵御市场风险的重要屏障，现实已经一而再、再而三地证明了这一点。例如，四川省甘孜州理塘县抓住本地海拔高、日照时间长、土地无污染的特点，以"三品一标"的认证申报为突破口，即申请认证无公害食品、绿色食品、有机食品和国家地理标志，以此来提升农业效益、增加农民收入，创建了"极地果蔬"的农特产品区域公共品牌，申报认证无公害农产品产地4.8万亩（3 200公顷）。该县已成为川菜直供中国港澳台试点基地县。

三、健全强化利益联结机制，带动搬迁户融入产业链

龙头企业、专业大户等新型农业经营主体是承载产业发展、连接搬迁户与市场的枢纽，是带贫益贫的市场主体，健全强化新型农业经营主体与搬迁户之间的联结机制既能调动前者的生产积极性，又能带动搬迁户融入产业发展，实现就业和增收。

（1）根据搬迁户的不同特点完善利益联结机制。对有发展愿望和劳动能力的搬迁户直接扶持，实行产业奖补、创业帮扶等措施。如前文所提到的福建省长汀县根据贫困户种养殖业的规模、持续时间长短和实际成效采取的不同程度的奖补，调动贫困户的生产积极性。对拥有耕地、牧场、山林地、资金等资源的搬迁户，可采取委托新型农业经营主体经营等方式，将资源相对集中到龙头企业、专业大户、合作社等。新型经营主体进行规模化运作，以保底分红、二次返利等方式带动搬迁户增收。如，湖南省麻阳县兰村乡大坳村和泥溪垅村的11户搬迁户将36万元贷款购买的2 400羽蛋鸡委托给蓝凤凰农业公司养殖，按照委托产业发展利润的65%分红。3年来，11户搬迁户共获得分红28万元，实现户均增收2.55万元。对离生产资料远、劳动能力弱的搬迁户，通过就业补贴、社保补贴、减免场租费门面费等手段鼓励和支持附近的"扶贫车间"、相关企业持续稳定吸纳搬迁户。还有一部分劳动能力确实弱的，可考虑增设护林员、小区保洁等公益性岗位。

（2）盘活村集体资源，强化村集体的联结作用。积极探索农村集体所有制的有效实现形式，以盘活农村集体资产，形成既体现集体优越

性，又能调动个人积极性的农村集体经济运行机制，有助于巩固脱贫攻坚成果。一方面，对于将迁出地的农田、山林等作为村集体经济入股资产的搬迁户，该群体可以在搬迁后仍然享受村集体经济带来的入股分红，实现就业和增收。另一方面，对于以村作为安置点的地方，搬迁户可以通过扶贫资金入股村集体经济，发展特色种养殖、林下经济、设施农业、休闲农业等，壮大村集体经济。通过利益共享，搬迁户加入生产经营的各个环节，既提高了该群体的劳动积极性和劳动技能，又实现了产业发展。

四、发展劳动力密集型产业，推动安置点区域承接产业转移

劳动密集型产业对劳动力技术要求不高，但能吸收大量劳动力。根据国家统计局信息，劳动密集型中小企业的工业产值虽然不到全国工业产值的三成，但是全国工业就业人数的七成以上由其吸纳[①]。安置点区域，尤其是搬迁进入城镇的地区有大量的劳动力，又距离原有的生产资料较远，就业和增收的压力较大，相关地方应抓住经济双循环战略实施契机，主动承接发达地区劳动密集型产业往外转移，深化东中西部经济联系。

（1）政府引领宜更细化精准。根据搬迁户的特点、安置点产业状况和需求的不同，东中西部政府可更加细化对接产业扶贫项目和措施。中西部省份应该抓住农民工愿意在省内务工的愿望，采取专项行动，引导本省发达地区企业到安置点所在区域投资办厂。

（2）突出优化营商环境。中西部地区宜深化改革，克服短期行为，摸准市场脉搏，将创造良好的投资环境、稳定企业家的投资预期放在突

---

① 重提劳动密集型产业绝非倒退. 经济日报，http://www. ce. cn/xwzx/gnsz/gdxw/202007/28/t20200728_35408452. shtml.

出位置，注重利用市场的力量吸引东部地区的企业、省内发达地区的企业到贫困地区开展生产经营，尤其要抓住返乡创业已成气候的机遇，吸引并发挥好外出务工人员的作用①。

（3）重点工程、重点项目向重点地区部署。在县一级财政能力、产业发展能力普遍比较弱的情况下，国家和省一级政府可优先在安置点或附近部署能开发当地资源特色的优势产业。对于"三区三州"等深度贫困地区、2020 年 52 个挂牌督战县，宜抓住"十四五"规划起草机遇，有计划地部署国家和省一级的重点工程、重点项目②。

五、重视支持"小""微"经济形式，创造产业发展新机会

扶贫车间等经济形式办好了能将搬迁户转变为产业工人、创业能手，从而为当地产业的进一步发展创造新的机会。根据国家统计局消息，到 2018 年底，我国中小微私营企业数量达到了 1 526.5 万家，吸收就业人数占全部企业就业人数的 79.4%，充分说明各类"小""微"经济形式对普通劳动者的重要作用。从实际情况看，搬迁户多数劳动就业技能水平低、灵活就业人数多、女性和老人较多在本地劳作，扶贫车间、农贸市场、小庭院、小商铺小门面等各种"小""微"经济形式应该继续予以扶持，与大产业、龙头企业的发展等形成产业帮扶的立体格局。

---

① 本项目结题时，农业农村部等 7 部门发出《关于推进返乡入乡创业园建设 提升农村创业创新水平的意见》一文，提出到 2025 年，在全国县域建设 1 500 个返乡入乡创业园，吸引 300 万返乡入乡人员入园创业，带动 2 000 万农民工就地就近就业。参看中国政府网，http://www. gov. cn/xinwen/2020－11/11/content_5560409. htm。

② 2021 年 3 月国家公布的国民经济与社会发展"十四五"规划和 2035 年远景目标纲要指出：要"在西部地区脱贫县中集中支持一批乡村振兴重点帮扶县，从财政、金融、土地、人才、基础设施、公共服务等方面给予集中支持，增强其巩固脱贫成果及内生发展能力。"

（1）对扶贫车间提供稳定持续的政策支持。对于扶贫车间，现在已经做到"扶上马"，接下来应再"送一程"。目前，各地扶贫车间发展水平、质量不一。发展得好的欣欣向荣，企业家有干劲儿，搬迁户愿意工作。发展得不好的，存在开工不足、甚至停工停业的情况。扶贫车间是随着脱贫攻坚深入推进而兴起的，过程中享受了财政补贴、优惠贷款、税费减免等政策，但是这些政策并没有明确会持续多长的时间。如今随着脱贫摘帽工作的结束，一些企业开始出现观望态度，一些地方也担心后续支持手段不足。应对有关财政资金直接补贴、以奖代补、信贷优惠等政策措施明确延续较长时间，甚至视情况提高支持力度，以使企业家愿意长期办厂，增强其吸收搬迁户的动力。同时，对扶贫车间等支持措施，也应该进一步细化、优化，帮助企业最终能通过市场获得回报，实现企业和产业发展，防止企业过度依赖政府投入，减轻、降低财政、信贷等方面的风险和压力。

（2）对搬迁户提供较长时间的优惠政策。正如入户调查数据所显示的情况，搬迁户需要"扶上马、送一程"的问题同样突出，甚至处于基础性位置。因此，搬迁户所需要的帮扶措施在中短期内还不能撤离，以防止出现返贫。有关方面应统筹兼顾，对小额贷款、创业奖补、税收优惠和场租门面费减免等措施一方面明确比较长的支持期限，另一方面根据实际情况细化支持方案，做到调动和保持其创业和就业的积极性，起到既扶贫，又扶志和扶智的作用，促进搬迁户实现从"要我脱贫"向"我要脱贫"、发家致富的转变。

六、加强职业技术培训和基础教育，提高搬迁户发展产业的劳动技能

习近平总书记在全国政协十三届四次会议上与医药卫生界、教育界

委员座谈时指出："教育不平衡不充分问题，跟区域发展不平衡不充分密切相关。我们应该通过提升中西部教育水平来促进中西部经济社会发展，通过解决教育不平衡带动解决其他方面的不平衡。"调研组认为，在中短期内，通过加强职业技术培训是增强搬迁户就业能力、融入产业发展的有效措施，从长远看，基础教育仍然是影响产业发展的根本性因素。入户调研的数据显示，搬迁户对职业技术培训的评价也比较积极。几乎所有搬迁户搬迁后都参加过职业技术培训，当中对培训内容实用性感觉强的有 34.24%，感觉"比较强"的有 55.59%，认为"一般"的占 10.17%。不少地方开设了适合搬迁户劳动力水平的培训课程，如厨师、理发、果木种植养护、电商销售等。

（1）根据搬迁户劳动能力强弱进行培训。对于劳动能力弱的搬迁户，建议结合当地产业实际状况，进一步细化培训课程，开展针对性和实效性强的培训，有的可能需要多次重复培训；对于劳动能力较强的搬迁户，着力强化技术培训、行业政策培训，引导其成为致富能手和发展带头人。部分民族地区需要制定专门行动计划，提高当地掌握国家通用语言文字的水平；对于到当地投资办厂、务工的，也要提高掌握当地语言的水平。

（2）继续稳定和加大培训资金投入，用好用活培训资金。安置区多为财力比较薄弱的地方，应继续稳定和加强培训资金的投入，确保搬迁户的知识、技能得到及时更新，提高融入产业发展的能力。据了解，一些地方财政培训资金存在闲置现象，使用效率不高。建议从政策上打通政府培训、社会培训和企业培训的通道，财政资金举办的培训可视情况委托给社会机构、企业进行，或者政府直接购买相关服务；建立培训资金使用成效的奖励、监督机制，由培训机构承担培训后果。推行订单式、定向式培训，由扶贫龙头企业、规模企业、安置点社区等对搬迁户进行培训，做到谁培训、谁受益。

（3）重点加强基础教育事业，着力打造职业教育。现实当中，多数企业都会招收初中及以上文化程度的劳动力，因此，加强基础教育事业对贫困地区，尤其是深度贫困地区产业实现可持续发展具有深远的战略意义。同时要看到，贫困地区更多的是需要具有实际劳动技能、解决实际问题的人才。而且从发达国家的经验看，研发型教育里所培育的人数在整个国民教育体系中比重并不高，具有应用、实践技能的人才培养的比重突出。因此，在解决基础教育问题的同时，大力发展中等职业技术教育和高等职业技术教育，培养应用型、技能型的人才，更符合贫困地区的实际。建议国家和有关地方政府就此工作进行专项研究，制定专项工作规划，将深度贫困地区的基础教育事业和职业教育事业纳入到"十四五"国家规划中予以解决①。

---

① 2021年3月国家公布的国民经济与社会发展"十四五"规划和2035年远景目标纲要指出：要"推动义务教育优质均衡发展和城乡一体化""保障农业转移人口随迁子女平等享有基本公共教育服务""提高民族地区教育质量和水平，加大国家通用语言文字推广力度"。

第三章

易地扶贫搬迁后续产业
帮扶的典型案例研究

本章通过对东、中、西部 13 个易地扶贫搬迁重点县（包括三区三州地区）进行走访、调研，整理出一些典型的后续产业帮扶案例，从特色产业、扶贫车间、农村电商、新型经营主体、返乡经济、集体经济等方面阐述如何带动、推动易地扶贫搬迁户脱贫，同时列举出不同地方解决困难的有效做法。本章结合所陈述的案例，对易地扶贫搬迁后续产业稳固发展提出了一些政策建议：在农村经济供给侧背景下，抓准独有资源优势，建设具有相当规模的特色产业，以生态化、有机化、高品质的日常必需农产品供给来稳定占有市场；坚持以较大力度的优惠政策支持扶贫车间，吸纳易地扶贫搬迁户中的居家劳动力在社区就近就业，积极推动扶贫车间潜在项目储备库建设，以应对劳动力密集、劳动技能不高、同质化竞争较为严重的低门槛项目随时可能遭遇的市场风险；发展农村电商，用激励措施将培训和网店孵化牢牢绑定，鼓励支持开展农户网店，推动互联网销售成为农产品贸易的主渠道；倡导新型经营主体与贫困户建立直接、简单、清晰的利益联结，循序渐进地提高从生存艰难地段迁出的易地扶贫搬迁户的市场风险承受力，规避因意识落差而潜藏的利益纠纷隐患。

精准扶贫、精准脱贫的要义和底色是实事求是，具体问题需要具体分析、具体施策解决。从东部的福建省开始，到中部的湖南、广西，再到西部四川属于"三区三州"范围的甘孜藏族自治州和凉山彝族自治州，本调研组实地见证、收集了百县百业、千村千招、万户万策、短效长效并行、应急和可持续的产业扶贫典型经验和实践案例。其中的很多做法都泽被惠及易地扶贫搬迁户，成为他们"稳得住，有发展，能致富"的有效支撑和可靠途径。在此，择其代表性强的一些案例，进行梳理归纳，冀为可资易地扶贫搬迁未竟的下半场和已经开始实施的乡村振兴战略的研判材料。

第一节　案例选择的针对性和背景

通过调研观察到，对易地扶贫搬迁集中安置点的迁入户，各地政府解决其生计的最主要办法是就业。产业发展是带动就业的根本之源。同时，也尊重当地农户一贯的谋生选择，比如不少地方的农村青壮年劳动力大多要外出打工，而康藏地区的农牧民传统的收入来源是挖虫草、采菌子。在这个基本背景下，通过发展产业扶持、带动易地扶贫搬迁户增收，是让他们"稳得住、能致富"的重要手段。

在发展特色产业方面，本章选择的几个案例侧重于回答这个问题：选择什么样的特色产业、怎样发展才有可能长期、稳定、可持续地奏效？

四川凉山彝族自治州的昭觉县依靠耕地、气候的垂直分布特点大兴天然错季蔬菜产业和夏草莓种植业，四川省甘孜藏族自治州的理塘县利用海拔高、日照期长、土壤肥沃的天赋异禀打造"极地果蔬"的区域高档农产品品牌，这三个案例，关注农产品供给侧的生态化、有机化、优质化和独有性建设，以农业供给侧的品质升级和规模经营来确立优质农产品的市场地位、稳固市场占有份额，进而惠及包括易地扶贫搬迁户在内的广大农户。对于昭觉县而言，因为是四川全省易地扶贫搬迁户数、人数最多的县，原本只有约 10 万人的县城就要安置 2 万多的易地扶贫搬迁人口，解决他们的生计，任务十分艰巨。在这个具体的背景下，通过大规模发展天然错季果蔬产业来建设现代农业企业，把大量易地扶贫搬迁户中的劳力变成农业工人，意义就显得非常重大。

在中国的低纬度地区，适合种芒果的地区不少。广西壮族自治区百色市田阳区发展芒果产业带动 5 万多易地扶贫搬迁人口增收的案例，不着重于"特"，着重于"大"而"全"。"大"指种植规模，田阳是全国种植芒果面积最大的县级行政区域，种了 40 万亩（约 2.67 万公顷）芒果。"全"指产业链完整，特别是在各地都市甜品、奶茶、果饮、娱乐等产业带动工业果价格飙升的背景下，仅一个广西果天下的芒果冻品工厂高峰期就用工 1 500 人，有效缓解了田阳城区陡增两万五千多易地扶贫安置人口的就业压力。

就扶贫车间而言，本章选择的案例主要说明了专为易地扶贫搬迁户而设的扶贫车间给安置点的居家劳力带来的顾家和挣钱两全其美的效果。同样面对新冠疫情影响，湖南省麻阳苗族自治县的一个扶贫车间断了订单不得不歇工，而福建省长汀县的一个扶贫车间订单被取消后迅速找到接手项目。广西都安瑶族自治县一对久在东莞闯荡的夫妻回乡开办生产玩具的扶贫车间，因在深圳拓展了国外玩具客商，签有长期合同而不愁订单。这三则故事，为扶贫车间如何应对低门槛行业的市场动荡提供了思路。

麻阳的农村电商在该自治县最亮眼的冰糖橙产业中销售近 20 万吨的案例给初步脱贫的地区发展农村电子商务的前景打开了无限的想象空间。

论及新型经营主体，甘孜县康巴拉绿色食品有限公司加上集体牧场的组合，既尊重了当地百姓不动手宰杀牦牛的习俗，也给当地贫困牧户带去可观的牦牛出栏收益。这种效果是纯粹的政府干预措施较难达到的。麻阳的政府平台公司投资建设农村最具市场经济活力的乡镇集贸市场，易地扶贫搬迁安置户可以优先、优惠租用摊位和门面房，集贸市场的租金收益主要用于支持安置社区的集体经济发展，普惠易地扶贫搬迁户，这一做法被当地主管部门称为"红色公司（政府投资公司）抢滩乡镇市场"。

"飞地经济"的案例实质上说的是像"三区三州"这样深中之深的特殊艰难地区的村集体经济。无论甘孜县"格萨尔王城"中的"百村产业基地"，还是理塘甲洼生态产业园区35个贫困村的"飞地"蔬菜大棚，都已经显示出了村集体入股"飞地经济"带给全村所有农户，尤其是贫困户的好处。但尚待培育的是这些村集体经济自身的活力和开拓能力。当下，资本出自政府的专项扶贫产业资金，参股到政府鼎力支持的龙头企业中，年终的股本收益金全部用于村中各户分红。未来，想要依靠市场机制实现集体经济的可持续发展，持续造福农户，需要投入更多的努力。

湖南隆回军杰食品科技有限公司作为返乡经济的典型案例，当然与它成为全省最大的辣椒加工企业有关。加工辣椒并非一个高科技、高门槛的行当，同质化很厉害，全湖南省从事辣椒行业的企业有1 600多家，规模化的有60多家。要带动、造福更多的乡亲，就得做成业内翘楚。该公司的成功主要依靠创始人多年在广东磨练培养的市场意识和管理理念，对本土政经文化和圈层的适应、熟悉，以及为家乡扶贫事业做贡献的决心。

第二节　特色产业：在农业供给侧做好独有资源和生态化、有机化升级的文章

依托本地资源禀赋建设发展特色产业，是各地带动贫困户脱贫的普遍做法。其中，能够稳定、长期、可持续地占有市场，获得可靠经济效益的，基本上都是找准了得天独厚的资源优势，通过引进懂行的业内名企或者行家里手打造规模化的领头公司，能成为行业头部公司或品牌就更好，依靠难以替代的资源、质量优势，要么掌握市场话语权，要么获得多年的订单承诺，要么成为不可动摇的供给方。

在拥有比较稳定的市场占有率后，一些地方还努力延展产业链，尽可能在本地构建一、二、三产齐备的优势产业布局。

一、昭觉高山错季蔬菜：成都、重庆菜篮子的重要供货源

四川省凉山自治州的昭觉县，地处大凉山腹心地带，面积 2 700 平方公里，总人口 33.23 万人中彝族占 98.4%，是全国最大的彝族聚居县，也是四川省深度贫困县中贫困人口最多的县，在精准扶贫中确定的贫困户有 22 320 户、贫困人口 101 005 人。10 万出头的贫困人口中，纳入易地扶贫搬迁的超过半数，达到 12 296 户共 54 505 人。四川省 2020 年尚未摘帽的国家级贫困县只有 7 个，全部在凉山彝族自治州，昭觉也是其中之一。截至 2019 年底，全县实现 136 个贫困村退出，15 239 户 67 934 名贫困人口减贫。贫困发生率从 31.8% 降至 11.3%。

如此艰巨的精准扶贫和易地扶贫搬迁扶持任务推动昭觉在自己的独特资源上大做文章。这是一个垂直分布特点极其突出的农牧业大县，全

县土地从海拔高度 500 多米到 3 800 多米都有，无须任何人为环境就能生产天然反季节蔬菜、水果。伴随着高速公路和国道、省道等交通基础设施的巨大改善，昭觉四处引进有专业经验的企业和人才，大片大片地流转、集纳可以规模化耕作、经营的土地，发力建设多个现代生态农业企业，把独有的资源高效变现，同时通过土地流转费、农业企业用工工资、入股农业企业分红、企业投资建设设施农业、农户承包田间种植管理等多种途径复合带贫益贫。

昭觉循环农业产业园区目前主要种植莴笋、花菜、娃娃菜、西葫芦、白菜、青菜、菜苔等高山错季蔬菜，经营主体是"昭觉县盛欣农业技术开发有限公司"，主要由几个经验丰富的外地高原蔬菜种植高手投资注册。一开始，他们是被昭觉主管农业的副县长生拉硬拽来到昭觉县的，却不料考察之下，懂门道的他们对这里天赐的错季自然环境一见钟情，又被县里发展现代有机农业的干劲和政策牢牢吸引。很快，他们就成立了公司，和县里谈妥，2019 年起在海拔 3 000 米左右的洒拉地坡乡流转了 3 080 亩（约 205.33 公顷）连片的耕地，其中 3 000 亩（200 公顷）种植露天错季蔬菜，全部整理成滴灌式的水肥一体化农田。公司购买了 2 辆货车、2 台穴盘播种育苗机、1 台挖掘机、1 台装载机、5 台拖拉机、5 个旋耕机、四铧和五铧的犁地机各两台、开沟机 2 台、施肥旋耕起垄覆膜一体机 1 台、载苗机 2 台，翻地疏垄播种育苗全部采用机械化作业。园区里还有投资 110 万元建起的 10 亩（约 0.67 公顷）高标准育苗大棚，培育的菜苗可供 1 000 亩（约 66.67 公顷）左右的菜地种植。一个 500 平方米的分拣车间、一个同样大的初加工车间，再加上一个 100 平方米的冷库，保证了经过绿色农产品认证的高山错季蔬菜品牌的成品出园。

一年下来，循环农业产业园种菜两次，年产高山错季蔬菜 6 000 吨，成为成都、重庆菜篮子重要的优质供货商，部分产品如豌豆尖、豌豆荚、菜苔则以供港为主。销售总收入约 2 400 万元。

可观的经济效益也带来了有效的扶贫业绩。1 亩地（0.067 公顷）1 年的流转费 500 元，3 080 亩（约 205.33 公顷）流转自 760 户人家，其中建档立卡贫困户 168 户。园区全年用工 300 多人，其中来自贫困户的超过 200 人，工资每人每天 60 元，加班费每人每小时 10 元上下，园区全年的用工时间为 7~9 个月。总体而言，循环农业产业园的高山错季蔬菜项目惠及贫困人口超过 2 000 人，带动的贫困户户均增收约 6 300 元，人均增收约 2 000 元。

像这样的现代农业产业园，昭觉县一共有 15 个。除了传统的高原土豆、燕麦、荞麦和黄牛、肉牛养殖外，各种高山错季蔬菜的种植面积已经达到 20 000 亩（约 1 333.33 公顷）以上，成为昭觉带贫益贫的一个重要产业。

二、昭觉九如夏草莓种植园：行业老大，客户要货不议价

论及错季、反季农业，没有什么比昭觉九如生态草莓种植园的夏草莓更有代表性了。

市面上绝大多数的草莓是冬草莓，一般从 12 月上市，一直能持续销售到第二年的 4 月，夏草莓是典型的反季节水果，适合种植的地方不多。保定人张先生有一支夏草莓的种植经营团队，在这一行从业多年，虽经验丰富，但一直没有找到可以大规模施展身手的地方。

2019 年，张先生和他的技术总监应邀来到昭觉。甫一相遇，张先生就感觉这儿将是他大干夏草莓的宝地。经过仔细的实地走访和查阅气候、土壤、地理资料，盖尔打火村、姐把哪打村、拢恩以打村、勃列格村的一大片土地被锁定为夏草莓种植基地的首选。这里海拔高度 2 560 米，常年平均气温 11 摄氏度，昼夜温差大，地势平坦，土壤内含有机

质丰富，背靠一条河流便于灌溉，面临一条省道交通畅行。而在昭觉方面，也表现出了极大的诚意和热情，经过简单的计算，果断地改变了原先对这片土地所做的种花搞观赏旅游业的计划，同意将这一大片土地——3 000 亩（200 公顷）左右用来种植夏草莓。

一拍即合之下，昭觉九如生态农业科技发展有限公司马上成立，由其经营的昭觉九如生态草莓种植园动工，流转土地 3 000 亩。2019 年 5 月，夏草莓一期工程的 200 多亩（约 13.33 公顷）标准化草莓大棚和智能水肥一体灌施系统完成施工，田头建起了 1 500 平方米的分选包装车间，首批夏草莓开种近百亩，8 ~ 11 月这 4 个月的销售成果好得大大超出九如原先的预期，约 300 吨草莓销售收入 400 万元上下。

投石问路，回响清晰。九如毫不犹豫地把大棚建设和夏草莓种植面积逐步扩大到 2020 年的 1 600 亩（约 106.67 公顷），成为国内最大的高山夏草莓种植园。昭觉九如基地的夏草莓属于大型果，单果大而重，阳面鲜红，阴面橘红，果肉呈深橘红色，颜值既高又汁多味甜。这种草莓适宜密植，一年可以多次成花多次结果，只要管理不出错，每亩每年累计可以产草莓 7 吨以上。更特别的是，夏草莓的主要市场不在水果店、水果铺和超市，客户集中在城市里的糕点烘焙店、酒吧咖啡屋和甜品奶茶店。

九如的夏草莓主销地主要是北上广深、成渝苏杭等一二类城市，发货大多走的是空运。夏草莓走货最多的时间是每年的 6 ~ 7 月，到了 8 月，九如的总经理张先生毛算了一下：在且建且种的过程中，销售额居然已经超过了 1 000 万元。而对于昭觉来说，看重的不仅是夏草莓良好的经济效益，更是它显著的带贫成就。除了土地流转费惠及的贫困户外，2020 年，在九如生态草莓园登记注册过的用工农民超过 1 600 人，其中约 1/3 来自建档立卡贫困户。大棚里管理夏草莓的活并不难，简单培训后跟着熟手干一周就可以独立上工，当年的种植季，九如夏草莓大棚每天大约需要 600 人干活，按当日工作量领取报酬。如果常来的话，一个月通常可以拿到 2 000 多元的收入，一年能干活的时间长达 8 个月。

2020 年入冬以后，九如生态草莓种植园启动了全部 3 000 亩（200 公顷）土地的夏草莓标准化大棚和智能水肥一体化建设。也就是说，到 2021 年的种植季，3 000 亩（200 公顷）全部可以种上夏草莓，九如就成为名副其实的全国最大的夏草莓生产企业，全国夏草莓市场供货量的近 1/8 将出自昭觉的九如生态草莓种植园。根据张先生的介绍，到 2020 年 8 月为止，九如的夏草莓供不应求，很多大客户都预定了 2021 年的夏草莓，客户只有来要货的，没有来议价的。

而到了 3 000 亩（200 公顷）的规模，每天需要的常规用工量将达到 1 600 多人，总的参与种植园工作的人数起码得超过 3 000 人。未雨绸缪，九如公司和昭觉县政府商讨后认定，2021 年起，大量用工人员会来自县城的易地扶贫搬迁户。昭觉县城建有 4 个 3 000 人以上的易地扶贫搬迁集中安置点，一共有搬迁安置贫困户 3 794 户 17 943 人，是四川省的县城里集中安置易安户最多的。这些易地扶贫搬迁户大多是 2019 年底到 2020 年春迁入县城新居的。如此大量的贫困户从穷乡僻壤移到县城，如何安排他们的生计是个巨大的挑战。昭觉大力发展规模化的特色农业，建设多个大型现代农业产业园，本就动了吸收易地扶贫搬迁户中的劳动力成为农业工人的心思。有鉴于此，九如生态草莓种植园已经开始在附近的乡村建设大型的职工集体宿舍。

事实上，九如生态草莓种植园还设计了另一种扶贫模式——"农投"，即公司投资建大棚、供种苗和培训技术，农户承包大棚，负责承担雇用工人的费用，收获的夏草莓可以自己经销，也可以由九如公司收购。但迄今为止，响应这种模式来承包大棚的农户很少。村民 A 是最早"吃螃蟹"的彝族中年汉子，以前，他曾经长期外出打工，自家也种了一些荞麦地。夏草莓种植园就建在他村子里的土地上，他把自己的土地流转给了种植园，同时认领承包了 10 个大棚，做起了"小老板"。2019 年，刨去人工费等开支，每个大棚净收益 5 000 元，10 个大棚给他家带来 5 万元的净收入。尽管有这样的典型在前，大多数的农户还是宁愿选择经常到九如夏草莓种植园干活，一年下来挣上万儿八千块钱的增收方式。

三、极地果蔬：打开一二线城市的高端农产品市场

理塘，藏语发音"勒通"，意思是"铜镜一般的坝子"。甘孜藏族自治州的理塘县，这块铜镜一般的坝子，面积 1.43 万平方公里，与成都市的大小相仿，是全省面积第二大县，县域平均海拔 4 300 米，因其高，曾得美誉"天空之城"。

高处不胜寒。风光无限的理塘，却也长期戴着国家级贫困县的帽子，"十三五"开始时，全县精准识别贫困村 132 个，建档立卡贫困户 5 130 户，贫困人口 22 851 人，贫困发生率为 38.1%，就是说全县人口三分之一以上是贫困人口。到 2019 年，理塘县已经摘掉了贫困县的帽子，全县 132 个贫困村全部退出，4 928 户贫困户共 23 331 名贫困人口脱贫，贫困发生率锐降至 0.85%。在这个出色的减贫成就中，除了理塘传统的虫草、菌子、牦牛、青稞产业的嬗变和贡献外，旅游文创、极地果蔬等等大放异彩的特色产业更是居功至伟。此处，单论极地果蔬。

理塘平均海拔 4 300 米，空气清新，昼夜温差大，阳光充足，年均日照时间长，时数达 2 638 小时，约 110 天，这些都非常有利于果蔬充分光合作用。这里的土地虽然石头多，但是无污染，经过前期平整后，土地的肥力非常强，有机质达到 6.0，尤其有利于蔬菜种植的是，这里几乎没有病虫害。此外，天然草原近 1 350 万亩（90 万公顷），实有耕地超 10 万亩（约 6 666.67 公顷），牛羊成群、种养循环，再加上洁净

的水和空气，生态环境独一无二。这一系列天然优势都有助于生产有机天然错季节农产品。

但其实理塘以前是不产蔬菜的，因为天气太冷种不出来。外地运进的菜在理塘卖得非常贵。

完全是依靠农业科技的注入，不断地试验，特别是智能大棚的建设和蔬菜品种的筛选，这几年理塘才有了大规模的高原蔬果产业。

2017年3月9日，理塘县成立了甘孜州首个集农业生产、科技开发、休闲观光为一体的现代生态农业园区——濯桑现代生态农业园区，园区规划占地面积30 000亩（2 000公顷），由8个主体构成，分别为玛吉阿米花园农庄、康藏阳光双创中心、圣地农庄、五粮液理塘上马岩香菇产业示范基地等。理塘县由此将"绿色蔬菜"确定为主导产业。

濯桑产业园区基地种植的上海青、菜心、甜豆、西蓝花、小番茄、萝卜等绿色蔬菜远销中国港澳台及东南亚地区。理塘县因此成为川菜直供中国港澳台试点基地县。2018年度，园区白萝卜年出口港澳地区900余吨，占川菜直供中国港澳台总量的三分之二。而西瓜、草莓、小番茄、白萝卜等水果蔬菜，依托冷链物流，已经成为成都市农业产业转移重要生产基地。公司与成都伊藤洋华堂、尚作、山里和半高山等销售公司签订了销售合作协议，每周组织3～5吨生鲜小番茄运往成都市场，年销售额达到500万元以上。

围绕"发展现代农业"这条主线，理塘将"三品一标"（即无公害食品、绿色食品、有机食品和国家地理标志）认证申报作为推进农业发展、提升农业效益、增加农民收入的重要抓手，着力培育本土特色农业品牌，申报无公害农产品产地认证4.8万亩（3 200公顷）。"理塘白萝卜、理塘小番茄、理塘香菇"等生态原产地标志也已经进入申报程序，同时还积极创建"极地果蔬"的农特产品区域公共品牌。事实上，"极地果蔬业"已成为理塘的新名片，打开了一二线城市的中高端市场，并通过绝佳的品质得到了当地市场的认可和消费者的青睐，极地果蔬成为农产品中的高端商品，高原特色生态农业的价值得到了充分体现。当地的领导称其为"纯特色生态经济"。

由农业农村部食物与营养发展研究所（以下简称"食物营养所"）完成的《理塘县高原特色农产品营养成分分析评价研究报告》，以科学的数据发掘了理塘县高原农产品的独特品质。他们发现理塘县高原农产品具有三个突出特点：一是果蔬产品中的矿物质含量显著高于低海拔地区。例如，理塘黄瓜中钙含量为 350.6 毫升/千克，比低海拔地区高 68%。二是果蔬产品中的维生素 C 含量显著高于低海拔地区。例如，理塘县萝卜中维生素 C 含量每 100 克中含 20.3 毫克，比低海拔地区高 97%。三是理塘县果蔬产品的糖度含量显著高于低海拔地区，甜爽可口，鲜食时最能体现出来。例如，理塘濯桑黄番茄中可溶性糖含量为 9.07%，比低海拔地区高 50%。到 2019 年，濯桑现代农业园区实现总产值约 3 亿元，区域品牌和特色产业带已初步形成。

在园区里，现代农业双创中心建立了"五统一"（即统耕统种、统测统配、统采统供、统防统治、统购统销）生产模式和"五位一体"（即经营机制、生产标准、溯源体系、市场开发、品牌营销）高原现代农业社会化服务体系，还为入驻双创中心的种植大户、专业合作社和贫困户，提供全程"代耕、代种、代收、代销"的社会化服务，让其成为业主，在园区内成功创业，并增加就业机会和务工数量。

随着高原现代农业的巨大增效、农牧民增收成效明显。一是土地流转年租金为 200 元至 600 元/亩不等，现代农业园区内已流转土地 11 000 亩（约 733.33 公顷），带给农牧民年增收近 300 余万元。二是园区解决贫困户及各类人员就近就业 400 余人，固定工月工资 2 600 元以上，临时用工每天 100～120 元不等，仅 2018 年度就支付当地务工人员工资达 1 200 万元。三是"飞地"资源增收机制。以甲洼田园综合体、濯桑现代生态农业双创中心为平台，通过整合贫困村村级产业扶贫基金实现贫困村年分红约 300 万元，惠及贫困户近千人，35 个飞地村可实现人均增收 600 元以上。

四、最大产芒果县域：靠延展产业链赚足芒果钱

中国的低纬度地区，产芒果的地方不少，但从县域种植芒果的面积来论，广西百色的田阳区最大，全县单种芒果的就超 40 万亩（约 2.67 万公顷），"芒果之乡"名副其实。2014 年，广西决定在田阳区建设自治区级现代特色农业（果蔬）核心示范区，实现了优势产业推动扶贫产业的发展。田阳区抓住机遇在核心示范区规划建设面积 20 万亩（约 1.33 万公顷），分三期开发建设，其中一期核心区 1.1 万亩（约 733.33 公顷），主要依托芒果特色优势产业，解决易地扶贫搬迁群众后续产业发展的问题。主要做法包括：以政府平台公司田阳恒茂集团为业主，负责园区建设、经营管理，统筹整合了有关扶贫项目资金和社会各方资金 3.86 亿元，做好各种配套，鼓励和引导全区所有建档立卡贫困户和易地扶贫搬迁群众通过劳务就业、入股分红、返包管理的方式参与园区建设经营，农户到核心示范区内务工，每年务工收入人均可达 1.6 万元左右；引导全区 4 262 户建档立卡贫困户每户向银行申请 3 万 ~ 5 万元政府贴息小额扶贫贷款，以带资入股方式参与示范区利益分享，在贷款期限内每年享受贷款本金 10% 的固定分红（连续享受 3 年，每年 3 000 ~ 5 000 元），并把贫困户前 3 年享受的固定分红资金滚动注入核心示范区基地主营公司，把贫困农民变为"股民"，让贫困户在小额扶贫贷款到期后能够继续参与示范区的后续利益分成，长期享受一定比例的分红，以解决贫困户后期持续增收问题；实行能人、大户结对贫困户开展帮扶，如聘请本区的全国扶贫状元、芒果"土专家"莫文珍等经验丰富

的"乡土人才"组成技术先锋指导团，按 1 名技术员联系指导 2～3 个示范园的标准进行捆绑跟踪服务指导，使搬迁户掌握 1～2 门过硬的芒果种植、管护实用技术；将示范园区 8 000 多亩（约 533.33 公顷）芒果，以每亩（按 40 棵计）折 1 股，以股权量化的形式把基地经营权配置给 6 000 多户易地搬迁贫困户合作经营，配置期限为十年，前三年幼苗期由国有恒茂集团公司统一管理，后七年成果期可由搬迁贫困户自主经营，也可委托恒茂集团公司管理经营，连续 7 年，搬迁户还可获得每年每亩 1 000 元的收益；恒茂集团公司将核心示范区 20 万亩的芒果按每亩 1 股的标准，以股权量化每村 10 股的形式，配置给全区 152 个村作为入股投资，经营权配置期限为 10 年，恒茂集团每年向每个村集体支付红利 6 000 元，连续支付 10 年，各村的集体经济有了稳定的收入，经营得到了增强。

2020 年芒果季，田阳全区农民仅此项收入就超过人均 5 000 元，芒果种植户人均收入超过 10 000 元。这其中，芒果产业链的延伸贡献不小。以前，除了颜值和味道俱佳的鲜果之外，品质虽好但卖相不佳的小果之类只能当作工业果，而工业果的价格一直很低，果农认为价格偏低。在 2018 年领航集团在田阳成立广西果天下食品科技有限公司后，因为大城市茶饮、糕点烘焙、咖啡馆等行业骤然兴旺，工业芒果的价格从原来每斤 0.3 元涨到 2.5 元，果农的收入得到大幅度提升。

占地 22 000 平方米的广西果天下公司主要生产芒果块、芒果丁、芒果浆和芒果罐头，低温抑菌的车间里工作台前工人非常多，是典型的劳动力密集企业，公司一共招聘了 1 300 名职工，其中有 500 人来自建档立卡贫困户。而且，公司每年还从 1 000 多名果农那里累计收购芒果约 5 000 吨。

第三节　扶贫车间：楼上生活，楼下 务工，顾家挣钱两不误

一路走来，见到的现实情况是：常住在易地扶贫集中安置区的多是"386199"部队，家庭妇女、儿童和老人为主，适龄的壮劳力大部分外出务工去了，留在家里的，是需要照顾的和照顾他们、照顾家的。而在不少易地扶贫搬迁安置点，建有配套产业用房，主要用于开办扶贫车间，绝大多数产业用房就是安置楼的底层或者建在安置小区边上的厂房。

考虑到家庭妇女、儿童和老人占比较高这样的现实，安置区的扶贫车间引进的多是劳动密集型的、技能要求不高、易学易干的项目。这样的项目集中在小电器、玩具、服装等不多的几个行业中，因低端和同质化带来的市场脆弱性也很明显。

不过，从扶贫的角度看，因为有一些优惠政策，比如低廉甚至免费的厂房租金、录用贫困户中劳动力的补助等等，还是有不少企业愿意开办扶贫车间。贫困户中的那些不完全劳动力也看中"楼上生活、楼下打工"的方便，特别是很多扶贫车间灵活的工作时间和计件工资制度。对这些留守易地搬迁安置房的成人来说，扶贫车间的收入虽不是家中主要的经济来源，属于补充型的收入，但重要的是，他们在接送孩子上学、放学，做饭做家务的同时，仍然可以在近处打工，挣到证明自己有价值的一笔钱。

一、冰糖橙之乡——把水果批发市场建在扶贫车间

麻阳苗族自治县地处湖南省西部，与贵州相邻，山丘连绵，发源于

梵净山的锦江穿县而过。它是武陵山片区的国家级深度贫困县之一，全县约 41 万人口中，建档立卡贫困户有 18 993 户，贫困人口 70 030 人。易地扶贫搬迁的任务量为 3 464 户 14 121 人。经济虽然不济，但麻阳的农业资源、生态资源可谓天赋异禀。麻阳的空气中负氧离子含量奇高，土壤富硒，"种什么水果、蔬菜都好吃"。最负盛名的当属麻阳冰糖橙，果实香甜，维生素 C 含量高，产量大，是麻阳最亮的招牌。2019 年，有"冰糖橙之都"美号的麻阳产了约 45 万吨冰糖橙，冰糖橙成为麻阳带动贫困户脱贫的主要特色产业。嵌入这条产业链的兰里镇易地扶贫安置社区的扶贫车间，给楼上的安置户们带去了可观的收益。

兰里镇建有麻阳第二大的易地扶贫搬迁户安置社区，设计之初就将居民楼的一层定为产业用房，挑高 4 米，这部分的建设费用由县农业发展有限公司投入。2018 年 3～4 月起，随着 213 家易地扶贫搬迁户陆续入住，楼下的产业用房开辟出一种特别的扶贫车间——水果批发市场。

麻阳不愧水果之乡，除了冬季的冰糖橙，还有初夏的丑八怪香瓜、奈李，夏天的黄桃，秋天的红心猕猴桃、刺葡萄……从 5 月到第二年春节前，各种水果不断下树出田。而在麻阳境内，兰里镇种植的水果，几乎占了全县的三分之一。这个水果批发的扶贫车间最大的特点在于：全部都是当天采摘的鲜果，前一天滞销的水果基本无人问津。每种水果成熟的时候，每天果农都会开着大卡车、小卡车或者拖拉机把刚从果林里采摘下的水果拉到这里，兰里的乡村人家，几乎家家户户在山上都有自己的果树。

不等车停稳，等在这里的批发商就会围上来，扒着车看看果子的质量，看中的就会喊出个价钱把一车货全要了。接下来就是安置户的劳动力挣钱的环节——拣果包装、装箱打包、填单装车。这些都是最简单的活路，不需要什么培训，时间稍长，常来这里的卖家、买家和楼上下来的妇女、老人彼此都已面熟，相互点头一笑就干上活了。活计反正是计件的，随走随结，所以什么时候下楼干活，干多少，都由安置户自主决定。要做饭或接孩子了，跟商家说个干完的数就走。

最繁忙的时候是麻阳的几种王牌水果采摘的季节，黄桃、红心猕猴桃、冰糖橙，每天市场里可以吸引 200 多个帮忙的人，安置在这里的贫困户平均一家来一个人还不够。干活手脚麻利的，一天能挣二三百元，最慢的也有八九十元的收入，平均下来每人每天劳务收入约 120 元，一个销售季挣到一万多两万元的易地扶贫搬迁户居家劳动力也有不少。满女士就是住在兰里镇易地扶贫搬迁小区的一位母亲，她的两个儿子都在兰里镇中心小学读书，丈夫在广州打工。自从 2018 年春天搬进 100 平方米的易地扶贫搬迁安置房后，送儿子上学、给他们做饭就成了她的主要任务。家里的种种用度主要都得靠丈夫来付钱，有高中文化的满春梅把丈夫的支付宝二维码打印出来，贴在屋里的白墙上，带在身上，家里的基本开销就直接刷老公的支付宝。楼下的扶贫车间——水果批发市场开张以后，满女士也迎来了自己的收入。她性格开朗，说话带笑，在居家的劳动力中算年轻而有文化的，只要料理好了家里的事，她随时可以下楼到干上一阵活儿。2018 年、2019 年两年，满女士都挣到了一万四五千元的计件工资。手机上有了自己挣来的钱，她感觉自己最大的变化是，两个孩子再要点儿什么零食、文具，到县城里需要添点儿新衣服，她不会像过去那么盘算半天了，该买的就买。

二、储备客户和项目，随时应对市场动荡

麻阳最大的易地扶贫安置点在县城，34 栋楼房的龙升社区安置了建档立卡贫困户 966 户 3 742 人。这里同样有产业用房，在楼房的一层，共约 16 000 平方米。其中最大的一个扶贫车间叫"龙升服饰玩具厂"，是麻阳方面费了很大工夫招商回来的一个在深圳开玩具加工厂的

老乡投资开办的，当然，麻阳给了很多优惠政策，比如，免费的厂房、雇佣易地扶贫搬迁户劳动力的扶贫车间一次性补助 50 万元、每年扶贫车间用工的劳务工资总额 40% 的补贴……开满工的时候，龙升服饰玩具厂每天可以吸纳约 150 位易地扶贫安置户的劳动力上工。2020 年 6 月上旬，这个扶贫车间还在生产一批公主、王子的公仔服饰。孰料没过几天，厂方表示，因为疫情影响，手头不再有新订单，扶贫车间暂时关门。此后，这个扶贫车间一直没有恢复生产。

同样受到新冠肺炎疫情的影响，福建省龙岩市长汀县最大的易地扶贫搬迁户安置社区"幸福小区"也遭遇了类似的扶贫车间困难，一个扶贫车间原定的生产棒球、垒球的项目，中国台湾方面的订单全部取消，万事俱备的扶贫车间当即搁浅，83 名已经过培训、等待干活的安置户一时全被晾在家中。幸福小区的社区管理人员见状迅速展开行动，不到一周，引来一个数据线加工项目，就在原定的棒垒球扶贫车间生产，技术简单，稍加培训就能干。用工还是从原先的那批贫困群众中招。长汀的经验是，既然这类劳动力密集、技术比较简单的项目适合易地扶贫安置点的扶贫车间，但又特别容易遭遇市场动荡，就得做好随时应对的准备，利用福建、浙江一带小电子行业、民营经济发达，建立良好的山（长汀所在的闽西山区）、海（沿海地区）合作关系，加强易地扶贫搬迁安置社区的招商能力，稳定扶贫车间的政策优惠，储备一批适宜扶贫车间的客户和项目。

三、都安夫妇开扶贫车间底气十足：西班牙的订单起码十年不愁

广西壮族自治区的都安瑶族自治县有"石山王国"之称，确实有很多农家祖居石山深处，缺水少土，世代日子过得艰难，因此在精准扶

贫中确定了 9 938 户建档立卡的贫困户共 45 081 人进行易地扶贫搬迁，加上部分同步搬迁的农户，任务量共计 10 511 户 46 747 人，是广西全自治区易地扶贫搬迁安置任务最重的一个县份。

如何通过产业扶持，帮助这么多的易地扶贫安置户稳定脱贫、过上小康生活，都安最成熟的做法是开创的"贷牛羊还牛羊"模式，让贫困户通过扶贫小额贷款购买牛羊，养大由扶贫龙头企业收购，过程中的贷款、买牛羊、养牛羊基本全委托给专业的企业来代办，卖给龙头企业后，收益按各家贷买的牛羊头数固定分红给贫困户。这个产业扶贫项目几乎达到了对都安易地搬迁扶贫安置户的全覆盖，9 919 户"贷"了 5 129 头牛和 16 231 只羊，委托给专业的牛羊养殖企业代养，牛羊售出之后，易地扶贫搬迁户一年户均增收约 1 200 元。

但毕竟都安的石山太多，全县 20 个易地搬迁扶贫安置点都属于无土安置，每户 1 200 元的"贷牛羊还牛羊"产业收益仍偏低，对此都安还有谋划。全县的 12 个 500 人以上的安置点，早在规划之初就征收预留出 10 亩（约 0.67 公顷）土地作为产业用地，由城投公司出资建成标准厂房，开办"扶贫车间"。只要是劳动密集型的企业进驻，就享受"零地价，零租金"的优惠政策。三只羊乡的可力村易地扶贫搬迁安置点侧门外，莫先生和黄女士夫妇的都安乐宜电子有限公司在这里开了一个扶贫车间——可力玩具制造有限公司。38 岁的莫先生和 40 岁的黄女士都是都安本地人，1997 年不约而同去广东东莞打工，有高中文化的他们比别的工友多想了一步，两人在打工的玩具公司做遍了所有的生产、经营环节。对全程都非常熟悉以后，2003 年，两人自己开始创业，建立了自己的玩具厂，接到了很多国际上的订单，生意稳步发展起来。在他们回到家乡过年过节时，了解到都安对扶贫企业的各种鼓励政策，特别是"扶贫车间"的优惠。他们决定回家乡办企业，回家乡筑巢安家。

玩具行业的确适合"扶贫车间"。其一是玩具行业属于劳动力密集型行业。他们这个玩具厂，开工最足的时候雇佣可力安置社区的易地扶贫搬迁户劳力120多人，除了几个电工和机修工是男工，其他都是女工，从30多岁到60岁都有，2020年碰上新冠肺炎疫情，国内的订单少，不过最少的时候也有50多个人在工作台位上干活。其二是需要的生产技能不高，培训一周就能上岗。其三是工作时间安排周到，充分考虑了这些妈妈们做家务、照顾孩子和老人的需要，不特别强调准时上下班，报酬按计件来算，一个月多的可以拿到4 000元左右，少的也有1 800元。

这个行业门槛不高，同样的厂有很多，竞争很强，但令他们底气十足的是订单不愁。他们最主要的客户是来自西班牙的大玩具商，合作多年，生产的订单是风靡西班牙的一个系列游戏以及系列儿童动画片的人偶套装，不断有新角色，不停在更新。按照总经理莫先生的说法，起码十年，这个系列的订单不成问题。按照欧盟的要求，这些玩具在环保和安全性上的标准极高，孩子即使误吃了也不会对身体产生伤害。这样的标准带来的是工厂的所有原料和生产环境在环保方面也要求极高。生产这个系列的玩具，让乐宜公司的玩具厂在业内赢得了不错的声誉，类似的国内人偶玩具订单平常也有不少，2020年的情况特殊，开工量减少了一些。不过，莫先生心中有数，只要有西班牙客户的系列人偶订单，公司的玩具生产就能保持良好的运营。何况，扶贫车间不光不收租金，每用工1个安置社区内的易地扶贫搬迁户的劳动力，政府还给一定的补助，1个月200元或300元，全年连续上班超过半年的，政府还奖励2 000元。如此给力的支持，大大降低了企业的生产成本。莫、黄夫妇索性在家乡大干起来，在县城成立了都安宜乐电子有限公司，建起了公司的大楼，在县城附近最大的易地扶贫搬迁安置社区"八仙社区"又开了一个扶贫车间，还是以生产玩具为主，淡季的时候也接一些数据线、便携蓝牙音箱的加工活儿。

第四节　农村电商：骨干扶贫产业展开
互联网营销的翅膀

　　"冰糖橙之都"的麻阳苗族自治县，冰糖橙产业究竟有多大多厉害？且看这组数据：全县大约种植有27万亩（1.8万公顷），年产量超过45万吨，年产值超过12亿元；县一级创建了6个万亩冰糖橙标准化扶贫产业基地，50个200亩以上的乡镇扶贫水果标准示范园；截至2019年底，麻阳农业人口35.78万人，人均拥有冰糖橙0.77亩（约0.05公顷），橙果1.26吨；冰糖橙产业带动的农户约68 000户，靠冰糖橙一项，每年人均收入5 180元，其中带动的建档立卡贫困户约8 900户，带动贫困户年人均收入2 176元。

　　全县农业人口人均拥有冰糖橙1.26吨，如果不计入在外打工的麻阳农民工，那么，麻阳农民平均每个人需要变现的冰糖橙超过4 000斤（2 000千克）。在如此大规模的产业中，农村电子商务这几年实现的销售量几乎占到一半。麻阳果果绿生态农业产业科技有限公司、麻阳隆中客电子商务有限公司、麻阳乡源绿社农产品专业合作社、麻阳华诚电子商务有限公司等当地电商企业106家，微商1.2万多户，与阿里巴巴、京东、贝店等知名电商合作，每年通过网络销售的特色农产品达20多万吨，其中一多半都是冰糖橙。

　　公司设在兰里镇易地扶贫搬迁安置社区产业用房的湖南政鑫农业公司现在就是一家以线上、线下相结合的农产品销售为主的企业，用老板满先生的话说——"柑橘都还没下树，就已经有大把的外地客商在网上发来订单组织货源了"。这家公司自2016年成立以来，每年销售冰糖橙不下2.1万吨，除了公司果园的冰糖橙外，还帮助周围四五个乡镇的农户销售橙子。

同在兰里，玉丰奈李合作社的负责人黄女士是县里最早搞电商的农民。她今年38岁，从小跟着父亲早出晚归，到山上开荒种果树，中专毕业之后，她回到家乡，成为一名"农二代"。在经历了多年种植水果的亏本后，她找到了农业电商这个突破口，成为惠农网的产地供应商，第一年就收入20多万元。尝到甜头的她开始不停地参加省、市、县组织的各种电子商务与新型农民技术培训班，学习到更多网络销售与农业生产管理技术。2017年，黄女士组建了自己的合作社，加入到电商协会与助农小分队，2019年，她的合作社社员已经超过30人，一半以上是同村的贫困户，她带着合作社的农户们在网上销售他们自己种植的冰糖橙、黄桃、奈李、猕猴桃、冬桃和古法红糖等麻阳特色农产品，一年能卖超过90万斤（45万千克）。

就是在像满先生、黄女士这样的本土电商带领下，到2019年底，麻阳县已经有6万余人通过发展"农村电商"产业摆脱贫困。各个本地电商企业通过线上销售农产品，每年帮助贫困户增收超过10 000元。

在发展农村电子商务上，麻阳尤其支持、重视电商培训和服务体系建设。2018年，麻阳苗族自治县成为全国电子商务进农村综合示范县。在示范县建设推进中，麻阳县创造了自己的农村电商"五有"发展新模式，即普及电商有人才、提供服务有场所、培育产业有品牌、销售产品有渠道、持续发展有后劲，推进精准扶贫，打造出麻阳"新农人、新产业、新链路"的发展格局。县里引进湖南惠农科技有限公司开展电商培训工作。2020年新冠肺炎疫情期间，培训课程特别增加了很多短视频平台基础技能实操、短视频内容营销、农业生产技术指导的内容。截至目前，麻阳县完成了27个贫困村的电商普及培训，培训学员人数超4 000人次，其中贫困户1 089人，帮助孵化创业网店632个。

麻阳县还成立了县级电子商务服务中心，构建起县、乡、村三级服务体系，链接渠道、媒体、政策、仓储物流、加工等环节，并引入湖南省商务厅指导下的基于微信平台打造的"电商扶贫小店"，帮助农户一站式解决自产自销的农特产品的开店、上架、推广、销售问题。

麻阳还确立了本县"1＋1＋N"的农村电商品牌战略，包含"1"个单品类区域品牌"麻阳冰糖橙"，"1"个全品类农产品区域公用品牌"长寿硒品"，涵盖"N"个本县特色农产品子品牌，有麻阳猕猴桃、麻阳黄桃、麻阳小籽花生等，将本县特色农产品的标准化、品牌化、电商化在线上融为一体。

第五节　新型经营主体：用心安排利益连接方式，切实解决扶贫难题

一、牦牛送甘孜，收入送牧户

在康巴藏区有一句俗语"藏民靠牦牛，牦牛靠草原"。说起藏族牧民家的财产，通常都会以家里有多少头牦牛来计算。然而，这里却留下个习俗，牦牛不出栏，不宰杀，只挤奶自家喝，直到牦牛老死。如何改变这种现状，让藏族牧民，包括贫困户家中的牦牛出栏变现，就成了康藏地区扶贫事业中的一道试题。这几年，康北地区几个县给出了一个答案，叫作"牦牛送甘孜，牛奶送德格"。这里的"牦牛送甘孜"说的就是把牦牛卖给甘孜县康巴拉绿色食品有限公司投资建设的"康北生态牦牛产业园区"。

累计收购牦牛3.6万余头，带动发展现代集体牧场84个，直接为农牧民增收2.2亿元，惠及农牧户7 500余户，这就是甘孜县康巴拉

绿色食品有限公司 2019 年在扶贫产业中做出的成绩。背后的一个新型经营主体的连接链条是"园区（公司）——集体牧场（合作社）——牧户"。

这是一个通盘的计划：不能生硬扭转藏区百姓世代相袭的习惯，要在尊重其生活习惯的基础上发展扶贫产业。2017 年，甘孜县在全县推广集体牧场的做法。2017 年 8 月，在成都市龙泉驿区的援助之下，格上村和相邻的格下村联合成立了集体牧场合作社。集体牧场合作社投入资金 33.4 万元，共计购买牦牛 103 头，加上非建档立卡贫困户每户 1 头牦牛入股，集体牧场合作社当时总共集中了牦牛 143 头。同时两村流转公共草地 200 亩（约 13.33 公顷），共同种植红豆草作为集体牧场草料。集体牧场合作社的新生牦牛存活率达到了 100%。当年就出栏 17 头牦牛，实现销售收入 66 500 元。

当年 8 月，康北生态牦牛产业园区在甘孜县正式开园。康北生态牦牛产业园区占地面积 40 余亩（约 2.67 公顷），由康巴拉绿色食品有限公司投资 8 000 万元建成，其主要建设内容有：牦牛交易中心、牦牛屠宰场、牦牛肉深加工厂房、集中冷藏中心、科技办公中心和商务信息中心等。

简而言之，就是合作社式的集体牧场买一些牛，再动员牧民，把自己家的一些牦牛也自愿交给集体牧场，划定草场，统一种养牧草，统一放养，统一管理。集体牧场按照各家出的牦牛数和集体购买的牦牛分到各贫困牧户的数量计算股份，养到一定时候就把可以出栏的牦牛卖给康巴拉，康巴拉做短期催肥以后屠宰加工。这样，既不违逆藏区的习俗，不让藏民自己宰杀牦牛，又给藏民，特别是贫困藏民带来不小的牦牛出栏收益。

通过这种新型经营主体用经济手段连接、组织牧民，润物细无声，既达到了扶贫的成效，又稳妥地避开了某些敏感的矛盾触发点。

二、5 400 亩（360 公顷）新品柑橘还未下树，已经卖了其他水果 5 000 多万斤（2 500 多万千克）

2016 年底，满先生决定回家乡麻阳办农业企业的时候，他已经在广东东莞摸爬滚打了 10 年有余。他是麻阳苗族自治县兰里镇人，大学毕业后不久就去了广东，在那里已经打出了一片天地，成了家，有了自己的服装企业和门店。回家乡的初心，倒不是为了干事业，而是尽孝。父母不愿离开故土，哥哥姐姐又在外地工作，他是个孝子，于是，留下老婆在广东照顾生意，他回到老家兰里陪伴父母。

但一颗干企业的心到哪里都是澎湃的，何况是老家。麻阳是水果之乡、冰糖橙之都，兰里又占了麻阳冰糖橙的三分之一。从小在山上果林中长大的满先生想尝试在家乡的主产业上干出点名堂。他知道冰糖橙树要种 3 年才出成果，连摘几年后需要换树。兰里不少果山该重种了，他找到长沙的农业院校、农科机构一起合作，一种新的麻阳柑橘——蔻橙，在他的试验果岭上结果了，味香甜，果大色好。湖南政鑫农业开发有限公司和与公司连接的麻阳长河蔻橙种植合作社在 3 个乡镇的 16 个村种了约 5 400 亩（360 公顷）的蔻橙，同时有 300 亩地（20 公顷）专门培育蔻橙苗木。蔻橙合作社吸纳带动了 1 069 户农户、农民 4 500 多人，其中包括 97 户易地扶贫搬迁户在内的建档立卡贫困户 475 户。

在满先生的设计中，长河蔻橙种植合作社和农户之间的利益连接直接、清晰、简单：土地入股，就在果林有收益后分红；参与果林种植务工就拿工资；柑橘下树，合作社按质量等次按每斤 2.5 ~ 3 元收购；果树苗和果树管理培训由合作社提供，种植、管理所需农用物资由合作社统购。这样做的出发点是：新品种的市场不确定，农户出力出地问题不大，共担市场风险有些脱离实际，简单明确的利益关系可以避免潜在的利益之争。2020 年冬季，蔻橙已经少量下树，满先生的政鑫农业开发有限公司已经在线上线下开始市场营销，目前还是主打品牌，而非一味追求盈利。

满先生对新品柑橘需要的耐性早有心理和经营上的两手准备。他在政鑫农业谋划之初就将其定位为以农产品的线上线下销售和蔻橙开发并行的综合性农业公司。湖南省政鑫农业开发有限公司和麻阳长河蔻橙种植专业合作社的办公地点就在兰里易地扶贫搬迁安置社区的产业用房里，这里也是安置点的扶贫车间，30 多人在各自的电脑前忙碌地接单、记录，一派农村电商卖果季节繁忙的气象。3 年多来，这里已经卖出了麻阳的冰糖橙、黄桃、红心猕猴桃等水果共计 5 000 多万斤（2 500 多万千克），营业额超过 1 亿元，销售高峰时安置点固定来这里拣果、打包、搬运的务工人员有 53 户人家的 153 人，临时来打工的累计 239 人，一共发放给这些易地扶贫搬迁安置人员的工资超过 207 万元，平均每人每月干活儿可以收入 3 000 多元。2021 年，蔻橙将大规模下树，满先生估计得有 3 000 多万斤（1 500 多万千克），那时，将会有更多的农户，包括易地扶贫搬迁户在他这个农村新型经营主体里获益。

三、一头连接善友，一头连接农户

湖南省平江县是典型的革命老区县、山区县，贫困面广、贫困程度深。2014 年，全县共有贫困村 191 个（并村前），贫困人口 40 845 户、14.15 万人，贫困发生率为 14.48%；全县农民人均纯收入 6 828 元，远低于同期全国 10 489 元、全省 10 060 元的平均水平；有 8 万多人居住在库区和海拔 500 米以上的高寒山区，耕地不足，生存环境恶劣，一些山区贫困村 30 岁以上未婚男性多达几十人，成为名副其实的"光棍村"。但是平江县自然资源丰富，生态环境优越，森林覆盖率达到

64.2%，曾获 2018 年"中国天然氧吧"创建地区称号。

　　王女士在平江是个名人，不在于她是灯饰行的老板娘，而是她一直孜孜于当地的慈善事业，照顾孤寡老人，帮助贫困少年和孤儿上学，她是平江县萤火虫志愿者协会的理事长。萤火虫志愿者协会是个全国性的慈善协会，因此，王女士和全国各地的善友联系密切。在做慈善的过程中，王女士发现，很多贫困农家绝对的绿色、手工艺土特产都只是存留家中，没有途径变现。偶然在善友群中提起，没想到反应热烈，要货的人很多，特别是在外地打拼的平江老乡，一提起这些家乡的味道，乡情油然而兴。身为党员的王女士感觉找到了一条帮助贫困农户的好路子，她在家乡余坪镇发起成立汇民农林农民专业合作社，采取"基地 + 加工厂 + 农户"的合作经营模式，促成了"地理标志 + 种植 + 相关产业"的内在链接，突破了"果贱伤农""菜贱伤农"的怪圈，成功打造出了一个既能扶贫，又能带动农民耕作创业的服务平台。从 2017～2019 年底，合作社已经与 204 户农户签约，其中贫困户 148 户，占比 72.55%。

　　汇民农林农民专业合作社注册资本 50 万元，固定资产 200 万元。现有职工 15 人，理事长 1 名，副理事 1 名，监事 1 名，外聘农林农业专家 3 人；成立了种植技术委员会、畜牧技术委员会以及副业委员会。该社以成员和贫困农户为服务对象，业务范围主要包括组织成员开展蔬菜、谷物、豆类、油料和薯类、食用菌、中药材及园艺作物、林果、畜牧、养殖、林产品加工、农产品加工和技术培训、农业项目开发等。成员入社自愿、退社自由、地位平等、民主管理，实行自主经营、自负盈亏、利益共享、风险共担，盈余主要按照成员与本社的交易量比例返还。该社以平江县原生态自然成长的农作物和散养动物为主要产品，如竹笋、洋姜、七彩白辣椒、豆角、刀豆、马齿苋、五指参、土鸡蛋、野生蜂蜜、黑山羊等，一方面对有劳动意愿的贫困户提供资金帮扶、种苗帮扶和生产技术培训与指导等，另一方面建立种养殖基地和农产品加工厂，逐步实现规模化生产和滚动发展。目前合作社已建立了50亩（约3.33公顷）有关农产品种植基地，加上签约散户，种植面积已达245亩（约16.33公顷）；2019~2021年种植基地预计增加100亩（约6.67公顷），2022~2025年预计再增加300亩（20公顷），三期总种植面积达450亩（30公顷）。为了严把质量，合作社统一管理、统一技术服务、统一包装标识、统一销售、统一质量标准；建立了技术实验室和恒温、制冷仓库，采购了耕田机、施肥机、灌溉、无人机等设备，利用现代高新技术手段，进行产品实时监控。在销售方面，合作社利用互联网思维和"门店＋电子商务"的营销战略，将农户、贫困家庭以及平江多家涉农企业组织在一起。仅在2018年，就有38家农户实现较大盈利，12家增收效益明显，增收率达76%。汇民农林农民专业合作社促使平江地标产品"成片、成链、成名"，既促进了农产品资源优势向第二、第三产业有序延伸，实现了三次产业的叠加效应，又将资源优势转化为经济和可持续发展优势，走出了一条由产品到产业、由增量到增效转变的农业产业"升值"之路。

第六节　飞地经济：村集体入股　贫困户增收

集体经济，特别是村集体经济，只要得到强劲发展，就能带领、组织、调动村内大多数农户，包括贫困户共同走上致富道路。在广大的中国农村，这已经成为一条较为普遍的发展经验。村集体经济成为很多农村人口摆脱生存困境的重要依托力量。然而，从连片深度贫困地区的实际情况看，尽管各地也都意识到村集体经济对精准脱贫所发挥的稳定、可靠的支撑作用，想方设法力行推进，并取得了一定的成效，但毕竟基础薄弱，市场环境发育不足，缺乏资本、经验和闯劲，集体经济的强有力的带头人很少涌现，村集体经济在贫困地区的产业发展、支持脱贫中的基础性力量尚待突破性提升。

一、格萨尔王城：村村有资本　户户有分红

四川省甘孜藏族自治州的甘孜县建有一座格萨尔王城，2019年的9月开业，它不仅是一个旅游、文化、购物、休闲、娱乐、餐饮、住宿的主题公园，也是甘孜全县129个贫困村的"百村产业基地"，每个贫困村村集体都在王城里入股拥有一个店铺。

7303平方千米的甘孜县平均海拔在3500米以上，生活着7万多人，其中95%是藏族人。精准扶贫中，全县219个行政村，129个确定为贫困村，建档立卡的贫困户有3373户，贫困人口总数为15802人。由于贫困人口主要集中在高寒牧区，自然条件非常恶劣，生态脆弱，"十三五"期间，全县确定了807户人家为易地扶贫搬迁户，共计3547人。

格萨尔王城里的"百村产业基地"就是让贫困村集体每年都获得可靠的租金收入。129个贫困村各投入产业周转金200万元，在王城里按照统一设计建一个店铺。传说中格萨尔王最著名的霍岭之战就发生在甘孜县境，县城边的格萨尔王城建在317国道旁，离新启用的格萨尔机场只有不到1小时的车程，很快成为康藏地区一个热门的旅游度假胜地。300多家企业闻风而至，把王城内的店铺悉数租用。营业一年以来，各村集体收到的租金经过再次分配，各村农户平均得到了一年千元左右的收入，村里的贫困户受到照顾，得到的还更多一些。

借助扶贫政策的正当资金来源做资本，投资政府支持项目的经营性资源，以租金或股份分红或委托经营来获得较为安全、稳定的收益，再将收益悉数分配给所有农户，其中贫困户会得到分配上的稍许照顾。这

109

种方式在以"三区三州"为代表的西部深度贫困地区，是村集体经济投资产业的一种普遍做法，所谓"村村有资本，户户当股东，年年有分红"，风险小、普惠村民、优待贫困户。

二、飞地大棚：10%收入归农户

同在"三区三州"范围内的甘孜藏族自治州，理塘县的海拔要比甘孜县高了很多，平均海拔4 300米，县域面积14 300平方公里，约为甘孜县的两倍，是四川省第二大县。"天空之城"坐拥超过10万亩（6 666.67公顷）肥沃的耕地，再加上一年近2 700小时的日照时间，这样的自然禀赋成就了理塘独特的扶贫产业：高原有机果蔬，并且天然具备反季节优势。"极地果蔬"就是理塘县为此打造的区域品牌。而贫困村的"飞地农业"，则是理塘县依托"极地果蔬"，为贫困村里的贫困户，也包括易地扶贫搬迁户，创造持续稳定收入的一个途径。

"十三五"之初，理塘县有精准识别的贫困村132个，建档立卡贫困户5 130户，贫困人口22 851人，贫困发生率38.1%。极地果蔬特色产业兴起之后，参与县内"飞地经济"的贫困村，每村整合扶贫产业发展资金100万元，首批在甲洼田园综合体和濯桑乡的现代生态农业园区建设若干冬暖式蔬菜大棚，产权归投资的贫困村，大棚租赁给产业园，由来自山东寿光的大棚蔬菜高手带领当地员工管理经营。参加这种"土地集中、各村飞地、龙头经营、按股分红"模式的目前已经有38个贫困村，投入到飞地园区的资金超过3 000万元，建起飞地大棚58个，统一租赁给园区主体经营，年度租赁费为项目投入的10%，租赁周期为15年，每个年度的租赁费达300余万元，全部交给贫困村分给农户。以甲洼镇下依村为例，设施大棚作为村集体资产，总投入100万元，按照每股1 000元计算，共计1 000股。设"基本股"和"扶贫股"标准，向每位村民发放股权，大棚租金 10 万元/年作为村集体收入，每个村民按照所持股权数获得分红。同时，企业与贫困村签订长期用工协议，解决贫困户就业困难。

目前，这些飞地大棚以小西红柿种植为主。海拔 3 800 米，日照时间长，昼夜温差大，地力肥沃又极少病虫害，无需化肥、农药、保鲜剂、催红素，小西红柿口感极佳，年年都是早早就被成都的大超市集团订购一空。

村集体经济的这种普惠式扶贫投资，在分红的时候，家家户户皆大欢喜。但对村集体而言，这只是具体落实县级以上政府的产业发展部署、完成精准扶贫任务的执行动作。集体经济自身并没有留下什么钱来搞资本积累和扩大再生产，在经营性和开拓性上显得缺少内生动力，更谈不上做大做强。此种情况，源于深度贫困地区集体经济长期不够兴旺发达。以甘孜县为例，在格萨尔王城的"百村产业基地"之前，很多村集体经济长期维持在年人均分红 3 元的交账水平。而在康藏地区另一个县色达，精准扶贫工作启动之前，整个县域的村集体经济甚至基本为零。

色达县海拔高到超过 4 100 米，积温低到全年平均气温只有 0.8 摄氏度，人口密度稀到每平方公里才 6 个人，"十三五"开局的时候，色达县57 400 多的户籍人口中，确定的贫困户和贫困人口有 3 798 户 16 647 人，其中要易地扶贫搬迁的超过三分之一，达 1 530 户 5 866 人，精准扶贫的局面不可谓不艰巨。然而，2020 年全县的贫困发生率已经降为 0。

色达在甘孜州建县最晚，县城的成色很新。穿城而过的主干道边，一个小山包下，坐落着占地 720 亩地（48 公顷）的安康社区，它被誉为全甘孜州位置最佳、配套最好、规模最大的易地扶贫安置社区。从2017 年开始整治土地起，两年多光景，新建的藏式住宅已经住进了来自县里 17 个乡的 243 户易地扶贫搬迁户。这个集中安置点的搬迁任务依规按点，全部完成。但住进县城漂亮安置房的易地扶贫搬迁户，后续扶持怎么办？

地广人稀的高原牧区，牧户一旦迁入县城，远离草场牧场，原先的生产就很难继续，他们必须得寻找新的生计。在技能培训、促进就近企业上班、安排公益岗位等办法之外，一个重要的着力点是建设安置社区的集体经济。

安康社区地处出入色达县城的要道旁，附近新开了两个洗车场，生意不错。县里经过一番可用资源整合，将这两个洗车场的租金，和另三个砂石料厂、一家牲畜屠宰厂的经营权出让费，一共约 200 万元，交给安康社区作为集体经济的资本，用于支持易地扶贫搬迁户的发展。今后两个洗车场的租金也由安康社区来收取。目前，安康社区已经在筹建一家薯片加工厂，虽然同质的企业很多，但依托本地优质有机的高原土豆，也许简单的生意也能给这里的易安户们带来一个值得希冀的未来。当然，所有这些都是在政府扶贫力量的主导推进下运行的，安康社区集体经济的起步显得比较被动，可毕竟出发的脚步已经迈出了。

第七节　返乡经济：让回到家乡的企业家比在外面更能大展身手

辣椒是湖南省隆回县传统农产品，也是该县特产。1957 年，隆回县被定为国家辣椒生产基地，1979 年被定为辣椒产品外贸出口基地县。20 世纪 90 年代至 21 世纪头十年，全县辣椒加工厂经过短暂辉煌之后，由于没有龙头企业带动，没有科技做支撑，产业发展步入低谷，大部分辣椒加工厂先后倒闭。但辣椒种植是劳动密集型产业，适合各类人群种植，特别是农村老、弱、病、残、少皆适宜，是很好的扶贫产业，亟须发展壮大。

湖南军杰食品科技有限公司董事长范先生是湖南隆回县石门乡合龙村人。1995 年他和妻子赴东莞打工，从摆地摊、卖辣椒产品开始创业。经过多年的奋斗和积累，2003 年他成立东莞军杰食品有限公司。这时公司规模生产能力已达 1 万多吨，年销售额过亿元，产品辐射全国 22 个省市，并远销韩国、日本、美国、加拿大等国家，企业还荣获"全国产品质量过硬、信誉保证放心品牌"、"消费者信得过产品"荣誉称号。他最早回家乡建企业是在 2012 年，他在离隆回县城 3 公里的老家镇上开建"军杰国际大酒店"，后来挂牌 4 星，多少有点衣锦还乡的意味。

2013 年，范先生为隆回县委、县政府"引老乡、回故乡、建家乡"的号召所吸引，决定把自己的主业——辣椒加工厂建到家乡，湖南军杰食品科技有限公司由此诞生。2014 年公司与隆回县人民政府签订了年建设 5 万亩（3 333.33 公顷）辣椒生产基地的协议。截至 2019 年底，公司总共投资 2 792 万元，自建辣椒标准化种植示范基地和种苗培育基地面积 2 905 亩（193.67 公顷），带领公司周围 5 个乡镇 2.8 万户 9.2 万人每年订单种植辣椒面积 3 万亩（2 000 公顷），辐射带动 12 个乡镇 4.4 万户 14.6 万人每年种植辣椒 3.4 万亩（2 266.67 公顷）。公司针对不同的贫困群体，因户施策，采取不同的帮扶办法，帮助贫困户实现增收。对有产业发展意愿的贫困户，公司为其免费提供辣椒种苗，免费提供技术服务，统一保底收购；对以土地入股公司示范基地、苗圃基地的贫困户，每年每户按不低于 2 000 元分红；对有务工就业意向的安排到公司生产车间工作，增加工资性收入。2015 年来，公司共帮助建档立卡贫困农户 678 户 2 530 人每人每年稳定增收 1 500 元以上，帮助 7.5 万其他农户每人每年稳定增收 1 200 元以上，同时为农民提供季节性就业岗位 5 000 余个，解决建档立卡贫困户务工就业 512 人，达到了产业扶农、产业富农的目的，深受老百姓好评。2020 年 8 月，公司占地

157.5 亩（10.5 公顷），拥有现代化辣椒加工生产线 12 条，年加工能力达 12 万吨，总资产 4.62 亿元。2019 年公司实现销售收入 6.85 亿元。虽然辣椒食品加工是个同质化非常严重的行业，全湖南大大小小从事辣椒行业的有 1 600 多家企业，规模型的也有 60 多家，但无论规模还是产值，军杰都是第一，行当里的全省头部公司。不过，在湖南这个辣椒消费大省，每年的辣椒销售都不成问题。2019 年 5 月，湖南省委书记杜家豪视察了军杰食品科技有限公司，对其返乡创业、积极参与扶贫的做法给予了充分肯定。

第八节 结语：政策建议

对于易地扶贫搬迁户而言，从偏远艰难的穷乡僻壤集中到县城或集镇闹市后，生计发生了巨大的改变。各地一致认定解决路径是就业，就业是解决他们从农民到市民的谋生方式的根本方法。但在身份过渡期间，依托原住地（迁出地）和当地的产业发展来获取稳定收益是务实而有效的。

在农村经济的供给侧抓准独有资源优势建设具有相当规模的特色产业，以生态化、有机化、高品质的日常必需农产品供给来稳定占有市场。

扶贫车间不是解决易地扶贫安置户的根本之策，在不轻易改变他们原先的谋生之道和促进就业的基础上，灵活、简单地让不完全的居家劳动力能够增加收入，作为补充生计，是扶贫车间的意义。坚持以较大力度的优惠政策支持开办扶贫车间的企业，尽量吸纳易地扶贫搬迁户中的居家劳力就近就业，在社区内打工，积极推动扶贫车间建设潜在项目储备库以应对劳动力密集、劳动技能不高、同质化竞争较为严重的低门槛项目随时可能遭遇的市场风险。

发展农村电商，首要在培训农户，推动互联网平台成为农产品销售的主渠道。

倡导新型经营主体与贫困户建立直接、简单、清晰的利益连接，循序渐进地提高从生存艰难地段迁出的易地扶贫搬迁户的市场风险承受力，规避因意识落差而潜存的利益纠纷隐患。

在经济发展仍很脆弱的一些艰难地带，比如"三区三州"的很多地方，仍需坚持政策性的扶贫资金投入，其中应有持续为村一级集体经济注入的项目资金，逐渐培育这些地方集体经济的自主经营、开拓市场的能力，从而发挥出集体经济对大多数农户的支撑托举作用。

第二篇　易地扶贫搬迁后续就业扶持篇

概　　述

　　本篇对广西、贵州、甘肃、湖南、山西、陕西、云南、四川8个省区，每个省份选择两个2个县，共16个县48个安置点的就业扶持情况进行了调研，并且在贵州、甘肃、山西、四川四省召开了座谈会，在16个县进行了深度访谈。在分析研究553份入户调研数据、48份安置点问卷数据、四省调研访谈问题的基础上，结合国家乡村振兴局（国务院扶贫办）、国家统计局、调研地提供的官方数据，总体上本篇认为后续就业帮扶已经取得了一定的成就，就业帮扶成为扩展搬迁户收入渠道，维持收入稳定，推进社会融入的重要方式，就业扶持覆盖每个搬迁户，保证有就业意愿和能力的搬迁户每户至少一人就业。本篇指出就业扶持对搬迁户收入增长有巨大贡献，与搬迁前相比，就业扶持极大地丰富了搬迁户的收入多样性，改变了搬迁户原有的生计资本与生计方式。

　　本篇认为，各省安置点在后续就业帮扶措施方面已经总结出了一系列好的经验做法，主要包括：提升素质，通过职业、技能培训提高搬迁户劳动力素质；完善就业输转、保障体系，建设就业服务中心，为搬迁户提供规范化、标准化的就业服务，组织劳动力外出务工，同时为外出务工劳动力提供就业保障；发展产业，通过引进龙头公司，推动产业基地和扶贫车间建设，提供就地就近就业机会，吸引搬迁户参与发展；提供公益岗位，通过设立安置点保安、保洁员、护林员等公益性岗位，为弱劳动能力、无劳动能力搬迁户提供基本的工作机会；扶贫先扶志，通过能人带动、政府培训等方式改变搬迁户以往的"等、靠、要"思想等方面。

　　基于四省访谈调研和安置区、搬迁户问卷数据分析，本篇认为当前的就业扶持政策在实施过程中仍有一些问题值得关注。如搬迁户劳动力的知识技能水平低，很难适应安置区的就业市场竞争，就业存在困难；政府就业服务提供的仍不充分，大多数外出务工劳动力仍然是通过自己的努力获得工作；扶贫车间不实，部分扶贫车间发展受安置点场所限制，发展受限，另外，扶贫车间产能有限，很难为搬迁户提供充足的就业岗位；产业带动效果不稳，搬迁户的就业仍以外出务工为主，本地发展的产业项目基础薄弱，前景较差，很难提供充足的岗位满足搬迁户的就地就业需求等问题。

针对上述提出的易地扶贫搬迁后续就业帮扶工作中存在的困难和问题，本篇认为后续就业帮扶应该更加关注搬迁劳动力的素质提升，志智双扶；帮扶策略应该由政府主导的输血式帮扶转向以搬迁户为主体，政府和社会支持为辅的自主式帮扶，引导搬迁户就地就近就业。具体而言有以下五个方面：（1）加强贫困家庭教育，培训贫困家庭劳动力；（2）有针对性地组织劳务输转工作，提高劳务输出效率；（3）因地制宜发展当地产业，推动产业园区建设，吸纳劳动力就地就近就业；（4）推动扶贫车间建设，引进龙头企业投资，保障贫困劳动力的当地就业岗位；（5）加强公共就业服务体系建设，提供充分的就业服务信息，保障贫困劳动力的外出务工稳定。

第四章

易地扶贫搬迁后续就业帮扶的
政策背景与典型经验

易地搬迁是"实现贫困群众跨越式发展的根本途径，也是打赢脱贫攻坚战的重要途径"。易地扶贫搬迁后续就业帮扶是帮助搬迁群众搬得出、稳得住、有就业、能致富的重要举措，关系巩固脱贫攻坚成果，关系搬迁地经济健康发展、社会和谐稳定，在根本上决定着易地扶贫搬迁的成效。

第一节　易地扶贫搬迁后续就业帮扶的政策背景

一、易地搬迁是脱贫攻坚的重要方式，是对贫中之贫、困中之困采取的超常规措施

早在 2015 年 6 月，习近平总书记在部分省区市扶贫攻坚与"十三五"时期经济社会发展座谈会上就指出，各地要通过深入调研研究，尽快搞清楚现有贫困人口中，哪些是有劳动能力、可以通过生产扶持和就业帮助实现脱贫的，哪些是居住在"一方水土养不起一方人"的地方、

需要通过易地搬迁实现脱贫的，哪些是丧失了劳动能力、需要通过社会保障实施兜底扶贫的，哪些是因病致贫、需要实施医疗救助帮扶的，等等①。2015 年 11 月，习近平总书记在中央扶贫开发工作会议上指出，生存条件恶劣、自然灾害频发的地方，通水、通路、通电等成本很高，贫困人口很难实现就地脱贫，需要实施易地搬迁②。要求按照贫困地区和贫困人口的具体情况，实施"五个一批"工程，明确提出要"易地搬迁脱贫一批"。

二、易地扶贫搬迁是一项巨大的变革工程

易地扶贫搬迁就是把贫困人口换个地方来扶贫，搬迁群众与原有生产生活环境的联系被硬性割裂开，需要重组生产生活，搬迁安置涉及生产生活方方面面，搬迁群众安定下来需要较长时期，因此是一项复杂的系统工程。

2015 年 11 月，习近平总书记在中央扶贫开发工作会议上指出易地搬迁的重要性和艰巨性：这是一个不得不为的措施，也是一项复杂的系统工程，要按规划、分年度、有计划组织实施，确保搬得出、稳得住、能致富③。"搬得出"阶段规划先行，尊重群众意愿，统筹解决好人往哪里搬、钱从哪里筹、地在哪里划、房屋如何建、收入如何增、生态如何护、新村如何管等具体问题。易地扶贫搬迁后续安置阶段，要让搬迁群众留得下、能致富，真正融入新的生活环境，首先要解决好生活条

---

① 携手消除贫困，促进共同发展（2015 – 10 – 16）. 十八大以来重要文献选编（中）. 北京：中央文献出版社，2016：720. 中国共产党新闻网，http：//theory. people. com. cn/n1/2018/0918/c421125 – 30299488. html.

②③ 在中央扶贫开发工作会议上的讲话（2015 – 11 – 27）. 十八大以来重要文献选编（下）. 北京：中央文献出版社，2018：40 – 43. 中国共产党新闻网，http：//theory. people. com. cn/n1/2018/0918/c421125 – 30299488. html.

件，配套扶贫措施要跟上，使贫困群众改善居住条件，同当地群众享受同等的基本公共服务；同时要做好搬迁群众的社会融入、产业培育和就业扶持工作，实现社会和谐和搬迁群众稳定增收。2019 年 4 月，全国易地扶贫搬迁后续扶持工作现场会在贵州省召开，李克强总理批示指出："统筹脱贫攻坚各类资金资源，切实加大对已搬迁群众的后续扶持力度，全力推进产业培育、就业帮扶、社区融入等各项工作。[①]"

三、就业是易地扶贫搬迁后续帮扶的重中之重

就业是最大的民生，就业扶贫是最直接的脱贫方式，一人就业、全家脱贫，还可以阻断贫困的代际传递。乐业才能安居。解决好就业问题，才能确保搬迁群众稳得住、逐步能致富，防止返贫。

2020 年 3 月，习近平总书记在决战决胜脱贫攻坚座谈会上指出，现在搬得出的问题基本解决了，下一步的重点是稳得住、有就业、逐步能致富[②]。2015 年 11 月，习近平总书记在中央扶贫开发工作会议上讲话指出，要想方设法为搬迁人口创造就业机会，保障他们有稳定的收入[③]。2020 年 4 月，习近平总书记在陕西安康市平利县老县镇锦屏社区考察时强调，搬得出的问题基本解决后，后续扶持最关键的是就业[④]。习近平总书记对加强易地扶贫搬迁就业安置工作作出重要指示，他指

---

① 大力提升搬迁群众的获得感和安全感 确保易地扶贫搬迁工程经得起历史和人民的检验. 光明网, https：//news. gmw. cn/2019 - 04/13/content_32738432. htm. 2019 - 4 - 13.

② 既要搬得出也要稳得住，更要能致富. 中国新闻网, https：//www. chinanews. com. cn/gn/2020/06 - 11/9209967. shtml. 2020 - 6 - 11.

③ 在中央扶贫开发工作会议上的讲话（2015 - 11 - 27）. 十八大以来重要文献选编（下）. 北京：中央文献出版社, 2018：40 - 43. 中国共产党新闻网, http：//theory. people. com. cn/n1/2018/0918/c421125 - 30299488. html.

④ 人民日报人民时评：确保易地搬迁移民安居乐业. 人民网, http：//opinion. people. com. cn/n1/2020/0428/c1003 - 31690440. html. 2020 - 4 - 28.

出，移得出、稳得住、住得下去，才能安居乐业。要住得下去就要靠稳定就业，务工是主要出路。要实实在在做好就业工作，不能搞形式主义。就业帮扶是易地扶贫搬迁后续扶持工作的重要内容，是帮助搬迁群众搬得出、稳得住、有就业、能致富的重要举措，关系巩固脱贫攻坚成果，关系搬迁地经济健康发展、社会和谐稳定。各地将易地扶贫搬迁就业帮扶作为就业扶贫重中之重的任务来抓，确保搬迁群众搬得出、稳得住、能就业、有保障，实现脱贫致富。2018 年 2 月，习近平总书记赴四川凉山彝族自治州昭觉县解放乡火普村了解易地扶贫搬迁和彝家新寨建设情况时指出，搬迁安置要同发展产业、安排就业紧密结合，让搬迁群众能住下、可就业、可发展①。2019 年 4 月，习近平总书记在解决"两不愁三保障"突出问题座谈会上讲话指出，要加强扶贫同扶志扶智相结合，让脱贫具有可持续的内生动力②。

四、易地扶贫搬迁后续帮扶需要"扶上马送一程"

2019 年 8 月，习近平总书记在甘肃考察时强调，贫困乡亲脱贫是第一步，接下来要确保乡亲们稳定脱贫，扶贫政策和扶贫队伍要保留一段时间③。2020 年 3 月，习近平总书记在决战决胜脱贫攻坚座谈会上指出，到 2020 年现行标准下的农村贫困人口全部脱贫，是党中央向全国

---

① 习近平春节前夕赴四川看望慰问各族干部群众. 央视网，http：//news. cctv. com/2018/02/13/ARTI1hcjH0qU6NQ14G8IZOtP180213. shtml. 2018 – 2 – 13.

② 习近平在重庆考察并主持召开解决"两不愁三保障"突出问题座谈会. 人民网，ht-tp：//politics. people. com. cn/n1/2019/0417/c1024 – 31035515. html. 2019 – 4 – 17.

③ 习近平在甘肃考察时强调：坚定信心开拓创新真抓实干，团结一心开创富民兴陇新局面. 中国共青团网，https：//qnzz. youth. cn/zhuanti/shzyll/fzyjs/201909/t20190903 _12059720. htm. 2019 – 8 – 3.

人民作出的郑重承诺，必须如期实现①。脱贫摘帽不是终点，而是新生活、新奋斗的起点。对退出的贫困县、贫困村、贫困人口，要保持现有帮扶政策总体稳定，扶上马送一程。

现阶段，我国正处于脱贫攻坚与乡村振兴的历史交汇期、政策叠加期，搬迁群众的后续发展问题逐渐成为易地扶贫搬迁工作的重心，易地扶贫搬迁政策支持仍需要进一步向深度贫困地区倾斜。巩固易地扶贫搬迁成果，需要结合乡村振兴战略，进一步聚焦后续产业发展和就业增收，抓好社区建设与社会融入，严防搬迁"后遗症"，促进各项扶持政策有效接续。切实保障搬迁群众合法权益，为巩固拓展精准扶贫成果和实施乡村振兴奠定坚实基础。

第二节　易地扶贫搬迁后续就业帮扶的政策要求

《全国"十三五"易地扶贫搬迁规划》计划用 5 年对全国 22 省（区、市）"一方水土养不起一方人"的贫困地区建档立卡实施易地扶贫搬迁，完成约 1 000 万人搬迁任务。其中西部 12 省（区、市）搬迁人口约 664 万人，占此次移民的 67.7%。由于迁出区的自然环境和发展条件具有同质性，除了建档立卡贫困人口需要搬迁之外，全国仍有超过 600 万非建档立卡人口需要实施同步搬迁。

2019 年 5 月，人力资源社会保障部等部门联合印发《关于做好易地扶贫搬迁就业帮扶工作的通知》（以下简称《通知》），要求各地要把 16 周岁以上、有劳动能力的搬迁群众（以下简称搬迁群众），特别是建档立卡贫困劳动力作为重点人群，把小城镇和工业园区安置区，特别是

---

① 习近平. 在决战决胜脱贫攻坚座谈会上的讲话. 求是网，http://www.qstheory.cn/yaowen/2020－03/06/c_1125674761.htm. 2020－3－6.

"三区三州"等深度贫困县安置区、800人以上大型安置区作为重点区域，坚持普惠性政策和超常规举措并举，强化培训服务与兜底保障并重，全力做好搬迁群众的就业帮扶工作，努力促进有就业意愿和劳动能力的搬迁贫困劳动力就业创业，确保其家庭至少一人实现就业。《通知》提出一系列促进搬迁群众就业创业具体举措。一是多渠道拓宽就业门路，二是大规模开展职业技能培训，三是实施属地就业服务管理。

2020年，国家发展改革委会同有关部门和22个省份，深入贯彻习近平总书记在决战决胜脱贫攻坚座谈会上的重要讲话精神，坚决落实党中央、国务院关于易地扶贫搬迁工作的决策部署，一手抓工程扫尾，一手抓后续扶持，推动搬迁脱贫工作取得新成效。

截至2020年3月，全国累计建成易地扶贫搬迁安置住房266万余套，实现搬迁入住建档立卡贫困人口947万人，搬迁入住率达99%。其中，河北、内蒙古、吉林、安徽、福建、江西、山东、河南、广西、贵州、甘肃、青海、宁夏、新疆等省区已全面完成搬迁入住。各地已拆除旧房182万套，拆旧率88%，已为超过900万建档立卡搬迁人口落实后续扶持措施，89%的有劳动力的搬迁家庭实现一人及以上人口就业。截至2020年4月中旬，26个安置区配套设施扫尾工程和132个已开工的大型安置区教育医疗设施补短板项目均已全部复工。近期以来，国家发展改革委深入贯彻习近平总书记在陕西考察调研易地扶贫搬迁安置点时的重要指示精神，进一步聚焦搬迁群众就业和后续产业发展，加大后续扶持工作力度，确保搬迁群众稳得住、有就业、逐步能致富。

从全国来看，虽然"搬得出"问题已经基本得到很好的解决，但是还有一部分搬迁贫困劳动力没能实现就业，已经实现就业的搬迁贫困劳动力中，多数都是不稳定的灵活就业，易地扶贫搬迁工作面临搬迁贫困群众"稳不住""难致富""难融入"的挑战。

第三节　易地扶贫搬迁后续就业帮扶的主要做法

各地围绕"搬得出、稳得住、有就业、能致富",想方设法使搬迁贫困户脱贫增收。通过建立到点到户产业扶持和就业帮扶工作台账,按期调度,落实"一户一策""一人一册",做到所有建档立卡搬迁户全部落实产业扶持和就业帮扶政策。

一、乡村产业扶贫带动就业

农村安置点以发展产业为主,依托资源优势发展现代特色高效农业,大力发展现代农副产品加工流通业和乡村旅游、文化体验、健康养生等现代新型业态,以特色产业以及"五小产业"为发展方向,通过"资源变资产、资金变股金、农民变股东"模式,发挥龙头企业、农民专业合作社、能人大户等新型经营主体带贫益贫能力,完善利益联结机制,延长产业发展链条,拓宽搬迁群众增收脱贫渠道。

制定完善易地扶贫搬迁安置区后续产业发展规划或实施方案,明确产业发展重点和实施路径、配套支持政策等,确保安置区有产业、搬迁户能就业。对于中小型安置点,结合"一户一策"等具体帮扶措施,落实到户产业扶贫资金,指导贫困户结合自身实际选好到户产业。

一是"土地入股、资金入股、劳动力入股"模式。如甘肃临夏县通过在靠近县城、土桥集中安置点的中部川区和北塬灌区以"股份农民"为核心,大力发展设施蔬菜和高原夏菜,目前种植面积达到7万亩(4 666.67公顷),新吸纳搬迁群众和贫困户就业30 000多人,预计户均可增收3万元;广河县在三甲集镇康家易地扶贫搬迁安置点建成魏家坪、新庄坪两个集中规模养殖场，在齐家镇黄家坪安置点建设养殖小区，带动搬迁群众发展规模养殖，有效增加群众收入。

二是引进龙头企业，搬迁户通过土地流转收入、到户种养产业扶持资金入股分红、务工、劳务承包等方式增收脱贫。如甘肃省古浪县在黄花滩安置区规划新建日光温室 3 000 座，动员搬迁贫困户加入农民专业合作社，带动贫困群众发展富民产业；天祝县建设藜麦、食用菌等 12 个农业产业园，为搬迁群众落实产业到户资金，进行入股分红，户均年分红收益 1 000 元以上；定西市安定区香泉镇推进马铃薯种薯扶贫产业园建设，构建了土地入股、配股分红、就地务工、联合经营、光伏扶贫"一园生五金"的增收体系。

三是对依山就势改善条件的群众，实施退耕还林，加快发展特色林果业和区域性特色产品，拓宽增收渠道。如甘肃平凉市静宁县侯山安置点按照"一业突破、规模推进、转型升级"的工作思路，整合资金为搬迁群众新植果园 220 亩（14.67 公顷），人均 2 亩（0.13 公顷）果园，并指导搬迁户在果园套种土豆、南瓜等农作物，户均年增牧 6 000 元。

四是落实到户种养产业扶持资金直接到户，用于发展种养产业。坚持特色扶贫产业及"五小"产业与"一户一策"精准对接，结合贫困村的资源禀赋和贫困户的家庭实际，合理确定贫困户种什么、养什么、种多少、养多少以及投放多少产业扶持资金。大力推广"扶贫抓产业、产业抓到户、到户抓达标、达标抓效益"的经验做法，鼓励贫困户真种真养、多种多养。在不突破每户 3 万元到户资金的前提下，通过差异化的奖补，激发贫困群众发展种养产业积极性。

通过以上措施推动农村安置点产业发展，建设产业园区，专业合作社，带动一批搬迁劳动力参与到产业项目中实现个人创业，或者通过在项目中相关岗位务工实现就地就近就业，通过发展农村产业项目吸纳一批搬迁劳动力务工就业。

二、城镇产业扶持带动就业

一是创新发展物业经济。迁出地土地承包经营权、林权、宅基地使用权直接流转或折股量化到户，就地发展产业或物业经济。培育壮大主导产业，宜林则林、宜农则农、宜牧则牧、宜旅游则旅游，引入社会资本，运用市场机制，有效推进生态林、经济林、农业、养殖、园区、特色旅游等新的发展模式。在农村大中型集中安置点逐步实行农村社区治理、小型安置点重点实行村民自治组织管理。各地依托易地扶贫搬迁工程配套建设商铺、摊位、柜台、厂房、停车场等营利性物业，并将产权优先量化到建档立卡贫困人口。推行物业合作社，增加搬迁人口资产性收入。重点扶持发展劳务、运输、餐饮等服务业，创造就地就近就业岗位。

二是扶持发展旅游业。如甘南州临潭县八角乡安置点，依托冶力关大景区建设的带动，将临潭县八角乡牙扎村打造成集观光旅游、休闲娱乐于一体的旅游乡村，引导鼓励和支持搬迁户发展休闲、度假、体验、观光等乡村旅游新业态，吸引外来游客，有效提升搬迁群众经济收益。

三是大力推广以工代赈模式，推动以工代赈资金支持安置区山、水、田、林、路建设，鼓励引导政府投资项目优先吸纳搬迁群众参加工程建设，做好搬迁群众参与工程建设的组织动员和劳务报酬发放工作，增加易地扶贫搬迁贫困群众工资性收入。广泛吸纳搬迁群众参与生态保护工程建设。

四是加快推进电子商务。依托县乡村三级电子商务公共服务体系，加大对搬迁群众的电商指导和培训，支持具备条件的搬迁群众运营乡村电商站点，开展代销代购和快递终端服务。鼓励搬迁群众创办网店或立足当地特色农产品等开展网货加工供货，线上线下结合，助力搬迁群众增收、拓宽就业渠道。

五是大力开展消费扶贫助推安置区特色产品销售。推广以购代捐的扶贫模式，推动学校、医院、机关食堂和交易市场等从安置区直接采购农产品，开展"农超对接""农校对接""农餐对接"等多渠道的直供直销对接。

六是优先扶持搬迁村光伏产业。精准瞄准搬迁贫困村、贫困户，配套建设村级光伏电站，建立完善光伏扶贫收益分配机制，重点帮助无劳动能力的深度贫困人口兜底脱贫，支持搬迁贫困村增加集体经济收入。

七是发展"易地扶贫搬迁＋工业产业园区＋食用菌产业园区＋就业"模式。如甘肃民乐县依托海升集团现代智能温室、甘肃方舟水世界等项目，积极打造集现代农业观光、有机农产品采摘、生态休闲娱乐等为一体的主题公园，实现易地扶贫搬迁贫困户800多人就地就近就业。同时，在食用菌产业园建设高标准食用菌大棚168座并交由企业管理，搬迁户不仅可以到食用菌产业园务工，也可承包经营大棚获取收益，使搬迁户就地转化为产业工人。

八是依托现有各类园区为县城大型安置点配套建设扶贫产业园区。把吸纳就业能力作为园区建设的重要内容，吸引适合搬迁贫困劳动力特点的劳动密集型、生态友好型企业入驻，确保企业进得来、留得下、有合理回报，为搬迁群众转产就业创造条件。

三、具体就业帮扶措施

县城安置点以解决就业为主，配套扶贫产业园区，大力发展扶贫车间，拓展龙头企业就业吸纳能力，鼓励搬迁群众自主择业创业，优先提供公益岗位，建立就业帮扶动态跟踪机制和管理台账，确保有劳动能力且有意愿的搬迁家庭至少一人稳定就业。

（一）有组织劳务输出

具体做法有以下几个方面：一是充分发挥东西扶贫劳务协作的作用，与对口帮扶城市或经济发达地区开展劳务协作，努力扩大劳务输出规模。将吸纳安置区搬迁群众就业作为东西部扶贫劳务协作的重要内容，积极提供岗位信息，落实交通补助等奖补政策，优先考虑安置区劳动力输转，进行"点对点"运送。二是加强和规范省外劳务协作站（点）的建设，发挥省外就业创业服务中心的作用。三是依托现有的公益性劳务公司或其他方式，建设劳务公司和劳务合作社，建立"劳务公司＋劳务合作社＋劳动力"的工作模式，实现劳动力资源向劳动资产转化，搭建劳务公司与搬迁劳动力之间的利益联结机制，促进输出就业。四是开展省内劳务协作。

具体的政策有：贵州省规定，对人力资源服务机构、劳务公司、劳务合作社、劳务经纪人等市场主体针对搬迁劳动力开展职业指导、专场招聘会等就业服务活动，实现有组织劳务输出，输出的劳动力稳定就业6个月以上，且提供1年跟踪服务的，按规定给予人力资源服务机构等单位每人500元的一次性跟踪服务补贴；对搬迁劳动力通过有组织输出到户籍所在县以外省内就业的，给予每人500元的一次性求职创业补贴，输出到户籍所在省以外就业，给予每人1 000元的一次性求职创业补贴。甘肃省规定，对经营性人力资源服务机构、劳务中介组织搬迁贫困劳动力到企业实现稳定就业，且签订并实际履行6个月以上劳动合同的，按100元／人给予一次性奖补。

（二）促进就地就近就业

定岗推荐就近务工。具体做法有以下几个方面：一是围绕当地工业园区、产业园区等挖掘就业岗位，优先安置搬迁劳动力就业。二是积极开发就业岗位，鼓励当地企业、农民专业合作社等吸纳搬迁劳动力就业。三是积极培育搬迁安置点"社区经济"，为搬迁群众提供就业岗位，不断提升增收致富能力、积累集体经济。四是在安置区实施的政府投资建设项目、以工代赈项目安排一定数量的岗位吸纳搬迁群众就业。五是鼓励脱贫攻坚帮扶单位优先从搬迁群众中聘用工勤人员。六是鼓励居家灵活就业，结合当地传统文化、自然生态、产业基础等情况，引导搬迁劳动力居家从事传统手工艺制作、农产品加工、来料加工等。七是重点做好滞留劳动力与急需用工企业的协调对接，由社区干部、网格员一对一带领滞留劳动力到辖区企业求职就近务工。

具体的政策有：贵州省规定，对吸纳搬迁劳动力稳定就业 3 个月以上，签订 1 年以上劳动合同，缴纳社会保险的，按规定给予每人 500 元的吸纳就业一次性补贴；对企业吸纳搬迁劳动力就业的，参照就业困难人员落实社会保险补贴。甘肃省规定，各类经济组织吸纳一定数量易地扶贫搬迁贫困劳动力，实现稳定就业的，按规定分别兑现就业奖补、创业补助、社保补贴和培训补助等奖补政策。

（三）加强安置点就业扶贫车间、就业扶贫基地等载体建设

规模以上的集中安置点都配套设立社区工厂、扶贫车间。招强做大扶贫车间送岗务工，与扶贫就业基地合作灵活用工。具体做法有以下几个方面：一是在规模较大的集中安置区预留生产经营场地、开辟专门区域，大力发展社区工厂、扶贫车间、合作社、家庭农场等，扶贫车间包括种养车间、深加工车间、商贸物流车间等。二是通过引进企业援助办、"三变"改革集体办、扶持创业能人办、牵线搭桥网上办、依托资源组团办等多种方式设立；引导东西扶贫协作和定点扶贫参与，配合援助方聚焦大型集中安置区，对口援建一批劳动密集型、生态友好型扶贫车间；加大招商引资力度和政策支持力度，引进一批适合搬迁群众就业的劳动密集型企业，创建一批扶贫车间。三是探索将扶贫车间建在企业、建在园区，采取"企业＋扶贫车间＋贫困户"模式，将扶贫资金注资企业入股，帮助企业扩大规模，拓展新增就业岗位，实现企业、贫困户和村级集体经济多赢。四是充分发挥社区劳务公司作用，组织搬迁群众到扶贫就业基地打零工，畅通灵活就业人员务工渠道。五是提供一批弹性工作制岗位，重点促进留守劳动力居家就业，优先保障搬迁家庭妇女劳动力就业，可以认领任务在家中进行加工，或是在扶贫车间工作同时照顾孩子。

具体的政策有：甘肃省规定，给予财政、金融等支持政策。疫情防控期间，对各类生产经营主体吸纳本地贫困劳动力且稳定就业半年以上的，给予生产经营主体一次性奖补；落实新增地方留成税收（5 年内）等额奖补、参保补贴等政策，增强扶贫车间发展后劲和吸纳搬迁贫困户就业能力。贵州省规定，省级每年认定一批吸纳贫困劳动力就业数量多、成效好的就业扶贫基地和就业扶贫车间，按规定给予每个就业扶贫基地 3 万元、每个就业扶贫车间 1 万元的一次性资金奖补。

（四）安排一批公益性岗位，托底解决缺少专业技能的搬迁群众就业生活问题

为无法离乡、无业可扶、无力脱贫的安置区零输转就业家庭提供就业岗位。具体做法是，统筹开发保洁保绿、治安协管、护河护路、孤寡老人和留守儿童看护等各类岗位，包括爱心理发员、道路维护员、保洁员、绿化员、水电保障员、养老服务员、村级就业社保协管员、公共安全管理员、公益设施管理员、社会治安协管、地质灾害监测、就业扶贫专员、禁毒防艾宣传等公益性岗位，保洁环卫、防疫消杀、巡查值守等临时性公益岗位，统筹开发林草管护岗位。对搬迁群众中的就业困难人员，通过巡防巡护类[①]、邻里互助类[②]、一线公共服务类[③]、协助管理

---

① 治安巡防、公共产业巡护等。
② 养老服务、五保户服务、留守儿童看护等。
③ 村寨保洁、河道管护、农村"组组通"公路养护等。

类①岗位实现就业。

贵州省规定，通过依托各类农民专业合作社（种养大户、家庭农场）、就业扶贫车间、就业扶贫示范基地及各类园区企业实现就业或从事刺绣、银饰加工、特色编织、来料加工等居家就业且收入较低的易地扶贫搬迁劳动力，从 2019～2021 年，符合条件的按规定可申请每人每月 400 元的就业扶贫援助补贴。

数量上，按比例配置公益岗位。甘肃省在易地扶贫搬迁集中安置点按每 100 人安排 1 个公益岗位，重点保障 800 人以上大型集中安置点。贵州省规定，每年新增或调剂公益性岗位不低于 30% 用于解决搬迁群众就业。岗位补贴标准上，甘肃省为每人每月 500 元，服务期限原则上为 3～5 年；四川省每人每月给予不低于 300 元岗位补贴。

（五）鼓励扶持创业和创业带动就业

具体做法有以下几个方面：一是积极引导成功人士返乡创业。二是推进农民工创业园（点）建设，加大创业扶持政策、创业服务支持力度，支持搬迁劳动力入园创业带动就业。三是在有条件的安置点培育一批创业项目。采取承接产业转移，发展互联网＋农村电子商务、乡村旅游、休闲农业、林下经济、推动特色食品加工业发展等措施，培育创业项目，按规定落实小微企业扶持政策。四是对有创业意愿并有一定创业条件的搬迁劳动力，及时开展创业培训，落实税费减免、资金补贴、场地安排、创业担保贷款及贴息等政策。五是支持个体经营、摆摊设点，支持大中型集中安置区为创业者提供低成本创业场所。

具体的政策有：贵州省规定，符合条件的创业搬迁劳动力，可申请最高不超过 15 万元的创业担保贷款，小微企业当年新招用符合创业担保贷款申请条件的人员数量达到企业现有在职职工 25%（超过 100 人

---

① 就业扶贫信息统计收集、就业扶贫服务等。

的企业达到 15%）并与其签订 1 年以上劳动合同的，可申请最高不超过 300 万元的创业担保贷款。对创业企业或个体工商户自工商登记注册之日起正常运营 6 个月以上的搬迁劳动力，可给予 5 000 元的一次性创业补贴。

（六）加大技能培训力度

广泛动员搬迁劳动力积极参与并自主选择合适的职业技能培训项目，有培训意愿的搬迁劳动力至少接受 1 次职业技能培训。具体做法有以下几个方面：一是在易地搬迁点设立技能培训基地。如甘肃省广河县在三甲集镇康家易地搬迁点和城关镇大杨家易地搬迁点设立技能培训基地。二是因需因人施策，开展分类培训。重点依据当地特色产业、安置区用工项目、劳务输出项目等开展就业技能培训。对有输转就业需求的开展就业技能培训；对居家妇女开展手工编织、农家乐经营等居家就业培训；对有创业意愿且具有一定基础的劳动力，开展产业经营、商业营销等创业培训。如广河县开展中式面点、手抓羊肉、烹饪厨师等技能培训，多名搬迁群众已在北京、天津、上海等地的牛肉拉面馆、大学食堂、小餐饮店务工就业。三是创新培训模式，开展订单式培训、定向培训、定岗培训，力争培训一人，就业一人。采取项目制等方式为搬迁劳动力提供就业技能或创业培训，对参加培训的建档立卡劳动力按规定发放培训补助和生活补助费。四是开展辅助培训。根据搬迁群众生产生活需要，开展法律法规、劳动维权保护、职业道德、安全生产、消防安全、卫生安全等内容的培训，适当增加城市生活常识、国家通用语言等培训内容。做好搬迁群众的感恩教育和市民意识培训，全面提升其综合能力和素质。

具体的政策有：贵州省规定，对各类生产经营主体吸纳搬迁劳动力就业并开展以工代训的，根据吸纳人数，符合条件的，按照原则上不超过每人每月 500 元给予生产经营主体一定期限的职业培训补贴，最长不超过6个月；对各类培训机构（含用工企业等）开展搬迁劳动力脱产培训的，根据培训天数和培训后的就业情况，统一落实培训补贴和培训期间每天40元的生活补贴，搬迁劳动力中的建档立卡贫困户所需生活补贴由扶贫资金列支，非建档立卡贫困户从就业补助资金中列支。

（七）做好公共就业服务

具体做法有以下几个方面：一是在公共就业服务机构或服务大厅设立专门服务窗口，在大型集中安置区设立专门公共就业服务站或服务窗口，为搬迁群众提供一站式就业帮扶。二是将搬迁群众全部纳入当地公共就业服务体系，搬迁至城镇区域的，按城镇户籍人员落实就业扶持政策。三是建立安置区岗位信息常态化推送机制，及时为搬迁群众精准推荐岗位信息和职业培训信息。四是跟踪帮扶分散搬迁户就业，建立分散安置搬迁群众就业帮扶动态跟踪机制和管理台账，不漏一户、不漏一人，协调相关部门和市场主体，积极落实就业帮扶措施。

第四节　易地扶贫搬迁后续就业帮扶的典型经验

一、坚持以岗定搬、以产定搬，精准落实就业和产业脱贫措施

将后续产业扶持纳入产业扶贫与易地搬迁同步规划部署，确保群众搬迁后续就业机会。坚持挪穷窝与换穷业并举、安居与乐业并重、搬迁与脱贫并进，因地制宜，综合施策，切实推动后续脱贫发展。在安置点选址和前期规划时，根据安置地可提供就业岗位和可脱贫产业合理确定安置点建设规模。按照城镇中心区、工业农业园区和美丽乡村特色景区

三靠近思路布局集中安置点。本县难以满足就业需求的，支持在省域范围内跨行政区域搬迁安置，确保搬迁群众在安置地有业可就、有事可做、有钱可赚，有更好的发展前景，确保搬迁对象每户1人以上就业目标。

二、将就业工作纳入对搬迁社区专项工作奖励考核

贵州长顺县广顺社区攻坚队通过"三进一创一落实，稳临结合"（进产业基地、进企业、进扶贫车间务工就业，并根据市民意愿积极推荐、引导市民自主创业，同时充分开发利用并落实国家政策性工作岗位，采取稳定就业与临时就业相结合的方式推进搬迁市民充分就业创业）等方式，多措并举多渠道全面推进劳动力市民由"一户一人以上就业"向"劳动力充分就业"转变。将就业工作纳入攻坚队对社区及网格干部的专项考核，每月根据工作开展成效进行奖励和表彰，工作效果较为明显。

三、做好特殊搬迁群体就业工作

贵州长顺县广顺社区采取了一系列措施和方法推进常住劳动力务工就业工作。一是针对部分用工企业和单位不敢用60岁以下市民务工就业的情况，采取攻坚队向企业承诺、市民向企业承诺并签订《移民社区安全风险承诺书》。二是针对部分内生动不足的市民，采取多次下发《就业推荐告知书》的方式，对推荐后仍不就业的家庭和个人，在社区积分制管理中采取倒扣分制进行扣分管理。三是针对在家尚有部分劳动力的老年人，协调350余亩（23.33公顷）菜园地免费分给900余户搬迁市民栽种，解决搬迁市民特别是中老年人对土地的不舍和依恋问题。

四、推进"志智双扶、思想转化"工作

贵州长顺县广顺社区攻坚队分三步解决搬迁市民就业欲望不强、内生动力不足的问题。第一步"生拉硬拽"先拽上车，攻坚队员使用个人私家车、租公交车等方式送一程、接一程，帮一把，把务工群众免费送去接回，同时为确有困难市民免费送去关怀午餐等，把搬迁市民先送去务工。第二步拉放结合带过渡，针对步入正轨的劳动力就放手交给用工企业和市民对接落实，针对仍需要帮助的（或新搬迁的）部分劳动力继续跟进帮助解决务工就业困难。第三步全权放手，群众事情群众干，逐步把由干部强带强推过渡到干部引领、合作社组织、用工企业购买服务的方式转变。

第五章

易地扶贫搬迁后续就业
帮扶的现状、成效及对策

　　为了准确把握搬迁贫困人口就业情况，发现问题，分析原因，提出建议，为打赢精准脱贫攻坚战和实施乡村振兴奠定坚实基础，课题组于2020年开展易地扶贫搬迁安置点跟踪监测，对易地扶贫搬迁安置点贫困人口就业情况进行摸底调研、数据采集、跟踪监测。课题组选取广西、贵州、甘肃、湖南、山西、陕西、云南、四川等8个省区，每个省区选择2个县共16个县（都安、田阳、水城、威宁、靖远、古浪、平江、麻阳、临县、云州区、平利、紫阳、会泽、红河州、宣汉、昭觉），每个县选择3个安置点（分别有一个县城安置点、一个乡镇安置点和一个村内安置点）共48个安置点，于2020年7月开展了安置点问卷调研和入户问卷调研，共获得48份安置点问卷和553份入户调研问卷，并在贵州、甘肃、山西、四川四省召开了座谈会，在16个县进行了深度访谈。本章以下部分将分别从四省调研访谈、48份安置点问卷分析和553份搬迁贫困户问卷分析的角度，对易地扶贫搬迁后续就业帮扶情况进行研究。

第一节　从搬迁安置点调研看易地扶贫搬迁后续就业帮扶现状

本部分基于 48 个安置点的问卷调研，从搬迁安置点的角度分析易地扶贫搬迁就业帮扶的情况。

一、样本安置点概况

（一）乡镇安置点占比最大

本次共调研 48 个安置点，分别来自 8 个省区（广西、贵州、甘肃、湖南、山西、陕西、云南、四川），16 个县（都安、田阳、水城、威宁、靖远、古浪、平江、麻阳、临县、云州区、平利、紫阳、会泽、红河州、宣汉、昭觉），每个县分别有一个县城安置点、一个乡镇安置点和一个村内安置点。

安置点实际分布情况为：村内安置点占比 25%、外村安置点占比 2%、乡镇安置点占比 42%、县城安置点占比 31%，乡镇安置点数量最多。但从安置户数、安置人数情况看，70% 以上在县城安置点，村内安置点户数和人数只占 3%，乡镇安置点户数和人数占 1/4 左右（见图 5-1）。

从各类安置点安置规模看，村内安置点平均安置 96 户、510 人，乡镇安置点平均安置 692 户、2 654 人，县城安置点平均安置 2 416 户、9 900 人，村内安置点平均安置 96 户、510 人（见图 5-2）。

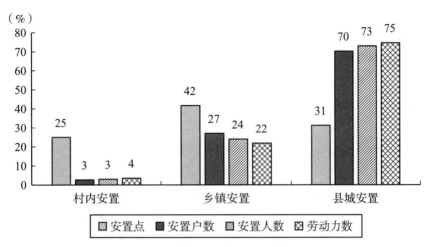

图 5-1　各类安置点情况

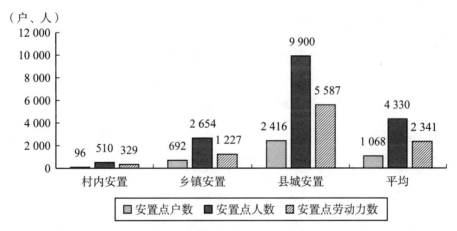

图 5-2　各类安置点平均安置规模

分省区看，四川省有 4 个村级安置点，甘肃、云南、贵州、山西乡镇安置点个数分别为 4 个、4 个、3 个、3 个，广西、陕西分别有 4 个、3 个县城安置点（见表 5-1）。

表 5 –1 分省区安置点类型 单位：个

省区	安置点属性		
	村内	县城	乡镇
广西	1	4	1
甘肃	2	0	4
贵州	1	2	3
湖南	2	2	2
山西	1	2	3
陕西	1	3	2
四川	4	1	1
云南	1	1	4

（二）大型安置点的数量最多，超大型安置点人数最多

此次调研的 48 个安置点包括各种规模的安置点：其中，大型、中型和特大型安置点较多，占比分别约为 27%、25%、23%，小型和超大型安置点较少，占比分别约为 15% 和 10%。但安置户数和人数主要集中在超大型安置点、特大型安置点和大型安置点，超大型安置点的安置户数约占 55%，安置人数约占 57%；特大型安置点的安置户数约占 28%，安置人数约占 27%；大型安置点的安置户数约占 13%，安置人数约占 12%（见图 5 –3）。

分安置点看，200 人以下的小型安置点全部是村内安置点；200～800 人的中型安置点主要是县城安置点，村内安置点也较多，乡镇安置点最少；800～3 000 人的大型安置点以县城安置点为主，其次是乡镇安置点，村内安置点最少；3 000～10 000 人的特大型安置点以县城安置点为主，其次为乡镇安置点；万人以上的超大型安置点主要是县城安置点，也有部分为乡镇安置点（见图 5 –4）。

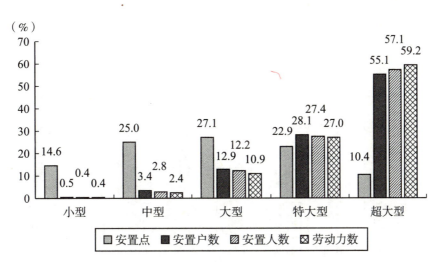

图 5 - 3　各种规模安置点构成及安置入户分布

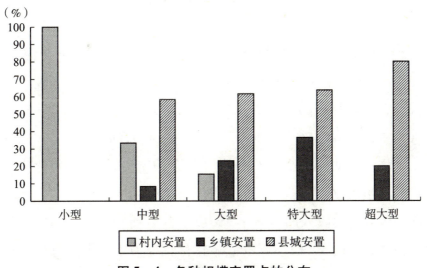

图 5 - 4　各种规模安置点的分布

分省区看，广西、贵州、陕西的县城安置点最多，甘肃、云南、山西的乡镇安置点最多，四川村内安置点最多（见图 5 -5）。

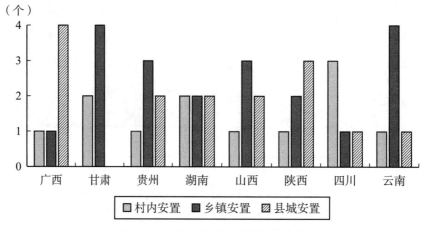

（个）

图 5－5　分省各类安置点的分布

（三）多数安置点的多数农户都以务工收入为主要收入来源

在 48 个安置点的 55 313 户搬迁户中，36% 以外地务工收入为主要收入来源，平均每户的外地务工收入占总收入的 61%；30% 以本地务工收入为主，平均每户的本地务工收入占总收入的 50%；6% 以种植业为主，平均每户的种植业收入占总收入的 29%；3% 以养殖业为主，平均每户的养殖业收入占总收入的 25%；3% 以社区岗位为主，平均每户社区岗位收入占总收入的 26%；2% 以私营活动为主，平均每户私营活动收入占总收入的 30%；8% 以依靠转移收入为主，平均每户转移收入占总收入的 45%；7% 以财产性收入为主，平均每户的财产性收入占总收入的 13%；6% 以其他收入为主，平均每户的其他收入占总收入的 4%（见图 5 -6）。

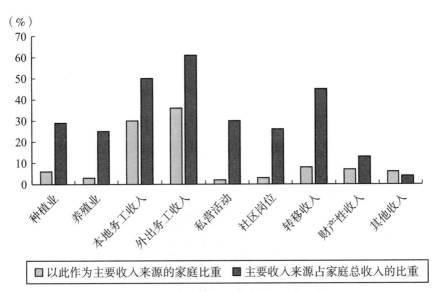

图 5 - 6 安置点搬迁户主要收入来源情况

（四）超大型安置点平均劳动力人数最多

从安置点劳动力人数看，48 个安置点的平均劳动力人数为 2 342 人，占人口数的 55%。7 个小型安置点的平均劳动力人数为 66 人，占人口数的 56%；12 个中型安置点的平均劳动力人数为 229 人，占人口数的 48%；13 个大型安置点的平均劳动力人数为 944 人，占人口数的 49%；11 个特大型安置点的平均劳动力人数为 2 758 人，占人口数的 54%；5 个超大型安置点的平均劳动力人数为 13 323 人，占人口数的 57%。

二、安置点就业安置情况

（一）83% 的安置点就业率达到 80% 以上

在 48 个安置点中，有 18 个安置点的就业率在 100%，占比约 38%；

有 22 个安置点的就业率在 80% ~99%，占比约 46%；有 6 个安置点的就业率在 60% ~79%，占比约 13%；有 2 个安置点的就业率在 40% ~59%，占比约 4%；83% 的安置点就业率达到 80% 以上（见图 5 – 7）。

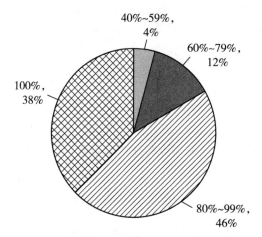

图 5 – 7　以就业率情况分的安置点结构

从各类安置点情况看，村内安置的就业率最高，其次是乡镇安置，县城安置的就业率最低。小型安置点和超大型安置点就业率高，大型和特大型安置点就业率较低（见图 5 – 8、图 5 – 9）。

（二）安置点普遍提供了就业服务

在 48 个安置点中，有 45 个安置点提供专门公共就业服务，占比 94%；有 3 个安置点未提供专门公共就业服务，占比 6%。

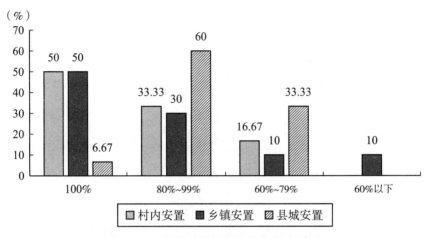

图 5 - 8 各类安置区就业率分布情况

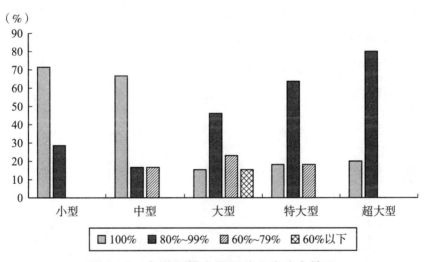

图 5 - 9 各种规模安置区就业率分布情况

在提供专门公共就业服务的安置点中，设立专门的就业服务站点的有 19 个，占比约 40%；设立专门就业服务窗口的有 21 个，占比约 44%；没有站点也没有窗口、但配备专职人员的有 7 个，占比约 15%；其他形式（主要是招聘会）的有 1 个，占比约 2%（见图 5 - 10）。

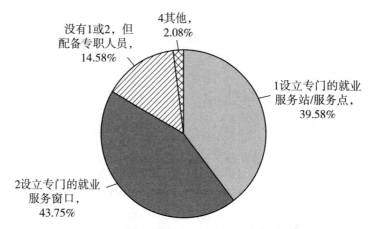

图 5 - 10 安置点提供公共就业创业服务的方式

此外，引入社会就业中介机构的有 21 个，占比 44%；未引入社会就业中介机构的有 27 个，占比 56%。分安置类型看，县城安置点引入社会就业中介机构的比重最高，达到 67%，而村内安置引入社会就业中介机构的比重最低，仅为 17%（见图 5 - 11）。

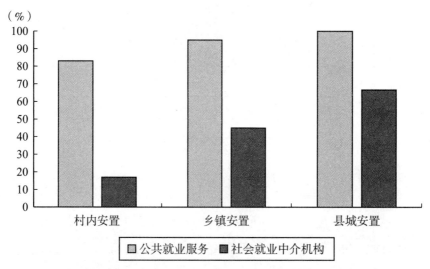

图 5 - 11 各类安置点公共就业服务和社会就业中介机构设立情况

90%的安置点表示组织过现场招聘会，8%表示组织过网络招聘会，41%表示开展过上门推荐或询问，5%表示发过宣传单、微信通知等。

（三）安置点均设置了公益性岗位

各安置点中，设置50个以下公益性岗位的有37个点，占比77%；设置50~99个的有4个点，占比8%；100个以上的有7个点，占比15%。各种规模的安置点中，小型和中型安置点的公益性岗位都在50个以下；多数大型和特大型安置点的公益性岗位在50个以下，60%的超大型安置点的公益性岗位在100个以上（见图5-12）。

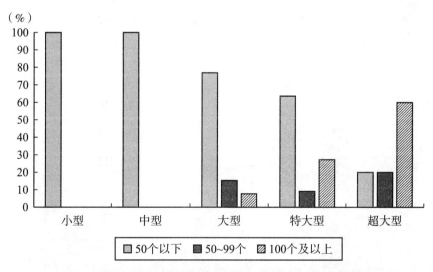

图5-12　各种规模安置点设置公益性岗位的数量情况

94%的安置点表示，公益性岗位人员全年12个月都工作。就公益性岗位月工资而言，22%的安置点表示在100~499元，56%表示在500~999元，22%表示在1 000元以上。从各类安置点情况看，县城安置点公益性岗位工资相对较高，而乡镇安置点和村内安置点公益性岗位工资相对较低。在各种规模的安置点中，月工资500~999元的安置点

都是最多的：在小型和中型安置点超过 70%，在超大型安置点达到
60%，在大型和特大型安置点处于 40% 左右。安置点规模越大，月工
资 1 000 元以上的安置点越多，超大型安置点达到 40%（见图 5 - 13、
图 5 - 14）。

分省区看，广西、四川、湖南、贵州、甘肃安置点的公益性岗位
人员每年平均工作 12 个月，但云南、陕西只有 80% 安置点的公益性
岗位人员每年平均工作 12 个月，山西 85% 的安置点公益性岗位人员
年均工作时长不足 1 年；四川、甘肃 100% 的安置点公益性岗位收入都
在 500 ~ 1 000 以内，湖南、山西、云南 60% ~ 70% 的安置点公益性岗
位收入在 500 ~ 1 000 元之间；贵州、广西 50% 安置点公益性岗位收入
超过 1 000 元；此外，陕西、广西、云南、贵州较多安置点公益性岗位
人员收入在 500 元以下（见图 5 - 15、图 5 - 16）。

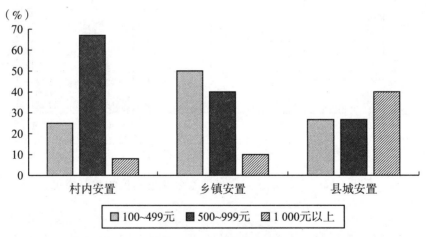

图 5 - 13　各类安置点公益性岗位收入结构

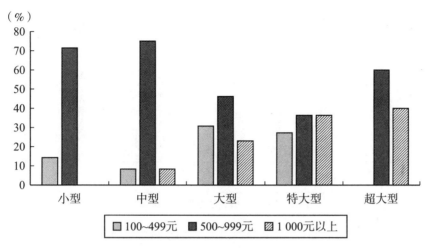

图 5 - 14　各种规模安置点公益性岗位收入结构

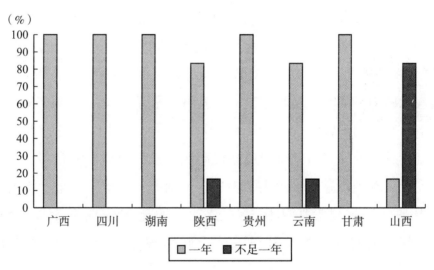

图 5 - 15　分省区安置点公益性岗位每年平均工作时间

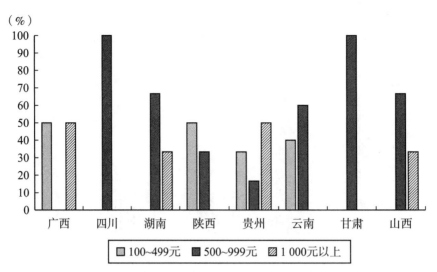

图 5-16　各省区安置点公益性岗位收入结构

（四）半数以上安置点基础设施建设聘用搬迁户劳动力

54%的安置点表示安置点基础建设聘用了搬迁户劳动力，其中，如图 5-17 所示，50%的安置点表示聘用 50 人以下，约 15%的安置点表示聘用 50~99 人，约 31%的安置点表示聘用 100~999 人，约 4%的安置点表示聘用 1 000 人以上；73%的安置点表示平均一天的工资在 200 元以下，27%的安置点表示在 200~600 元。从各种规模安置点的情况看，规模越小的安置点基础设施建设聘用搬迁户劳动力的越多：71%的小型安置点基础设施建设聘用了搬迁户劳动力，中型、大型、特大型安置点中基础设施建设聘用搬迁户劳动力的比例分别为 58%、54%、55%，超大型安置点中基础设施建设聘用搬迁户劳动力的比例仅为 20%。

分安置点类型看，基础设施建设聘用安置户的村内安置点最多，其次是县城安置点，乡镇安置点最少；就聘用安置户数量看，村内安置点聘用规模最小，县城安置点聘用规模最大；各类安置点的日工资相差不大。

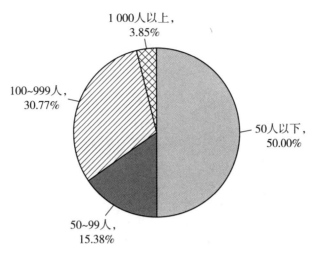

图 5 - 17　安置点基础设施建设培养搬迁劳动力情况

（五）总体上安置点都开展过有组织劳务输出

90%的安置点表示政府组织过安置区搬迁户外出就业（本县外），其中，84%的安置点表示组织 5 次以下，9%的安置点表示组织了 6 ~ 9 次，7%的安置点表示组织了 10 次以上；28%的安置点表示平均一次输出 10 人以下，54%的安置点表示平均一次输出 11 ~ 50 人，9%的安置点表示平均一次输出 51 ~ 100 人，9%的安置点表示平均一次输出 100 人以上（见图 5 - 18）。

（六）60%的安置点有扶贫车间

总体上，60%的安置点有扶贫车间，40%的安置点没有扶贫车间。分安置点类型看，村内安置点有扶贫车间的比例仅 1/3，乡镇安置点为 60%，县城安置点为 80%。从各种规模的安置点看，超大型安置点 100%建有扶贫车间，特大型安置点 82%建有扶贫车间，大型安置点 69%建有扶贫车间，中型安置点 42%建有扶贫车间，小型安置点只有 14%建有扶贫车间。

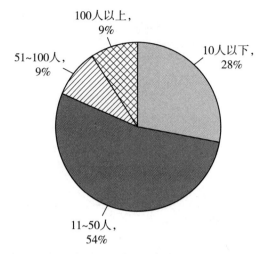

图 5 - 18　安置点有组织劳务输出人数情况

　　在建立扶贫车间的安置点中，72%的安置点表示全年 12 个月都有活儿干。分安置点类型看，村内安置点 12 个月都有活儿干的扶贫车间占 50%，乡镇安置点为 75%，县城安置点为 83%。从各种规模的安置点看，超大型安置点 100% 12 个月都有活儿干，特大型安置点为 89%，大型安置点为 67%，中型安置点为 40%，小型安置点尚无有全年 12 个月都有活儿干的扶贫车间（见图 5 - 19、图 5 - 20）。

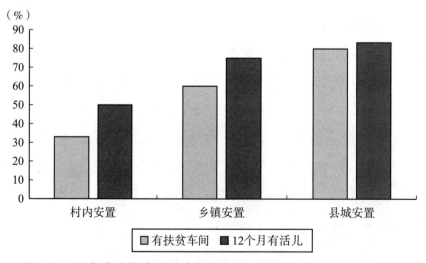

图 5 - 19　各类安置点扶贫车间数量及全年有活儿干的时间情况

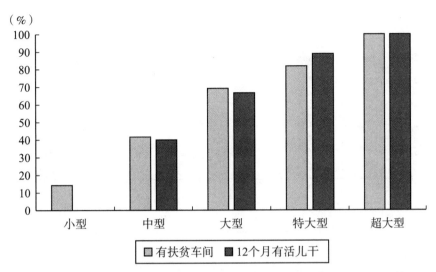

图 5 – 20 各种规模安置点扶贫车间数量及全年有活儿干的时间情况

在建立扶贫车间的安置点中，41%的安置点表示，扶贫车间吸纳
100 人以下的劳动力就业，38%的安置点表示吸纳了 101～500 人就业，
21%的安置点表示吸纳了 500 人以上就业；52%的安置点表示吸纳 100
人以下的贫困劳动力就业，34%的安置点表示吸纳了 101～500 贫困劳
动力人就业，14%的安置点表示吸纳了 500 人以上贫困劳动力就业。总
体上，村内安置点的扶贫车间吸纳劳动力都在 100 人以下，乡镇安置点
和县级安置点扶贫车间吸纳就业的规模较大。从各种规模安置点的情况
看，67%的特大型安置点的扶贫车间吸纳劳动力人数在 101～500 人，
80%超大型安置点的扶贫车间吸纳劳动力人数在 500 人以上，而大多数
小型、中型、大型安置点的扶贫车间吸纳劳动力人数在 100 人以下（见
图 5 – 21、图 5 – 22）。

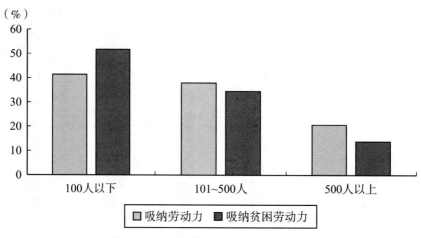

图 5 – 21　扶贫车间吸纳就业情况

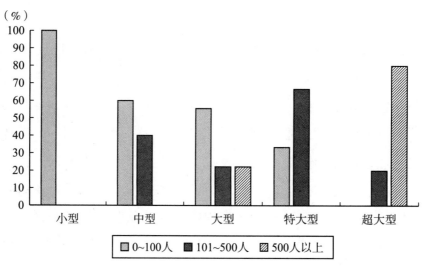

图 5 – 22　各种规模安置点扶贫车间吸纳就业情况

　　在建立扶贫车间的安置点中，约48%的安置点表示平均一月能挣1 000 ~ 2 000元，约41%的安置点表示平均一月能挣2 000 ~ 3 000元，约10%的安置点表示平均一月能挣3 000元以上。分各类安置点看，村内安置点扶贫车间的工资水平高于乡镇安置点和县城安置点扶贫车间的工作水平。从各种规模安置点的情况看，中型、大型、特大型安置点扶贫车间的工资水平多数在 2 000 元以上，小型安置点扶贫车间的工资水平在 1 001 ~ 2 000 元，多数超大型安置点的扶贫车间的工资水平在 1 001 ~ 2 000 元（见图 5 – 23 ~ 图 5 – 25）。

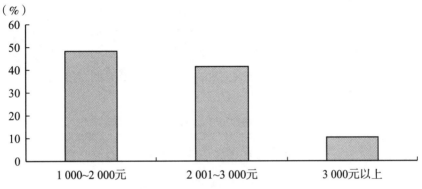

图 5 – 23　扶贫车间就业的月收入结构

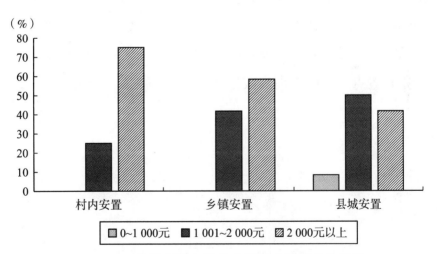

图 5 – 24　各类安置点扶贫车间就业的月收入结构

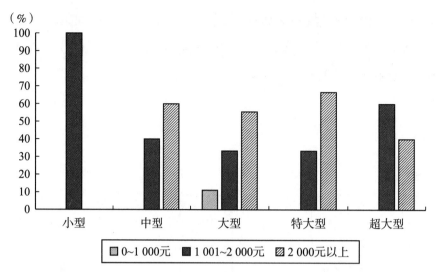

图 5 - 25　各种规模安置点扶贫车间就业的月收入结构

（七）多数安置点组织过 1 ~ 5 次培训

2019 年，约4%的安置点未组织技能培训，约60%的安置点组织过 1 ~ 5 次，约19%的安置点组织过 6 ~ 10 次，约15%的安置点组织过 11 ~ 15 次，约2%的安置点组织过 15 次以上（见图 5 - 26）。乡镇安置点和县城安置点组织的培训次数显著多于村内安置点（见图 5 - 27）。

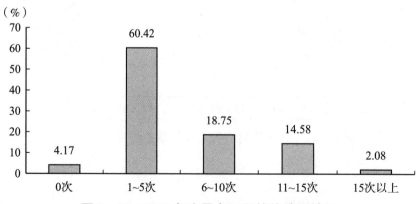

图 5 - 26　2019 年安置点开展技能培训情况

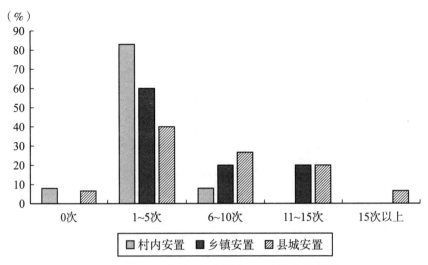

图 5 - 27　2019 年各类安置点开展技能培训情况

2019 年，被调研的安置点中，43% 主要培训手工业，28% 主要培训制造业，63% 主要培训服务业，分别有 4% 主要培训创业技能和法律法规与政策，7% 主要培训其他活动，比如刺绣、思想道德等。分安置点看，各类安置点主要开展农产品种养技术培训，县城和乡镇安置点更注重服务业、手工业、制造业技能培训，而开展创业技能培训的很少。从不同规模的安置点看，农产品种养技术和服务业培训是开展的最主要的培训内容，各种规模的安置点都开展了以上两类培训，小型安置点只开展了农产品种养技术和服务业培训，安置点规模越大，开展农产品种养技术培训的越少，开展服务业培训的越多；除小型安置点外，其他各类安置点都开展了手工艺和制造业培训，且开展手工艺培训的比重高于开展制造业培训的比重；只有 15% 的大型安置点开展了创业技能；只有 20% 的超大型安置点和 8% 中型安置点开展了法律法规与政策培训（见图 5 - 28、图 5 - 29）。

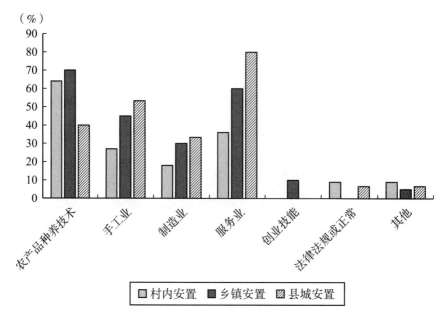

图 5－28　2019 年各类安置点开展技能培训的内容情况

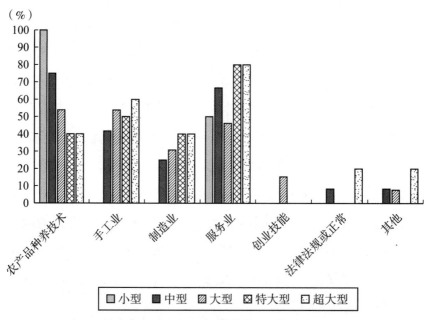

图 5－29　2019 年各种规模安置点开展技能培训的内容情况

59%的安置点平均每次培训参加人数为50人以下，28%的安置点平均每次培训参加人数是在51~100人，13%的安置点平均每次培训参加人数为100人以上。分安置区看，乡镇和县城安置点每次培训参加的人数较多。

为了吸引搬迁群众参加培训，67%的安置点给参加培训的人员实物或现金补贴，70%的安置点进行了宣传动员，8%的安置点表示不需要动员和激励。分安置区看，村内和县城安置点给参加培训的人员实物或现金补贴的比例高于乡镇安置点（见图5-30）。

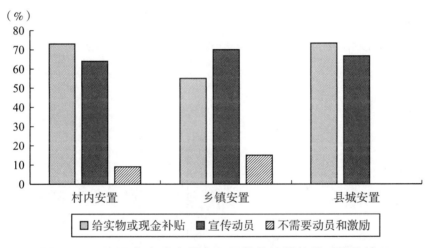

图5-30　2019年各类安置点开展技能培训的激励措施情况

（八）新冠肺炎疫情对就业扶贫产生影响

新冠肺炎疫情对搬迁人口就业产生影响。46%的安置点表示2020年的疫情加大了就业扶贫难度，其中，46%表示难度主要在安置区失业人口增多，64%表示招工单位减少，27%表示主要是收入减少、工作推迟。54%表示疫情没有加大就业扶贫难度。44%的安置点表示，2020年疫情对公益性岗位的设置有影响，导致岗位设置变多，一些安置点表示工资提高了。81%的安置点表示2020年疫情对基建招工没有影响。

67%的安置点表示2020年疫情对有组织劳务输出有影响，其中，40%的安置点认为组织人数减少了，23%的安置点表示时间晚了、岗位减少，6%的安置点认为输出地改变了，各有4%的安置点认为组织人数增加了和提供岗位的平均工资减少了。72%的安置点表示2020年疫情对扶贫车间开工有影响，其中，86%的安置点认为开工时间推迟，62%的安置点认为招工人数减少，各有10%的安置点认为招工人数增加和销售减少、订单减少，各有5%的安置点认为开工时间提前和工资减少。

从各种规模的安置点看，大多数大型和特大型安置点认为2020年的疫情加大了就业扶贫难度，而小型、中型和超大型安置点中则多数认为2020年的疫情没有加大就业扶贫难度（见图5-31）。

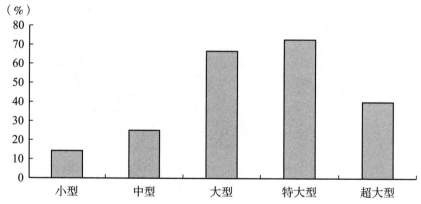

图5-31　各种规模安置点认为2020年的疫情加大就业扶贫难度的比例

三、研究小结与建议

（一）研究结论

1. 各类安置点有别

从调研的情况看，村内安置点以中小型安置点为主，平均安置96

162

户、510 人；乡镇安置点以大型、特大型安置点为主，平均安置 692
户、2 654 人；县城安置点有中型、大型、特大型、和超大型安置点，
平均安置 2 416 户、9 900 人。

安置点的平均劳动力人数占人口数的 55%。其中，小型安置点的
平均劳动力人数占人口数的 56%，中型安置点为 48%，大型安置点为
49%，特大型安置点为 54%，超大型安置点为 57%。

2. 多元收入结构支撑搬迁农户脱贫

从 48 个安置点的全部搬迁户看，36% 的搬迁户以外地务工收入为
主，平均每户的外地务工收入占总收入的 61%；30% 的搬迁户以本地
务工收入为主要收入来源，平均每户的本地务工收入占总收入的 50%；
8% 以依靠转移收入为主要收入，平均每户转移收入占总收入的 45%；
分别有 6%、3%、3%、2% 的搬迁户以种植业、养殖业、社区岗位、
私营活动为主要收入来源，各种收入来源占总收入的 30% 以下；还分
别有 7% 和 6% 以财产性收入和其他收入为主要收入来源，对家庭总收
入亦有贡献。

3. 安置点普遍提供了就业服务

94% 的安置点提供专门公共就业服务，包括设立专门的就业服务站
点（40%）、设立专门就业服务窗口（44%）、没有站点或窗口但配备
专职人员（15%）以及其他形式，组织招聘会、上门推荐或询问、发
宣传单、微信通知等。44% 的安置点引入社会就业中介机构。

4. 安置点开展了各类就业帮扶

各安置点均设置公益性岗位。54% 的安置点基础建设聘用了搬迁户
劳动力。90% 的安置点政府组织过安置区搬迁户外出就业（本县外）。
60% 的安置点有扶贫车间。多数安置点组织过 1~5 次培训，乡镇安置
点和县城安置点组织的培训次数显著多于村内安置点，67% 的安置点给
参加培训的人员实物或现金补贴。

5. 92%的安置点有产业扶贫项目

产业扶贫项目以农业为主。村内安置点的产业扶贫项目全部是农业；乡镇安置点的产业扶贫项目以农业为主，兼有非农产业；县城安置点的产业扶贫项目以加工业为主，也有一定的种植业、林果业和养殖业。农业产业扶贫项目带动更多贫困劳动力，非农产业扶贫项目增收效果更明显。

（二）存在的问题

1. 部分安置点就业率低

38%的安置点就业率在 100%，46%的安置点就业率在 80%～99%，13%的安置点就业率在 60%～79%，4%的安置点就业率在40%～59%。83%的安置点就业率达到 80%以上。县城安置的就业率最低。

2. 新冠肺炎疫情对就业帮扶产生影响

46%的安置点表示 2020 年的疫情加大了就业扶贫难度，主要原因有：招工单位减少、收入减少、工作推迟，失业人口变多；公益性岗位设置变多、工资提高；输出地改变；扶贫车间开工时间推迟、招工人数减少。

（三）政策建议

1. 加强安置点公共就业服务力量

易地扶贫搬迁贫困劳动力面临生存环境的巨大变化，特别是生产资料、劳动方式的巨大变化，需要给予专业的耐心的就业服务，需要根据安置规模配备相应的专门的公共就业服务部门。

2. 坚持多渠道就业帮扶

坚持"无工不富、无农不稳、无扶不保"，继续各类搬迁劳动力多种形式务工，继续帮扶搬迁劳动力发展农业生产，并通过各种转移性收入、政策性工作岗位创造等给予托底帮扶，确保搬迁劳动力就业增收脱贫。

3. 集中力量做好重点安置点就业帮扶

部分安置点还存在较大的就业扶贫困难，搬迁劳动力就业率低。要重点关注就业率低的安置点，特别是较大规模的县城安置点，通过鼓励灵活就业、发展产业扶贫项目、开发公益性岗位安置，提供更有针对性的就业服务和培训，多渠道帮扶实现就业。

第二节 从搬迁贫困户调研看易地扶贫 搬迁后续就业帮扶现状

本部分基于 8 省 16 县 48 个安置点 553 户搬迁农户的问卷调研，从搬迁农户的角度分析易地扶贫搬迁就业帮扶的情况。

一、搬迁贫困户特征及就业帮扶概况

（一）搬迁户劳动力情况

1. 少量搬迁户家庭没有适龄劳动力

如图 5-32 所示，在 553 户农户中，约 4% 的农户家中没有适龄劳动力，有 1 位适龄劳动力的家庭占比约 10%，有 2 位适龄劳动力的家庭占比约 38%，有 3 位适龄劳动力的家庭占比约 26%，有 4 位适龄劳动力的家庭占比约 16%，有 5 位适龄劳动力的家庭占比约 6%，每户平均有适龄劳动力 2.58 人。此外，有 13% 的家庭有因残因病丧失劳动能力的适龄劳动力人口，户均 0.15 人。

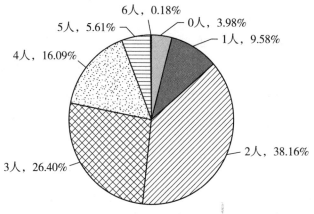

图 5 – 32　搬迁户家庭劳动力数量情况

　　分省区看，山西没有适龄劳动力的搬迁家庭比重高达 18%；其次是四川，为 5%；再次为贵州、湖南、云南、广西，分别为 3%、3%、2%、1%；调研的甘肃所有搬迁户中均有适龄劳动力（见图 5 – 33）。

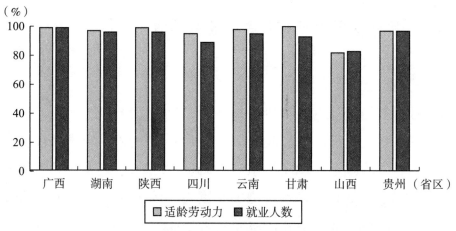

图 5 – 33　各省区搬迁家庭劳动力及就业人数情况

　　2. 搬迁农户家庭劳动力文化程度较低

　　被调研搬迁农户家庭劳动力以小学和初中文化程度为主，有 66% 的家庭有 1 个以上小学文化程度的劳动力，户均 0.98 人（其中女性

0.49 人）；有 67% 的家庭有 1 个以上初中文化程度的劳动力，户均 0.98 人（其中女性 0.32 人）；而只有 35% 的家庭有 1 个以上高中文化程度的劳动力，户均仅 0.37 人（其中女性 0.19 人）。此外，23% 的搬迁农户家庭有文盲的适龄劳动力，平均每户有 0.23 个文盲劳动力（其中女性 0.17 人）（见图 5 - 34）。

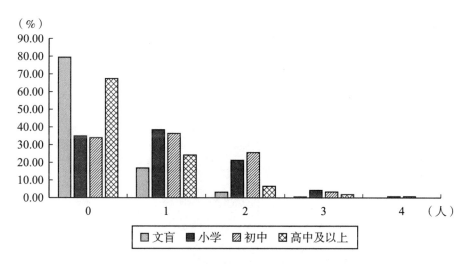

图 5 - 34　搬迁户家庭劳动力文化程度情况

3. 多数农户家庭有 1 位女性劳动力

在 553 户搬迁农户中，6% 的农户家中没有适龄女性劳动力，60% 的农户家中有 1 位适龄女性劳动力，26% 的农户家中有 2 位适龄女性劳动力，8% 的农户家中有 3 位适龄女性劳动力，调研中只有 1 户农户家中有 4 位适龄女性劳动力的家庭。户均适龄女性劳动力 1.35 人。

（二）搬迁户劳动力就业情况

搬迁户劳动力就业主要有以下几种情况：一是在县外打工/工作，二是在本地打工/工作，三是在公益岗位工作，四是在扶贫车间工作，五是在村内或安置区基础设施建设中工作，六是在当地合作社帮工，七是做生意，八是从事其他工作。

1. 存在零就业家庭

如图 5 - 35 所示，被调研的搬迁农户中，约 32% 的家庭中有 1 位有临时或者固定工作，约 40% 的家庭中有 2 位有临时或者固定工作，约 17% 的家庭中有 3 位有临时或者固定工作，户均 1.79 人。约 6% 的家庭中没有人有临时或者固定工作，抛开约 4% 没有劳动力的家庭，还有约 2% 的搬迁家庭存在未就业的劳动力。

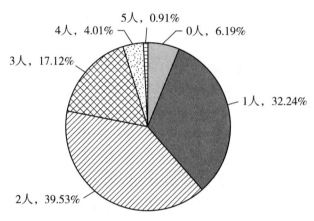

图 5 - 35 搬迁户家庭劳动力就业人数情况

山西没有就业劳动力的搬迁家庭比重高达 13%；其次是四川，为 11%；再次为甘肃、云南、陕西、湖南、贵州、广西，分别为 7%、5%、4%、4%、3% 和 1%。比较有适龄劳动力的搬迁家庭和有就业劳动力的家庭可以看出，甘肃、四川、陕西、云南、湖南分别有 7%、6%、3%、3%、1% 的搬迁家庭存在没有就业的劳动力的情况。按安置点属性划分，乡镇安置点没有就业劳动力的搬迁家庭最多，占 41%；其次是村内安置和县城安置，分别为 36% 和 23%（见图 5 - 36）。

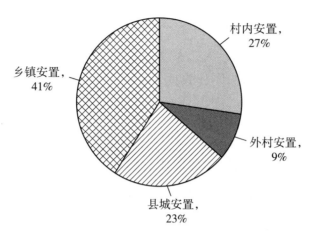

图 5 - 36　没有就业劳动力的搬迁家庭在各类安置点的分布情况

2. 在本地和县外打工/工作是搬迁家庭劳动力的主要就业方式

被调研的搬迁农户中，71%的农户家中有人在本地打工/工作，户均 0.99 人；56%的农户家中有人在外地打工/工作，户均 0.84 人。此外，39%的家庭有成员在本地做其他工作，多数人在打零工；30%的家庭有成员在本地从事公益性岗位劳动，户均 0.30 人；9%的家庭有成员在本地扶贫车间工作，户均 0.08 人；7%的家庭有成员在当地合作社帮工，户均 0.09 人；2%的家庭有成员参与村内或安置区道路、水电、绿化等基础设施建设工作，户均 0.01 人；10%的农户家中有人做生意。

从各省区情况看，各地 60%以上的搬迁农户家庭都有劳动力在本地工作，山西、云南、陕西 80%的搬迁农户家庭都有人在本地工作，而贵州、四川这一比例为 62%；各地有人在外地工作的搬迁农户家庭少于有人在本地工作的搬迁农户数，贵州、陕西、甘肃、四川 60%以上的搬迁农户家庭都有劳动力在外地工作，云南这一比例为 50%，而山西仅为 32%；从公益性岗位的情况看，山西 65%的搬迁农户家庭中有人从事公益性岗位工作，陕西这一比例为 46%，再次为甘肃、贵州、四川，分别为 35%、31%、30%，云南、广西较低，分别为 19%、

16%；各地搬迁农户家庭成员从事其他工作的比重也较高，云南、贵州、广西、甘肃、湖南分别有 55%、47%、45%、42%、41% 的搬迁农户家庭有人从事其他工作，陕西、四川、山西这一比例分别为 33%、30%、24%。从扶贫车间工作情况看，山西 30% 的搬迁农户家庭都有人在扶贫车间工作，而四川没有搬迁农户家庭人员在扶贫车间工作；山西 54% 的搬迁农户家庭有人在合作社帮工，甘肃、云南的这一比例也较高，但广西、湖南搬迁农户家庭没有人在合作社帮工。就做生意的情况看，山西比重最高为 28%，湖南为 14%，其他省区都低于 10%（见图 5 - 37）。

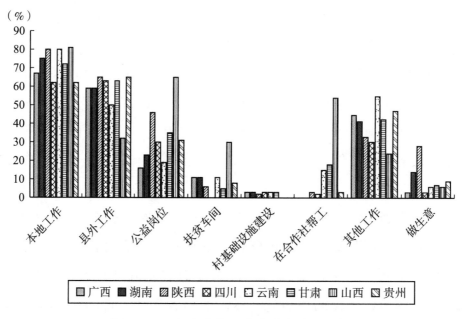

图 5 - 37　各省区搬迁户劳动力就业结构

整体来看，搬迁户家庭劳动力就业比重最高的四类分别为本地工作、县外工作、其他工作和公益岗位工作（见图 5 - 38）。分安置点类型看，村内安置的农户以本地工作和县外工作并重；县城安置的农户以

170

本地工作为主，同时县外工作和其他工作的比重有较高；乡镇安置的农户主要以本地工作为主，县外工作的比重也超过 50%，其他工作和公益岗位的比重也超过 30%（见图 5 – 39）。

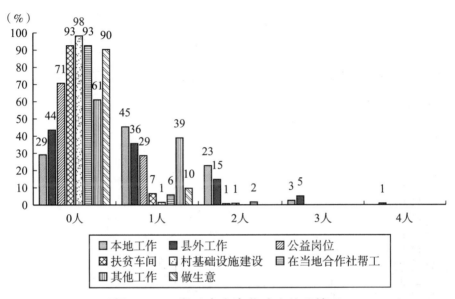

图 5 – 38　搬迁户家庭劳动力就业情况

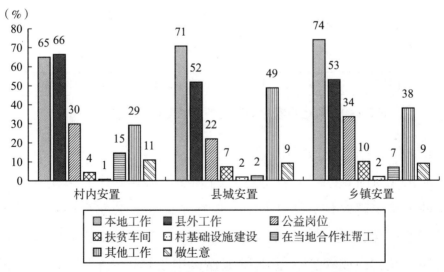

图 5 – 39　各类安置区搬迁户劳动力就业结构

3. 在各种就业方式中，打工收入最高

从收入看，如图 5 - 40 所示，85% 外出打工人平均工资都在 2 000 元以上（35% 的人在 2 001 ~ 3 000 元之间，27% 的人在 3 001 ~ 4 000 元之间，23% 的人在 4 000 元以上），只有 15% 的农户表示家人外出打工平均工资不满 2 000 元；当地灵活就业的月平均工资约为 1 800 元，在本地扶贫车间工作的月平均工资约为 1 300 元，在本地从事公益性岗位劳动的月平均工资约为 1 100 元，在村内或安置区基础设施建设中工作平均每天工资 128 元。

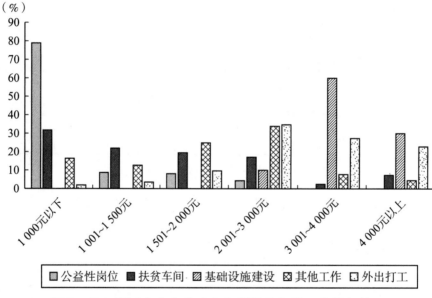

图 5 - 40 搬迁户家庭劳动力各类就业每月工资收入情况

4. 打工/工作的稳定性最高

从工作时间看，87% 外出打工的人稳定就业 6 个月以上；65% 打零工的人稳定就业 6 个月以上，61% 在本地从事公益性岗位劳动的人稳定就业半年以上，37% 在本地扶贫车间工作的人稳定就业半年以上，34% 在村内或安置区基础设施建设中工作的人稳定就业 60 天以上（见图 5 - 41）。

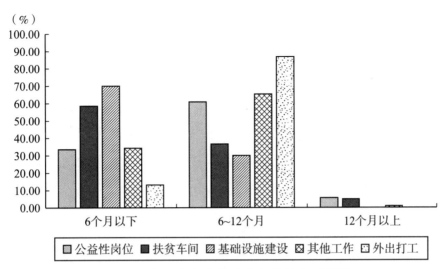

图 5 - 41 搬迁户家庭劳动力各类就业时间情况

5. 外出打工/工作主要靠自己

被调研的搬迁农户中，95%的农户表示没有家庭成员外出打工/工作是政府组织介绍的；100%的农户表示没有家庭成员通过当地中介公司介绍外出打工/工作；57%的农户表示家庭成员外出打工/工作是亲朋好友介绍或自己找的（见图 5 - 42）。

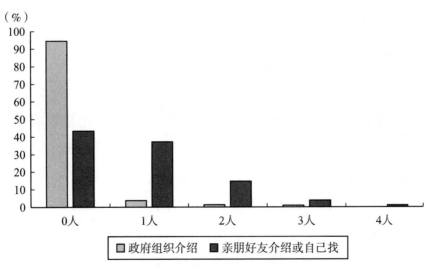

图 5 - 42 搬迁户家庭劳动力外出就业途径情况

6. 搬迁户劳动力中有一定比例的创业者

被调研的搬迁农户中，10%的农户家中有人自己做生意当老板，其中有17%的农户表示家人获得过政府的实物或现金补助。从调研的情况看，特大型安置点农户做生意的比重较高，达到16%；中型和大型安置点农户做生意的比重达8%，而小型和超大型安置点农户的创业比重低（见图5-43）。分省区看，山西搬迁农户做生意的比重最高，为28%，湖南为14%，其他省区都低于10%。

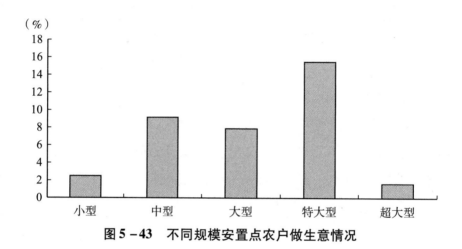

图 5-43 不同规模安置点农户做生意情况

7. 2020 年疫情对搬迁劳动力有一定影响

55%的农户表示家人复工受到疫情影响，其中95%的农户表示家人复工时间推迟：约16%的农户表示家人复工时间比往年晚了30天以内，约42%的农户表示家人复工时间比往年晚了30天以上、60天以内，约27%的农户表示家人复工时间比往年晚了60天以上、90天以内，约15%的农户表示家人复工时间比往年晚了90天以上（见图5-44）。

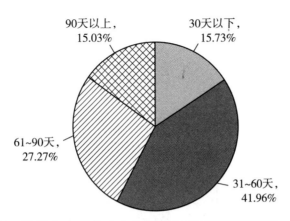

图 5-44　搬迁户家庭劳动力外出务工时间受疫情影响延迟情况

66% 的农户表示疫情后家人月工资与往年相比没有变化，32% 的农户表示疫情后家人月工资与往年相比有下降，其中，62% 的农户表示降幅在 30% 以下，18% 的农户表示降幅在 31%～50%，20% 的农户表示降幅在 50% 以上。

49% 的农户表示家人开业受到疫情影响：17% 的农户表示家人因疫情推迟开业 60 天以上，19% 的农户表示家人因疫情推迟开业 31～60 天，13% 的农户表示家人因疫情推迟开业 30 天以内。生意受损情况不等：22% 的农户表示家人生意没有减少，51% 的农户表示家人生意损失在 1 万元以内，27% 的农户表示家人生意损失在 1 万元以上。

（三）后续就业帮扶效果及政策满意度

1. 仍然有贫困户需要帮助找工作

被调研的搬迁农户中，10% 的农户表示，家中有人想出去打工但又没机会或人家不要，户均 0.11 人。分省区看，陕西、四川、贵州、甘肃、湖南各有 10%～15% 的搬迁农户家中有人需要帮助找工作，广西、云南这一比例分别为 8% 和 6%，而山西搬迁农户则没有需要帮助找工作的（见图 5-45）。

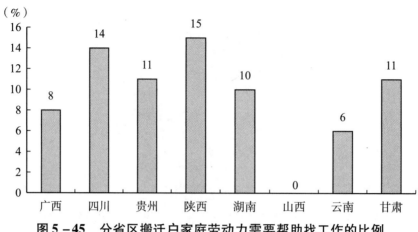

图 5 – 45　分省区搬迁户家庭劳动力需要帮助找工作的比例

从不同类型安置点看，县城安置农户中需要帮助找工作的有 12%，户均 0.17 人；村内安置农户中 10% 表示家中有人想出去打工但又没机会或人家不要，户均 0.10 人；乡镇安置农户中需要帮助找工作的有 8%，户均 0.09 人（见图 5 – 46）。

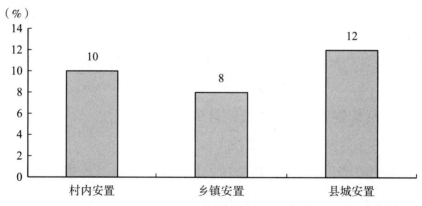

图 5 – 46　分安置点类型搬迁户家庭劳动力需要帮助找工作的比例

2. 很多农户对扶贫车间不感兴趣

被调研的搬迁农户中，34% 的农户表示安置点没有扶贫车间，7%

的农户表示不知道安置点有没有扶贫车间，59%的农户表示安置点有扶贫车间。

有扶贫车间的安置点的农户中，家里没人在扶贫车间工作的原因主要包括，家中没有多余劳动力、不愿意去及其他原因，只有个别农户表示愿意工作但没应聘上。

有扶贫车间的安置点的农户中，5%的农户认为扶贫车间经常没活干，29%的农户认为扶贫车间工资水平低，11%的农户认为扶贫车间时间不灵活，2%的农户认为扶贫车间工作环境差，53%的农户表示扶贫车间不存在问题（见图5-47）。

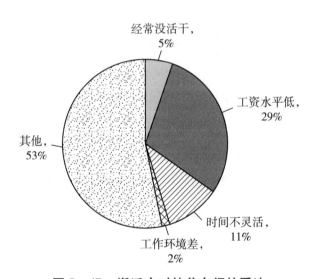

图5-47　搬迁户对扶贫车间的看法

从各类型安置点来看，村内安置的农户中，11%认为扶贫车间时间不灵活，7%认为工资水平低，15%认为存在其他问题；乡镇安置的农户中，28%认为工资水平低，14%认为时间不灵活，7%认为经常没活干，1%认为工作环境差，10%认为有其他问题；县城安置中，27%认为工资水平低，16%认为有其他问题，2%认为时间不灵活，3%认为经常没活干，2%认为工作环境差（见图5-48）。

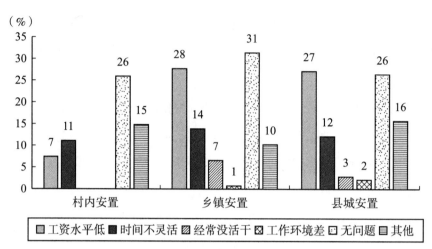

图5-48　各类安置区搬迁户对扶贫车间的看法

从各省区情况看，广西被调研搬迁户中有64%认为扶贫车间工资水平低，23%认为时间不灵活，5%认为经常没活干；四川有13%认为时间不灵活；贵州有38%认为工资水平低，13%认为时间不灵活，8%认为经常没活干；陕西有14%认为工资水平低，各有6%认为经常没活干和时间不灵活，3%认为工作环境差；湖南有35%认为工资水平低，7%认为经常没活干，23%认为时间不灵活；山西有6%认为工资水平低，3%认为工作环境差；云南有31%认为工资水平低，10%认为时间不灵活；甘肃省有5%认为工资水平低，9%认为时间不灵活，7%认为经常没活干（见图5-49）。

3. 技术培训受欢迎

多数搬迁劳动力都参加过技术培训，大多数搬迁农户都想参加培训，多数人参加过多次培训，农产品种养技术比重最高，培训效果得到普遍认可。

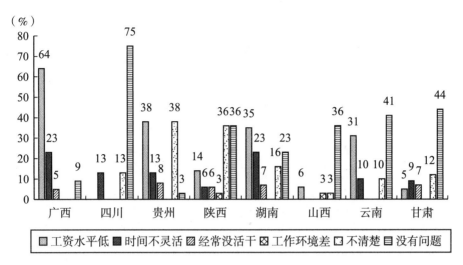

图 5 - 49　各省区搬迁户对扶贫车间的看法

被调研的搬迁农户中，62% 的农户表示家中有人参加技术培训，其中，81% 自己想参加技术培训，19% 因为政府要求参加技术培训；39% 参加过 1 次技术培训，34% 参加过 2 次技术培训，27% 参加过 3 次及以上技术培训；约 57% 培训的是农产品种养技术，约 26% 是服务业，约 14% 是其他培训，约 12% 是手工业，约 9% 是制造业，约 4% 是创业技能培训，0.87% 是法律法规或政策（见图 5 - 50）；98% 的农户参加的都是免费培训，65% 的参加技术培训的农户表示参加培训得到 500 元及以上的现金补贴；99% 的参加技术培训的农户都表示培训对家庭有用，认为比较有用和非常有用的共占 81%。

4. 组织化劳务输出还需要进一步完善

被调研的搬迁农户中，73% 表示有人到家宣传怎么找工作，其中25% 表示根据提供的信息找到了工作。

被调研的搬迁农户中，80% 表示政府组织过一起到外地打工，但其中 96% 的农户表示家中没人去政府组织的外地打工，原因包括家里没有多余劳动力（约 49%）、有劳动力但不愿意去（约 40%）、愿意去但没应聘上（约2%）、其他（约9%）（见图5-51）。其他原因包括身体不好（残疾、精神病、智力有问题、有病干不了重活等）、年龄大、没技术、语言不通、照顾小孩，个别农户表示自己找工作更自由、工资没有自己找的高、已有工作、时间不凑巧或无时间、不想去、太远了、没有适合自己的等。

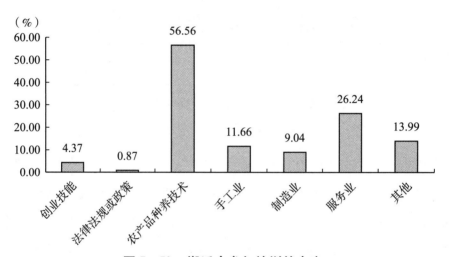

图5-50　搬迁户参加培训的内容

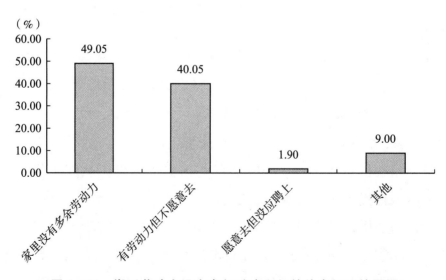

图5-51　搬迁劳动力没有参加政府组织的外出打工的原因

关于有劳动力但不愿意去的原因，一是要照顾老人孩子，二是身体不好、年纪大、习惯了之前的工作等，三是要求高、工作不适合、嫌工资低，嫌太远、不想离乡、不想去，四是要兼顾种地养牲畜，五是想创业，六是认为安全性低、不熟悉、不信任、父母不让，七是其他一些特殊原因（见图5－52）。

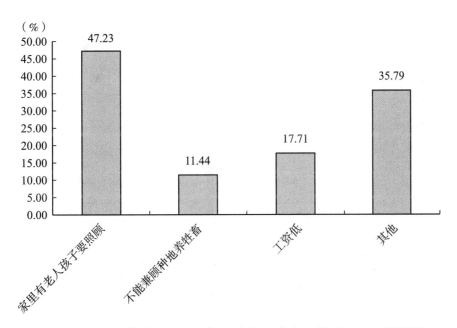

图5－52　搬迁劳动力可以但没有参加政府组织的外出打工的原因

5. 就业帮扶整体满意度高

搬迁农户对就业帮扶工作满意度高。被调研的搬迁农户中，87%表示对政府现在提供的就业帮扶工作满意，其中62%表示对政府现在提供的这些就业帮扶工作非常满意，25%表示比较满意。

搬迁农户仍然有就业帮扶需求，最主要的是在当地就业的帮扶需求。被调研的搬迁农户中，约35%表示希望得到就近就业的帮助，约26%表示希望得到种植养殖方面的帮助，约19%表示希望得到提高劳动技能和生存技能的帮助，约 14% 表示希望得到居家就业的帮助，约 13% 表示希望得到创业方面的帮助，约 12% 表示希望得到公益性岗位安置的帮助，约 10% 表示希望得到外出就业方面的帮助，约 5% 表示希望得到村里分红的帮助，个别表示希望得到提供残疾人特殊岗位等其他帮助，约 24% 表示没有需要（见图 5－53）。

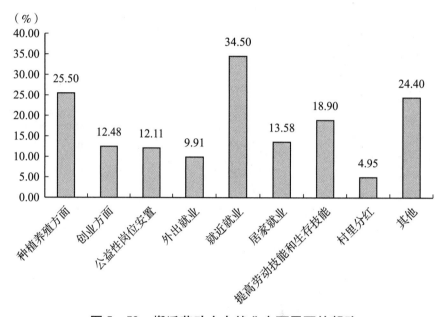

图 5－53　搬迁劳动力在就业方面需要的帮助

从各省区来看，广西搬迁农户最需要的就业帮扶是就近就业、提高劳动和生存技能；四川最需要的就业帮扶是种养殖、公益性岗位安置；贵州最需要的就业帮扶是就近就业、居家就业、提高劳动和生存技能；陕西搬迁农户最需要的就业帮扶是就近就业、提高劳动和生存技能、种植养殖方面；湖南和山西最需要的就业帮扶是就近就业、种养殖；云南最需要的就业帮扶是就近就业、种养殖、提高劳动和生存技能的帮扶；甘肃最需要的就业帮扶是就近就业、种养殖、居家就业（见图 5－54）。

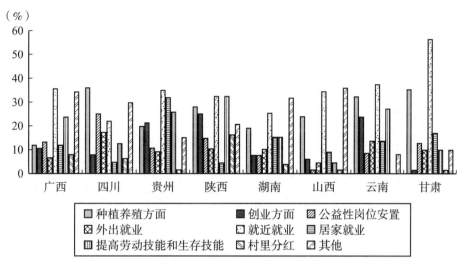

图 5-54　各省区搬迁农户在就业方面需要的帮助

如图 5-55 所示，从各类型安置点来看，村内安置的农户最需要种养业方面的帮助；乡镇安置的农户最需要就近就业的帮助和种植养殖方面的帮助；城镇安置的农户最需要就近就业的、提高劳动和生存技能，以及其他方面的帮助。

二、搬迁贫困户就业帮扶的省区对比分析

此次调研八省区中，云南、贵州、四川为西南地区省份，甘肃、陕西为西北地区省份，广西、湖南、山西为中部省区，样本量分别为：云南 62 户，贵州 66 户，四川 64 户，甘肃 71 户，陕西 68 户，广西 76 户，湖南 79 户，山西 67 户。

（一）搬迁户劳动力情况

总体上，西部省份搬迁农户户均劳动力人数多，户均残病劳动力人数多，劳动力平均受教育年限较短。

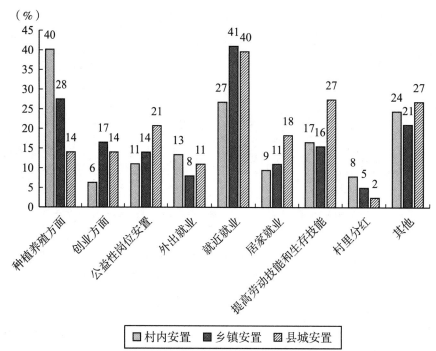

图5-55 各类安置区搬迁农户在就业方面需要的帮助

1. 户均适龄劳动力数量有差别

八省区户均适龄劳动力有一定差距：山西户均适龄劳动力最少，为1.96人，云南最多，为3.05人（见图5-56）。

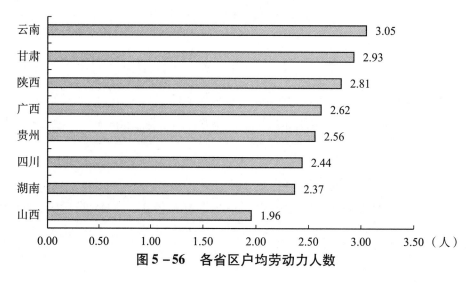

图5-56 各省区户均劳动力人数

2. 人均受教育年限有差异

除四川外，八省区人均教育年限基本达到 6 年，但都没有超过 9 年，即这些农户的平均教育水平是初中肄业，除此之外，四川省的平均教育年限最短，为 5.57 年，甘肃平均教育年限最长，为 8.08 年（见图 5 – 57）。

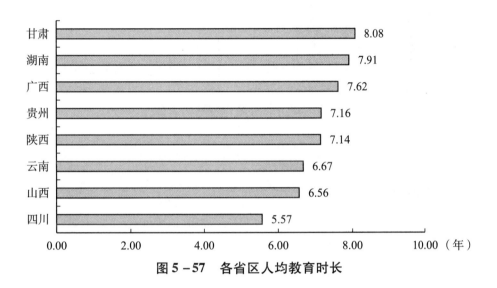

图 5 – 57　各省区人均教育时长

3. 户均残病人数略微有差异

八省区都有一定数量的搬迁户中有因病因残丧失劳动力的适龄人群，其中，山西省最少，户均约为 0.06 人，云南和甘肃最多，户均约为 0.18 人（见图 5 – 58）。

（二）搬迁户劳动力就业情况

各省区搬迁户劳动力就业率有较大差异，各类务工收入差距也很大。总体上，南方省份劳动参与率高于北方省份，本地务工收入水平也高于北方省份，但外出务工收入水平没有清晰的南北差异。四川是个特殊的省份，户均挣工资人数及其占户均劳动力人数的比重、本地务工平均收入，都是各省区中最低的，但外出务工收入是各省区中最高的。

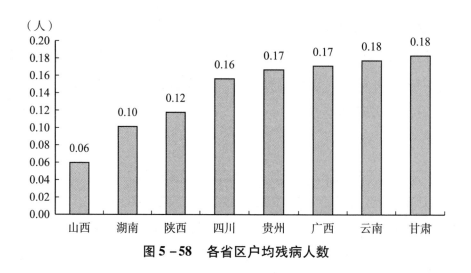

图 5 - 58　各省区户均残病人数

1. 户均挣工资人数从 1.38 ~ 2.27 人不等

户均挣工资人数包含在本地工作及在外地工作的人群，四川最低为 1.38 人，云南最高为 2.27 人。从户均挣工资人数占户均劳动力人数的比重看，贵州最高，其次是山西、云南、广西、湖南，再次是甘肃、陕西，四川最低，仅为 56% （见图 5 - 59）。

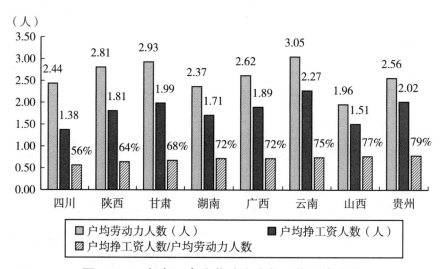

图 5 - 59　各省区户均劳动力人数、挣工资人数

2. 各省区的各类本地务工收入差距很大

总的来说，各省区各类本地务工的平均工资差距较大：公益性岗位从山西省的 482.92 元至贵州省的 1 475 元不等；扶贫车间差距更大，四川省被调研农户的家庭没有参与扶贫车间，其他省份平均工资从 1 125~5 000 元不等；基础设施建设吸纳就业的日均工资差距较小，从甘肃省 80 元至广西壮族自治区的 150 元，但是山西省和贵州省都没有被调研农户参与基础设施建设；而在自由竞争、市场定价的其他本地工作劳动力市场上，八省平均工资水平差距不是很大，从甘肃省的 2 045.71 元至山西省的 2 610 元不等。本地务工总的工资水平相差较大，从四川省的 1 264.27 至云南省 2 161.24 元不等（见图 5 - 60）。

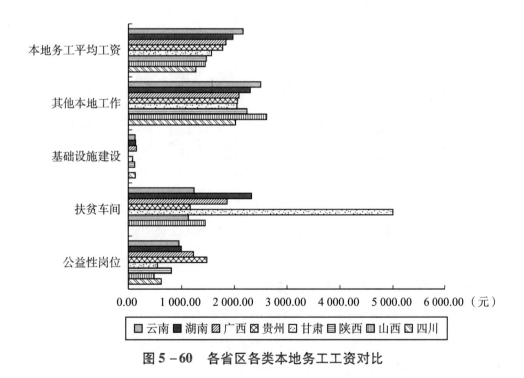

图 5 - 60　各省区各类本地务工工资对比

3. 各省区外出务工工资水平存在较大差异

八省区外出务工的平均工资水平，广西最低为 2 929.35 元，其次是山西、甘肃、贵州，陕西、云南、湖南较高，四川省最高为 4 032.16 元。与本地灵活就业平均工资水平相比，山西绝对值差额最小，为 652.50 元，相对占比最大，为 80%；四川省绝对值差额最大，为 2 012.85 元，相对占比最小，为 50%（见图 5 - 61）。每个省区外出务工的地域、行业、传统不同，决定了外出务工的工资水平差异，进而影响搬迁劳动力是否外出就业。

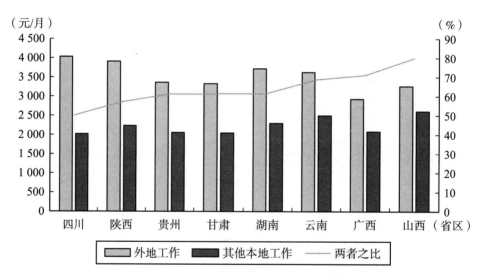

图 5-61　各省区类本地和外地务工工资对比

（三）后续就业帮扶政策满意度

1. 大部分省区仍存在需要帮助找工作的农户

除山西省外，其他各省仍然有一部分搬迁劳动力表示需要帮助找工作，其中，四川省全部搬迁劳动力中需要帮助找工作的人数占 19%，其次为陕西省，需要帮助找工作的比例为 15%，该比例最低的是云南省，为 10%（见图 5 - 62）。

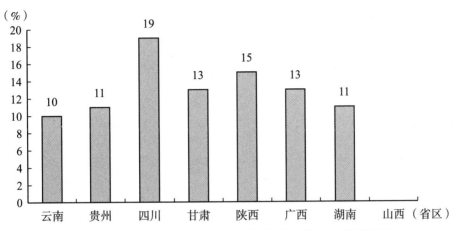

图 5 - 62　各省区需要帮助找工作的贫困人数总人数的百分比

2. 各省区扶贫车间参与度不高，部分省区无人参加扶贫车间

各省区搬迁农户参与扶贫车间生产的程度不同，山西省受访安置点有 14% 的农户家中有人在扶贫车间工作，贵州这一比例为 10%，甘肃、广西分别为 5% 和 4%，而云南、四川、陕西、湖南的受访安置点中没有农户参加扶贫车间工作（见图 5 - 63）。

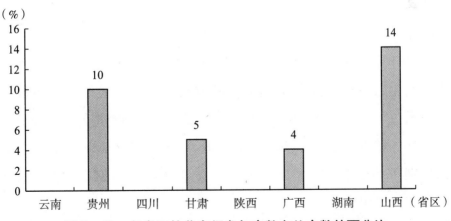

图 5 - 63　各省区扶贫车间参与户数占总户数的百分比

3. 各省区搬迁户户均参与培训次数有差异

从各省区搬迁户户均参与培训次数看，四川和陕西搬迁户的培训参与度最高，户均分别为3.6次和3.5次；其次是湖南（2.6次）、甘肃（2.2次），再次是云南（1.9次）、贵州（1.9次）、山西（1.7次），广西最低为1.4次（见图5-64）。四川、陕西、湖南这三个外出务工收入高的省搬迁户户均培训次数也较多。

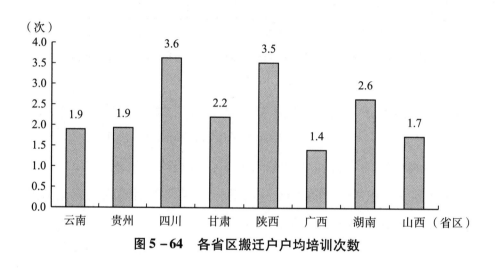

图5-64　各省区搬迁户户均培训次数

4. 各省区入户宣传就业工作效果差距明显

通过计算经入户宣传找到工作的户数占总宣传的农户数，可得各省区农户通过入户宣传途径找到工作的成功率。效果最好的云南有43%的农户通过入户宣传找到了工作；四川、陕西、贵州这一比例分别为39%、38%和34%；山西和广西这一比例分别为26%和18%；甘肃和湖南分别为12%和4%（见图5-65）。总体上，西南省份入户宣传就业的工作效果更好。

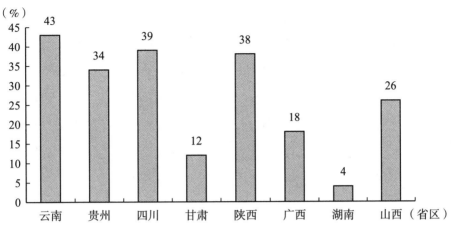

图 5 - 65　各省区到家宣传找到工作的户数占总宣传农户数的比重

5. 各省区政府统一组织外出打工的效果普遍偏差

从政府统一组织外出打工的成功就业户数占政府组织过的农户总数比例看，几乎很少有农户通过政府统一组织外出打工，云南省这一比例最高，为11%；其次为陕西，为7%；再次为贵州和甘肃，分别为4%；广西、四川、湖南三省分别为3%、2%、1%；山西省所有受访农户均未通过该方式就业（见图5 - 66）。

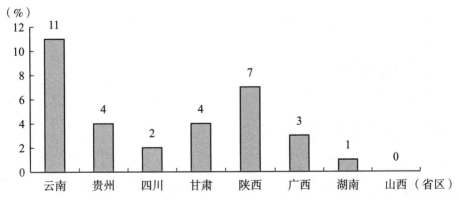

图 5 - 66　各省区政府统一组织外出打工户数占政府组织过的农户总数的比例

关于政府统一组织外出打工，农户不愿外出打工的主要原因是"有劳动力不愿意去"和"没有多余劳动力"。各省区农户不愿外出打工的这两个主要原因占比也各不相同。四川和山西大部分农户是因为没有多余劳动力而放弃外出打工；贵州、湖南、云南则更多是因为有劳动力而不愿意去（见图5－67）。总体上，南方地区都是有劳动力但不愿意去，反映了样本中南方劳动力不愿意离家；北方地区都是因为没有多余劳动力，反映了样本中北方地区劳动力外出就业机会多。

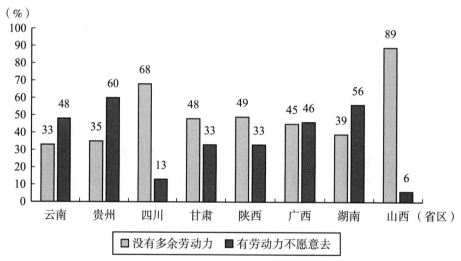

图5－67　各省区农户不愿参加政府组织外出打工的原因

6. 后续就业帮扶政策满意度较高

整体来看，各省区对于就业帮扶政策的满意度整体非常高：表示对政府就业帮扶政策比较满意和非常满意的总人数占比中，最高的是云南省和陕西省，均为90%；其次是四川省，为89%；再次是甘肃省，为87%，贵州、广西、湖南均为86%，山西省为79%（见图5－68）。

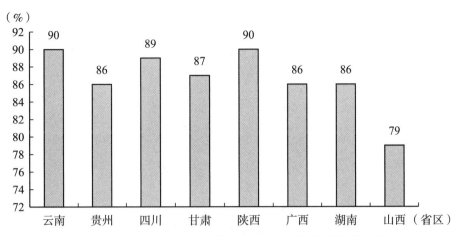

图 5 - 68　农户对就业帮扶政策比较满意和非常满意的人数比重

三、易地扶贫搬迁后续就业帮扶的分省分析

(一) 甘肃省 (71 个样本)

1. 搬迁户劳动力情况

(1) 所有搬迁户家庭均有适龄劳动力

在 71 位农户中, 有 1 位适龄劳动力的家庭占比 3%, 有 2 位适龄劳动力的家庭占比 39%, 有 3 位适龄劳动力的家庭占比 25%, 有 4 位适龄劳动力的家庭占比 27%, 有 5 位适龄劳动力的家庭占比 6% (见图 5 - 69)。每户平均有适龄劳动 2.93 人。

(2) 搬迁农户家庭劳动力文化程度较低

被调研搬迁农户中, 有 15% 的搬迁农户家庭有文盲的适龄劳动力, 平均每户有 0.17 个文盲劳动力 (其中女性 0.15 人); 有 62% 的家庭有 1 个及以上小学文化程度的劳动力, 户均 0.92 人 (其中女性 0.54 人); 有 77% 的家庭有 1 个及以上初中文化程度的劳动力, 户均 1.20 (其中女性 0.55 人); 只有 48% 的家庭有 1 个及以上高中文化程度的劳动力, 户均仅 0.69 人 (其中女性 0.23 人) (见图 5 - 70)。

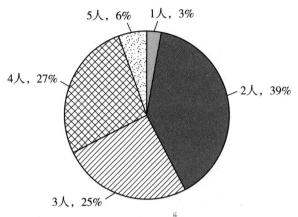

图5-69 甘肃搬迁户家庭劳动力数量情况

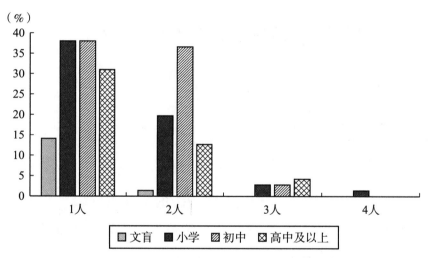

图5-70 甘肃搬迁户家庭劳动力文化程度情况

（3）多数农户家庭有1位女性劳动力

在71位农户中，3%的农户家中没有适龄女性劳动力，60%的农户家中有1位适龄女性劳动力，27%的农户家中有2位适龄女性劳动力，10%的农户家中有3位适龄女性劳动力。户均适龄女性劳动力占适龄总劳动力的值为45%，接近于50%。户均适龄女性劳动力1.44人。

2. 搬迁户劳动力就业情况

（1）存在零就业家庭

被调研的搬迁农户中，约7%的家庭中没有人有临时或者固定工作，约27%的家庭中有1位有临时或者固定工作，约37%的家庭中有2位有临时或者固定工作，约21%的家庭中有3位有临时或者固定工作，约7%的家庭中有4位有临时或者固定工作，约1%的家庭中有5位有临时或者固定工作，户均1.99人（见图5－71）。

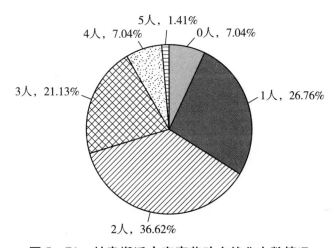

图 5－71 甘肃搬迁户家庭劳动力就业人数情况

这些零就业家庭都有适龄劳动力：60%的家庭有2位，各20%的家庭分别有1位和3位。有60%的家庭是乡镇安置，40%的家庭是村内安置。其中，20%的家庭有生意，100%的家庭有产业项目，但也有60%表示想要打工却没有工作。提及不外出打工的原因，60%的家庭表示家里没有多余劳动力，29%的家庭表示家里有老人孩子要照顾，40%的家庭表示是因为身体不太好。

（2）家庭成员在本地打工/工作的比重最高

被调研的搬迁农户中，72%的农户家中有人在本地打工/工作，户均 1.01 人；63% 的农户家中有人在外地打工/工作，户均 0.97 人。此外，35% 的家庭有成员在本地从事公益性岗位劳动，户均 0.35 人；3% 的家庭有成员在本地扶贫车间工作，户均 0.03 人；1% 的家庭有 1 位成员在村内或安置区道路、水电、绿化等基础设施建设中工作，户均 0.01 人；有 11% 的农户家中有人在当地合作社帮工；39% 的家庭有成员在本地做其他工作，多数人在打零工。7% 的农户家中有人做生意（见图 5-72~图 5-74）。

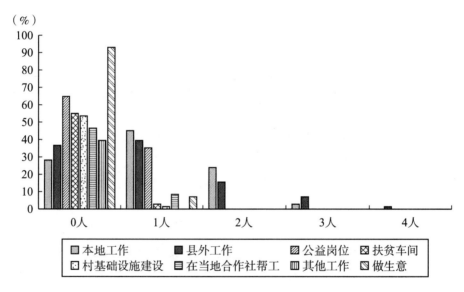

图 5-72 甘肃搬迁户家庭劳动力不同类型就业情况

（3）在各种就业方式中，打工收入最高

从收入看，91% 的农户表示家人外出打工平均工资都在 2 000 元以上（41% 的农户表示家人外出打工平均工资在 2 001~3 000 元之间，41% 的农户表示家人外出打工平均工资在 3 001~4 000 元之间，9% 的农户表示家人外出打工平均工资在 4 000 元以上），只有 9% 的农户表示家人外出打工平均工资不满 2 000 元。当地灵活就业的月平均工资约为

1 913 元，在本地扶贫车间工作的月平均工资约为 5 000 元，在本地从
事公益性岗位劳动的月平均工资约为 524 元，在村内或安置区基础设施
建设中工作平均每天工资 80 元（见图 5 - 75）。

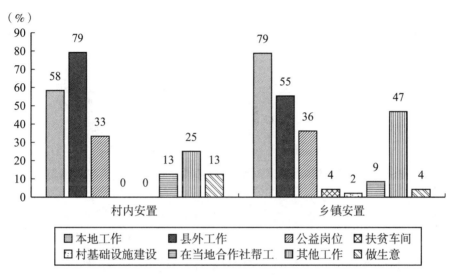

图 5 - 73　甘肃各类安置区搬迁户劳动力就业结构

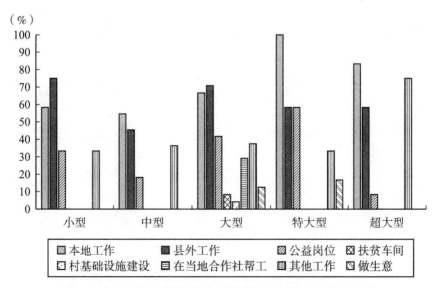

图 5 - 74　甘肃各种规模安置区搬迁户劳动力就业结构

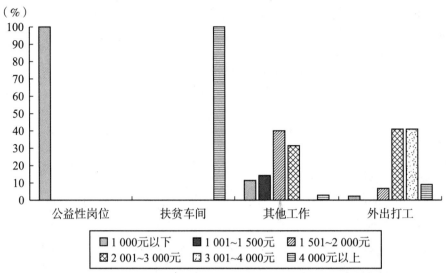

图 5-75　甘肃搬迁户家庭劳动力各类就业每月工资收入情况

（4）打工/工作的稳定性最高

从工作时间看，89%外出打工的人稳定就业 6 个月；60% 打零工的人稳定就业 6 个月以上，60% 在本地从事公益性岗位劳动的人稳定就业6 个月以上，没有在本地扶贫车间工作及在村内或安置区基础设施建设中的人稳定就业 6 个月以上（见图 5-76）。

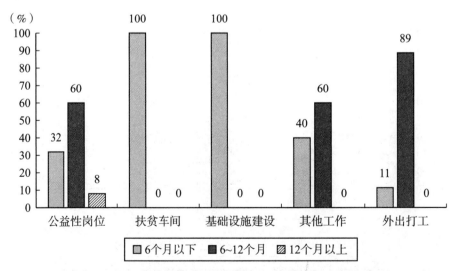

图 5-76　甘肃搬迁户家庭劳动力各类就业时间情况

（5）外出打工/工作主要靠自己

被调研的搬迁农户中，95%的农户表示没有家庭成员外出打工/工作是政府组织介绍的；100%的农户表示没有家庭成员通过当地中介公司介绍外出打工/工作；57%的农户表示家庭成员外出打工/工作是亲朋好友介绍或自己找的。

（6）搬迁户劳动力中有一定比例的创业者

被调研的搬迁农户中，7%的农户家中有人自己做生意当老板，其中有40%的农户表示家人获得过政府的实物或现金补助。创业者村内安置的占60%，乡镇安置的占40%。60%的家庭有2位适龄劳动力，40%的家庭有3位适龄劳动力。

（7）2020年疫情对搬迁劳动力有一定影响

66%的农户表示家人复工受到疫情影响，复工时间推迟：20%的农户表示家人复工时间比往年晚了30天以内，40%的农户表示家人复工时间比往年晚了30天以上、60天以内，约33%的农户表示家人复工时间比往年晚了60天以上、90天以内，约7%的农户表示家人复工时间比往年晚了90天以上（见图5－77）。

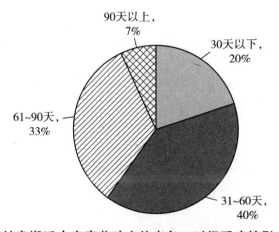

图5－77　甘肃搬迁户家庭劳动力外出务工时间受疫情影响延迟情况

76%的农户表示疫情后家人月工资与往年相比没有变化，24%的农户表示疫情后家人月工资与往年相比有下降，其中，91%的农户表示降幅在30%以下，9%的农户表示降幅在50%以上。

有40%的农户表示家人没有因疫情推迟2020年开业，有40%的农户表示家人因疫情推迟2020年开业90天，有20%的农户表示家人因疫情推迟2020年开业180天。在受疫情影响的5位农户中，1人生意没有受损，2人生意大概损失1万元以内，2人生意大概损失1万元以上。

3. 后续就业帮扶效果及政策满意度

（1）仍然有贫困户需要帮助找工作

被调研的搬迁农户中，11%的农户表示，家中有人想出去打工但又没机会或人家不要，户均0.13人。

从不同类型安置点看，2%的村内安置户家中有人想出去打工但又没机会或人家不要，户均0.08人；乡镇安置户的这一比例为13%，户均0.15。

（2）很多农户对扶贫车间不感兴趣

被调研的搬迁农户中，25%的农户表示安置点没有扶贫车间，14%的农户表示不知道安置点有没有扶贫车间，61%的农户表示安置点有扶贫车间。

有扶贫车间的安置点的农户中，家里没人在扶贫车间工作的原因主要是家里没有多余劳动力、不愿意去及其他原因，只有个别农户表示愿意去但没应聘上。只有3%的农户参与了扶贫车间工作，均为乡镇安置户。

有扶贫车间的安置点的农户中，7%的农户认为扶贫车间经常没活干，5%的农户认为扶贫车间工资水平低，9%的农户认为扶贫车间时间不灵活，12%认为存在其他问题。

从各类型安置点来看，村内安置的农户中，13%认为时间不灵活，

25%认为存在其他问题；乡镇安置中，3%认为工资水平低，各有9%认为时间不灵活和经常没活干，11%认为存在其他问题；县城安置的农户中，24%认为工资水平低，10%认为经常没活干，52%认为存在其他问题（见图5-78）。

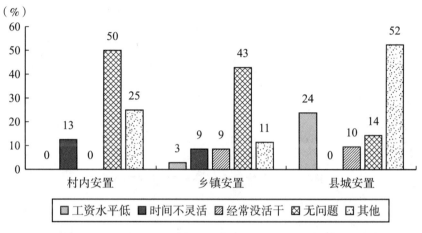

图5-78　甘肃各类安置点搬迁户对扶贫车间的看法

（3）技术培训受欢迎

多数搬迁劳动力都参加了培训，基本是都是免费培训，还有培训补贴；大多数搬迁农户都想参加培训，多数人参加了多次培训，农产品种养技术比重最高，培训效果得到普遍认可。

被调研的搬迁农户中，63%的农户表示家中有人参加技术培训，其中，60%表示自己想参加技术培训，37%表示政府要求参加技术培训；40%参加过1次技术培训，36%参加过2次技术培训，24%参加过3次及以上技术培训；62%培训的是农产品种养技术，16%是服务业，11%是手工业，20%是制造业（见图5-79）；所有农户参加的都是免费培训，2%参加技术培训的农户表示参加培训没有得到补贴，96%得到500元及以上的现金补贴，2%得到1 000元以上；所有参加技术培训的农户都表示培训对家庭有用，认为比较有用和非常有用的占87%。

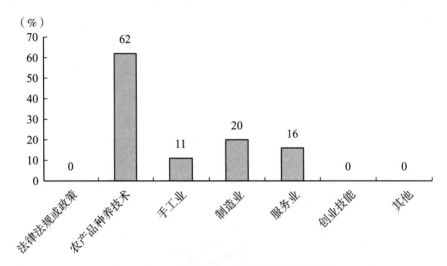

图5－79　甘肃搬迁户参加培训的内容

（4）组织化劳务输出还需要进一步完善

被调研的搬迁农户中，70%表示有人到家宣传怎么找工作，其中，有12%表示根据提供的信息找到了工作，户均0.16。

被调研的搬迁农户中，有73%表示政府组织过一起到外地打工，但所有农户表示家中没人去政府组织的外地打工，原因主要是：家里没有多余劳动力（48%）、有劳动力但不愿意去（33%）、愿意去但没应聘上（4%）、其他（13%）。其他原因主要是，年龄大、不了解情况、照顾小孩。关于可以去但不愿意去的原因：一是照顾老人孩子，二是兼顾种地养牲畜，三是工资低，四是其他原因。

（5）就业帮扶整体满意度高

搬迁农户对就业帮扶工作满意度高。被调研的搬迁农户中，7%对政府现在提供的就业帮扶工作满意，51%非常满意，37%比较满意。

搬迁农户仍然有就业帮扶需求，最主要的是在当地就业的帮扶需求。被调研的搬迁农户中，56%表示希望得到就近就业的帮助，35%表示希望得到种植养殖方面的帮助，10%表示希望得到提高劳动技能和生存技能的帮助，17%表示希望得到居家就业的帮助，1%表示希望得到创业方面的帮助，13%表示希望得到公益性岗位安置的帮助，10%表示希望得到外出就业方面的帮助，1%表示希望得到村里分红的帮助，10%表示没有需要（见图5–80）。

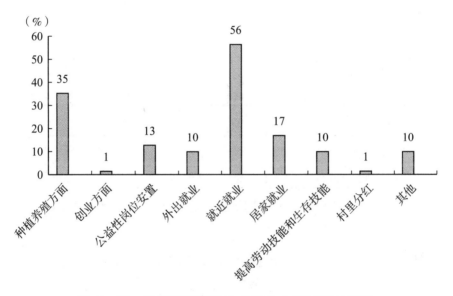

图5–80　甘肃搬迁劳动力在就业方面需要的帮助

从各类型安置点来看，对于村内安置的农户而言，种养业方面的帮助最为重要；而乡镇安置的农户对就近就业的需求最大（见图5–81）。

（二）广西壮族自治区（76个样本）

1. 搬迁户劳动力情况

（1）个别搬迁户家庭没有适龄劳动力

在76位农户中，1%的农户家中没有适龄劳动力，有1位适龄劳动力的家庭占比约13%，有2位适龄劳动力的家庭占比约33%，有3位适龄劳动力的家庭占比约33%，有4位适龄劳动力的家庭占比约15%，有5位适龄劳动力的家庭占比约5%，每户平均有适龄劳动力2.62人（见图5-82）。

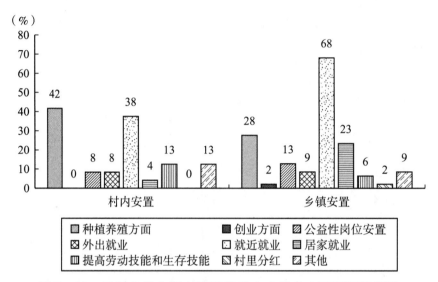

图5-81　甘肃各类安置点搬迁劳动力在就业方面需要的帮助

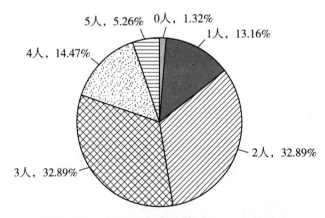

图5-82　广西搬迁户家庭劳动力数量情况

（2）搬迁农户家庭劳动力文化程度较低

被调研搬迁农户中，有 12% 的搬迁农户家庭有文盲的适龄劳动力，平均每户有 0.12 个文盲劳动力（其中女性 0.08 人）；有 68% 的家庭有 1 个及以上小学文化程度的劳动力，户均 1.01 人（其中女性 0.57 人）；有 72% 的家庭有 1 个及以上初中文化程度的劳动力，户均 1.11（其中女性 0.46 人）；只有 33% 的家庭有 1 个及以上高中文化程度的劳动力，户均仅 0.41 人（其中女性 0.25 人）（见图 5 - 83）。

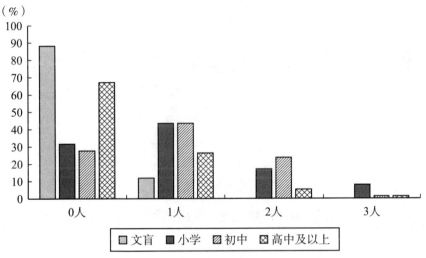

图 5 - 83　广西搬迁户家庭劳动力数量情况

（3）多数农户家庭有 1 ~ 2 位女性劳动力

在 76 位农户中，13% 的农户家中没有适龄女性劳动力，49% 的农户家中有 1 位适龄女性劳动力，32% 的农户家中有 2 位适龄女性劳动力，6% 的农户家中有 3 位适龄女性劳动力。户均适龄女性劳动力占适龄总劳动力的值为 46%，接近于 50%。户均适龄女性劳动力 1.32 人。

2. 搬迁户劳动力就业情况

（1）存在零就业家庭

被调研的搬迁农户中，约1%的家庭中没有人有临时或者固定工作，约32%的家庭中有1位有临时或者固定工作，约46%的家庭中有2位有临时或者固定工作，约18%的家庭中有3位有临时或者固定工作，约3%的家庭中有4位有临时或者固定工作，户均1.89人（见图5-84）。

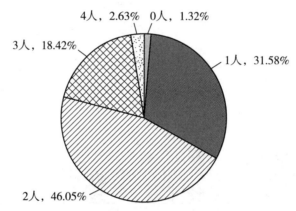

图5-84 广西搬迁户家庭劳动力数量情况

零就业家庭只有1户，家中有2名适龄劳动力，属于县城安置。家里没有做生意的，但是有产业项目。家中没有人想要出去，因为家里没有多余劳动力，家里有老人孩子要照顾，不能兼顾种地养牲畜。

（2）家庭成员在本地打工/工作的比重最高

被调研的搬迁农户中，67%的农户家中有人在本地打工/工作，户均1.07人；59%的农户家中有人在外地打工/工作，户均0.84人。此外，16%的家庭有成员在本地从事公益性岗位劳动，户均0.17人；11%的家庭有成员在本地扶贫车间工作，户均0.11人；3%的家庭有成员在村内或安置区道路、水电、绿化等基础设施建设中工作过，户均0.03 人；没有农户在当地合作社帮工。3% 的农户家中有人做生意（见图 5 - 85）。

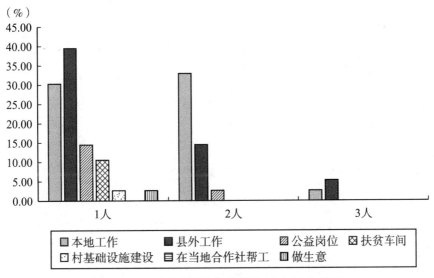

图 5 - 85　广西搬迁户家庭劳动力就业情况

广西搬迁农户以县城安置为主。从村内安置、乡镇安置到县城安置，本地工作和其他工作的比重越来越高，县外工作的比重越来越低。村内安置农户每家都有劳动力到县外工作，乡镇安置点农户本地工作和县外工作并重，县城安置点 73% 的搬迁农户有劳动力在本地工作（见图 5 - 86）。

广西搬迁农户均安置在大型以上安置点。安置点规模越大，搬迁农户劳动力本地工作和其他工作的比重越高，县外工作的比重越低（见图5 - 87）。

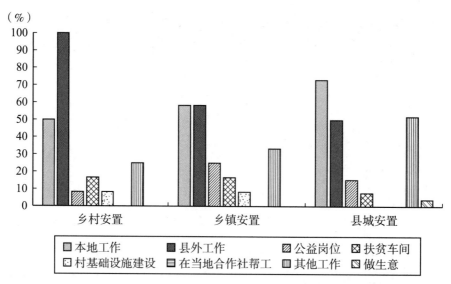

图 5 –86　广西各类安置点搬迁户家庭劳动力就业情况

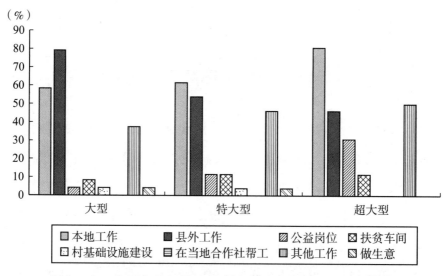

图 5 –87　广西各种规模安置点搬迁户家庭劳动力就业结构

（3）在各种就业方式中，打工收入最高

从 2019 年平均外出打工月均工资看，84％的农户表示家人外出打工平均工资都在 2 000 元以上（58％的农户表示家人外出打工平均工资在 2 001~3 000 元，17% 的农户表示家人外出打工平均工资在 3 001~4 000 元，9% 的农户表示家人外出打工平均工资在 4 000 元以上），只有 16% 的农户表示家人外出打工平均工资不满 2 000 元；当地灵活就业的月平均工资约为 2381 元，在本地扶贫车间工作的月平均工资约为 1 121 元，在本地从事公益性岗位劳动的月平均工资约为 1 863 元，在村内或安置区基础设施建设中工作平均每天工资 150 元（见图 5-88）。

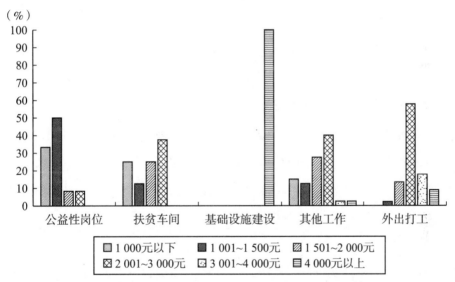

图 5-88　广西搬迁户家庭劳动力各类就业每月工资收入情况

（4）打工/工作的稳定性最高

从工作时间看，91% 外出打工的人稳定就业 6 个月；85% 打零工的人稳定就业 6 个月以上，在本地从事公益性岗位劳动的人稳定就业 6 个月以上，62.5% 的人在本地扶贫车间稳定就业 6 个月以上，没有人在村内或安置区基础设施建设中稳定就业 6 个月以上（见图 5-89）。

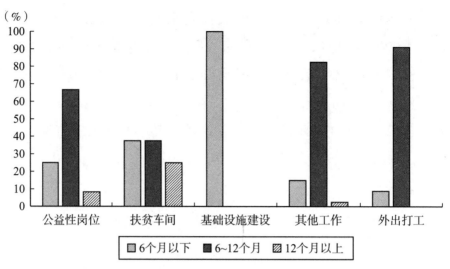

图 5-89　广西搬迁户家庭劳动力各类就业时间情况

（5）外出打工/工作主要靠自己

被调研的搬迁农户中，97%的农户表示没有家庭成员外出打工/工作是政府组织介绍的；100%的农户表示没有家庭成员通过当地中介公司介绍外出打工/工作；49%的农户表示家庭成员外出打工/工作是亲朋好友介绍或自己找的，户均0.68人。

（6）搬迁户劳动力中有一定比例的创业者

被调研的搬迁农户中，3%的农户家中有人自己做生意当老板，其中没有农户表示家人获得过政府的实物或现金补助。创业者全部在乡镇安置点。50%的家庭有1位适龄劳动力，50%的家庭有5位适龄劳动力。

（7）2020年疫情对搬迁劳动力有一定影响

76%的农户表示家人复工受到疫情影响，其中97%的农户表示家人复工时间推迟：约15%的农户表示家人复工时间比往年晚了30天以内，约45%的农户表示家人复工时间比往年晚了30天以上、60天以内，约35%的农户表示家人复工时间比往年晚了60天以上、90天以内，约5%

的农户表示家人复工时间比往年晚了 90 天以上（见图 5 - 90）。

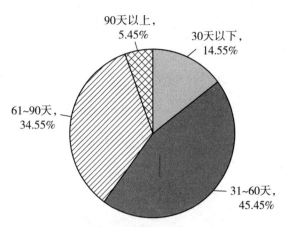

图 5 - 90　广西搬迁户家庭劳动力外出务工时间受疫情影响延迟情况

71% 的农户表示疫情后家人月工资与往年相比没有变化，29% 的农户表示疫情后家人月工资与往年相比有下降，其中，60% 的农户表示降幅在 30% 以下，13% 的农户表示降幅在 31% ~ 50%，27% 的农户表示降幅在 50% 以上。

有 50% 的农户表示家人开业受到疫情影响，开业推迟了 30 天，损失了 1 000 元。

3. 后续就业帮扶效果及政策满意度

（1）仍然有贫困户需要帮助找工作

被调研的搬迁农户中，8% 的农户表示，家中有人想出去打工但又没机会或人家不要，户均 0.13 人。从各类安置点看，村内安置点农户家中没有人需要帮助找工作；8% 的乡镇安置户家中有人想出去打工但又没机会或人家不要，户均 0.08；12% 的县城安置户家中有人想出去打工但又没机会或人家不要，户均 0.17。

（2）很多农户对扶贫车间不感兴趣

广西被调研的99%的搬迁农户表示安置点有扶贫车间。有4%的农户家中有人在扶贫车间工作。家里没人在扶贫车间工作的原因主要是，家里没有多余劳动力、不愿意去，只有个别农户表示愿意去但没应聘上、应聘上了学不会技术和其他原因。64%的农户认为扶贫车间工资水平低，23%的农户认为扶贫车间时间不灵活，5%的农户认为扶贫车间经常没活儿干（见图5-91）。

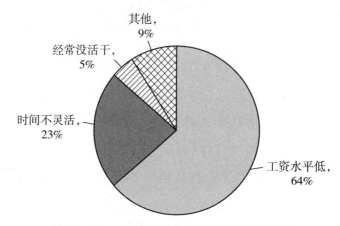

图5-91 广西搬迁户对扶贫车间的看法

从各类型安置点来看，村内安置农户中，分别有1/3认为工资水平低和时间不灵活，分别有17%和8%认为工作环境差和其他问题；乡镇安置中，36%认为工资水平低，9%认为时间不灵活；县城安置中，37%认为工资水平低，15%认为时间不灵活，各有4%认为经常没活儿干和工作环境差，23%认为有其他问题（见图5-92）。

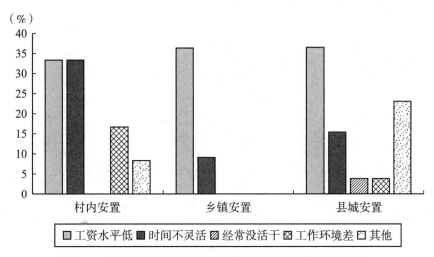

图 5 - 92　广西各类安置点搬迁户对扶贫车间的看法

（3）技术培训受欢迎

接近半数搬迁劳动力都参加了培训，基本是都是免费培训，还有培训补贴；大多数搬迁农户都想参加培训，多数人参加了多次培训，农产品种养技术和制造业比重最高，培训效果得到普遍认可。

被调研的搬迁农户中，49％的农户表示家中有人参加技术培训，其中，86％是自己想参加技术培训，14％是因为政府要求参加技术培训；76％是参加了 1 次技术培训，19％参加了 2 次技术培训，5％参加了 3 次及以上技术培训；27％培训的是农产品种养技术，8％是手工业，27％是制造业，22％是服务业，3％是创业技能培训，16％是其他培训（见图 5 - 93）；95％的农户家人参加的都是免费培训，11％参加技术培训的农户表示参加培训没有现金补贴，30％得到 500 以下补贴，54％得到 501 ~ 1 000 元补贴，5％得到 1 000 元以上补贴；95％的有家人参加技术培训的农户都表示培训对家庭有用，认为比较有用和非常有用的占 81％。

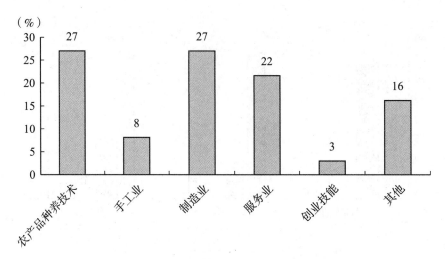

图 5 - 93   广西搬迁户参加培训的内容

（4）组织化劳务输出还需要进一步完善

被调研的搬迁农户中，82% 表示有人到家宣传怎么找工作，其中，有 18% 表示根据提供的信息找到了工作。

被调研的搬迁农户中，有 91% 表示政府组织过一起到外地打工，但其中 97% 的农户表示家中没人去政府组织的外地打工，原因主要是：家里没有多余劳动力（43%）、有劳动力但不愿意去（45%）、愿意去但没应聘上（4%）、其他（4%）。

关于可以去但不愿意去的原因，一是要照顾老人孩子，二是身体不好、年纪大、习惯了之前的工作等，三是要求高、工作不适合、嫌工资低，嫌太远、不想离乡、不想去，四是兼顾种地养牲畜，五是想创业，六是认为安全性低、不熟悉、不信任、父母不允许，七是其他特殊原因（见图 5 - 94）。

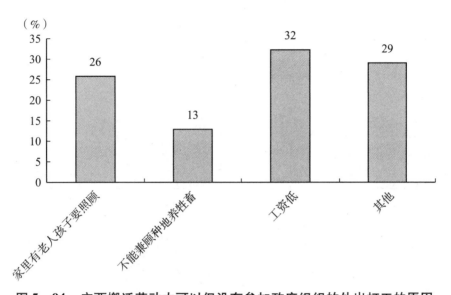

图 5 - 94　广西搬迁劳动力可以但没有参加政府组织的外出打工的原因

（5）就业帮扶整体满意度高

被调研的搬迁农户中，14%对政府现在提供的就业帮扶工作一般满意，41%比较满意，45%非常满意。

被调研的搬迁农户中，12%表示希望得到种植养殖方面的帮助，11%表示希望得到创业方面的帮助，13%表示希望得到公益性岗位安置的帮助，7%表示希望得到外出就业方面的帮助，36%表示希望得到就近就业的帮助，12%表示希望得到居家就业的帮助，24%表示希望得到提高劳动技能和生存技能的帮助，8%表示希望得到村里分红的帮助，34%表示有其他需要，如提高待遇（见图 5 - 95）。

从各类型安置点来看，对于村内安置的农户而言，超过40%需要就近就业和其他的帮助；对于乡镇安置的农户，超过40%需要就近就业和其他的帮助，25%需要提高劳动和生存技能和村里分红方面的帮助；超过30%城镇安置的农户需要就近就业和其他的帮助，超过25%的农户需要居家就业帮助（见图 5 - 96）。

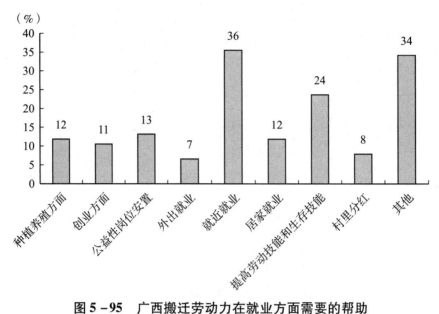

图 5 – 95　广西搬迁劳动力在就业方面需要的帮助

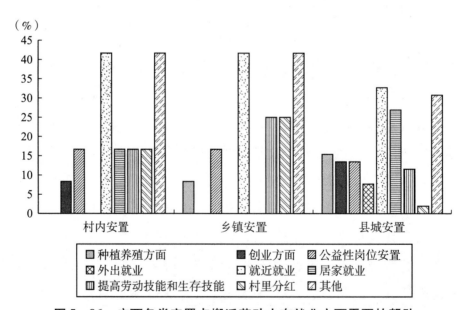

图 5 – 96　广西各类安置点搬迁劳动力在就业方面需要的帮助

(三) 贵州省 (66 户)

1. 搬迁户劳动力情况

（1）少数搬迁户家庭没有适龄劳动力

在 66 位农户中，没有适龄劳动力的家庭占比 3.03%，有 1 位适龄劳动力的家庭占比 13.64%，有 2 位适龄劳动力的家庭占比 33.33%，有 3 位适龄劳动力的家庭占比 30.30%，有 4 位适龄劳动力的家庭占比 15.15%，有 5 位适龄劳动力的家庭占比 3.03%，有 6 位适龄劳动力的家庭占比 1.52%，每户平均有适龄劳动 2.56 人（见图 5 - 97）。

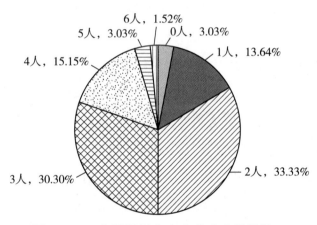

图 5 - 97　贵州搬迁户家庭劳动力数量情况

（2）搬迁农户家庭劳动力文化程度较低

被调研搬迁农户中，有 18.18% 的搬迁农户家庭有文盲的适龄劳动力，平均每户有 0.21 个文盲劳动力（其中女性 0.18 人）；有 63.64% 的家庭有 1 个及以上小学文化程度的劳动力，户均 0.98 人（其中女性 0.52 人）；有 68.18% 的家庭有 1 个及以上初中文化程度的劳动力，户均 1.12（其中女性 0.44 人）；只有 21.21% 的家庭有 1 个及以上高中文化程度的劳动力，户均仅 0.26 人（其中女性 0.14 人）（见图 5 - 98）。

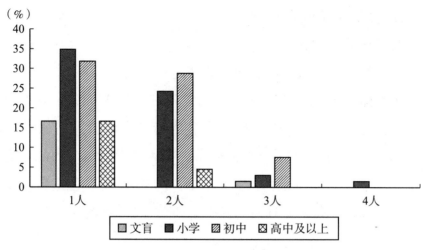

图 5 - 98　贵州搬迁户家庭劳动力文化程度情况

（3）多数农户家庭有 1 位女性劳动力

在 66 位农户中，10.61% 的农户家中没有适龄女性劳动力，60.61% 的农户家中有 1 位适龄女性劳动力，21.21% 的农户家中有 2 位适龄女性劳动力，7.58% 的农户家中有 3 位适龄女性劳动力。户均适龄女性劳动力占适龄总劳动力的值为 49.11%，相当接近 50%。户均适龄女性劳动力 1.26 人。

2. 搬迁户劳动力就业情况

（1）存在零就业家庭

被调研的搬迁农户中，3.03% 的家庭中没有人有临时或者固定工作，28.79% 的家庭中有 1 位有临时或者固定工作，39.39% 的家庭中有 2 位有临时或者固定工作，22.73% 的家庭中有 3 位有临时或者固定工作，4.55% 的家庭中有 4 位有临时或者固定工作，1.52% 的家庭中有 5 位有临时或者固定工作，户均 2.02 人（见图 5 - 99）。还有 9.09% 的家庭中有人在做生意。零就业家庭有 2 户，家中都没有适龄劳动力。

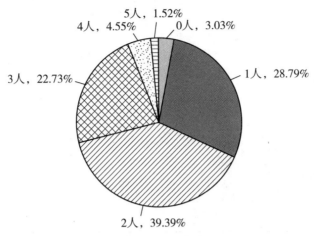

图 5 - 99 贵州搬迁户家庭劳动力就业人数情况

（2）家庭成员在外地打工/工作的比重最高

被调研的搬迁农户中，61.54%的农户家中有人在本地打工/工作，户均0.88人；65.15%的农户家中有人在外地打工/工作，户均1.12人。此外，30.30%的家庭有成员在本地从事公益性岗位劳动，户均0.30人；7.58%家庭有成员在本地扶贫车间工作，户均0.08人；没有家庭有成员在村内或安置区道路、水电、绿化等基础设施建设中工作；3.03%的农户填写家中有1位在当地合作社帮工。45.45%的家庭有成员在本地做其他工作，多数人在打零工。9.09%的农户家中有人做生意（见图5 - 100）。

分安置类型看，乡镇安置点搬迁农户在本地和县外工作以及其他工作的比重最高；从村内安置到乡镇安置再到县城安置，公益岗位和自己做生意的比重逐步降低；村内安置点搬迁农户家庭没有人在扶贫车间工作（见图5 - 101）。

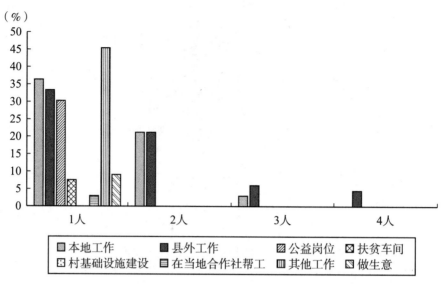

图 5 - 100　贵州搬迁户家庭劳动力就业情况

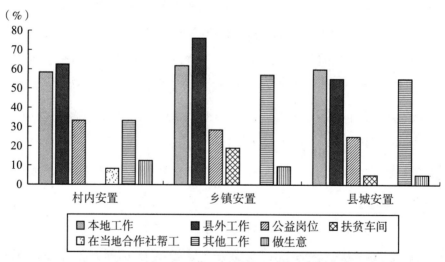

图 5 - 101　贵州各类安置区搬迁户劳动力就业结构

　　分各种规模安置点看，中型和超大型安置点搬迁农户以县外工作为主，特大型安置点搬迁农户以本地工作，大型安置点以本地和县外工作并重，特大型和大型安置点搬迁农户公益岗位就业的比重高，大型、特大型、超大型安置点搬迁农户其他工作的比重高（见图 5 - 102）。

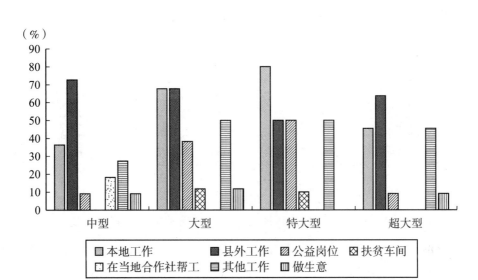

图 5 - 102　贵州各种规模安置区搬迁户劳动力就业结构

（3）在各种就业方式中，打工收入最高

从 2019 年平均外出打工月均工资看，90.70% 的农户表示家人外出打工平均工资都在 2 000 元以上（39.53% 在 2 001 ~ 3 000 元之间，30.23% 在 3 001 ~ 4 000 元之间，20.93% 在 4 000 元以上），只有 9.30% 的农户表示家人外出打工平均工资不满 2 000 元。当地灵活就业的月平均工资约为 2 509 元，在本地扶贫车间工作的月平均工资约为 1 475 元，在本地从事公益性岗位劳动的月平均工资约为 1 160 元（见图 5 - 103）。

（4）打工/工作的稳定性最高

从工作时间看，72.09% 外出打工的人干满了 6 个月；58.06% 打零工的人干了 6 个月以上，60% 在本地从事公益性岗位劳动的人工作了半年以上（见图 5 - 104）。

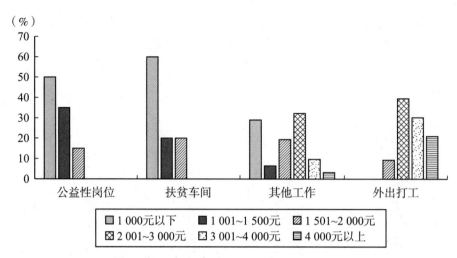

图 5-103　贵州搬迁户家庭劳动力各类就业每月工资收入情况

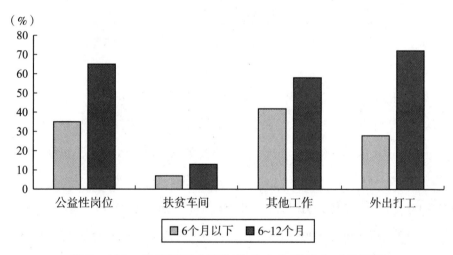

图 5-104　贵州搬迁户家庭劳动力各类就业时间情况

（5）外出打工/工作主要靠自己

被调研的搬迁农户中，1.61%的农户表示家庭成员外出打工/工作是政府组织介绍的，没有农户表示家庭成员通过当地中介公司介绍外出打工/工作；56.45%的农户表示家庭成员外出打工/工作是亲朋好友介绍或自己找的，户均0.94人。

（6）搬迁户劳动力中有一定比例的创业者

被调研的搬迁农户中，9.09%的农户家中有人自己做生意当老板，其中没有农户表示家人获得过政府的实物或现金补助。创业者33.33%在外村安置或乡镇安置，16.67%在村内安置或县城安置。33.33%的家庭有2位适龄劳动力，66.67%的家庭有3位适龄劳动力。

（7）2020年疫情对搬迁劳动力有一定影响

49.23%的农户表示家人复工受到疫情影响，其中90.32%的农户表示家人复工时间推迟：7.14%的农户表示家人复工时间比往年晚了30天及以内，39.29%的农户表示家人复工时间比往年晚了30天以上、60天及以内，28.57%的农户表示家人复工时间比往年晚了60天以上、90天及以内，25%的农户表示家人复工时间比往年晚了90天以上（见图5－105）。

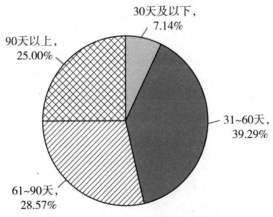

图5－105　贵州搬迁户家庭劳动力外出务工时间受疫情影响延迟情况

75%的农户表示疫情后家人月工资与往年相比没有变化，25%的农户表示疫情后家人月工资与往年相比有下降，其中，57.14%的农户表示降幅在30%以下，14.86%的农户表示降幅在30%～50%，有28.57%的农户表示降幅达到100%。

50%的农户没有因疫情推迟2020年开业；16.67%的农户因疫情推迟2020年开业30天，有16.67%的农户的家人因疫情推迟2020年开业90天，有16.67%的农户的家人因疫情推迟2020年开业180天。在有家人推迟开业的3位农户中，有1家生意因疫情大概损失700元，有1家生意因疫情大概损失4 000元，有1家生意因疫情大概损失10万元。

3. 后续就业帮扶效果及政策满意度

（1）仍然有贫困户需要帮助找工作

被调研的搬迁农户中，11%的农户表示，家中有人想出去打工但又没机会或人家不要，户均0.10人。

从不同类型安置点看，村内安置共有12户搬迁户，没有安置户家中有人想出去打工但又没机会或人家不要；外村安置共有12户搬迁户，17%农户家中有人想出去打工但又没机会或人家不要，户均0.17人；乡镇安置共有21户，5%农户家中有人想出去打工但又没机会或人家不要，户均0.05人；县城安置共有21户，其中有14%，户均0.14（见图5-106）。

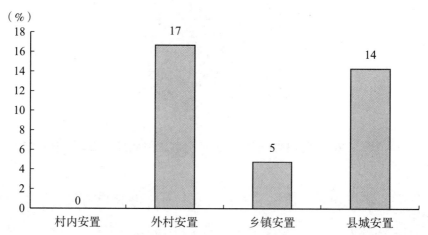

图5-106 贵州搬迁户家庭劳动力想出去打工但又没机会或人家不要的情况

（2）扶贫车间普及率有待提高

被调研的搬迁农户中，38%的农户表示安置点没有扶贫车间，3%的农户表示不知道安置点有没有扶贫车间，59%的农户表示安置点有扶贫车间。只有6%的搬迁户家中有人在扶贫车间工作。

有扶贫车间的安置点的农户中，家里没人在扶贫车间工作的原因主要是，家里没有多余劳动力（46%）、不愿意去（31%）、应聘上了但技术学不会（3%）和其他原因（10%）。8%认为扶贫车间经常没活干，13%的农户认为扶贫车间时间不灵活，38%认为工资水平低，26%的农户表示不清楚扶贫车间的问题或没问题，14%表示有其他问题。

（3）技术培训参与度高，农户反馈较好

多数搬迁劳动力都参加了培训，基本都是免费培训，还有培训补贴；大多数搬迁农户都想参加培训，多数人参加了多次培训，农产品种养技术比重最高，培训效果得到普遍认可。

被调研的搬迁农户中，70%的农户表示家中有人参加技术培训，其中，65%是自己想参加技术培训，35%是因为政府要求参加技术培训；35%是参加了1次技术培训，23%参加了2次技术培训，15%参加了3次及以上技术培训；7%的农户参与的是创业技能培训，48%培训的是农产品种养技术，9%是手工业，4%是制造业，39%是服务业，24%是其他培训（见图5-107）；91%的农户都是免费参与培训，其余农户参加培训均花费1 000元以内；2%参加技术培训的农户表示未得到现金补贴，22%表示参加培训得到500元以下的现金补贴，33%得到了501~1 000元的补贴，43%得到了1 000元以上；参加过培训的农户中，98%都表示培训对家庭有用，认为比较有用和非常有用的占61%。

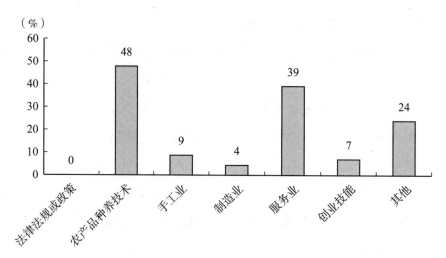

图 5 – 107　贵州搬迁户参加培训的内容

（4）组织化劳务输出还需要进一步完善

被调研的搬迁农户中，80%表示有人到家宣传怎么找工作，其中，有34%表示根据提供的信息找到了工作，户均0.49人。

被调研的搬迁农户中，有82%表示政府组织过一起到外地打工，但其中96%的农户表示家中没人去政府组织的外地打工，原因主要是，家里没有多余劳动力（35%）、有劳动力但不愿意去（60%）和其他原因（6%）（见图5 – 108），例如要照顾小孩、工资没有自己找的高。关于可以去但不愿意去的原因，一是要照顾老人孩子，二是不能兼顾种地养牲畜，三是嫌工资低，四是离家远、工作不适用。

（5）就业帮扶整体满意度高

被调研的搬迁农户中，12%对政府现在提供的就业帮扶工作满意，18%对政府现在提供的这些就业帮扶工作比较满意，68%非常满意。

被调研的搬迁农户中，20%还希望得到种植养殖方面的帮助，21%还希望得到创业方面的帮助，11%还希望得到公益性岗位安置的帮助，9%还希望得到外出就业方面的帮助，35%还希望得到就近就业的帮助，32%还希望得到居家就业的帮助，26%还希望得到提高劳动技能和生存技能的帮助，2%还希望得到村里分红的帮助，9%表示没有需要，6%表示需要其他帮助，比如介绍工程、提供家政岗位（见图5-109）。

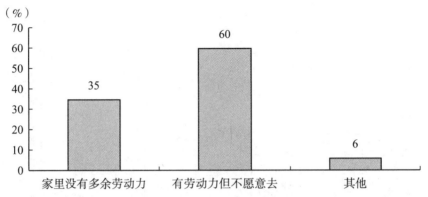

图5-108　贵州搬迁劳动力没有参加政府组织的外出打工的原因

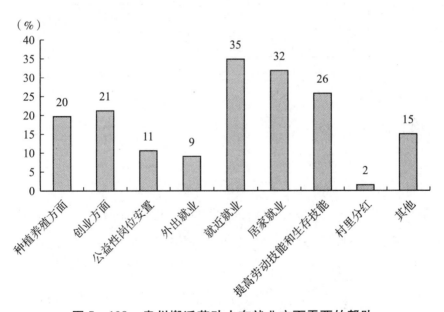

图5-109　贵州搬迁劳动力在就业方面需要的帮助

从各类型安置点来看，对于村内安置的农户而言，种养业和就近就业方面的帮助最为重要；对于外村安置的农户，居家就业方面的帮助更为重要；对于乡镇安置的农户，就近就业最重要；而城镇安置的农户对就近就业、居家就业的需求最大（见图 5 – 110）。

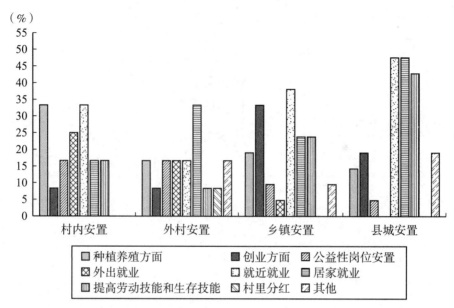

图 5 – 110　贵州各类安置点搬迁劳动力在就业方面需要的帮助

（四）四川省（64 户）

1. 搬迁户劳动力情况

（1）个别搬迁户家庭没有适龄劳动力

在 64 位农户中，4.69% 的农户家中没有适龄劳动力，有 1 位适龄劳动力的家庭占比 12.50%，有 2 位适龄劳动力的家庭占比 43.75%，有 3 位适龄劳动力的家庭占比 20.31%，有 4 位适龄劳动力的家庭占比 10.94%，有 5 位适龄劳动力的家庭占比 7.81%，每户平均有适龄劳动 2.43 人（见图 5 – 111）。

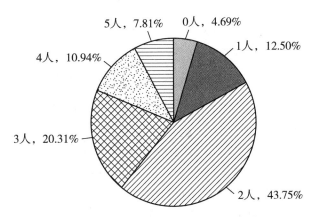

图 5 –111　四川搬迁户家庭劳动力数量情况

（2）搬迁农户家庭劳动力文化程度较低

被调研搬迁农户中，有 43.55% 的搬迁农户家庭有文盲的适龄劳动力，整个样本农户平均每户有 0.63 个文盲劳动力；有 62.90% 的家庭有 1 个及以上小学文化程度的劳动力，户均 0.97 人；有 46.77% 的家庭有 1 个及以上初中文化程度的劳动力，户均 0.56；只有 20.97% 的家庭有 1 个及以上高中文化程度的劳动力，户均仅 0.31 人（见图 5 –112）。

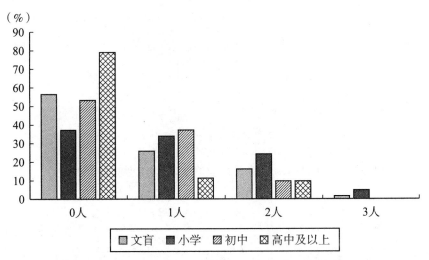

图 5 –112　四川搬迁户家庭劳动力文化程度情况

（3）多数农户家庭有1位女性劳动力

在64位农户中，21.88%的农户家中没有适龄女性劳动力，60.94%的农户家中有1位适龄女性劳动力，12.50%的农户家中有2位适龄女性劳动力，4.69%的农户家中有3位适龄女性劳动力。户均适龄女性劳动力占适龄总劳动力的值为45.03%，接近于50%。户均适龄女性劳动力1人。

2. 搬迁户劳动力就业情况

（1）存在零就业家庭

被调研的搬迁农户中，11.11%的家庭中没有人有临时或者固定工作，47.62%的家庭中有1位有临时或者固定工作，31.75%的家庭中有2位有临时或者固定工作，9.52%的家庭中有3位有临时或者固定工作，户均1.38人（见图5-113）。还有3.13%的家庭中有人在做生意。

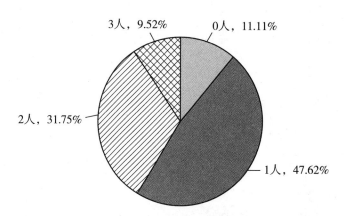

图5-113　四川搬迁户家庭劳动力就业人数情况

11.11%的零就业家庭中，除去1.59%的是家中没有适龄劳动力，还有9.52%家中有适龄劳动力。其中，33%的家庭有1位劳动力，17%的家庭有2位劳动力，50%的家庭有3位劳动力。这些家庭在村内安置最多，占50%；其次是县城安置，占33%；最后是乡镇安置，占17%。

其中 67% 的农户家中有人做生意，33% 有产业项目，但也有 17% 的人想打工。关于不打工的原因，有提到家里没有多余劳动力，不能兼顾种地养牲畜以及家里有老人孩子要照顾。

（2）家庭成员在本地打工／工作的比重最高

被调研的搬迁农户中，58% 的农户家中有人在本地打工／工作，户均 0.589 人；58% 的农户家中有人在外地打工／工作，户均 0.83 人。此外，29.69% 的家庭有成员在本地从事公益性岗位劳动，户均 0.30 人；没有家庭有成员在本地扶贫车间工作；3.13% 的家庭有 1 位成员在村内或安置区道路、水电、绿化等基础设施建设中工作，户均 0.03 人；有 1.56% 的农户家中有 1 人在当地合作社帮工，户均 0.01 人；29.41% 的家庭有成员在本地做其他工作，多数人在打零工。3.13% 的农户家中有人做生意（见图 5－114）。

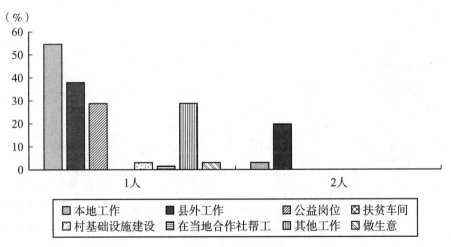

图 5－114　四川搬迁户家庭劳动力就业人数情况

分各类安置点看，各类安置点搬迁农户参加公益岗位的比重较高。调研的四川省的安置点集中在小型、中型和特大型的，各种规模安置点的搬迁农户都以本地工作为主，规模越大，搬迁农户外出工作的比重越低、参与公益岗位的比重越高（见图 5 - 115 和图 5 - 116）。

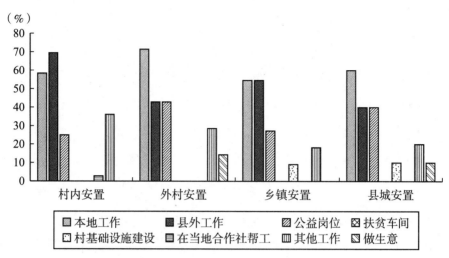

图 5 - 115　四川各类安置区搬迁户家庭劳动力结构

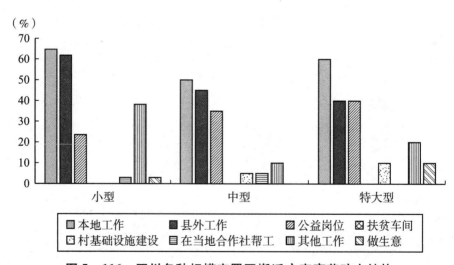

图 5 - 116　四川各种规模安置区搬迁户家庭劳动力结构

（3）在各种就业方式中，打工收入最高

从 2019 年平均外出打工月均工资看，81.08% 的农户表示家人外出打工平均工资都在 2 000 元以上（27.03% 在 2 001 ~ 3 000 元之间，

37.84% 在 3 001 ~ 4 000 元之间），只有 18.92% 的农户表示家人外出打工平均工资不满 2 000 元。当地灵活就业的月平均工资约为 2019 元，在本地从事公益性岗位劳动的月平均工资约为 617 元，在村内或安置区道路、水电、绿化等基础设施建设中日平均工资 130 元（见图 5 – 117）。

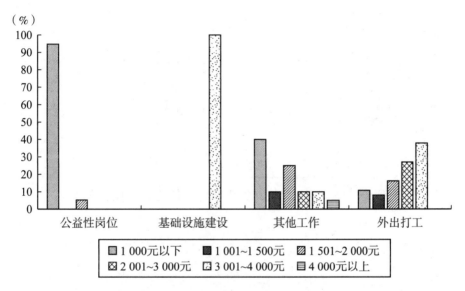

图 5 –117　四川搬迁户家庭劳动力各类就业每月工资收入情况

（4）打工/工作的稳定性最高

从工作时间看，68.42% 外出打工的人干满了 6 个月；55% 打零工的人干了 6 个月以上，68.42% 在本地从事公益性岗位劳动的人工作了半年以上，没有人在村内或安置区道路、水电、绿化等基础设施建设中干了半年以上（见图 5 – 118）。

（5）外出打工/工作主要靠自己

被调研的搬迁农户中，4.76% 的农户表示家庭成员外出打工/工作是政府组织介绍的，没有农户表示家庭成员通过当地中介公司介绍外出打工/工作；50.79% 的农户表示家庭成员外出打工/工作是亲朋好友介绍或自己找的，户均 0.66 人。

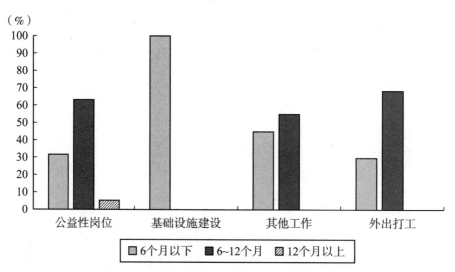

图 5-118　四川搬迁户家庭劳动力各类就业时间情况

（6）搬迁户劳动力中有一定比例的创业者

被调研的搬迁农户中，3.13% 的农户家中有人做生意，其中，所有农户的家人均获得政府的实物或现金补助。创业者有一半在外村安置，另一半在乡镇安置。家中都有 3 位适龄劳动力。

（7）2020 年疫情对搬迁劳动力有一定影响

43.55% 的农户表示家人复工受到疫情影响，其中这些农户表示家人复工时间推迟：3.70% 的农户表示家人复工时间比往年晚了 30 天以内，37.04% 的农户表示家人复工时间比往年晚了 30 天以上、60 天以内，22.22% 的农户表示家人复工时间比往年晚了 60 天以上、90 天以内，37.04% 的农户表示家人复工时间比往年晚了 90 天以上（见图 5-119）。

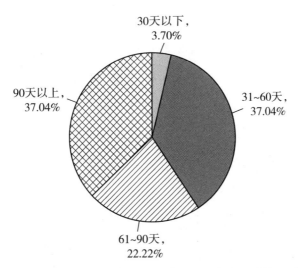

图5-119　四川搬迁户家庭劳动力外出务工时间受疫情影响延迟情况

40.74%的农户表示疫情后家人月工资与往年相比没有变化，11.11%的农户表示疫情后家人月工资与往年相比有上涨，40.74%的农户表示疫情后家人月工资与往年相比有下降，其中，45.45%的农户表示降幅在30%以下，9.09%的农户表示降幅在31%~50%，45.45%的农户表示降幅在50%以上。

被调研的搬迁农户中，3.13%的农户家中有人做生意，虽然存在疫情影响，但所有家庭正常开店，其中50%的家庭因疫情损失了1万元，另外50%没有受损。

3. 后续就业帮扶效果及政策满意度

（1）仍然有贫困户需要帮助找工作

被调研的搬迁农户中，14%的农户表示，家中有人想出去打工但又没机会或人家不要，户均0.19人。

从不同类型安置点看，村内安置14%的安置户家中有人想出去打工但又没机会或人家不要，户均0.17人；县城安置有40%的安置户家中有人想出去打工但又没机会或人家不要，户均0.6。

（2）没有扶贫车间的安置点较多

被调研的搬迁农户中，84%的农户表示安置点没有扶贫车间，2%的农户表示不知道安置点有没有扶贫车间，14%的农户表示安置点有扶贫车间。所有农户中均没有人参加扶贫车间。

有扶贫车间的安置点的农户中，家里没人在扶贫车间工作的原因主要是家里没有多余劳动力、不愿意去及其他原因。13%的农户认为扶贫车间时间不灵活。

（3）技术培训受欢迎，农户反馈较好

多数搬迁劳动力都参加了培训，所有农户都是免费培训，还有培训补贴；大多数搬迁农户都想参加培训，多数人参加了多次培训，农产品种养技术比重最高，培训效果得到普遍认可。

被调研的搬迁农户中，72%的农户表示家中有人参加技术培训，其中，89%是自己想参加技术培训，9%是因为政府要求参加技术培训；13%是参加了1次技术培训，35%参加了2次技术培训，52%参加了3次及以上技术培训，户均1.7次；2%的农户参与的是创业技能培训，65%培训的是农产品种养技术，7%是手工业，13%是制造业，28%是服务业，28%是其他培训（见图5-120）；所有农户参加的都是免费培训；30%参加技术培训的农户表示未得到现金补贴，37%表示参加培训得到500元以下的现金补贴，20%得到了501~1 000元的补贴，4%得到了1 000元以上的补贴；参加过培训的农户中，98%都表示培训对家庭有用，认为比较有用和非常有用的占80%。

（4）组织化劳务输出还需要进一步完善

被调研的搬迁农户中，64%表示有人到家宣传怎么找工作，其中，有39%表示根据提供的信息找到了工作，户均0.26。

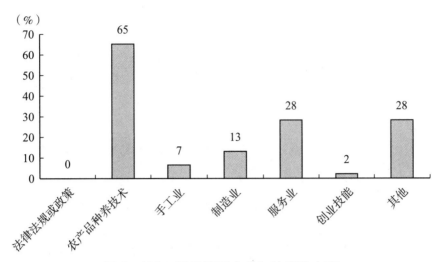

图 5 – 120　四川搬迁户参加培训的内容

被调研的搬迁农户中，有77%表示政府组织过一起到外地打工，但其中98%的农户表示家中没人去政府组织的外地打工，原因主要是，家里没有多余劳动力（68%）、有劳动力但不愿意去（13%）和其他原因（19%），例如智力有问题、精神病、语言不通、年纪大等。

关于可以去但不愿意去的原因：一是要兼顾种地养牲畜，二是其他原因，三是要照顾老人孩子，四是嫌工资低。

（5）就业帮扶整体满意度高

被调研的搬迁农户中，8%对政府现在提供的就业帮扶工作满意，11%对政府现在提供的这些就业帮扶工作比较满意，78%非常满意。

如图 5 – 121 所示，被调研的搬迁农户中，36%还希望得到种植养殖方面的帮助，8%还希望得到创业方面的帮助，25%还希望得到公益性岗位安置的帮助，17%还希望得到外出就业方面的帮助，22%还希望得到就近就业的帮助，5%还希望得到居家就业的帮助，13%还希望得到提高劳动技能和生存技能的帮助，6%还希望得到村里分红的帮助，30%有其他需求。

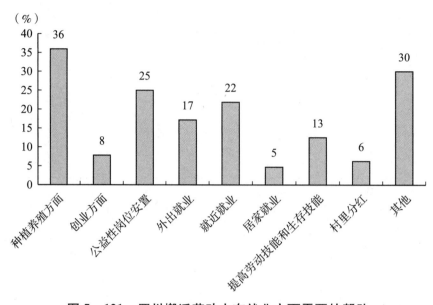

图 5 - 121　四川搬迁劳动力在就业方面需要的帮助

从各类型安置点来看，对于村内安置和乡镇安置的农户而言，种养业方面的帮助最为重要；对于外村安置的农户，公益性岗位安置的帮助更为重要；而县城安置的农户对公益性岗位安置、外出就业、就近就业的需求最大（见图 5 - 122）。

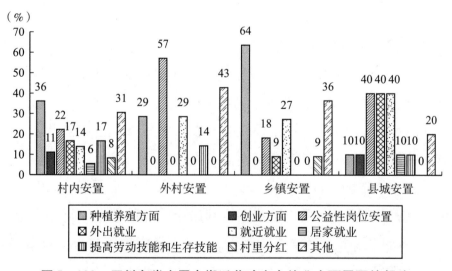

图 5 - 122　四川各类安置点搬迁劳动力在就业方面需要的帮助

（五）云南省（62 户）

1. 搬迁户劳动力情况

（1）少数搬迁户家庭没有适龄劳动力

在 62 位农户中，没有适龄劳动力的家庭占比 1.61%，有 1 位适龄劳动力的家庭占比 3.23%，有 2 位适龄劳动力的家庭占比 35.48%，有 3 位适龄劳动力的家庭占比 24.19%，有 4 位适龄劳动力的家庭占比 19.35%，有 5 位适龄劳动力的家庭占比 16.13%，每户平均有适龄劳动 3.05 人（见图 5 – 123）。

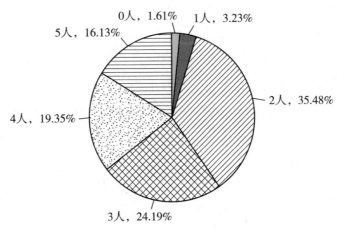

图 5 – 123　云南搬迁户家庭劳动力数量情况

（2）搬迁农户家庭劳动力文化程度较低

被调研搬迁农户中，有 39.34% 的搬迁农户家庭有文盲的适龄劳动力，整个样本农户平均每户有 0.45 个文盲劳动力（其中女性 0.34 人）；有 80.33% 的家庭有 1 个及以上小学文化程度的劳动力，户均 1.34 人（其中女性 0.63 人）；有 59.02% 的家庭有 1 个及以上初中文化程度的劳动力，户均 0.87（其中女性 0.39 人）；只有 26.23% 的家庭有 1 个及以上高中文化程度的劳动力，户均仅 0.44 人（其中女性 0.23 人）（见图 5 – 124）。

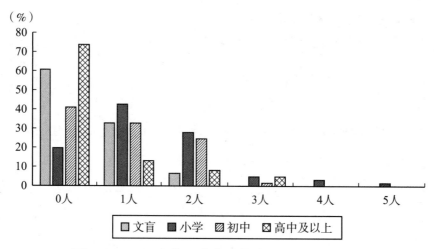

图 5 - 124　云南搬迁户家庭劳动力文化程度情况

（3）多数农户家庭有 1 位女性劳动力

在 62 位农户中，28.06% 的农户家中没有适龄女性劳动力，48.39% 的农户家中有 1 位适龄女性劳动力，32.26% 的农户家中有 2 位适龄女性劳动力，11.29% 的农户家中有 3 位适龄女性劳动力。户均适龄女性劳动力占适龄总劳动力的值为 48.15%，接近适龄男性劳动力。户均适龄女性劳动力 1.47 人。

2. 搬迁户劳动力就业情况

（1）存在零就业家庭

被调研的搬迁农户中，4.84% 的家庭中没有人有临时或者固定工作，20.97% 的家庭中有 1 位有临时或者固定工作，32.26% 的家庭中有 2 位有临时或者固定工作，27.42% 的家庭中有 3 位有临时或者固定工作，12.90% 的家庭中有 4 位有临时或者固定工作，1.61% 的家庭中有 5 位有临时或者固定工作，户均 2.27 人。还有 6.45% 的家庭中有人在做生意（见图 5 - 125）。

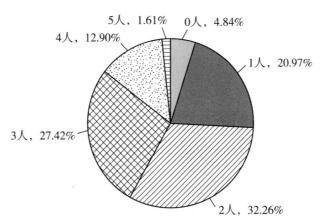

图 5 - 125　云南搬迁户家庭劳动力就业人数情况

4.84% 的零就业家庭中，除去 1.61% 的是家中没有适龄劳动力，还有 3.23% 家中都有 2 位适龄劳动力。这些都在外村安置，其中 50% 的农户家中有人做生意，也都有产业项目。家中无人想打工，因为家里没有多余劳动力，家里有老人孩子要照顾。

（2）家庭成员在本地打工/工作的比重最高

被调研的搬迁农户中，77.42% 的农户家中有人在本地打工/工作，户均 1.39 人；48.39% 的农户家中有人在外地打工/工作，户均 0.89 人。20.97% 的家庭有成员在本地从事公益性岗位劳动，户均 0.24 人；9.68% 家庭有成员在本地扶贫车间工作，户均 0.13 人；4.84% 的家庭有成员在村内或安置区道路、水电、绿化等基础设施建设中工作；有 14.52% 的农户填写家中有人在当地合作社帮工；54.83% 的家庭有成员在本地做其他工作，多数人在打零工。6.45% 的农户家中有人做生意（见图 5 - 126）。

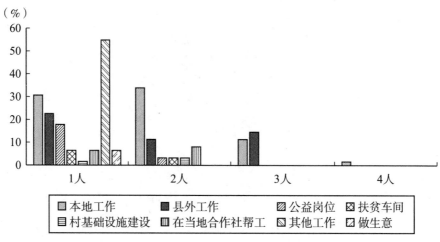

图 5 - 126　云南搬迁户家庭劳动力就业情况

分安置点看，村内安置的搬迁户以本地工作为主，县外工作和在当地合作社帮工也是主要的就业形式；外村安置的搬迁户以本地工作和其他工作为主；乡镇安置的搬迁户以本地工作、其他工作、县外工作为主，县城安置的搬迁户以本地工作、其他工作、做生意为主，县外工作有很重要（见图 5 - 127）。

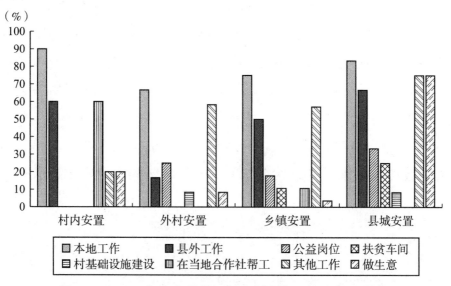

图 5 - 127　云南各类安置区搬迁户家庭劳动力就业结构

从不同规模安置点的情况看，云南省被调研农户主要集中在小型、中型、大型、超大型安置点。小型安置点没有农户在公益岗位和扶贫车间工作，但在当地合作社帮工的比重达到60%；中型安置点搬迁户县外工作的比重仅为30%；大型安置点和超大型安置点则是以本地工作、县外工作和其他工作为主，超大型安置点公益岗位和扶贫车间就业的农户比重也较高（见图5－128）。

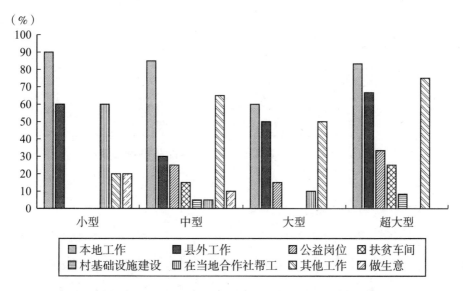

图5－128　云南各种规模安置区搬迁户家庭劳动力就业结构

（3）在各种就业方式中，打工收入最高

从2019年平均外出打工月均工资看，82.86%的农户表示家人外出打工平均工资都在2 000元以上（28.57%在2 001~3 000元，22.86%在3 001~4 000元，31.43%在4 000元以上），只有17.14%的农户表示家人外出打工平均工资不满2 000元（见图5－129）。当地灵活就业的月平均工资约为2 498元，在本地扶贫车间工作的月平均工资约为1 233元，在本地从事公益性岗位劳动的月平均工资约为950元，在村内或安置区道路、水电、绿化等基础设施建设中日平均工资 125 元。

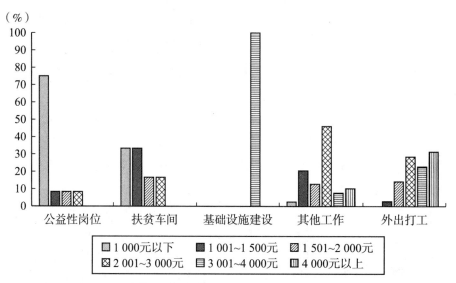

图 5 - 129　云南搬迁户家庭劳动力各类就业每月工资收入情况

（4）打工/工作的稳定性最高

从工作时间看，74.29% 外出打工的人干满了 6 个月；46.15% 打零工的人干了 6 个月以上，25% 在本地从事公益性岗位劳动的人工作了半年以上，33.33% 的人在本地扶贫车间工作了半年以上，没有人在村内或安置区道路、水电、绿化等基础设施建设中干了半年以上（见图 5 - 130）。

（5）外出打工/工作主要靠自己

被调研的搬迁农户中，17.74% 的农户表示家庭成员外出打工/工作是政府组织介绍的，也没有农户表示家庭成员通过当地中介公司介绍外出打工/工作；43.55% 农户表示家庭成员外出打工/工作是亲朋好友介绍或自己找的，户均 0.69 人。

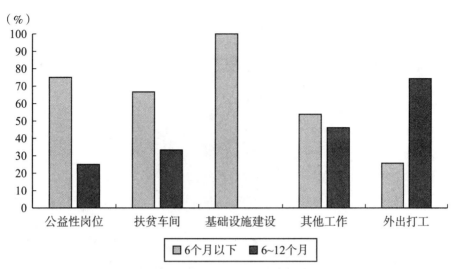

图 5 - 130　云南搬迁户家庭劳动力各类就业时间情况

（6）搬迁户劳动力中有一定比例的创业者

被调研的搬迁农户中，6.45% 的农户家中有人做生意，其中，75% 的农户的家人未获得政府的实物或现金补助。创业者在村内安置最多，占 50%，其次是外村安置、乡镇安置，分别占 25%。而且，75% 的家庭有 2 位适龄劳动力，25% 的家庭有 3 位适龄劳动力。

（7）2020 年疫情对搬迁劳动力有一定影响

40.32% 的农户表示家人复工受到疫情影响，这些农户表示家人复工时间推迟：24% 的农户表示家人复工时间比往年晚了 30 天及以内，44% 的农户表示家人复工时间比往年晚了 30 天以上、60 天以内，24% 的农户表示家人复工时间比往年晚了 60 天以上、90 天以内，8% 的农户表示家人复工时间比往年晚了 90 天以上（见图 5 - 131）。

63.64% 的农户表示疫情后家人月工资与往年相比没有变化，13.64% 的农户表示疫情后家人月工资与往年相比有上升，22.73% 的农户表示疫情后家人月工资与往年相比有下降，这些农户表示降幅都在 30% 以下。

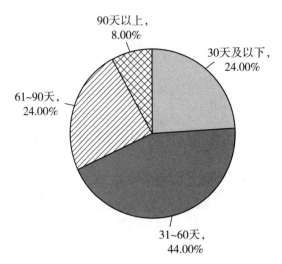

图 5 –131　云南搬迁户家庭劳动力外出务工时间受疫情影响延迟情况

被调研的搬迁农户中，6.45% 的农户家中有人做生意，有 75% 的农户的家人因疫情推迟 2020 年开业 30 天以内；有 25% 农户的家人因疫情推迟 2020 年开业 60 天以下。有 50% 的生意因疫情大概损失 1 万元以下；有 50% 的生意因疫情大概损失 1 万元以上。

3. 后续就业帮扶效果及政策满意度

（1）仍然有贫困户需要帮助找工作

被调研的搬迁农户中，6% 的农户表示，家中有人想出去打工但又没机会或人家不要，户均 0.10 人。

（2）扶贫车间普及率中等

被调研的搬迁农户中，47% 的农户表示安置点有扶贫车间，42% 的农户表示安置点没有扶贫车间，6% 的农户表示不知道安置点有没有扶贫车间。有 8% 的农户有人在扶贫车间工作。

有扶贫车间的安置点的农户中，家里没人在扶贫车间工作的原因主要是，家里没有多余劳动力（62%）、不愿意去（17%）、其他原因（3%）。31% 认为工资水平低，10% 认为时间不灵活，10% 表示对扶贫车间不了解。

（3）技术培训参与度较好，农户反馈较好

被调研的搬迁农户中，63%的农户表示家中有人参加技术培训，其中，72%是自己想参加技术培训，2%是因为政府要求参加技术培训；38%是参加了1次技术培训，41%参加了2次技术培训，21%参加了3次及以上技术培训，户均1.9次；69%培训的是农产品种养技术，3%培训的是法律法规或政策，3%是手工业，3%是制造业，15%是服务业，18%是其他培训（见图5－132）；13%参加技术培训的农户表示未得到现金补贴，33%表示参加培训得到500元以下的现金补贴，31%得到了501～1 000元的补贴，23%得到了1 000元以上；所有农户都是免费参与培训；参加过培训的农户中，所有农户都表示培训对家庭有用，认为比较有用和非常有用的占90%。

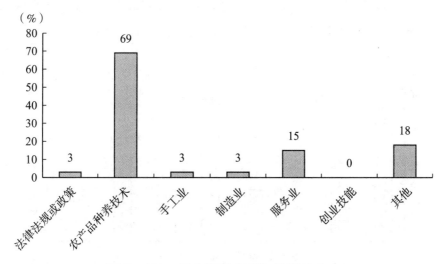

图5－132　云南搬迁户参加培训的内容

（4）组织化劳务输出中宣传效果较好

被调研的搬迁农户中，90%表示有人到家宣传怎么找工作，其中，有43%表示根据提供的信息找到了工作，户均0.71。

被调研的搬迁农户中，有87%表示政府组织过一起到外地打工，但其中全部农户家中没人去政府组织的外地打工，原因主要是，家里没有多余劳动力（33%）、有劳动力但不愿意去（48%）、其他原因（7%）。

关于可以去但不愿意去的原因，一是要照顾老人孩子（58%），二是不能兼顾种地养牲畜（8%），三是嫌工资低（8%），四是离家远、工作不适用、想自己找、不信任、身体不好（27%）。

（5）就业帮扶政策整体满意度较高，在各方面还需要帮助

被调研的搬迁农户中，69%对政府现在提供的就业帮扶工作非常满意，21%对政府现在提供的这些就业帮扶工作比较满意，8%满意。

被调研的搬迁农户中，32%还希望得到种植养殖方面的帮助，24%还希望得到创业方面的帮助，8%还希望得到公益性岗位安置的帮助，14%还希望得到外出就业方面的帮助，37%还希望得到就近就业的帮助，14%还希望得到居家就业的帮助，27%还希望得到提高劳动技能和生存技能的帮助，8%表示不清楚或没有需要（见图5-133）。

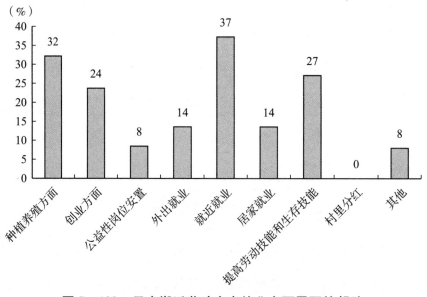

图5-133 云南搬迁劳动力在就业方面需要的帮助

从各类型安置点来看，对于村内安置的农户而言，种植养殖方面的帮助最为重要；对于外村安置的农户，种植养殖方面和就近就业方面的帮助更为重要；对于乡镇安置的农户，就近就业方面的帮助最重要；而城镇安置的农户对就近就业和提高劳动技能和生存技能的帮助需求最大（见图5－134）。

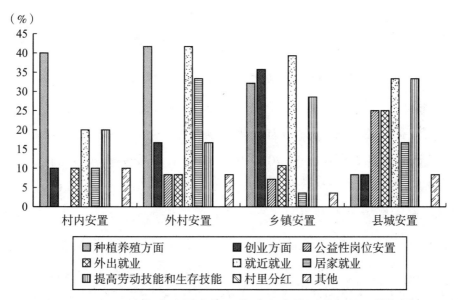

图 5－134　云南各类安置点搬迁劳动力在就业方面需要的帮助

（六）陕西省（68 户）

1. 搬迁户劳动力情况

（1）个别搬迁户家庭没有适龄劳动力

在 68 位农户中，1.47% 的农户家中没有适龄劳动力，有 1 位适龄劳动力的家庭占比 8.82%，有 2 位适龄劳动力的家庭占比 26.47%，有 3 位适龄劳动力的家庭占比 36.67%，有 4 位适龄劳动力的家庭占比 23.53%，有 5 位适龄劳动力的家庭占比 2.94%，每户平均有适龄劳动 2.81 人（见图 5－135）。

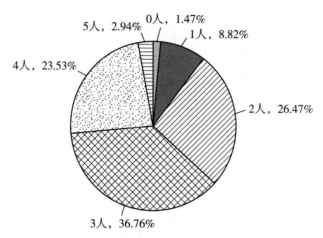

图 5 - 135 陕西搬迁户家庭劳动力数量情况

（2）搬迁农户家庭劳动力文化程度较低

被调研搬迁农户中，有 20.59% 的搬迁农户家庭有文盲的适龄劳动力，整体平均每户有 0.24 个文盲劳动力（其中女性 0.15 人）；有 80.88% 的家庭有 1 个及以上小学文化程度的劳动力，户均 1.31 人（其中女性 0.63 人）；有 54.41% 的家庭有 1 个及以上初中文化程度的劳动力，户均 0.72（其中女性 0.24 人）；只有 44.12% 的家庭有 1 个及以上高中文化程度的劳动力，户均仅 0.54 人（其中女性 0.26 人）（见图 5 - 136）。

（3）多数农户家庭有 1 位女性劳动力

在 68 位农户中，17.65% 的农户家中没有适龄女性劳动力，45.59% 的农户家中有 1 位适龄女性劳动力，29.41% 的农户家中有 2 位适龄女性劳动力，7.35% 的农户家中有 3 位适龄女性劳动力。户均适龄女性劳动力占适龄总劳动力的值为 45.03%，接近于 50%。户均适龄女性劳动力 1.26 人。

2. 搬迁户劳动力就业情况

（1）存在零就业家庭

被调研的搬迁农户中，4.41% 的家庭中没有人有临时或者固定工作，

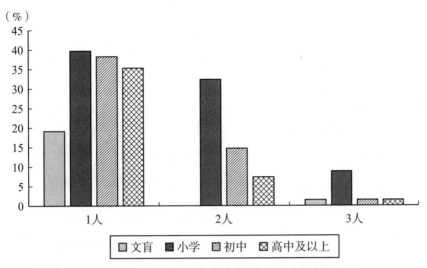

图 5 –136　陕西搬迁户家庭劳动力文化程度情况

35.29% 的家庭中有 1 位有临时或者固定工作，39.71% 的家庭中有 2 位有临时或者固定工作，16.18% 的家庭中有 3 位有临时或者固定工作，4.41% 的家庭中有 4 位有临时或者固定工作，户均 1.81 人（见图 5 –137）。还有 27.94% 的家庭中有人在做生意。

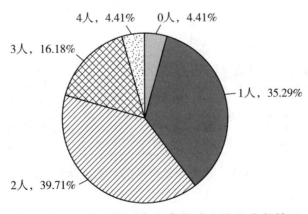

图 5 –137　陕西搬迁户家庭劳动力就业人数情况

4.41% 的零就业家庭中，除去 1.47% 的是家中没有适龄劳动力，还有 2.94% 家中都有 2 位适龄劳动力。其中，各有 50% 家庭在村内和乡镇安置。这些农户家中都有人做生意，也都有产业项目。家中无人想打工，因为家里没有多余劳动力。

（2）家庭成员在本地打工/工作的比重最高

被调研的搬迁农户中，92.65% 的农户家中有人在本地打工/工作，整体户均 1.22 人；66.18% 的农户家中有人在外地打工/工作，户均 0.90 人。此外，45.59% 的家庭有成员在本地从事公益性岗位劳动，户均 0.46 人；5.88% 的家庭有成员在本地扶贫车间工作，户均 0.06 人；1.47% 的家庭有成员在村内或安置区道路、水电、绿化等基础设施建设中工作；有 2.94% 农户家中有 1 人在当地合作社帮工，户均 0.03 人；37% 的家庭有成员在本地做其他工作，多数人在打零工。27.94% 的农户家中有人做生意（见图 5 – 138）。

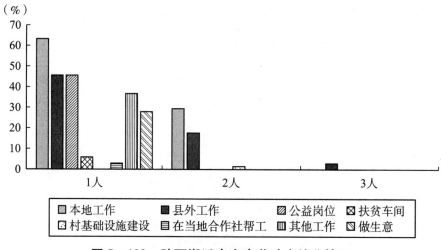

图 5 – 138   陕西搬迁户家庭劳动力就业情况

分安置类型看，村内安置的搬迁农户没有在扶贫车间工作的，在公益岗位工作比重超过 50%；乡镇安置的搬迁农户在公益岗位工作的比重高达 70%；县城安置的搬迁农户其他工作的比重接近 50%（见图 5 – 139）。

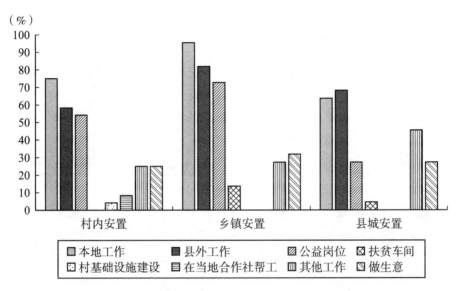

图 5 – 139　陕西各类安置区搬迁户劳动力就业结构

分不同规模安置点看，安置点搬迁农户参与公益岗位的比重越高，其他工作的比重就越低；各类安置点搬迁农户都有做生意的（见图 5 – 140）。

（3）在各种就业方式中，打工收入最高

从 2019 年平均外出打工月均工资看，86.36% 的农户表示家人外出打工平均工资都在 2 000 元以上（25% 在 2 001 ~ 3 000 元之间，18.18% 在 3001 ~ 4 000 元之间，43.18% 在 4 000 元以上），只有 13.64% 的农户表示家人外出打工平均工资不满 2 000 元。当地灵活就业的月平均工资约为 2195 元，在本地扶贫车间工作的月平均工资约为 1 125 元，在本地从事公益性岗位劳动的月平均工资约为 806 元，在村内或安置区道路、水电、绿化等基础设施建设中日平均工资 120 元（见

图 5 – 141 ）。

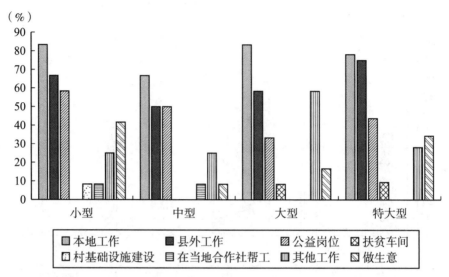

图 5 – 140　陕西各种规模安置区搬迁户劳动力就业结构

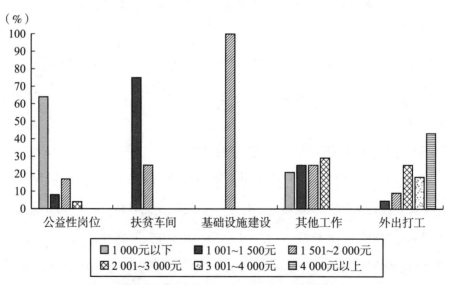

图 5 – 141　陕西搬迁户家庭劳动力各类就业每月工资收入情况

（4）打工/工作的稳定性最高

从工作时间看，88.64%外出打工的人干满了6个月；58.33%打零工的人干了6个月以上，54.84%在本地从事公益性岗位劳动的人工作了半年以上，50%的人在本地扶贫车间工作了半年以上，没有人在村内或安置区道路、水电、绿化等基础设施建设中干了半年以上（见图5－142）。

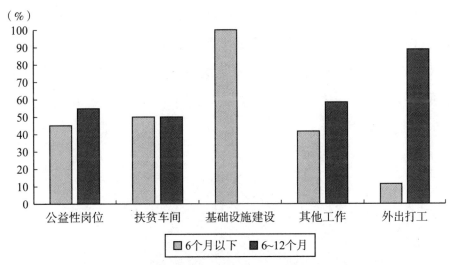

图5－142　陕西搬迁户家庭劳动力各类就业时间情况

（5）外出打工/工作主要靠自己

被调研的搬迁农户中，8.96%的农户表示家庭成员外出打工/工作是政府组织介绍的，也没有农户表示家庭成员通过当地中介公司介绍外出打工/工作；59.70%的农户表示家庭成员外出打工/工作是亲朋好友介绍或自己找的，户均0.76人。

（6）搬迁户劳动力中有一定比例的创业者

被调研的搬迁农户中，27.94%的农户家中有人做生意，其中，21.05%的农户表示家人获得过政府的实物或现金补助。创业者在乡镇安置最多，占 36.84%，其次是村内安置和县城安置，均占 31.58%。而且，10.53% 的家庭有 1 位适龄劳动力，36.84% 的家庭有 2 位适龄劳动力，36.84% 的家庭有 3 位适龄劳动力，15.79% 的家庭有 4 位适龄劳动力。

（7）2020 年疫情对搬迁劳动力有一定影响

68.66% 的农户表示家人复工受到疫情影响，其中 95.74% 的农户表示家人复工时间推迟：20.93% 的农户表示家人复工时间比往年晚了 30 天以内，34.88% 的农户表示家人复工时间比往年晚了 30 天以上、60 天以内，27.91% 的农户表示家人复工时间比往年晚了 60 天以上、90 天以内，16.28% 的农户表示家人复工时间比往年晚了 90 天以上（见图 5 - 143）。

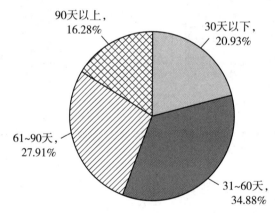

图 5 - 143 陕西搬迁户家庭劳动力外出务工时间受疫情影响延迟情况

60.87% 的农户表示疫情后家人月工资与往年相比没有变化，2.17% 的农户表示疫情后家人月工资与往年相比有上升，36.96% 的农户表示疫情后家人月工资与往年相比有下降，其中，56.25% 的农户表示降幅在 30% 以下，18.75% 的农户表示降幅在 31% ～ 50%，25% 的农户表示降幅在 50% 以上。

被调研的搬迁农户中，27.94%的农户家中有人做生意，其中，47.37%的农户家人没有因疫情推迟2020年开业，10.53%的农户家人因疫情推迟2020年开业30天以内，21.05%的农户家人因疫情推迟2020年开业30~60天，21.05%的农户家人因疫情推迟2020年开业60天以上；有54.55%的家庭生意因疫情大概损失1万元及以下；有45.45%的家庭生意因疫情大概损失1万元以上。

3. 后续就业帮扶效果及政策满意度

（1）仍然有贫困户需要帮助找工作

被调研的搬迁农户中，15%的农户表示，家中有人想出去打工但又没机会或人家不要，户均0.15人。

（2）扶贫车间普及率和参与度有待提高

被调研的搬迁农户中，40%的农户表示安置点没有扶贫车间，7%的农户表示不知道安置点有没有扶贫车间，53%的农户表示安置点有扶贫车间。7%的搬迁农户家中有人参与扶贫车间劳动。

有扶贫车间的安置点的农户中，家里没人在扶贫车间工作的原因主要是，家里没有多余劳动力（53%）、不愿意去（17%）、愿意去但没应聘上（3%）和其他原因（14%）；6%认为扶贫车间经常没活干，6%的农户认为扶贫车间时间不灵活，14%认为工资水平低，3%的农户表示工作环境差，36%表示对扶贫车间不了解。

（3）技术培训参与度较好，农户反馈较好

被调研的搬迁农户中，68%的农户表示家中有人参加技术培训，其中，83%是自己想参加技术培训，17%是因为政府要求参加技术培训；28%是参加了1次技术培训，22%参加了2次技术培训，50%参加了3次及以上技术培训；17%的农户参与的是创业技能培训，59%培训的是农产品种养技术，13%是手工业，33%是服务业，24%是其他培训（见图5-144）；91%的农户都是免费参与培训，4%的农户花费500元以下，4%的农户花费500元以上；27%参加技术培训的农户表示未得到现金补贴，57%表示参加培训得到500元以下的现金补贴，11%得到了501~1 000元的补贴，4%得到了1 000元以上；参加过培训的农户中，98%都表示培训对家庭有用，认为比较有用和非常有用的占91%。

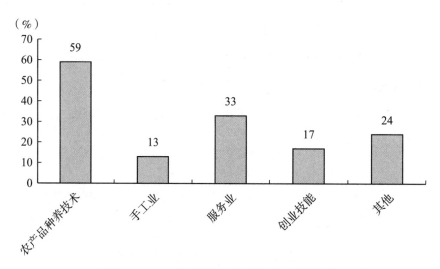

图5-144　陕西搬迁户参加培训的内容

（4）组织化劳务输出效果不明显，还需要进一步完善

被调研的搬迁农户中，50%表示有人到家宣传怎么找工作，其中，有38%表示根据提供的信息找到了工作，户均0.41。

被调研的搬迁农户中，有81%表示政府组织过一起到外地打工，但其中93%的农户表示家中没人去政府组织的外地打工，原因主要是，家里没有多余劳动力（49%）、有劳动力但不愿意去（33%）、愿意去但没有应聘上（6%）和其他原因（12%），例如身体不好、年纪大了。

关于可以去但不愿意去的原因，一是要照顾老人孩子（59%），二是不能兼顾种地养牲畜（18%），三是嫌工资低（6%），四是习惯了原来的工作、不想打工（18%）。

（5）就业帮扶政策整体满意度高

被调研的搬迁农户中，6%对政府现在提供的就业帮扶工作满意，13%对政府现在提供的这些就业帮扶工作比较满意，76%非常满意。

被调研的搬迁农户中，28%还希望得到种植养殖方面的帮助，25%还希望得到创业方面的帮助，15%还希望得到公益性岗位安置的帮助，10%还希望得到外出就业方面的帮助，32%还希望得到就近就业的帮助，4%还希望得到居家就业的帮助，32%还希望得到提高劳动技能和生存技能的帮助，16%还希望得到村里分红的帮助，21%表示有其他需求（见图5-145）。

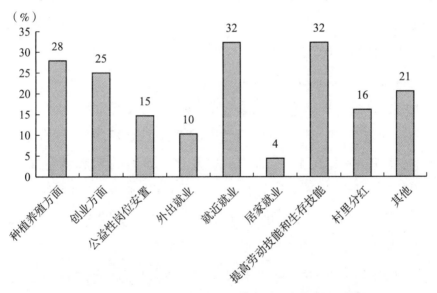

图5-145 陕西搬迁劳动力在就业方面需要的帮助

从各类型安置点来看，对于村内安置的农户而言，种植养殖方面的帮助最为重要；对于乡镇安置的农户，创业方面和提高劳动技能和生存技能方面的帮助最重要；而城镇安置的农户对就近就业的帮助需求最大（见图5-146）。

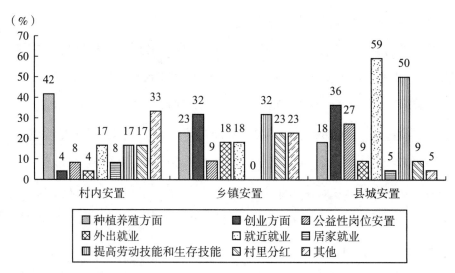

图 5 - 146　陕西各类安置点搬迁劳动力在就业方面需要的帮助

（七）山西省（67 户）

1. 搬迁户劳动力情况

（1）少数搬迁户家庭没有适龄劳动力

在 67 位农户中，没有适龄劳动力的家庭占比 17.91%，有 1 位适龄劳动力的家庭占比 10.45%，有 2 位适龄劳动力的家庭占比 43.28%，有 3 位适龄劳动力的家庭占比 19.40%，有 4 位适龄劳动力的家庭占比 4.48%，有 5 位适龄劳动力的家庭占比 4.48%（见图 5 - 147）。

（2）搬迁农户家庭劳动力文化程度较低

被调研搬迁农户中，有 8.47% 的搬迁农户家庭有文盲的适龄劳动力，平均每户有 0.12 个文盲劳动力（其中女性 0.06 人）；有 46.67% 的家庭有 1 个及以上小学文化程度的劳动力，户均 0.63 人（其中女性 0.37 人）；有 66.67% 的家庭有 1 个及以上初中文化程度的劳动力，户均 1.1 人（其中女性 0.49 人）；只有 29.31% 的家庭有 1 个及以上高中文化程度的劳动力，户均仅 0.36 人（其中女性 0.15 人）（见图 5 - 148）。

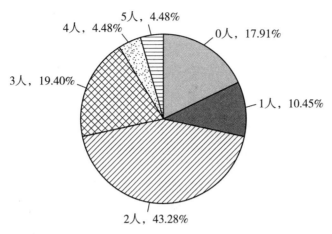

图 5 - 147　山西搬迁户家庭劳动力数量情况

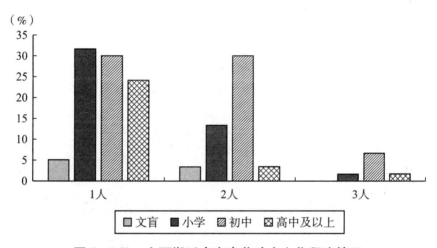

图 5 - 148　山西搬迁户家庭劳动力文化程度情况

（3）多数农户家庭有 1 位女性劳动力

在 67 位农户中，25.37% 的农户家中没有适龄女性劳动力，56.72% 的农户家中有 1 位适龄女性劳动力，11.94% 的农户家中有 2 位适龄女性劳动力，4.48% 的农户家中有 3 位适龄女性劳动力，1.49% 的农户家中有 4 位适龄女性劳动力。户均适龄女性劳动力占适龄总劳动力的值为 51.15%，超过了适龄男性劳动力。户均适龄女性劳动力 1 人。

2. 搬迁户劳动力就业情况

（1）存在零就业家庭

被调研的搬迁农户中，16.92%的家庭中没有人有临时或者固定工作，29.23%的家庭中有 1 位有临时或者固定工作，40.00%的家庭中有 2 位有临时或者固定工作，10.77%的家庭中有 3 位有临时或者固定工作，1.54%的家庭中有 4 位有临时或者固定工作，1.54%的家庭中有 5 位有临时或者固定工作，户均 2.02 人（见图 5 – 149）。还有 9.09%的家庭中有人在做生意。

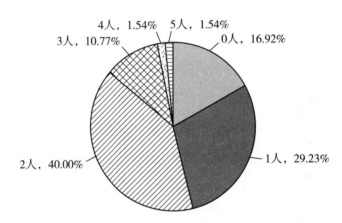

图 5 – 149　山西搬迁户家庭劳动力就业人数情况

16.92%的零就业家庭中，有 10.77%的是家中都没有适龄劳动力，有 6.15%家中有适龄劳动力。其中，50%有 1 位适龄劳动力，50%有 2 位适龄劳动力。各有 50%家庭在县城和乡镇安置。25%的农户家中有人做生意，50%的农户家中有产业项目。家中无人想打工，75%的是因为家里没有多余劳动力。

（2）家庭成员在本地打工/工作的比重最高

被调研的搬迁农户中，74.63%的农户家中有人在本地打工/工作，户均 1.03 人；38.81%的农户家中有人在外地打工/工作，户均 0.66

人。此外，35.82%的家庭有成员在本地从事公益性岗位劳动，户均 0.37 人；11.94%家庭有成员在本地扶贫车间工作，户均 0.12 人；没有家庭有成员在村内或安置区道路、水电、绿化等基础设施建设中工作；有 29.85%的农户家中有人在当地合作社帮工；23.88%的家庭有成员在本地做其他工作，多数人在打零工。5.97%的农户家中有人做生意（见图 5 – 150）。

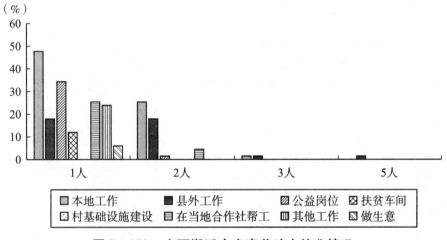

图 5 – 150　山西搬迁户家庭劳动力就业情况

从各类安置点情况看，都是本地工作的比重最高；都有不同比例的搬迁农户在当地合作社帮工；都有搬迁农户在扶贫车间工作；县外工作的比重相对其他省区低，其他工作的比重也低；公益岗位的比重从 20% ~40%不等（见图 5 – 151）。

从各种规模安置点的情况看，从中型、大型到特大型安置点，其他工作和做生意的比重越来越高，公益岗位的比重逐步下降（见图 5 – 152）。

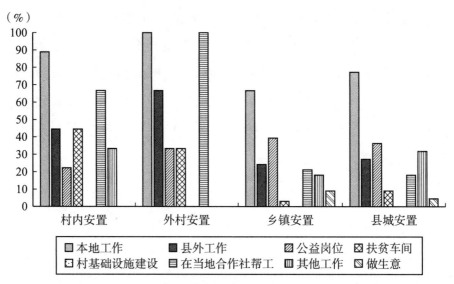

图 5 – 151　山西各类安置区搬迁户劳动力就业结构

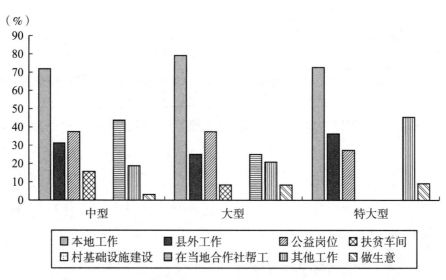

图 5 – 152　山西各种规模安置区搬迁户劳动力就业结构

（3）在各种就业方式中，打工收入最高

从 2019 年平均外出打工月均工资看，70% 的农户表示家人外出打工平均工资都在 2 000 元以上（20% 在 2 001 ~ 3 000 元之间，35% 在

3 001~4 000 元之间，15% 在 4 000 元以上），只有 30% 的农户表示家人外出打工平均工资不满 2 000 元（见图 5–153）。当地灵活就业的月平均工资约为 2 486 元，在本地扶贫车间工作的月平均工资约为 1 144元，在本地从事公益性岗位劳动的月平均工资约为 464 元。

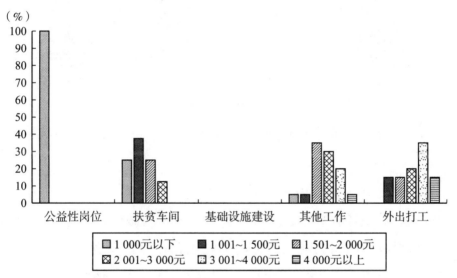

图 5–153　山西搬迁户家庭劳动力各类就业每月工资收入情况

（4）打工/工作的稳定性最高

从工作时间看，85% 外出打工的人干满了 6 个月；75% 打零工的人干了 6 个月以上，75% 在本地从事公益性岗位劳动的人工作了半年以上，没有人在本地扶贫车间工作了半年以上（见图 5–154）。

（5）外出打工/工作主要靠自己

被调研的搬迁农户中，没有农户表示家庭成员外出打工/工作是政府组织介绍的，也没有农户表示家庭成员通过当地中介公司介绍外出打工/工作；所有农户表示家庭成员外出打工/工作是亲朋好友介绍或自己找的，户均 0.37 人。

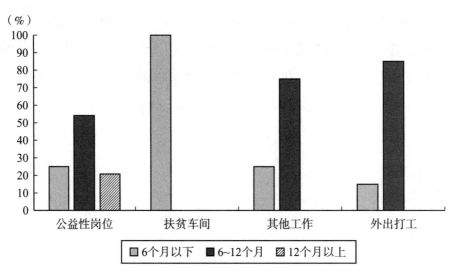

图 5 –154　山西搬迁户家庭劳动力各类就业时间情况

（6）搬迁户劳动力中有一定比例的创业者

被调研的搬迁农户中，5.97%农户家中有人做生意，这些农户的家人均未获得政府的实物或现金补助。创业者在乡镇安置最多，占75%，其次是县城安置，占25%。而且，75%的家庭有2位适龄劳动力，25%的家庭有4位适龄劳动力。

（7）2020年疫情对搬迁劳动力有一定影响

74.19%的农户表示家人复工受到疫情影响，其中87.5%的农户表示家人复工时间推迟：28.57%的农户表示家人复工时间比往年晚了30天以内，42.86%的农户表示家人复工时间比往年晚了30天以上、60天以内，28.57%的农户表示家人复工时间比往年晚了60天以上、90天以内（见图5 –155）。

87.5%的农户表示疫情后家人月工资与往年相比没有变化，12.5%的农户表示疫情后家人月工资与往年相比有下降，这些农户表示降幅都为20%。

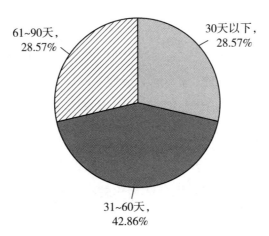

图 5 - 155　搬迁户家庭劳动力外出务工时间受疫情影响延迟情况

在 5.97% 的做生意的人家中，有 25% 的农户的家人因疫情推迟
2020 年开业 40 天。有 50% 的家庭因疫情受到损失，分别损失 900 元和
2 000 元。

3. 后续就业帮扶效果及政策满意度

（1）无贫困户需要帮助找工作

（2）扶贫车间普及率中等

被调研的搬迁农户中，54% 的农户表示安置点有扶贫车间，25% 的
农户表示安置点没有扶贫车间，21% 的农户表示不知道安置点有没有扶
贫车间。7% 的搬迁农户家中有人在扶贫车间工作。

有扶贫车间的安置点的农户中，家里没人在扶贫车间工作的原因主
要是，家里没有多余劳动力（67%）、不愿意去（8%）、其他原因
（11%）；6% 认为工资水平低，3% 认为工作环境差，3% 表示对扶贫车
间不了解。

（3）技术培训参与度较好，农户反馈较好

被调研的搬迁农户中，64% 的农户表示家中有人参加技术培训，其
中，98% 是自己想参加技术培训，2% 是因为政府要求参加技术培训；

47%是参加了1次技术培训，30%参加了2次技术培训，21%参加了3次及以上技术培训，户均1.7次；63%培训的是农产品种养技术，5%培训的是创业技能，26%是手工业，2%是制造业，21%是服务业，2%是其他培训（见图5-156）；70%参加技术培训的农户表示未得到现金补贴，7%表示参加培训得到100元以下的现金补贴，16%得到了101~500元的补贴，5%得到了500元以上的补贴；95%的农户都是免费参与培训；参加过培训的农户中，93%都表示培训对家庭有用，认为比较有用和非常有用的占77%。

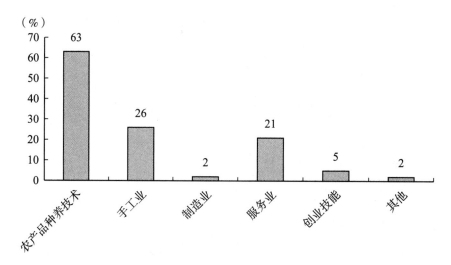

图5-156　山西搬迁户参加培训的内容

（4）组织化劳务输出效果不好

被调研的搬迁农户中，52%表示有人到家宣传怎么找工作，其中，有24%表示根据提供的信息找到了工作，户均0.29。

被调研的搬迁农户中，有54%表示政府组织过一起到外地打工，但其中全部农户家中没人去政府组织的外地打工，原因主要是，家里没有多余劳动力（89%）、有劳动力但不愿意去（6%）、其他原因（6%）。关于可以去但不愿意去的原因是不愿去外地和其他。

（5）就业帮扶政策整体满意度较高，在各方面还需要帮助

被调研的搬迁农户中，55%对政府现在提供的就业帮扶工作非常满意，24%对政府现在提供的这些就业帮扶工作比较满意，15%为满意。

被调研的搬迁农户中，24%还希望得到种植养殖方面的帮助，6%还希望得到创业方面的帮助，1%还希望得到公益性岗位安置的帮助，4%还希望得到外出就业方面的帮助，34%还希望得到就近就业的帮助，9%还希望得到居家就业的帮助，4%还希望得到提高劳动技能和生存技能的帮助，1%还希望得到村里分红的帮助，36%表示有其他需要（见图5-157）。

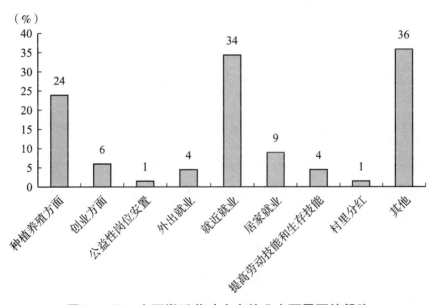

图5-157　山西搬迁劳动力在就业方面需要的帮助

（八）湖南省（79户）

1. 搬迁户劳动力情况

（1）个别搬迁户家庭没有适龄劳动力

在79位农户中，约2.53%的农户家中没有适龄劳动力，有1位适龄劳动力的家庭占比约11.39%，有2位适龄劳动力的家庭占比约

49.37%，有 3 位适龄劳动力的家庭占比约 21.52%，有 4 位适龄劳动力的家庭占比约 13.92%，有 5 位适龄劳动力的家庭占比约 1.27%（见图 5-158），每户平均有适龄劳动 2.37 人。

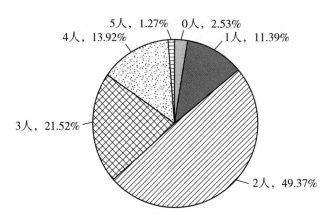

图 5-158　湖南搬迁户家庭劳动力数量情况

（2）搬迁农户家庭劳动力文化程度较低

被调研搬迁农户中，有 11.54% 的搬迁农户家庭有文盲的适龄劳动力，平均每户有 0.12 个文盲劳动力（其中女性 0.09 人）；有 55.13% 的家庭有 1 个及以上小学文化程度的劳动力，户均 0.71 人；有 75.64% 的家庭有 1 个及以上初中文化程度的劳动力，户均 1.23（其中女性 0.46 人）；只有 33.33% 的家庭有 1 个及以上高中文化程度的劳动力，户均仅 0.37 人（其中女性 0.20 人）（见图 5-159）。

（3）多数农户家庭有 1 位女性劳动力

在 79 位农户中，18.99% 的农户家中没有适龄女性劳动力，54.43% 的农户家中有 1 位适龄女性劳动力，21.52% 的农户家中有 2 位适龄女性劳动力，5.06% 的农户家中有 3 位适龄女性劳动力。户均适龄女性劳动力占适龄总劳动力的值为 47.59%，接近于 50%。户均适龄女性劳动力 1.13 人。

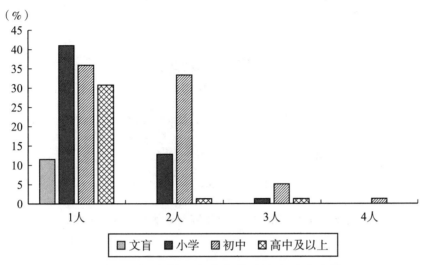

图 5 – 159　湖南搬迁户家庭劳动力文化程度情况

2. 搬迁户劳动力就业情况

（1）存在零就业家庭

被调研的搬迁农户中，3.80% 的家庭中没有人有临时或者固定工作，36.71% 的家庭中有 1 位有临时或者固定工作，46.84% 的家庭中有 2 位有临时或者固定工作，11.39% 的家庭中有 3 位有临时或者固定工作，1.27% 的家庭中有 5 位有临时或者固定工作，户均 1.41 人（见图 5 – 160）。还有 13.92% 的家庭中有人在做生意。

3.80% 的零就业家庭中，有 2.53% 的是家中都没有适龄劳动力，有 1.27% 的搬迁农户家中有 2 位适龄劳动力。该家庭在村内安置，家中没有人做生意，但是有产业项目。家中无人想打工，是因为家里没有多余劳动力，还要兼顾种地养牲畜。

（2）家庭成员在本地打工/工作的比重最高

被调研的搬迁农户中，73.42% 的农户家中有人在本地打工/工作，户均 0.96 人；56.96% 的农户家中有人在外地打工/工作，户均 0.75 人。此外，22.78% 的家庭有成员在本地从事公益性岗位劳动，户均

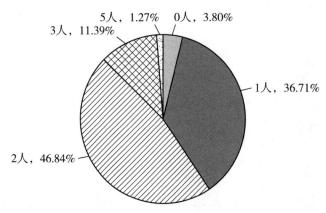

图 5 – 160　湖南搬迁户家庭劳动力就业人数情况

0.24 人；10.13% 的家庭有成员在本地扶贫车间工作，户均 0.14 人；有 2.53% 的家庭有成员在村内或安置区道路、水电、绿化等基础设施建设中工作过；所有农户都没有在当地合作社帮工；39.24% 的家庭有成员在本地做其他工作，多数人在打零工。13.92% 的农户家中有人做生意（见图 5 – 161）。

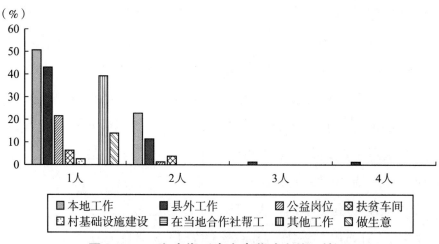

图 5 – 161　湖南搬迁户家庭劳动力就业情况

分各类安置点看，都是本地工作和县外工作并重，都有超过 10% 的搬迁农户做生意，都有搬迁劳动力在扶贫车间工作，县城安置点其他工作的比重高（见图 5-162）。

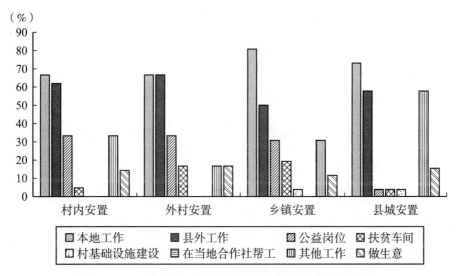

图 5-162 湖南各类安置区搬迁户劳动力就业结构

分各种规模安置点看，都以本地工作为主，小型、大型、特大型安置点其他工作的比重较高，中型安置点做生意的比重相对较高（见图 5-163）。

（3）在各种就业方式中，打工收入最高

从 2019 年平均外出打工月均工资看，90.91% 的农户表示家人外出打工平均工资都在 2 000 元以上（36.36% 在 2 001～3 000 元之间，34.09% 在 3 001～4 000 元之间，20.45% 在 4 000 元以上），只有 9.09% 的农户表示家人外出打工平均工资不满 2 000 元（见图 5-164）。当地灵活就业的月平均工资约为 2 238 元，在本地扶贫车间工作的月平均工资约为 2 325 元，在本地从事公益性岗位劳动的月平均工资约为 993 元，在村内或安置区道路、水电、绿化等基础设施建设的日平均工资约为 120 元。

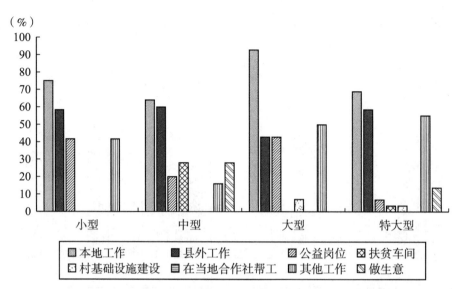

图 5 – 163　湖南各种规模安置区搬迁户劳动力就业结构

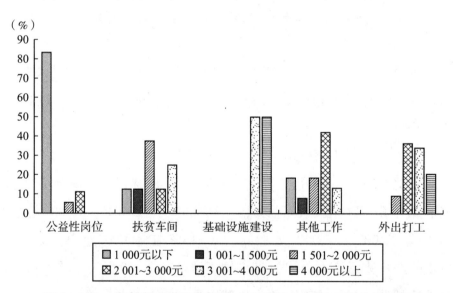

图 5 – 164　湖南搬迁户家庭劳动力各类就业每月工资收入情况

274

（4）打工/工作的稳定性最高

从工作时间看，90.91%外出打工的人干满了6个月；65.79%打零工的人干了6个月以上，83.33%在本地从事公益性岗位劳动的人工作了半年以上，37.50%的人在本地扶贫车间工作了半年以上，所有参与村内或安置区道路、水电、绿化等基础设施建设工作的农户均工作了半年以上（见图5-165）。

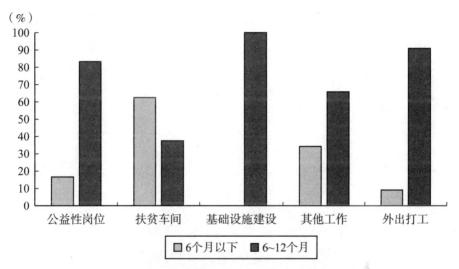

图5-165　湖南搬迁户家庭劳动力各类就业时间情况

（5）外出打工/工作主要靠自己

被调研的搬迁农户中，没有农户表示家庭成员外出打工/工作是政府组织介绍的；也没有农户表示家庭成员通过当地中介公司介绍外出打工/工作；88.89%的农户表示家庭成员外出打工/工作是亲朋好友介绍或自己找的，户均0.67人。

（6）搬迁户劳动力中有一定比例的创业者

被调研的搬迁农户中，13.92%的农户家中有人做生意，其中没有农户表示家人获得过政府的实物或现金补助。创业者在县城安置最多，占 36.36%，其次是村内安置和乡镇安置，分别占 27.27%。外村安置最少，占 9.09%。而且，9.09% 的家庭有 1 位适龄劳动力，27.27% 的家庭有 2 位适龄劳动力，36.36% 的家庭有 3 位适龄劳动力，27.27% 的家庭有 4 位适龄劳动力。

（7）2020 年疫情对搬迁劳动力有一定影响

59.49% 的农户表示家人复工受到疫情影响，其中 95.74% 的农户表示家人复工时间推迟：8.89% 的农户表示家人复工时间比往年晚了 30 天及以内，51.11% 的农户表示家人复工时间比往年晚了 30 天以上、60 天及以内，22.22% 的农户表示家人复工时间比往年晚了 60 天以上、90 天及以内，17.78% 的农户表示家人复工时间比往年晚了 90 天以上（见图 5－166）。

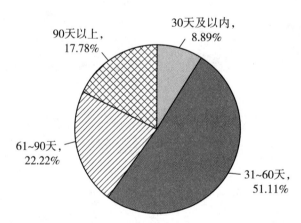

图 5－166　搬迁户家庭劳动力外出务工时间受疫情影响延迟情况

53.19% 的农户表示疫情后家人月工资与往年相比没有变化，46.81% 的农户表示疫情后家人月工资与往年相比有下降，其中，78.95% 的农户表示降幅在 30% 以下，10.53% 的农户表示降幅在 31% ~ 50%，10.53% 的农户表示降幅在 50% 以上。

63.64% 的农户家人没有因疫情推迟 2020 年开业，9.09% 的农户家人因疫情推迟 2020 年开业 40 天；27.27% 的农户家人因疫情推迟 2020 年开业 60 天。有 44.44% 的家生意因疫情未受到损失；有 44.44% 家生意因疫情大概损失 3 000 元以下；有 11.11% 家生意因疫情大概损失 5 000 元。

3. 后续就业帮扶效果及政策满意度

（1）仍然有贫困户需要帮助找工作

被调研的搬迁农户中，11% 的农户表示，家中有人想出去打工但又没机会或人家不要，户均 0.10 人。

从不同类型安置点看，10% 村内安置户家中有人想出去打工但又没机会或人家不要，户均 0.10；17% 外村安置农户家中有人想出去打工但又没机会或人家不要，户均 0.33 人；8% 乡镇安置农户家中有人想出去打工但又没机会或人家不要，户均 0.08 人；12% 县城安置农户家中有人想出去打工但又没机会或人家不要，户均 0.12。

（2）扶贫车间普及率有待提高

被调研的搬迁农户中，72% 的农户表示安置点有扶贫车间，25% 的农户表示安置点没有扶贫车间，3% 的农户表示不知道安置点有没有扶贫车间。8% 的搬迁农户家中有人在扶贫车间工作。

有扶贫车间的安置点的农户中，家里没人在扶贫车间工作的原因主要是，家里没有多余劳动力（30%）、不愿意去（46%）、愿意去但没应聘上（5%）和其他原因（9%）；有扶贫车间的安置点的农户认为扶贫车间主要存在以下几个问题：7% 认为扶贫车间经常没活干，23% 的农户认为扶贫车间时间不灵活，35% 认为工资水平低，16% 表示对扶贫车间不了解。

从各类型安置点来看，村内安置的农户中，25% 认为工资水平低，25% 认为时间不灵活；外村安置的农户中，33% 有其他问题；乡镇安置中，42% 认为工资水平低，25% 认为时间不灵活，17% 认为经常没活干，17%认为有其他问题；县城安置中，35%认为工资水平低，19%认为时间不灵活，19%认为经常没活干，42%认为有其他问题。

（3）技术培训参与度高，农户反馈较好

超过半数搬迁劳动力都参加了培训，基本是都是免费培训，还有培训补贴；大多数搬迁农户都想参加培训，多数人参加了多次培训，农产品种养技术比重最高，培训效果得到普遍认可。

被调研的搬迁农户中，53%的农户表示家中有人参加技术培训，其中，90%是自己想参加技术培训，10%是因为政府要求参加技术培训；40%是参加了 1 次技术培训，33%参加了 2 次技术培训，26%参加了 3 次及以上技术培训；55% 培训的是农产品种养技术，12% 是手工业，2%是制造业，31%是服务业，14%是其他培训（见图 5 - 167）；98%的农户都是免费参与培训，2%的农户花费 5 000 元；21%参加技术培训的农户表示未得到现金补贴，52%表示参加培训得到 500 元以下的现金补贴，12%得到了 501 ~ 1 000 元的补贴，10%得到了 1 000 元以上的补贴；参加过培训的农户中，95%都表示培训对家庭有用，认为比较有用和非常有用的占 67% 。

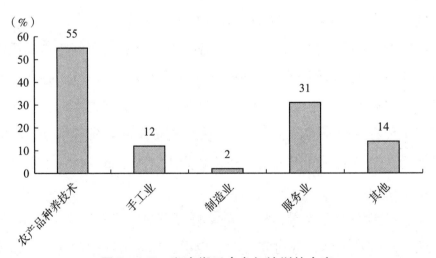

图 5 - 167　湖南搬迁户参加培训的内容

（4）组织化劳务输出效果不好，成果较少

被调研的搬迁农户中，87%表示有人到家宣传怎么找工作，其中，有4%表示根据提供的信息找到了工作，户均0.07。

被调研的搬迁农户中，有90%表示政府组织过一起到外地打工，但其中99%的农户表示家中没人去政府组织的外地打工，原因主要是，家里没有多余劳动力（39%）、有劳动力但不愿意去（56%）、其他原因（6%），例如身体有残疾、年纪大了。

关于可以去但不愿意去的原因，一是要照顾老人孩子（74%），二是不能兼顾种地养牲畜（13%），三是嫌工资低（33%），四是习惯了原来的工作、想自己创业（72%）。

（5）就业帮扶政策整体满意度较高，在各方面还需要帮助

被调研的搬迁农户中，58%对政府现在提供的就业帮扶工作非常满意，28%对政府现在提供的这些就业帮扶工作比较满意，14%满意。

被调研的搬迁农户中，19%还希望得到种植养殖方面的帮助，8%还希望得到创业方面的帮助，8%还希望得到公益性岗位安置的帮助，10%还希望得到外出就业方面的帮助，25%还希望得到就近就业的帮助，15%还希望得到居家就业的帮助，15%还希望得到提高劳动技能和生存技能的帮助，4%还希望得到村里分红的帮助，32%有其他需要（见图5-168）。

从各类型安置点来看，对于村内安置的农户而言，种养业方面的帮助最为重要；对于外村安置的农户，其他方面的帮助更为重要；对于乡镇安置的农户，就近就业和其他方面的帮助最重要；而城镇安置的农户对其他方面的需求最大。

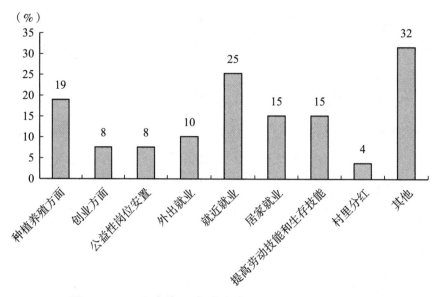

图 5 -168　湖南搬迁劳动力在就业方面需要的帮助

（九）分省分析总结

1. 调研发现

通过分省被调研农户数据分析，有以下发现：

（1）一部分搬迁农户存在劳动力短缺的问题

如山西省 18% 的被调研农户家庭没有适龄劳动力，户均劳动力人数仅为 1.96 人。对于劳动力人数不足的搬迁农户，就业帮扶的难度较大。

（2）搬迁农户文化程度低导致就业扶贫难度大

越是劳动力人口多的省区，往往劳动力受教育水平更低。如四川省有文盲的家庭比例高达 44%，云南高达 39%，陕西和贵州分别为 21% 和 18%。搬迁农户受教育程度低严重影响其后续就业能力，搬迁家庭劳动力较难适应需要新的就业机会。

（3）部分地区搬迁劳动力就业率低

如山西、四川、甘肃分别有 17%、11% 和 7% 的搬迁农户家中没有

280

就业的劳动力。山西主要是由于家庭劳动力人口短缺；四川省主要是由于搬迁劳动力的就业意愿不强，其本地工作、外地工作、本地灵活就业的比重都比较低。相比较而言，广西、贵州搬迁劳动力的就业率较高。其他省区都不同程度地存在零就业搬迁家庭。

（4）不同地区搬迁农户的就业主渠道不同

山西、云南是典型的本地就业型，山西搬迁农户本地就业是外地就业的3倍。此外，山西、云南本地合作社帮工的比重远高于其他省区，山西为54%，云南为15%。云南本地灵活就业的比重也远高于其他地区。

陕西、湖南是偏本地就业型；甘肃、陕西基本上是本地、外地并重型就业；四川、贵州则是典型的以外地就业为主型。外出就业的比例与外出就业的收入高度相关，云南、山西外出就业的收入相对较低，而甘肃、贵州、湖南外出就业的收入相对较高。

（5）本地灵活就业是重要的就业形式

除山西、四川外，其他地方搬迁农户灵活就业的比重都超过37%，云南更高达55%，广西、贵州达到45%，甘肃、湖南达到39%。灵活就业相对稳定，月收入基本在1 900～2 500元，是各地搬迁农户重要的就业途径。

（6）公益性岗位落实各地有差异

陕西、山西、甘肃公益性岗位的比重较高，至少每三户就设立一个公益性岗位；广西、云南、湖南公益性岗位的比重较低，平均4～5户设置1个公益岗位。同时，广西、贵州、云南、湖南公益性岗位的工资水平较高，从950～1 900元不等；而甘肃、山西的公益性岗位工资水平很低，在500元左右；陕西公益岗位的工资水平也较高，达到800元。

（7）扶贫车间作用有限

广西设置扶贫车间的比例最高，达到99%；四川设置扶贫车间的比例最低，仅为14%；其他省区设置扶贫车间的比例在47%～72%。

8888

云南、湖南、山西搬迁农户参与扶贫车间的比例较高，在 10% 左右；其他省区在 6% 以下。除甘肃、湖南外，其他省区扶贫车间工作的月工资水平在 1 100 ~ 1 500 元。

（8）各地都有一定比例的搬迁农户自己做生意

陕西、湖南、贵州做生意的比重较高，分别为 28%、14% 和 9%，而广西、四川做生意的比重较低，分别为 2.6% 和 3.1%。创业获得帮扶的比例低。

（9）培训开展情况参差不齐

参加培训的搬迁农户从 49% ~ 72% 不等，培训内容以各种产业培训为主，生活技能培训缺乏。

（10）就近就业帮扶需求高

除四川外，各地对就近就业帮扶的需求比重是最高的。越是城镇化安置，搬迁户对提高技能的帮扶需求越高。同时，各地对种养殖的帮扶需求也普遍较高。

2. 建议

（1）在乡村振兴战略中创造更多就近就业机会

目前，能外出的劳动力基本都已经实现了外出就业，很多劳动力由于年龄、身体、家庭等原因希望能够就近就业，而且这种愿望普遍而强烈。下一步，在乡村振兴战略中，需要着重强调为易地扶贫搬迁劳动力创造就近就业机会，包括本地单位就业、灵活就业、居家就业等。

（2）因地制宜促进搬迁劳动力就业

各地的地理环境、资源禀赋和传统不同，有些集中于本地就业，有些趋向于外出就业。对于外出就业为主的地区，要进一步加大输入地稳就业举措，促进搬迁劳动力稳定就业；对于本地就业为主的地区，政策导向应集中于促进带动合作经济发展等措施，因地制宜开发适合搬迁劳动力的就业机会。

（3）根据实际情况发展扶贫车间

扶贫车间是一种特殊的就业帮扶措施，虽然搬迁农户参与的比重低，但有效解决了一部分搬迁群众的就业。可以按照平均 10 户 1 人在扶贫车间就业的比重，在一定规模的安置点设立扶贫车间，不断提高扶贫车间的发展质量。

（4）根据实际情况规范公益岗位发展

公益性岗位为无力就业的搬迁劳动力提供了就业机会，目前基本上是按照每 3 ~ 4 户 1 个公益岗位的比例进行配置的。搬迁安置点公益岗位作为一项制度应长期设立，但比例不宜过高，可按照零就业家庭占比配置。同时，要设置不同标准的工资水平，做到有据可依。

（5）加大对自主创业搬迁劳动力的帮扶

各地都有一定比例的搬迁农户在自己做生意，但获得创业帮扶的比例很低，多数还没有得到政府的帮扶。对于搬迁农户中自主创业的劳动者要给予格外关注，提供有针对性的创业帮扶措施，将其纳入现行的创业政策帮扶体系。

（6）进一步加强产业扶贫对就业的带动

一是很多农户尚未参与到创业扶持项目当中，二是资产收益带动能力不强。各地应进一步加强产业扶贫，特别是要将无劳动力的搬迁家庭和零就业的搬迁家庭纳入创业扶贫项目。同时，要想方设法提供资产收益水平，尽可能提高就业带动水平。

（7）提高就业服务的有效性

一是进一步甄别零就业家庭情况，对有就业需求的，尽可能满足其就业需求；对没有就业需求的，尽可能将其纳入产业扶贫等其他帮扶渠道，确保脱贫。二是提高宣传和带动就业的效率，进一步精准摸清搬迁劳动力的就业要求，特别是对收入、工作地点等具体的需求，有针对性地开发就业岗位，更有效地促进有就业需求的劳动力实现就业。

（8）加大提升生存能力的培训

目前各地开展的培训都强调就业技能的培训，对法律法规或政策等提升生存能力的培训基本为零。下一步，需要加强搬迁群众认知和非认知能力的培训，促进他们转变观念，提高适应新生活的能力，在此基础上，开展订单式、定向式等多种形式的就业技能培训。

表5-2反映了八省区易地扶贫搬迁农户的基本情况。

表5-2　　　　　　　　八省区易地扶贫搬迁农户基本情况

	基本情况	甘肃	广西	贵州	四川	云南	陕西	山西	湖南
劳动力	户均劳动力（人）	2.93	2.62	2.56	2.43	3.05	2.81	1.96	2.36
	无劳力家庭比例（%）	0	1.32	3.03	4.70	1.61	1.47	17.91	2.53
	有文盲的家庭比率（%）	15.49	11.84	18.18	44	39.34	20.59	8.47	11.54
就业人数	户均就业人数（人）	1.99	1.89	2.02	1.38	2.27	1.81	2.02	1.41
	零就业家庭比例（%）	7	1.32	3.03	11	4.84	4.41	16.92	3.80
户均本地工作人数（人）		1.01	1.07	0.88	0.59	1.39	0.93	1.51	0.96
外地工作	户均人数（人）	0.97	0.84	1.12	0.83	0.89	0.90	0.48	0.78
	工资2000元以上（%）	91	84	91	81	64	86	70	92
其他工作	参与农户比例（%）	39	45	45.45	29.13	54.83	37	23.88	39.24
	月均工资（元）	1 913	2 381	2 509	2 019	2 498	2 195	2 486	2 238
公益岗位	户均人数（人）	0.35	0.17	0.30	0.30	0.21	0.46	0.37	0.24
	月均工资（元）	524	1 863	1 160	617	950	806	464	993
扶贫车间	建设比例（%）	61	99	59	14	47	53	54	72
	参与农户比例（%）	3	4	6	0	9.68	5.88	11.94	10.67
	户均人数（人）	0.03	0.11	0.08	—	0.13	0.06	0.12	0.14
	月均工资（元）	5 000	1 121	1 475	—	1 233	1 125	1 144	2 325
设施建设	参与农户比例（%）	1.41	2.63	无	3.13	3.23	1.52	无	2.63
	日均工资（元）	80	150	—	130	125	120	—	120

续表

基本情况		甘肃	广西	贵州	四川	云南	陕西	山西	湖南
合作社帮工参与农户比例（%）		11	无	3.03	1.56	14.52	2.94	54.05	无
做生意	参与农户比例（%）	7	2.63	9.09	3.13	6.45	27.94	5.97	13.92
	获得帮扶比例（%）	40	无	无	全部	25	21	无	无
产业扶持	参与农户比例（%）	89	100	58	50	66	76	55	75
	主要产业	种植业	林果、养殖	种植、林果、养殖	种植、林果、养殖	林果业	种植业	种植业	种植业
	就业带动（%）	16	0	8	31	12	8	62	0
培训	参培家庭比例（%）	63	49	70	72	63	68	64	53
	获得培训补贴比例（%）	98	89	98	70	87	73	30	79
帮扶需求	就近就业（%）	56	36	35	22	37	32	34	25
	种养殖（%）	35	12	20	36	20	28	24	19
	提高技能（%）	10	24	26	13	27	32	4	15
	创业（%）	1	11	21	8	23	25	6	8

（十）分省研究小结与建议

1. 研究结论

（1）打工是搬迁家庭劳动力的主要就业方式

73%的农户家中有人在本地打工/工作，59%的农户家中有人在外地打工/工作，39%的家庭有成员在本地做其他工作，多数人在打零工。打工是各种就业方式中收入最高、稳定性最高的就业方式。

（2）多种就业帮扶措施共同发力

33%的家庭有成员在本地从事公益性岗位劳动，9%的家庭有成员在本地扶贫车间工作，9%的家庭有成员在当地合作社帮工。

（3）始终有一定比例的创业者

10%的搬迁农户家中有人自己做生意当老板，其中有17%的农户表示家人获得过政府的实物或现金补助。

（4）就业帮扶整体满意度高

87%的搬迁农户对政府现在提供的就业帮扶工作满意，24%表示没有帮扶需求。下一步最需要的是当地就业的帮扶需求，包括就近就业、种养殖、居家就业、创业等方面的帮助。

（5）易地扶贫搬迁区域特点有差异

西部省份搬迁农户户均劳动力人数多，户均残病劳动力人数多，劳动力平均受教育年限较短。各省区搬迁户劳动力就业率有较大差异，各类务工收入差距也很大。总体上，南方省份劳动参与率高于北方省份，本地务工收入水平也高于北方省份，但外出务工收入水平没有清晰的南北差异。四川是个特殊的省份，户均挣工资人数及其占户均劳动力人数的比重、本地务工平均收入，都是各省区中最低的，但外出务工收入是各省区中最高的。

2. 存在问题

（1）搬迁劳动力文化程度低，部分搬迁农户家庭劳动力不足

搬迁农户家庭劳动力以小学和初中文化程度为主，只有35%的家庭有高中文化程度的劳动力，23%的搬迁农户家庭有文盲的适龄劳动力。4%的搬迁户家庭没有适龄劳动力。

（2）存在零就业家庭

6%的家庭中没有人有临时或者固定工作，抛开4%的没有劳动力的家庭，还有2%的搬迁家庭存在没有就业的劳动力。

（3）公共就业服务的作用发挥不充分

95%的搬迁农户表示没有家庭成员外出打工/工作是政府组织介绍的；100%的农户表示没有家庭成员通过当地中介公司介绍外出打工/工

作；57%的农户表示家庭成员外出打工/工作是亲朋好友介绍或自己找的。搬迁劳动力没有去政府组织的外地打工有各种原因，同时仍然有10%的贫困户需要帮助找工作。

（4）技术培训有待改善

一是还有38%的搬迁农户家人没有促进技术培训；二是法律法规或政策的培训少；三是多数培训有现金补贴，因而培训受欢迎，但培训效果有待评估。

（5）疫情对搬迁贫困劳动力就业同样产生影响

55%的农户表示家人复工受到疫情影响，复工时间推迟；66%的农户表示疫情后家人月工资与往年相比没有变化。49%的农户表示家人开业受到疫情影响，51%表示生意损失在1万元以内。

3. 政策建议

（1）加强搬迁贫困家庭教育，阻断贫困的代际传递

调研发现，文化程度低是搬迁贫困劳动力的典型特征，只有提高搬迁贫困劳动力的认知和非认知能力，提高搬迁贫困家庭子女的教育水平，才能从根本上消除贫困产生的人力资本根源。为此，要严控搬迁贫困家庭的辍学率，积极开展就业技能和生活技能培训，促进搬迁贫困家庭稳定高质量就业脱贫。

（2）提高有组织劳务输出的效率

针对搬迁贫困劳动力不愿意参加政府有组织劳务输出的原因，有针对性地开展工作，提高效率。一是提高安置点的公共服务水平，解除照顾老人孩子的后顾之忧，解除农业生产的后顾之忧；二是激发搬迁贫困劳动力的内在能动性；三是建立与输入地的协作机制，让搬迁贫困劳动力敢出去、愿出去；四是做好语言等方面的培训；五是更好发挥市场化人力资源服务机构的作用。

（3）不断完善培训体系

一是加强对村内安置点搬迁农户的培训，引导各种培训资源和力量向村内安置点延伸，弥补村内安置点培训力量的不足。二是加强法律法规或政策、语言、城市生活技能等方面的培训，增强搬迁贫困劳动力适应新生活的能力。三是不断完善培训补贴方式，提高培训效率。

（4）不同省份应根据本省份实际促进搬迁劳动力就业

对于有自发外出务工传统的地区，政府应主要做好务工环境的完善，保障外出务工劳动者合法权益；对于以本地输转为主的地区，可以加大有组织劳务输出。北方省份应加大种植业产业带动就业帮扶，南方省份则要综合考虑种植业、林果业、养殖业带动就业的帮扶。

第三节　易地扶贫搬迁后续就业帮扶主要成效

一、"有劳动力的建档立卡搬迁家庭至少1人实现就业"的目标已实现

截至2020年6月底，甘肃全省10.3万户具备劳动能力且有就业意愿的建档立卡搬迁家庭实现至少1人就业，所有建档立卡搬迁户除个别特殊户外，实现了产业全覆盖。贵州全省有搬迁劳动力家庭40.59万户95.79万人，已实现城镇就业40.59万户86.79万人，占搬迁劳动力总数的90.06%，搬迁劳动力家庭实现了一户一人以上就业。

二、多种方式实现就业

甘肃省易地搬迁劳动力 21.4 万人，其中实现非农输转就业 11.97 万人，输转就业比率为 56%；建立扶贫车间 100 多个，集中解决安置区搬迁群众的就地就近就业问题；大力发展 3 万个乡村公益性岗位和 2 万个保洁环卫、防疫消杀、巡查值守等临时性公益岗位，占 23.4%，为易地扶贫搬迁劳动力提供更多家门口就业机会。

贵州省已就业的 86.79 万搬迁劳动力中，扶贫车间吸纳 1.86 万人，占比 2%；返乡创业带动 1.43 万人，占 1.6%；有组织劳务输出 12.27 万人，占 14%；公益性岗位安置 4.64 万人，占 5%；单位就业 17.90 万人，占 21%；灵活就业 26.99 万人，占 31%；扶贫基地吸纳 0.72 万人，占 0.8%；新型农村经营主体 2.39 万人，占 2.8%；其他 18.59 万人，占 21%。创业 1.78 万人，占 2%。按就业地点分，县内务工 36.93 万人占 42.6%，县外省内务工 11.68 万人占 13.5%，省外务工 38.18 万人占 43.9%。按就业类别分：建筑业 18.26 万人，制造业 25.06 万人，服务业 20.80 万人，种植养殖 6.81 万人，其他 15.86 万人。

四川省统筹整合财政扶贫资金和易地扶贫搬迁工程结余资金，在安置区培育和扶持了一大批后续产业，积极发展乡村旅游，大力实施技能技术培训、劳务输出和鼓励创新创业，不断拓宽增收渠道，增强搬迁群众自力更生、艰苦创业信心决心，搬迁群众"等、靠、要"和安于现状的思想进一步转变，自我发展能力显著增强。截至 2020 年 7 月，全省安置易地扶贫搬迁贫困人口数 97.5 万人，搬迁劳动力 49.2 万人，其中，已就业 37.1 万人、未就业 12 万人（其中有就业意愿的 1.6 万人）。已就业的人员中，外出就业 22.9 万人，占 62%；本地就业 14.5 万人（其中扶贫车间吸纳就业 5 061 人，占 1.3%；公益性岗位安置 38 657

人，占 10.4%）。搬迁群众中，后续扶持发展特色农林业近 53 万人、现代服务业近 6 万人，加工业 2 万余人，其他产业 3.3 万余人，就业扶持 42.7 万人，社会保障兜底近 19 万人，资产收益扶贫 5 万余人，其他方式扶持 5.6 万人，累计脱贫 118 万人。

三、搬迁劳动力生产生活能力得到培训提升

贵州全省 95.79 万人搬迁劳动力中，已组织培训 52.63 万人，其中创业培训 3.11 万人，职业技能培训 28.46 万人，其他培训 21.05 万人。

四川省结合安置区县域经济发展和劳务输入地用工需求，采取"扶贫专班"、送培训下乡、农民夜校、培训大篷车、订单定岗培训等长短结合的方式，组织开展就业技能培训、农村实用技术培训、民族特色手工艺培训、语言和引导性培训、劳动预备制培训五大类培训，鼓励企业和就业扶贫车间等经营主体开展技能扶贫培训或以工代训。在深度贫困地区的安置区继续推进深度贫困地区贫困劳动力技能培训全覆盖行动，安排技工院校、省级劳务培训基地、就业训练中心，采取"一帮一"的方式，对口承接安置区所在深度贫困县技能培训任务，建立培训需求、培训任务、参训人员"三张清单"，确保未就业的易地扶贫搬迁贫困劳动力至少接受一次免费技能培训。

四、为城镇化和经济发展提供新的劳动力供给

大规模的山区农户搬进城镇，为新型城镇化注入新的动力和人口红利，助推城镇化加快发展，如贵州全省城镇化率约提高了 5 个百分点。大批搬迁劳动力融入城镇和工业园区，缓解了劳动力短缺矛盾，为劳动力密集型产业和服务业发展提供了人力资源保障。随着搬迁群众的持续

发展和生活水平逐步提高，为城镇增添一个新的庞大消费群体，成为拉动消费增长、扩大城镇内需的新引擎。

第四节　研究总结与政策建议

一、结论及后续就业帮扶存在的主要问题

易地扶贫搬迁安置点和搬迁农户问卷调研主要有以下发现：

（一）易地扶贫搬迁就业帮扶任务基本完成

1. 搬迁贫困户至少 1 人就业的目标基本完成

各个安置点的就业率基本都在 60% 以上，83% 的安置点就业率达到 80% 以上。零就业家庭基本清零。政府的公共就业创业服务、政策性技能培训、组织化劳务输出、公益性岗位、扶贫车间、产业扶贫项目等政策在促进搬迁贫困劳动力就业方面发挥了积极作用。

2. 就业帮扶整体满意度高

搬迁农户对就业帮扶工作满意度高。被调研的搬迁农户中，87% 对政府现在提供的就业帮扶工作满意，其中，62% 对政府现在提供的这些就业帮扶工作非常满意，25% 比较满意。就业帮扶工作得到群众认可。

（二）后续就业帮扶任务依然艰巨

1. 搬迁群众就业意愿不强，尚未实现比较充分就业

一是有的安置点就业率较低。有的安置点实现了比较充分的就业，但还有一些安置点的就业率较低，有的甚至低于 50%。二是存在零就业家庭。还有 2% 的搬迁家庭存在没有就业的劳动力。三是部分群众仍然存在"等、靠、要"思想，极少部分不愿意参与就业创收。四川省

有21%的搬迁劳动力没有就业意愿，1.6%的搬迁劳动力有就业意愿但尚未就业。截至2020年6月底，甘肃省还有1.2万人未实现就业，占比5.6%，主要是年龄偏大的弱劳力和临时性就业人员；贵州全省还有9万搬迁劳动力未实现就业，占比10%。

2. 搬迁劳动力就业能力低、稳定就业难

部分搬迁劳动力尤其是45～65岁年龄段的劳动力，在原居住地搞养殖、种地是好手、能手和"土专家"，但到了新的安置区，尤其是城镇集中安置区，无法像原来一样从事种植业和养殖业，受文化素质、劳动技能、身体状况等自身因素的制约，缺乏发展产业的思路和实用技术，务工就业、创业的意识和能力不强，害怕承担发展产业的风险，致使后续产业扶持效果不明显；用人单位不愿意雇用，实现就业难。搬迁劳动力以小学和初中文化程度为主，多数家庭没有高中文化程度的劳动力，近1/4的家庭有文盲的适龄劳动力。帮扶就业难度大。

3. 安置点就业服务效率有待提高

一是虽然绝大多数安置点都提供了专门的公共就业服务，但群众反映通过公共就业服务实现就业的人数很少。二是虽然44%的安置点引入了社会就业中介机构，但没有搬迁劳动力通过社会就业直接机构实现就业。三是仍然有贫困劳动力想出去打工但又没机会或人家不要，需要帮助找工作。

4. 培训效果有待评估

绝大多数安置点都开展了技能培训，多数搬迁劳动力都参加了培训，但整体上重生产技能培训，特别是农产品种养技术比重最高，轻生活能力转换培训。大多数搬迁农户都想参加培训，多数人参加了多次培训，培训效果得到普遍认可。基本上都是免费培训，还有培训补贴，培训的就业效果没有评估。

5. 主要依靠转移收入的人口比重较大

超过一半的安置点的搬迁户基本上都以转移收入为主要收入来源，也有近一半的安置点中以转移收入为主的搬迁户占比不到10%。对于主要依靠转移收入的安置点，需要加大就业帮扶力度。

6. 搬迁农户仍然有就业帮扶需求

搬迁农户对就业帮扶工作满意度高，但仍然有就业帮扶需求。最主要的是在当地就业的帮扶需求，包括就近就业、种养殖、居家就业、创业、公益性岗位等方面的帮助；有1/10的人需要外出就业方面的帮助，近1/5的人需要提高劳动技能和生存技能的帮助。

7. 深度贫困地区易地扶贫搬迁安置点就业帮扶难

部分深度贫困地区集民族地区、地震灾区、革命老区、高寒地区、连片特困地区于一体，自然环境恶劣，经济发展滞后，社会发育不足。第一，就业扶贫资金缺口较大，主要依靠中央、省就业创业补助资金，地方财政配套尤为困难；第二，由于贫困劳动力文化水平不高、参训意愿不强、培训资源短缺等原因，培训一定程度上存在针对性不强、培训效果不够明显等问题；第三，通过人力资源服务机构、劳务经纪人开展有组织劳务输出不够，转移就业难度大；受技能水平、语言风俗、生活习惯等因素影响，转移就业稳定性较差。

（三）外出务工是多数搬迁贫困劳动力就业增收的主渠道

总体上，外出务工持续工作时间长，是贫困劳动力最大比例的就业形式，相对于其他就业方式，工资收入高。通过亲戚朋友和自主寻找，能外出的劳动力基本上都外出就业了。

这方面存在的主要问题：一是能外出而未外出的劳动力都是思想上有惰性或能力上不足的人员，帮扶外出就业难度大，需要政府采取更大力度提供更精准的服务。二是外出务工受输入地经济波动影响大，还受打工环境安全程度的影响。受疫情冲击和经济下行叠加影响，东部沿海地区有些企业订单推迟、减少，有的甚至倒闭，部分搬迁劳动力外出务工不稳定，存在由于生产压缩、工资拿不到等原因而失业或回流的情况，后续扶持跟踪不到位，动态跟踪难。加之本地就业岗位不足，对收入影响较大。三是部分贫困劳动力外出务工受到语言、习惯等方面不适应的限制，有一部分进入了血汗工厂，因此有人员流失回流的问题。四是随着沿海等发达地区产业升级，低技能要求的劳动密集型企业逐步减少和转移，不少外出务工人员纷纷返乡就业创业，更加大了安置区的就业压力，需要进一步加大安置区产业配套，着力解决搬迁群众就地就近就业问题。五是搬迁劳动力就业的人岗相适度不高，一部分搬迁青壮年及部分中老年劳动力由于劳动力强弱有别、时间较为零散、务工需求特殊，劳动力素质不高，内生动力不足，对就业岗位有要求，迫切需要引入符合搬迁市民实际的劳动力密集企业。

（四）本地就业是搬迁贫困劳动力必不可少的就业途径

由于要照顾家庭（家庭成员、兼顾种地养牲畜）、身体不好（残疾、精神疾病、智力有问题、有病干不了重活等）、能力偏低（年龄大、没技术、语言不通）、个人偏好（习惯了之前的工作、不想离乡、不想去远的地方）、安全因素（安全性低、不熟悉、不信任）等原因，很多搬迁贫困劳动力只能在本地就业。

1. 本地务工是本地就业的主要渠道

在本地务工的灵活性更高，相对其他本地就业，持续工作时间长、收入高，因而是本地各种就业方式中比重最大的。

本地务工最主要的问题：一是灵活就业需求居多，就业信息对接难，需要安置点干部自主跑信息；二是贫困劳动力与岗位需求的匹配度低。

2. 公益岗位、扶贫车间等就业帮扶措施发挥了重要的补充作用

公益岗位、扶贫车间、社区岗位、基础设施建设岗位等都是政府直

接创造就业岗位的做法，其中公益性岗位在搬迁贫困劳动力就业途径中占有一定的比重，扶贫车间、社区岗位、基础设施建设等岗位在搬迁贫困劳动力就业途径中占比较小。总体上，这些岗位工资水平比较低，持续工作时间相对比较短，可以更好地满足劳动能力弱、妇女等贫困劳动力等就业需求，对劳动能力强的人员的吸引力低。

上述这些就业渠道存在的问题：一是一些安置点公益性岗位比例过高，而另一些安置点公益性岗位不足；二是扶贫车间的可持续性不足，存在一部分只给钱、挂名的扶贫车间，不是实际运作的扶贫车间，并不能带动贫困劳动力就业；三是一部分易地扶贫搬迁安置点场所不够，限制扶贫车间的开发；四是扶贫车间多是农字号的原材料初级加工，原材料、销售两头在外的比重不高；五是基础设施建设只能创造阶段性就业需求，也不是长期的就业途径。

3. 农业仍然是搬迁贫困劳动力重要的就业增收渠道

从事农业生产是搬迁贫困劳动力的看家本领，其中，从事种植业的人数最多，从事林果业和养殖业的人数相对较少，但收入更高。

搬迁贫困劳动力从事农业生产主要通过产业扶贫项目。绝大多数安置点都有产业扶贫项目，且产业扶贫项目以农业为主。农业产业扶贫项目带动更多贫困劳动力，而非农产业扶贫项目增收效果更明显。

这方面的主要问题：一是安置点没有土地可耕种，或者搬迁户土地远不便耕种；二是农业生产的收入相对较低；三是从事农业生产的劳动力相对不足；四是8%的安置点没有产业扶贫项目，需要获得土地、资金、资源，在未来配套产业扶贫项目。

4. 少数安置点及搬迁户以私营活动收入为主

自己做生意只是少数人的行为。有些安置点自主创业的贫困劳动力人数较多、较集中，但大多数安置点中创业的人数都很少。

然而，在自己做生意当老板的搬迁人口中，有不到1/5的人获得过政府的实物或现金补助。

5. 相当比例的贫困劳动力需要本地就业的帮扶

搬迁农户最需要的是在当地就业的帮扶需求，近 3/4 的搬迁户表示还希望得到就近就业、居家就业、创业、公益性岗位安置等本地就业的帮助，超过 1/4 还希望得到种植养殖方面的帮助，只有 1/10 还希望得到外出就业方面的帮助。就业帮扶工作重心应向促进本地就业倾斜。

（五）社会融入对搬迁劳动力就业有影响

一是搬迁群众的收入普遍提高很多，但百姓的认同程度低。因为祖祖辈辈的生活方式被打破了，居住条件改变以后，生活成本也增加了，搬迁群众适应城市生产生活需要一个比较长的过程，不只是收入和就业的问题，只有融入新的生活方式，才能真正实现就业转型。

二是易地扶贫搬迁后土地、户籍等后续管理政策不明晰，缺乏关联性、协同性的改革措施，影响搬迁劳动力就业转型。搬迁群众的相关权益也与户籍、土地捆绑在一起，不少搬迁群众担心原居住地的土地承包权、集体收益分配权等权益受损，搬到新安置区入住又不迁入户口，导致居住地和户籍地需要共同对搬迁群众进行管理。搬迁群众涉及土地和户籍的业务需回原户籍地乡镇办理，包括粮食直补、退耕还林补贴和草原补贴等惠农资金发放，社会保险和医疗保险的缴纳、农村低保等业务则在居住地办理，经常两头跑，极为不便，也不利于搬迁劳动力在迁入地稳定就业。

（六）不同安置点后续就业帮扶问题不同

1. 不同规模安置点所需的就业帮扶不同

小型安置点和超大型安置点就业率高，大型和特大型安置点就业率较低。下一步工作可以有侧重地关注大型和特大型安置点的就业帮扶问题。

规模越小的安置点基础设施建设聘用搬迁户劳动力的越多，应着重将小型的基础设施建设项目安排在小型安置点。

扶贫车间的建设率、吸纳就业人数、工作饱和度、工资水平与安置点规模成正比，下一步应按照不同规模的安置点制定扶贫车间的建设标准。

安置点规模越大，开展农产品种养技术培训的越少，开展服务业培训的越多。下一步应根据安置点规模特点设计不同的培训项目。

2. 不同类型安置点的问题不同

从村内安置区到乡镇安置区、再到县城安置区，就业率逐步走低，应更多关注就业率低的安置区。

从村内安置区到乡镇安置区、再到县城安置区，引入社会就业中介机构的比重逐步走高，下一步应加大县城安置区人力资源服务机构的入驻，鼓励其向乡镇、村延伸。

从村内安置区到乡镇安置区、再到县城安置区，公益性岗位工资逐步走高，扶贫车间建设率、工作饱满度、吸纳就业的规模逐步走高。

从基础设施建设聘用安置户情况看，村内安置点聘用农户最多，县城安置点聘用规模最大，应根据规模向乡村、乡镇、县城配置基础设施建设工程。

乡镇安置点和县城安置点组织的培训次数显著多于村内安置点，更注重服务业、手工业、制造业技能培训，每次培训参加的人数较多。下一步应加强村内安置点的培训工作。值得注意的是，村内和县城安置点给参加培训的人员实物或现金补贴的比例高于乡镇安置点。

3. 各省情况

西部省份搬迁农户户均劳动力人数多，户均残病劳动力人数多，劳动力平均受教育年限较短。

各省区搬迁户劳动力就业率有较大差异，各类务工收入差距也很大。总体上，南方省份劳动参与率高于北方省份，本地务工收入水平也高于北方省份，但外出务工收入水平没有清晰的南北差异。四川是个特殊的省份，户均挣工资人数及其占户均劳动力人数的比重、本地务工平均收入，都是各省区中最低的，但外出务工收入是各省区中最高的。

二、进一步做好易地扶贫搬迁后续就业帮扶工作的建议

（一）进一步提升后续就业帮扶工作目标任务

1. 将促进搬迁贫困劳动力稳定就业作为一项长期目标任务

目前，有劳动力家庭一人以上稳定就业、有劳动力"零就业"家庭动态清零的目标已基本实现，但贫困劳动力就业能力较低、目前各种就业渠道的可持续性和稳定性不足，因此，需要将促进搬迁贫困劳动力稳定就业作为一项长期的目标任务，推动建立稳定可持续的就业机制、技能提升机制、收入增长机制，确保在长期中搬迁劳动力实现稳定就业、脱贫发展，共享社会发展成果。

2. 进一步促进搬迁贫困劳动力充分就业

目前，部分安置点已经实现比较充分就业，下一步，就业扶贫的工作目标应从"有劳动力家庭一人以上稳定就业、有劳动力'零就业'家庭动态清零"的目标上升到"搬迁劳动力稳定和比较充分就业、有劳动力'零就业'家庭动态清零"的目标，逐步从消除绝对贫困向消除相对贫困阶段转变。

3. 针对不同安置点筑牢就业保障

城市安置区应强化就业帮扶，落实贫困劳动力培训、输出、稳岗、转岗、拓岗、托底安置优先等政策，确保有劳动能力和意愿的搬迁劳动力充分就业。农村安置区应突出推进产业项目发展，统筹迁入迁出两地资源，通过土地流转土地托管等，因地制宜选产业，因户施策立项目，

通过成立合作社以及引入龙头企业推进产业项目建设，吸引劳动力实现就地就近就业，确保搬迁群众收入稳定。

（二）进一步做好后续就业帮扶的工作重点

1. 分类帮扶搬迁贫困劳动力就业

一是对大龄、主要靠土地生存的搬迁群众，着重通过调剂土地安排生产、劳务合作社安排农业劳动、发展农业产业园吸纳就业、"飞地模式"等方式促进其从事农业生产，获得收入。

二是对部分不愿就业的青壮年搬迁劳动力，还是要想方设法推动其外出就业和就地就近就业。用身边人，讲身边事，说明挣大钱与挣小钱的关系，相互影响，开展引导教育。

2. 加大对深度贫困地区搬迁安置区的就业帮扶

一是加大后续帮扶资金对深度贫困地区搬迁安置点就业帮扶的投入力度，中央、省级继续加大对深度贫困地区就业创业补助资金的倾斜。

二是继续开展贫困地区人力资源服务专项行动，加大发达地区人力资源服务机构对深度贫困地区人力资源服务的支持，发展当地的人力资源服务业。

三是加大力度对搬迁贫困劳动力开展综合培训，包括城市生活常识、法律法规、语言风俗、生活习惯、就业技能等，创新培训方式，促进搬迁贫困劳动力就业。

3. 加大对大型搬迁安置点的就业帮扶力度

一是加强大型搬迁安置点公共就业创业服务体系建设，积极开展全方位公共就业服务，把未就业的搬迁贫困劳动力纳入就业准备当中，不断提高已就业搬迁劳动力的就业质量。

二是重点做好大型搬迁安置点的劳动力就业监测，确保搬迁贫困零就业家庭动态清零，确保已就业脱贫的贫困劳动力稳定就业、不返贫。准确掌握搬迁人员就业失业情况和参加职业技能培训情况，及时将信息录入农村贫困劳动力就业信息平台、就业信息监测平台，实现动态跟踪。县级政府根据摸底调研结果，建立健全安置贫困群众就业管理台账，锁定重点对象和安置区，制定就业帮扶工作清单。

（三）具体措施

1. 加快安置点产业培育和发展

就地就近就业是搬迁贫困劳动力的主要需求，促进就地就近就业关键是要加快培育和发展安置点产业。一是从国家层面协调有关方面资源，将部分物资生产加工车间落地易地扶贫搬迁安置区，为稳定搬迁群众就地就近就业提供更多的就业岗位。二是鼓励安置点利用现有资源，组建建筑施工队、家政服务、保洁、物业管理公司等，培育和壮大社区经济，增强社区自我发展能力。三是督促指导各地充分盘活利用搬迁安置区现有门面、架空层、扶贫车间、厂房、加工设备等资源，千方百计开发就业岗位，为稳定搬迁群众就地就近就业提供更多的就业机会，真正让广大搬迁群众稳得住、有就业、逐步能致富。四是利用东西部扶贫协作对口帮扶和社会帮扶资源，整合扶贫、农业农村等部门项目资金，结合当地产业结构布局，引进有实力的龙头企业和经营主体，尽可能为安置点配套建设有市场前景的产业项目。重点发展贫困人口能够受益的特色农业、劳动密集型加工业和服务业等产业。五是建立完善产业和搬迁群众的利益联结机制，确保搬迁群众从产业发展中获得稳定收益。六是进一步强化以工代赈政策。进一步扩大以工代赈投资建设领域和实施范围，将建设领域从农村中小型基础设施拓展到农村产业配套基础设施、林业生态建设等多个方面，进一步发挥"赈"的作用。

2. 深入挖掘就地就近就业岗位

安置区及安置区周围散落着大量的灵活用工需求，但这些用工需求信息尚未有效收集传播，需要进一步深挖。为此，一是加强安置区公共就业服务和市场化就业服务，特别是发挥劳务经纪人的作用，更好实现灵活用工市场的供求匹配。二是安置区可以成立劳务公司，将搬迁贫困劳动力组织起来，开展当地的劳务派遣、劳务承包。三是围绕当地工业园区、产业园区等挖掘就业岗位。四是发展数字平台经济拓展就业岗位。广泛发动阿里巴巴、京东、美团、顺丰等数字平台经济企业，深入实施定向招聘、居家就业、创业带动、爱心助农，支持数字平台经济企业机构定向开发一定岗位吸纳贫困劳动力就业，落实稳岗就业支持政策措施。

3. 进一步促进外出务工人员稳定就业

外出务工是搬迁贫困劳动力脱贫增收最重要的途径。要实现搬迁贫困劳动力就业转移由单纯体力型向技能型转变，由分散外出向定向输出转变，由季节性临时工向常年稳定性转变。为此，一是将有组织劳务输出工作上升到"一把手"工程，作为后扶工作考核指标，集中力量稳定搬迁贫困劳动力外出就业。二是政府要从亲自组织外出务工更多转向提高搬迁贫困劳动力外出务工能力，着重开展有效的扶志扶智培训，推动由项目和技能带动外出务工。三是要充分发挥域外劳务基地和联络处作用，做好劳务输出工作，促进稳定就业。四是持续加大东西劳务协作，扩大协作范围，增加大量吸收少数民族群众务工的地区。

4. 鼓励和支持有条件的搬迁劳动力积极创业

创业是就业之源。要充分激发有创业意愿和创业能力的搬迁劳动力的创业潜力，发挥创业带动就业和引领劳动者的主要。一是加大对贫困搬迁劳动力的创业扶持力度。二是在有条件的安置区建立创业孵化基地，培育搬迁劳动力创业，提供从创业项目、创业资金、创业服务到创业培训的一条龙服务。三是鼓励各类创业导师深入安置区，为搬迁劳动力提供创业指导。

5. 扶贫车间进一步提质增效

扶贫车间在促进留守妇女和老年人居家就业方面发挥了重要作用，是后续就业帮扶的重要途径。为此，一是有条件的安置区都要建立扶贫车间，安置区要扩大生产经营场所，扩大扶贫车间覆盖，给予厂房、税费等方面的优惠政策。二是在东西扶贫协作中加强扶贫车间建设，引进更多知名民营企业，给予劳动密集型企业税收优惠政策。贫困地区有劳动力成本优势，对企业有吸引力。三是改善扶贫车间工作环境，逐步提高扶贫车间工作的收入水平。四是对搬迁群众在就业扶贫车间工作满6个月的，可给予搬迁群众一定的一次性就业奖励。自然年内就业扶贫车间吸纳搬迁群众稳定就业6个月及以上的，给予稳岗就业奖励。

6. 进一步完善公益性岗位政策

公益性岗位是对其他渠道无力解决的搬迁贫困劳动力的兜底性就业安置渠道，要科学制定公益性岗位政策。一是在科学调研的基础上，根据安置区贫困劳动力的实际情况，确定公益性岗位设置的数量。二是要结合安置区的实际，开发适合各地需要的公益性岗位，特别是一些民生性和基本公共服务类的公益性岗位。三是统筹使用各类资金支持公益性岗位开发，合理确定公益性岗位报酬水平，确保搬迁贫困劳动力基本收入水平。

7. 注重培训质效，不断提升就业能力

促进搬迁群众稳定就业的关键是提高搬迁贫困劳动力的就业能力和适应新生活的能力。为此，一是要坚持就业导向、需求导向，深入实施技能提升行动和技能培训脱贫行动。结合地域特点，拓展培训内容，大力开展技能培训，确保易地扶贫搬迁贫困群众掌握1~2门就业创业技能。二是选取一批适合居家灵活就业的专业项目，开展居家灵活就业培训，提升易地扶贫搬迁群众居家灵活就业能力。鼓励各地结合本地产业特色，组织易地搬迁贫困劳动力参加实用技术培训。三是在国家教育培

训体系中设立安置区搬迁贫困劳动力能力提升项目，着重提升贫困劳动力的语言、文化、城市化生存技能常识等的常态化教育培训，帮助他们向新生活过渡。

8. 夯实就业服务工作基础

一是建立和完善搬迁贫困劳动力实名制数据库，定期更新，探索开展跨层级、跨地区数据协作，为开展精准就业扶贫奠定坚实基础。二是建立和完善岗位信息数据库，加强与东西部对口帮扶城市和经济发达地区、省内中心城市人社部门和企业以及县内主要园区、企业、人力资源服务机构等的联系沟通，重点了解单位名称、岗位要求、工作地点、福利待遇等情况并及时更新。三是建立智慧就业服务平台，运用大数据管理手段，通过线上线下双向驱动，精准推动供需匹配、人岗衔接，促进搬迁群众精准就业。四是建立就业创业服务中心。依托安置点现有的社区服务中心设立服务窗口或通过新建的方式，在安置规模达 200 人及以上的安置点，挂牌成立就业创业服务中心，在人员、办公场地及经费等方面给予保障，为搬迁群众提供标准化、规范化、系统化的就业创业服务。

9. 继续做好"十四五"时期易地扶贫搬迁就业安置工作

"十三五"时期，国家易地扶贫搬迁政策有严格的条件，如贵州省规定整体搬迁的自然村寨必须是 50 户以下、贫困发生率 50% 以上（深度贫困地区贫困发生率 20% 以上）村寨，集中支持建档立卡群众，还有很多非建档立卡群众仍然生活在自然条件恶劣以及生态脆弱的地区，迫切需要通过搬迁改善原有生产生活方式和进行生态治理。为此，一是建议"十四五"时期，综合考虑生存环境、生活环境，考虑交通、通信、医疗、上学，启动实施生态搬迁工程，进行采煤沉陷区、地质灾害村、重点水源地、农林交错区、抗震区域的搬迁工作，比照"十三五"易地扶贫搬迁政策，收缩居住、集中安置，巩固脱贫攻坚成果，实现人与自然和谐发展。持续做好搬迁群众就业工作。二是做好脱贫监测户、未脱贫户、边缘户、低保保障户的就业工作。按照"政府主导、政企合作、贫困户受益"的原则，着力于"脱贫不返贫"的问题，开发"返贫保"险种新模式，兜住建档立卡贫困人口返贫致贫底线，构建起坚实的脱贫攻坚"拦水坝"和"防火墙"。

第六章

易地扶贫搬迁后续就业
帮扶的典型案例研究

易地扶贫搬迁后续就业帮扶是实现搬迁贫困人口稳定脱贫、推动搬迁地区从脱贫攻坚向乡村振兴平稳过渡的重要举措。前一章研究显示，易地扶贫搬迁后续就业帮扶取得了显著成效，但其在不同模式、不同地区间存在较大差异，且搬迁群众的就业帮扶需求依然较大，后续就业帮扶任务依然艰巨。为深入探讨不同地区就业帮扶措施的典型做法和实施路径，本章基于对实地调研和深入访谈收集的资料，以及调研省区地方政府提供的资料的整理提炼，详细剖析贵州、四川、甘肃、山西、云南、河南和广西7个省区后续就业帮扶的典型案例，以期为创新和完善后续就业帮扶措施提供决策依据。

第一节　贵州省后续就业典型案例

一、贵州省易地扶贫搬迁安置点培训和就业服务体系建设

（一）案例

贵州省作为全国脱贫攻坚主战场，是全国实施易地扶贫搬迁人口

最多、任务最重的省份，"十三五"期间实施易地扶贫搬迁约156万人。为做好搬迁群众后续扶持工作，贵州省委省政府出台专门文件，通过就地就近就业、组织化劳务输出、返乡创业带动、强化产业配置、托底解决困难人群就业等，促进搬迁劳动力充分就业。截至2019年3月底，全省已搬迁入住的有劳动力家庭22.73万户、劳动力52.67万人，累计促进就业创业42.88万人，实现有劳动力的零就业家庭动态清零。

一是整合培训资源，提升搬迁群众就业能力。利用新时代学习大讲堂、新时代文明实践中心和"贵州省农民全员培训电视点播频道系统"，开展感恩教育，组织搬迁群众到先进村观摩学习等，以提升他们的综合素质。围绕企业用工需求，开展订单、定岗培训。目前，贵州省累计开展易地扶贫搬迁劳动力技能培训24.4万人次，培训后实现就业创业18.31万人，培训后初次就业率75.04%。

二是建立就业创业服务中心，为搬迁群众提供精准服务。在易地扶贫安置点建立就业创业服务中心或就业指导站，开展劳动力就业、失业状况调研，制订有针对性的帮扶计划，为搬迁劳动力提供规范化、标准化、精细化的就业服务，进一步提高就业质量或稳定性。截至2019年4月，全省建立就业创业服务中心、就业指导站、就业服务窗口等共600个，累计开展就业创业服务20.09万人次，促进就业7.52万人次。

三是多措并举，促进搬迁劳动力就业创业。发展特色种植养殖、休闲农业、农村电商、乡村旅游等产业，深挖就业岗位；引导建立农民专业合作社、种养大户、家庭农场等各类生产经营主体，吸纳搬迁劳动力在家门口就业。加强就业扶贫车间、就业扶贫基地等载体建设，促进搬迁劳动力稳定就业。通过建立劳务公司、劳务协作站（点）等，打通劳务输出渠道。截至2019年4月，全省共建立就业扶贫车间601个、就业扶贫基地504个，累计吸纳16.12万人就业；省内建立劳务公司

522 个, 累计促进 18.95 万人就业; 省外建立劳务协作工作站 145 个, 收集岗位 83.93 万个。

(二)点评

本案例的典型性在于, 贵州省是全国实施易地扶贫搬迁人口最多、任务最重的省份, 也是亮点最多的省份。贵州省易地扶贫搬迁后续就业安置的亮点有以下几个方面: 一是首先开展提升综合素质培训, 开展感恩教育, 组织搬迁群众到先进村观摩学习等, 增强搬迁群众对党中央决策的理解, 激发搬迁群众劳动创造的内生动力, 从思想根源上奠定就业脱贫的根基。二是在每个搬迁安置点普遍建立公共就业服务载体, 让搬迁群众得到关怀和帮助。包括就业创业服务中心、就业指导站、就业服务窗口, 为搬迁劳动力提供规范化、标准化、精细化的就业服务。三是就业安置与产业发展紧密结合, 就近就地就业与劳务输出就业"两条腿"走路。

二、贵州安顺市紫云县城南社区: 稳就业保民生 让搬迁群众有事做

(一)案例

2019 年 5 月, 紫云自治县 12 个乡镇街道办 710 户近 3 800 人陆续通过易地扶贫搬迁政策安全有序的搬迁入住。"住进新家, 方方面面都好, 就是收入来源有限, 孩子读书花销增多, 感觉生活的压力更大了。"搬迁户班继刚回忆起刚搬家到城南社区时的困境。拓展收入渠道, 找到一份工作, 成为班继刚最为迫切的事情。4 月, 社区将物业进行自我管理, 缺乏水电工, 班继刚去报名应聘了, 成了一名社区内的水电维修工。每天基本上就是检查社区水电管路, 保障社区用电、用水正常供应就行。4 月底, 紫云创新开展田园工薪族工作, 缺一个领班的管理人

员，城南社区主任罗香琴就把班继刚调过来了，这个工作需要及时安排工人进行务工和发放工资，从此，班继刚开始了田园工薪族一线管理的工作。他的媳妇也是田园工薪族，车接车送，每天到紫云狗场坝区、硐口坝区、牛场坡坝区、火花坝区、板香坝区等各个地方进行务工，每天8小时，管一顿饭，每天有80元的收入。班继刚做管理工资高一点，两个人的收入每个月有4000多将近5000块。有了新工作，新生活的压力变成了源源不竭的动力。

因为疫情影响以及孩子年幼，搬迁户杨月没有出去打工，一直待在家里没有收入，心里慌慌的。后来社区引进了制衣厂，通过罗主任介绍，获得了一份家门口上班的工作。学徒期间底薪1500元，还可以拿计件工资，勤快一点，每个月基本上有2000多元的收入。另外，在这儿工作自由度高，没有严格的上班时间限制，可以方便带孩子，以及照顾家人。

要想让搬迁群众在安置点住得安心，就必须不断完善培训和就业服务体系。自2019年5月以来，城南社区安置点充分发挥组织优势，加快组织化劳务输出和安置地产业培育，提高技能培训针对性，努力帮助搬迁群众实现稳定可持续的就业。目前，还引进了超市、鞋厂、刺绣、优纤贝等实体产业为搬迁群众提供更多就业机会，落实搬迁户就业岗位百余个，促进易地扶贫搬迁劳动力就业。

（二）点评

本案例的典型性在于，搬迁社区通过开发社区管理服务岗位、组建劳务公司、引进相关产业等方式，充分发挥安置点组织优势，促进搬迁劳动力就地就近就业增收。

三、贵州铜仁市大龙经济开发区：落实"三业"，就业服务体系初步搭建

（一）案例

德龙新区是大龙开发区3个跨区域易地扶贫搬迁安置点之一，共安置搬迁群众2 878户13 463人。新区积极推进"留雁行动"、推进产业扶贫基地建设，加强劳务就业扶贫工作，建设就业扶贫车间，就业服务体系基本搭建。目前，搬迁劳动力5 953人，建档立卡劳动力5 390人、非建档立卡劳动力563人，省外务工3 315人、省内务工1 279人、县内就业928人、创业157人，"一户一人"以上就业达到100%。采取的就业帮扶措施如下所示：

一是多措并举增就业。强化工业化精准扶贫。抢抓国家发展新能源产业机遇，大力培育发展以锂离子动力电池材料为代表的新能源材料产业，打造新能源材料千亿级产业，现有新能源材料企业11家，锂电正极材料前驱体全国占比20%，高纯硫酸锰全国占比80%，负极材料石墨全国占比10%，中伟新材料三元前驱体年产量排行全国第二。大力培育发展劳动密集型轻工产业，劳动密集型产业实现全产业链，以东亿电气为龙头的打火机产业链全面形成，以箱包生产及相关配套为体系的箱包产业链已经形成规模，共带动就业3 000多人。目前已培育"工业化精准扶贫示范企业"3家、跨区县易地扶贫搬迁就业示范基地2个。

二是搭建平台帮创业。利用首个大数据智能化服务平台，建立"岗位数据库"和"就业数据库"，提供精准的就业服务。落实"雁归工程"、小额创业贷款、"3个15万"等创业就业政策，引导搬迁群众租赁安置点门面，经营超市、饮食店，通过食品加工等方式发展自主创业。

三是宽渠道助择业。建设就业扶贫车间 3 个解决 230 余名就业困难搬迁群众就业。实施"绵绣女"培训项目。开展搬迁劳动力全员培训，开展"班组式""订单式"培训，累计组织开展挖掘机、电工、焊工、缝纫、种植养殖等实用技能培训 66 期，培训未就业搬迁劳动力 3 823 人次。2020 年以来，累计开展"送雁行动""春风行动""留雁行动"，就业招聘共计 5 场，发布用工岗位 1.2 万余个。

（二）点评

本案例的典型性在于，构建了"三业"并举的产业就业帮扶体系，即"多措并举增就业、搭建平台帮创业、宽渠道助择业"，通过包括工业化精准扶贫、农业产业带贫益贫、社区门面助创业、公共就业创业服务助就业在内的多种举措推动搬迁劳动力实现就业。

四、贵州惠水县濛江街道新民社区党支部书记罗应和为民谋富

（一）案例

2016 年 12 月，濛江街道新民社区要设立党支部，大家一致推选老罗为党支部书记。以前在村里只有几十户，而新成立的社区有 800 多户。为带领大家致富，罗书记创建移民夜校，即移民技术技能培训学校，先后找到移民局、当地政府，共投入 13 万元，创办了全州最早的搬迁夜校，教老人学知识，教年轻人学技术。通过跟群众谈心，了解到了大家的兴趣爱好，掌握群众信息，因人施策，因岗培训，提升搬迁户参与培训的积极性。移民夜校针对群众的问题逐一培训，教授搬迁户坐公交、识别道路、爱护环境等社会常识，一段时间后，新民社区焕然一新，群众的思想、行动等都往新市民化发展。与此同时，罗书记还经常与附近的企业联系，看企业需要什么样的人才，移民夜校就培训什么样

的人才。企业的好评多了，新民社区的就业率也高了。

普通群众的就业解决了，罗书记还成立了新民社区劳务服务有限公司，将社区的残疾群众通过公司外包，安排其到公益性岗位，第一个月，通过劳务公司包出去的特殊困难群众，就拿到了1 700多元的工资。如今，社区已经有128名困难群众被安排到保洁保安等岗位；与此同时，罗书记还组织成立了基层工会组织，实现了居民自治。

就业解决了，社区居民生活更好了。如今，1 410户居民中，已经有480户买了新车。从穷变富、从无变有、从懒变勤，曾经山沟沟里的村民，如今已经蜕变为新市民。

（二）点评

本案例的典型性在于，走群众路线，听群众心声，真正为搬迁群众服务。通过举办移民学校提高搬迁群众素质和生活生产能力；通过劳务公司，帮助困难残疾群体就业增收致富，找到了支部带动群众就业增收的工作门路。

五、黔西南州率先探索易地扶贫搬迁城镇化安置

（一）案例

2018年，贵州省计划实施易地扶贫搬迁66万人，而黔西南州计划搬迁任务为16万人，占到了全省搬迁任务的将近1/4。黔西南州属于石漠化特困地区，贫困发生率高，贫困群众大多生活在交通闭塞的大山深处。黔西南州在2017年底启动实施了"新市民"计划。从大山深处的贫苦农民，到城市社区的"新市民"，搬迁群众除了需要固定的生活场所，还需要一份稳定的工作。人社部门制定了易地扶贫搬迁工程就业和社会保障工作实施方案，多领域、多渠道开发就业岗位，大力开展职业技能培训，同时努力做到应保尽保，确保至少"一户一人就业"。

人力资源和社会保障部门制定了切实可行的时间表、路线图和责任书，形成一级抓一级、层层压责任和抓落实的工作格局，全州人社系统形成"全员上阵"良好局面。人社部门与财政、移民、扶贫等部门联合设立了"安居险"，由政府向商业保险机构购买，"新市民"中的建档立卡贫困人员发生意外伤残、意外医疗、疾病死亡等情况可享有必要保障。2016年以来，4万多名易地扶贫搬迁群众告别深山，搬进了兴义市。兴义市人社部门摸清培训需求，摸索出了一条"以岗定培、以岗促培"的新路子。与浙兴商贸城、洒金工业园区多家企业整合开展"订单式"岗前培训，结合企业提供的就业岗位，有针对性地推出实用性较强的缝纫、电工、计算机、家政服务等培训工种。2015～2018年上半年，全州实施新市民全员培训3万多人次。除此之外，按照每1 000人调配2名公益性岗位人员的要求，在全州各个新市民就业创业服务中心配备了协管、物管、保洁、绿化等人员。而且人社部门积极加强东西部劳务协作，先后与江苏南通、福建晋江、山东淄博、重庆长寿、河北三河等地的人社部门签订人力资源交流合作协议和劳务交流合作协议，为劳动力外出就业创造了条件。在33个新市民居住区同步建立就业创业服务中心，明确专人负责，为新市民提供就业创业、劳动维权、社保转接等方面的服务。

（二）点评

本案例的典型性在于：探索易地扶贫搬迁大规模城镇化安置新路，通过就业帮扶，将大山深处的贫苦农民转变为城市社区的"新市民"。其创新探索最重要的方面是，人社部门高度重视，同步制订易地扶贫搬迁工程就业和社会保障工作实施方案，明确时间表、路线图和责任书，一级抓一级、层层压责任和抓落实，确保至少"一户一人就业"，为做好搬迁群众就业工作奠定了机制保证，并由政府向商业保险机构投保，为搬迁群众就业解除就业风险，提供就业保障。此外，高度重视培训促就业的作用，"以岗定培、以岗促培"，有针对性地推出实用性较强的培训工种促进就业。

六、平塘县"就业快递"订单式劳务输出模式

（一）案例

平塘县通过"互联网＋劳动力就业"和"线上＋线下"无缝对接，打好就业扶贫"组合拳"，创新实施"就业快递"，实现就业岗位精准推送，走出平塘就业扶贫新路径，在助力贫困劳动力就业脱贫方面取得明显成效。

一是上门"揽件"提交需求"订单"。为解决农村贫困群众因交通不便、信息闭塞，找工作只能依靠亲戚朋友介绍而误时费力的问题，平塘县派出就业揽件工作队，到贵阳和对口帮扶城市广州等地劳动力市场和相关企业走访调研，了解企业用工需求，达成合作意向。主动向省内外企业发布就业岗位征集信息，收集县内外企业就业岗位，提交企业用工需求"订单"。同时，制作《平塘县贫困劳动力就业创业及培训需求调查表》，整合村支"两委"、驻村干部、扶贫队员、结对帮扶干部等资源，通过上门走访、电话联系等方式，详细了解贫困群众当前的就业创业状况、技能特长以及培训需求等情况，建立贫困劳动力就业创业及培训需求台账，提交群众就业岗位需求"订单"。

二是岗位"配货"实现精准"派单"。为精准实现贫困群众就业需求与企业岗位需求高度统一，达到贫困群众增收、企业增利的"双赢"目的，充分结合企业用工实际与贫困群众就业需求，及时梳理后进行岗位"配货"，定期通过网络信息服务平台和就业服务热线等方式确保就业岗位及时"出库"，精准将就业岗位"配送"给帮扶联系人或贫困劳动力、搬迁劳动力本人，以最快的速度促进双方达成就业"订单"，最

终实现精准"派单"。

三是干部"分拣"确保及时"配送"。针对部分建档立卡贫困劳动力和易地扶贫搬迁劳动力无法精准收到就业岗位信息的问题，充分发挥结对帮扶干部、驻村干部、网格员等力量，积极开展"保姆式"就业服务，指导帮扶干部根据各自帮扶对象的就业需求进行岗位"分拣"，通过上门走访或拨打亲情电话等方式及时完成岗位"配送"，最终让贫困群众足不出户找到就业岗位，精准实现就业脱贫。

自"就业快递"实施以来，广大群众拨打就业服务热线进行就业创业政策及信息咨询 6 000 余人次，促进就业 1 000 余人，平塘县有组织输送到贵州老干妈公司、广州欧派集团等企业就业 150 余人，精准助力 1 000 余个贫困家庭实现就业增收致富。

（二）点评

该案例是促进劳动力输转的一个具体做法的成功案例，通过政府购买服务，及时将搬迁劳动力供求信息进行收集对接，助推搬迁贫困劳动力转移就业。

第二节　四川省后续就业典型案例

一、南江县抓实易地扶贫搬迁农户增收发展

（一）案例

南江县共有易地扶贫搬迁建卡贫困户 8 420 户 31 087 人。坚持"搬迁＋劳务"，创业促进就业带动发展。主要措施有：

一是提升素质稳输出。依托扶贫工程、就业培训工程等农民工培训

项目，着力打造"川妹子""川厨师""川建工"等劳务品牌，努力提高农民工的劳动技能和就业能力。全县搬迁农户有 9 667 人通过技能培训实现劳务输出，年人均增收 5 080 元。

二是配套政策助创业。出台《培育新型农业经营主体促进农民持续增收》奖励扶持政策 18 条，安排 1 800 万元建立精准扶贫贷款贴息、风险分担、贷款担保三大基金，累计放贷 5.31 亿元；在每个贫困村设置不少于 30 万元产业扶持基金，按已脱贫户 400 元/人、未脱贫户 600 元/人、当年脱贫户 1 000 元/人的标准，建立产业扶持到户资金，解决搬迁群众发展种养资金短缺问题。

三是技能培训促就业。整合全县职业教育培训力量，对有劳动能力的搬迁群众实行就业技能培训全覆盖，免费培训贫困村技术骨干、"田秀才"、"土专家"、新型职业农民、易地搬迁群众"换脑增智"2.2 万人次。依托水泥煤炭建筑等传统优势产业项目、旅游商贸等服务业项目、新型城镇化开发工程，就近就地吸纳搬迁群众就业 3 320 人，人均工资 2 000 元/月以上；依托公益性岗位安排就业 940 人，人均工资 500 元/月以上。

（二）点评

本案例的典型性在于，一是提升素质，打造劳务品牌稳输出；二是建立贷款贴息、风险分担、贷款担保三大基金扶持创业带动就业。

二、岳池县产业发展增收模式助力搬迁脱贫

（一）案例

岳池县紧紧围绕全县 2 766 户 9 885 人搬迁人口稳定脱贫，充分依托"三个三"增收模式，帮助搬迁群众搭建了致富平台、拓宽了增收渠道，有力促进了搬迁脱贫。主要措施如下：

一是壮大文化旅游产业规模。通过"文化＋农业"战略，发展 122

户有技术的搬迁户参与创作了三类农业文创产品，打响了农业文化品牌，实现人均增收5 200余元。推进特色文化商业街区建设，通过小额信贷资金支持53户搬迁户创立商铺，售卖特色产品，实现年人均增收6 000元以上。依托文化产业新业态，推进文化旅游区建设，辐射带动九龙、白庙、北城3个乡镇29个村264户973人，通过旅游服务实现年户均增收约8 000元。

二是"输变电之乡"助力就业。依托输变电建设输出优势，出台了劳务输出奖励等一系列鼓励政策，免费培训有一定劳动力的搬迁户，促进技能升级，对接电力企业，畅通劳力"外部输出、内部消化"渠道，保证组织一批、培训一批、成熟一批、对接一批、输送一批、成功一批。对有意愿参加培训的367名搬迁对象提供了免费培训，对接四川省岳池电力建设总公司、四川省岳池送变电工程公司、四川省岳池县石垭建安总公司等电力企业，外输内消193名搬迁劳动力进入电力行业工作，实现稳定就业，年人均增收约20 000元。

（二）点评

本案例的典型性在于，对发展文化旅游产业增收模式，引业主建基地、合作社建基地、农村能人建基地助力致富的模式，精准输出助力就业模式进行了详细介绍。

第三节　甘肃省后续就业典型案例

一、东乡县易地扶贫搬迁后续就业帮扶工作

（一）案例

"十三五"期间，东乡县实施易地扶贫搬迁5 255户28 023人，其

中县城安置 6 处、2 997 户 15 919 人，行政村集中安置 89 处、1 837 户 9 813 人，分散安置 421 户 2 291 人，2019 年底已全面建成入住。同时，围绕实现搬迁群众"搬得出、稳得住、有就业、能致富"的目标，精细化跟进落实了一系列到户到人扶持措施，探索出了一条符合东乡实际、契合群众意愿的搬迁脱贫路子。

1. 主动问需，精准化服务管理

一是加强就业服务。按照"一人一卡、一点一册、一月一更新"的原则，充分发挥村长、社长、联户长"三长"作用，对易地搬迁户的产业发展意愿、就业能力、培训需求等情况逐户逐人进行全面摸底调研，建立详实具体户情台账，形成就业岗位菜单、就业状态清单、劳动力资源账单和数据分析库，依托县职校平台，以牛肉拉面、电焊、家政服务等热门工种为重点，完成培训 4 158 人，已输转就业 3 329 人。比如，县城城南社区集中安置了 1 710 户 9 458 人，共摸排出劳动力 5 037 人，通过技能培训已安排就业 2 715 人，对 2 322 名未就业人员建立台账、对接就业、按人销号。

2. 分类施策，多元化就业增收

一是对接企业认领就业。针对疫情对劳务输转的影响，积极发动政府投资项目中标单位，优先吸纳搬迁群众务工就业，已解决就业岗位 2 758 人，日工资约 120～200 元。同时，在沿洮河经济带实施搬迁安置后续产业园项目，积极引进 15 家企业，可提供就业岗位 5 000 多个。二是公益性岗位安置就业。针对劳动能力弱、外出务工难的问题，在县城安置区积极开发保洁、绿化、保安等公益性岗位 458 个，安置搬迁群众 306 人。三是扶贫车间就近就业。针对搬迁妇女就业问题，依托各类帮扶资源，建成运行扶贫车间 40 个，吸纳就业 1 956 人，其中搬迁群众 1 081 人。四是以奖代补转移就业。制定出台了"122"务工奖补政策（外出务工满 1 月可申请 1 000 元交通补助，外出稳定就业 4 个月以上、收入达到 1 万元则奖励 2 000 元，外出稳定就业 8 个月以上、收入达到 2 万元则再奖励 2 000 元），同时积极与中石化、厦门湖里区和碧桂园等帮扶企业对接联系，加大组织输转、订单输转力度，全县共输转 3 万余人，其中搬迁群众 8 125 人。五是金融扶持创业就业。立足养殖、餐饮、特色种植等传统优势，积极落实创业担保贷款，鼓励引导搬迁群众自主创业就业，已发放创业担保贷款 253 户 2 795 万元。同时，该县正在筹建县城南区易地扶贫搬迁后续产业基地，对有创业意愿的搬迁户优先落实摊位，通过以限期免费或低价租赁等方式，鼓励支持搬迁户创业增收，可解决创业就业 500 余人。

（二）点评

本案例的典型性在于，就业帮扶措施比较全面，特别是以奖代补转移就业政策比较有新意。

二、陇南市武都区坪垭乡整体易地搬迁安置

（一）案例

坪垭乡整乡搬迁共涉及 8 个村 1 200 多户 5 700 多人。52 岁尼玛的女儿卓姆参加电商培训开了网店，在搬迁结束接入光纤宽带后，又通过直播进行带货营销，积极练习普通话。她说，我们这一辈最大的愿望就是下一代不再吃苦受穷，也就是电视里说的，要阻断贫困的代际传递。坪垭乡于 2019 年实现整乡脱贫。

（二）点评

本案例的典型性在于，搬迁贫困劳动力也可以从事新职业实现脱贫，新职业也激发了贫困劳动力的内生动力和积极性。

第四节　山西省后续就业典型案例

临县电商扶贫创业园

（一）案例

山西省临县在湫水文峰苑集中安置点建成电商扶贫创业园。近年来，临县把电商扶贫作为助力脱贫攻坚的重要抓手，积极探索"互联网＋大农业""互联网＋新农民""互联网＋美丽乡村""互联网＋农村经济新业态""互联网＋智慧生活"等扶贫新模式，为农业农村插上了信息化"翅膀"，脱贫攻坚搭上了"电商快车"。临县电商扶贫创业园，交通便利，环境优美，总占地 4 000 平方米，分为办公区、生活区、会议中心，水、电、暖、网络等配套设施齐全，是集吕梁山跨境电商创业孵化基地、临县农产品电商创业孵化基地、网上临县人力资源市场、互联网微型工厂（劳动密集型）创新基地、网上"临县一家人"直播基地于一体的新型电商"五位一体化"扶贫创业园。临县把电商扶贫创业园建到新城移民小区，这不仅为城南易地扶贫搬迁安置小区的 2 000 多名贫困劳力创造了更多的就业岗位，还可以更好地帮助他们解决农产品的销路问题，为临县的脱贫攻坚提供了一条新路径。整个创业园将在 3 年内创造全县电子商务领域 10 000 个就业岗位，实现成交额 10 亿元以上、利税 5 000 万元左右，成为山西省一流的电商创业创新基地。

（二）点评

本案例是一个电商创业带动就业的典型，主要对电商创业基础设施建设、电商创业孵化的具体做法进行了介绍。

第五节　云南省后续就业典型案例

昭通市易地扶贫搬迁就业创业工作纪实

（一）案例

云南省昭通市山区、半山区占全域面积 96.4%，很难通过发展农业致富脱贫。因此，昭通市以最大的决心和最强力的措施，坚决推行"把人搬到人该生活的地方，让树长到树该长的地方"，尊重自然规律、正本清源，推动实现城乡人口分布格局重构、产业发展结构重组、山区自然生态环境重塑的"三位一体"变革。昭通市提出了"进城、入镇、进厂、上楼"的工作思路，打破行政区划，采取跨乡镇搬迁、跨县区搬迁、跨省际搬迁三种模式，新增建设 28 个安置区，搬迁 21.41 万人。其中，中心城区安置 10.01 万人、县城安置 9.5 万人、中心集镇安置 1.9 万人，真正让贫困群众实现从山区到城区的一步跨越。

昭通市坚持践行"133"工作思路，以挪穷窝、换穷业、断穷根为目标，各级扶贫干部成了就业引导员、政策宣传员、岗位推介员、信息发布员、脱贫服务员，逐村宣传发动、逐户上门登记、逐人谈心动员，充分了解易地扶贫搬迁劳动力基本情况和就业创业意愿，实行"一户一档""一人一策"，制订就业创业帮扶方案，靶向作战，分类施策，多渠道开发岗位，努力实现充分就业。截至 2019 年 4 月，培训易地扶贫搬迁劳动力 2.05 万人，6.59 万易地扶贫搬迁劳动力转移就业。

昭通市按照群众意愿和市场需求进行培训，通过培训实现转移就业；通过发展高原特色产业，建立乡村扶贫车间，让"厂门连家门"；积极开发公益性岗位，用就业来托底；建设各种生活设施互联互通，推动各项惠民政策落地落实，促进搬迁户迁住地、换生活、转身份、变思想。

昭通市政府为保障易地扶贫搬迁外出务工劳动力无后顾之忧：以用心服务成为群众外出务工的好"向导"，在长三角、珠三角地区建立了驻外人力资源服务站18个，派出55名专职人员为外出务工群体提供就业推介、劳动维权、心理疏导、子女就学等稳岗服务；通过加强就业服务成为易地扶贫搬迁群众安居乐业的"硬靠山"，在安置点建立就业创业工作服务站，发挥基层党组织、工会、共青团、妇联等群众组织优势，做好留守人员服务，让外出务工人员放心工作。

（二）点评

本案例是以系统思维高起点统筹做好易地扶贫搬迁就业安置的典型。其最大的特点是，尊重自然规律，在推动实现城乡人口分布格局重构、产业发展结构重组、山区自然生态环境重塑的"三位一体"变革中，做好就业安置工作，有很大力度的体制机制创新：打破行政区划，采取跨乡镇、跨县区、跨省际三种搬迁模式，将搬迁户全部安置在城镇中，摆脱恶劣的生存环境；举全市之力，充分发挥各级扶贫干部作用，努力实现充分就业，为贫困群众开创新家园、新发展、新梦想，进一步巩固脱贫攻坚成果，同时通过多种措施保障外出务工劳动力的就业稳定，无后顾之忧。

第六节　河南省后续就业典型案例

泌阳县易地扶贫搬迁群众后续就业典型案例

（一）案例

泌阳县是省级贫困县，2018年脱贫摘帽。全县易地扶贫搬迁总规模 838 户 3 172 人，其中，2017 年计划搬迁 514 户 2 000 人，2018 年计划搬迁 324 户 1 172 人，规划建设 5 个集中安置区。易地扶贫搬迁工作开展以来，县委、县政府把易地扶贫搬迁工作作为打赢脱贫攻坚战的头号工程，提出"两年计划一年完成"的工作目标，聚焦脱贫，严守政策，高位推进，坚持安居与乐业并重，搬迁与脱贫同步，统筹谋划规划，创新工作举措，加快推进实施，取得了显著成效。2018 年 6 月底，所有安置房全部建成，搬迁群众全部搬迁入住，提前半年完成建设和搬迁任务；9 月底前，拆旧复垦全部完成。目前，全县 838 户 3 172 人易地扶贫搬迁群众已顺利脱贫 793 户 3 014 人，占搬迁总人口的 95%。主要做法是：

强化顶层设计。出台《泌阳县易地扶贫搬迁劳动力稳定就业实施方案》《泌阳县盘活土地资源促进易地扶贫搬迁户增收实施方案》《泌阳县易地扶贫搬迁产业发展实施方案》等 10 个文件，坚持规划先行，提前谋划，做到未雨绸缪。

坚持把促进搬迁群众的就业作为重中之重，坚持分类施策，全面推行"四个一批"就业行动。一是就地安置一批。规范扶贫车间、光伏电站的运营和管理，增加带贫比例。动员农民专业合作社、种养殖基地、建筑企业、住宅小区、宾馆酒店等安置社区周边的用工企业，招聘搬迁群众就近就业，实现挣钱管家两不误。二是县内企业安排一批。完善企业招用搬迁群众就业支持政策，对县产业集聚区内企业，每安排 1 名搬迁贫困户长期稳定就业的，财政补助 2 000 元，鼓励企业优先吸纳搬迁群众就业，进一步提高搬迁群众就业率。三是公益性岗位解决一批。为搬迁到县城集中安置社区的搬迁群众提供市政环卫、园林绿化、城市交通协管、河道看护等公益岗位，保障就业困难搬迁群众稳定就业。四是外出务工转移就业一批。对具有一定文化基础和基本技能的搬迁群众，加大职业技能培训力度。对参加县内就业培训的给予每人每天

40 元的补贴；对参加市外省内培训的，给予每人 450 元的交通住宿补贴，提升搬迁贫困群众就业技能。加大推介力度，借助在外成功人士、网络平台和各类就业中介等帮助搬迁群众外出务工就业。

（二）点评

本案例是县级易地扶贫搬迁就业安置的典型，由于坚持规划先行，提前谋划，做到未雨绸缪，安置效果好。主要有以下亮点：一是坚持顶层设计，由政府牵头规划设计就业扶持总方案，引导就业扶持方向；二是针对不同安置区情况，因地制宜开发岗位、促进就业。

第七节　广西壮族自治区后续就业典型案例

柳州"四精准"为易地扶贫搬迁劳动力提供就业创业帮扶

（一）案例

广西壮族自治区柳州市围绕精准识别、精准培训、精准服务、精准转移"四精准"，为易地扶贫搬迁劳动力提供就业创业帮扶。截至 2019 年 6 月底，全市易地扶贫搬迁劳动力实现就业 20 000 余人，就业率达 76%，搬迁到县城、产业园区、重点镇的家庭，基本实现每户至少 1 人就业。

柳州市摸清搬迁群众就业需求和企业岗位信息，建立"一户一档"转移就业需求清单和岗位供给清单，动态管理台账，实现就业需求和岗位无缝对接。2019 年上半年，柳州市组织招聘活动 100 多场，提供岗位 18 万个。

柳州市大力开展"千村万企"职业技能提升大行动，全面实施贫困地区"一户一人一技能"培训行动计划，将贫困人口全部纳入职业技能培训补贴范围，开展就业技能培训、创业培训、"两后生"职业技能培训、"能人培养"等一系列培训项目，提升搬迁户劳动力技能，满足企业的用工需求。

探索多渠道精准转移就业的有效路径，全面建设"三微"平台。柳州市在有条件的易地扶贫搬迁安置点建设"微车间（扶贫车间）"，截至2019年6月全市各县区认定"微车间"37个，吸纳贫困劳动力就业2 000多人，2019年底建成"微车间"100多个。同时，该市积极开展"微田园""微市场"建设，帮扶搬迁劳动力就业创业。

柳州市以易地扶贫搬迁安置点为重点，在全市行政村全面建设农民工远程视频综合服务平台。目前已有938个行政村、115个乡镇、13个县区就业服务中心已建成远程视频综合服务平台，农村劳动力可以在家门口通过视频择业。同时，加强村级劳务输出工作站及易地扶贫搬迁安置点人社服务站建设，目前全市935个行政村全部建成劳务输出工作站，而且搬迁规模500人以上的16个易地扶贫搬迁安置点中已有8个建立人社服务站。

（二）点评

该案例是精准、精细化提供就业创业帮扶的典型，其最宝贵的特点是，结合地方实际，创新性地落实政策。在精准识别方面，做到"一户一档"岗位供求清单；精准培训方面，做到"一户一人一技能"培训行动计划；精准服务方面，全面建设"微车间""微田园""微市场"，帮扶搬迁劳动力就业创业；精准转移方面，在搬迁安置和全市行政村全面建设农民工远程视频综合服务平台、人社服务站和劳务输出工作站，农村劳动力在家门口可以通过视频择业。

第三篇　易地扶贫搬迁后续社区融入篇

概　　述

　　易地扶贫搬迁是中央确定的"五个一批"精准脱贫工程之一,是实现精准扶贫、精准脱贫的重大举措,也是解决生存环境恶劣地区极度贫困问题的根本之策。但易地扶贫搬迁是一项复杂的社会工程,搬迁入住只是完成了第一阶段的目标,后续扶持是影响搬迁群众是否真正脱贫的重要因素,不仅要保障搬迁群众稳定就业,更要保障他们在长期生活中融入当地社区。这是当前易地扶贫搬迁工作面临的首要任务,也是决定易地扶贫搬迁工作成败的关键因素之一。本篇在实地调查、深度访谈的基础上,结合统计数据,系统梳理和总结在易地扶贫搬迁过程中,贫困户搬迁后融入新的生活环境以及安置点社区治理面临的问题与挑战。

　　目前来看,易地扶贫搬迁户社区融入总体较好。在经济融入方面,人均收入明显提升;政治参与程度和身份认同感较强;大部分搬迁户都能适应当地的风俗习惯,表示对当前的社区生活非常满意;尽管部分搬迁户对于社区的生活方式仍存在一定的不适应,但生活习惯逐渐改善。从不同安置方式的对比来看,村内安置基本不存在社会融入问题,城镇集中安置社会融入总体情况相对较差。

　　目前,各地主要通过经济、政治和社会三个方面推动社区治理与融入。首先,在经济方面,通过发展产业、推动就业,降低搬迁群众生活成本的方式,免除搬迁群众发展的后顾之忧;其次,保障迁出地基本经济权益,建设和完善基本公共服务设施,提高搬迁群众的搬迁与居住意愿;最后,保障基本政治权益,构建社区治理体系,在中长期内推动搬迁群众融入新社区。

　　在推动社区融入方面,各地也出现了一些成功的典型经验。第一,推行积分制，促进搬迁人口参与公共服务，积极融入社区生活。第二，建立网格化管理机制，精准服务搬迁群众，有效提高治理效率。具体而言，主要构建"居委会—网格—楼栋"的网格化管理机制，以有效管理社区事务，帮助搬迁群众解决生活和心理问题，完善社区治理体系。第三，开展社区文化建设，增强搬迁户对新社区的认同感和归属感。部分地区通过开展感恩教育，同时做好扶志与扶智，提高贫困户发展能力与动力；并结合地方传统文化和民族特色文化，建设社区公共文化服务体系，满足搬迁群众精神文化需求。第四，发展社区集体经济，拓宽社区发展资金来源。通过开展社区市场化建设，发展社区集体产业，筹集社区发展资金，缓解资金压力。

然而，在政策实施与执行过程中，推进搬迁人口长期融入新环境方面仍然存在诸多问题。第一，搬迁人口适应城镇生活方式存在困难，社区互动水平低。尤其是部分老年群体难以适应城市生活，心理融入困难；在社区中，搬迁户之间的交流与互动明显较少，不利于建立熟人社区。第二，原住民与搬迁人口矛盾初步显现，社区治理体系有待优化。主要原因是原住民对享受到了政策红利的搬迁人口产生了心理上的不公平感，而目前的社区治理体系并未对该问题予以重视。第三，部分搬迁后续政策不明确，不利于搬迁户的长期融入。主要表现在当前各地在搬迁人口的户籍管理、住房产权及调整以及搬迁老年人口的保障政策方面不够明确，导致搬迁人口对未来相关政策的不确定性心理较大，不利于长期融入。第四，"重经济扶持、轻社会融入"倾向明显，部分公共服务与搬迁户实际需求脱节。各地普遍关注就业、产业等短期效果明显的扶持政策，对促进长期融入的政策重视程度较弱，尤其是在促进搬迁户精神、文化融入方面相对缺乏，部分地区虽组织了一些相应的活动，但多以形式为主。第五，县级财政资金紧张，社会融入资金缺口较大。社会融入资金需求量大，而易地扶贫搬迁地区多为深度贫困县，财政资金紧张，导致社区融入资金缺口较大。

　　针对上述存在的问题，并结合成功经验，本篇提出以下政策建议。第一，精细化社区管理，推动社区交流与互信。特别是要根据安置方式和搬迁家庭特征，制定差异化社区治理与融入政策，并因地制宜开展教育与交流活动，增强社区互动和互信。第二，完善治理体系，推动搬迁人口融入区域发展，重点在于提高社区治理能力的同时，建立县域层面治理体系，推进搬迁人口与原住民深度融合。第三，稳定政策预期，解决搬迁人口后顾之忧。重点要明确户籍管理、住房以及老年人供养等方面的长期政策，让搬迁人口吃下"定心丸"，免除后顾之忧。第四，立足搬迁人口实际需求，完善社区公共服务供给，主要是要充分利用公共服务设施，努力解决搬迁人口最为关注的现实问题，推动建立互相熟悉、信任的新社区。第五，整合多渠道资金，纾解社区融入资金困境，除了充分利用政府扶贫资金外，最为重要的是鼓励发展社区集体经济，建立可持续的市场化资金筹集机制。

第七章

易地扶贫搬迁后续社区融入的
现状及成效分析

2020 年是打赢脱贫攻坚战的收官之年，是全面建成小康社会的决胜期。截至 2020 年底，全国已建成易地扶贫搬迁安置住房 266 万余套，960 多万搬迁群众实现入住，第一阶段搬迁入住的目标全面完成。后续搬迁贫困人口能否适应安置区新生活，并在经济、政治、文化、社会和心理等各方面全面融入，对巩固拓展易地扶贫搬迁脱贫成果至关重要。

为实证分析易地扶贫搬迁后续融入的现状及其成效，中国人民大学扶贫研究院调研组于 2020 年 7 月在湖南、广西、四川、贵州、云南、陕西、甘肃、山西八个省区进行了为期 14 天的易地扶贫搬迁调研活动。调研对象包括安置区干部和搬迁贫困人口，调研问卷内容包括易地扶贫搬迁安置点基本情况，搬迁人群的基本特征、生活基本条件、收入情况、消费情况以及后续产业、就业、社会融入的情况等。本章将基于调研问卷，以 2020 年所调研的 48 个安置点和 553 户易地扶贫搬迁户作为分析对象，描述易地扶贫搬迁及其后续社区融入的现状，全面评估搬迁人口后续社区融入的成效。

第一节　全国易地扶贫搬迁的进展情况分析

根据国家乡村振兴局（原国务院扶贫办）建档立卡数据库，截至2020年底，全国已搬迁建档立卡贫困户262万户，共计961万贫困人口，易地扶贫搬迁任务全部完成。精准扶贫时期易地扶贫搬迁工作具有以下特点：

（1）搬迁人口地域分布较为集中，73%集中在西部地区，其中59%集中在贵州、四川、云南、湖北和陕西5省。西部地区12省（区、市）已搬迁建档立卡贫困人口701万人，占全国已搬迁建档立卡贫困人口的73%；中部地区6省已搬迁建档立卡贫困人口237万人，占全国已搬迁建档立卡贫困人口的25%；东部4省已搬迁建档立卡贫困人口22万人，占全国已搬迁建档立卡贫困人口的2%。已搬迁人口最多的5个省份为贵州、四川、云南、湖北和陕西，共搬迁建档立卡贫困人口564万人，占全国已搬迁贫困人口的59%。

（2）易地扶贫搬迁以集中安置方式为主，占比78%。根据易地扶贫搬迁人口安置集中度，易地扶贫搬迁安置模式可分为分散安置和集中安置两大类。截至2020年底，全国已搬迁人口中，分散安置人口（211万人）占22%，集中安置人口（750万人）占总搬迁人口的78%。集中安置中县城、小城镇或工业园区安置人口最多，占集中安置人口的45%，行政村内就近安置占比28%；建设移民新村安置占比15%；乡村旅游区安置占比1%；其他安置方式占比11%。

（3）易地扶贫搬迁以无土安置方式为主，占比64%，有土安置占比36%。县城、小城镇或工业园区安置、乡村旅游区安置、村外安置属于无土安置；行政村内就近安置、建设移民新村安置以及村内安置属于有土安置。分省区来看，无土安置比例较高的省区有贵州、广西、河南和陕西省，有土安置比例较高的省份有四川和湖北省。

（4）56%集中安置人口搬迁至800人以上的大型安置点。目前，全国共有34 002个集中安置点，其中，800人以下安置点32 509个，共安置贫困人口329万人，占总集中安置人口的44%；800人以上大型安置点1 458个，共安置贫困人口414万人，占总安置人口的56%。

（5）64%的大型安置点安置人口集中在小城镇或工业园区安置点。目前，全国800人以上大型安置点以小城镇或工业园区安置形式为主，安置贫困人口265万人，占800人以上大型安置点总安置人口（414万人）的64%。800人以下的小型安置点以行政村内就近安置为主，安置贫困人口188万人，占小型安置点安置人口（329万人）的57%。

第二节　易地扶贫搬迁调研样本概况

中国人民大学在广西、四川、贵州、云南、陕西、甘肃、山西8个省区开展调研，这8省区易地扶贫搬迁人口占全国总搬迁人口的73.6%，样本具有代表性。

一、总样本情况

2020年调研组共调研了48个安置区的553户搬迁户，其中，建档立卡贫困户样本有535户，同步搬迁户有18户，平均每个省调研69个样本，所调研的样本中有515户已脱贫，脱贫比例为93.1%，平均脱贫时间为2017年7月。

二、易地扶贫搬迁建设完成及搬迁情况

根据调研情况，目前48个所调研安置区全部建设完成，搬迁户全部搬迁入住。平均交钥匙时间为2017年9月，平均入住时间为2018年12月。从入住时间来看，搬迁户的主要入住时间分布在2017年10月、2018年12月和2019年6月左右（见图7–1）。

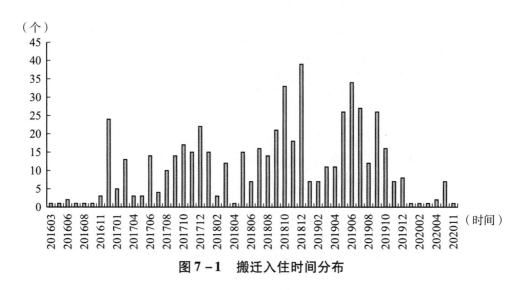

图7–1　搬迁入住时间分布

三、易地扶贫搬迁主要类型分布

调研的搬迁户的主要搬迁方式为分散搬迁。分散搬迁的有376户，占比68%，自然村整体搬迁177户，占比32%。调研样本的主要安置方式为集中安置，集中安置户数为546户，占比98.7%，分散安置的为7户，占比1.3%。集中安置的搬迁户中，行政村内就近安置贫困户有131户，占比23.7%，建设移民新村安置有195户，占比35.3%，县城、小城镇或工业园区安置222户，占比40.1%。

从安置地来看，调研样本中乡镇安置搬迁户占比最高，乡镇安置搬迁户 200 户，占比 36.2%；县城安置搬迁户 164 户，占比 29.7%；村内安置搬迁户 137 户，占比 24.8%；外村安置搬迁户 51 户，占比 9.2%。

第三节　易地扶贫搬迁社区融入的现状及成效分析

一、经济融入情况

（一）总收入情况及分布

从经济融入来看，易地扶贫搬迁户的家庭人均收入整体显著提高。2020 年易地扶贫搬迁户人均年纯收入达到 10 370 元，远高于同期收入贫困线，与调研的 2015 年搬迁前的人均 2 471 元相比增长 3.19 倍，显著高于同期全国农村居民收入增长率（40.3%）。

具体来看，各省搬迁户的收入水平存在差异。就户均总收入来看，云南调研样本的平均户均收入最高，为 58 719 元；其次是陕西省，平均户均收入为 49 686 元；另外，贵州、甘肃、广西、山西的平均户均收入分别为 42 825 元、39 261 元、37 192 元和 34 849 元；四川和湖南调研样本的平均户均收入相对较低，分别为 33 657 元和 31 454 元。从人均收入来看，山西省的人均收入最高，平均有 14 540 元；其次是云南省，平均人均收入为 12 791 元；平均人均收入最低的省份是湖南省，为 7 844 元（见表 7 - 1）。

表 7-1　　　　　　　　　2020 年分省区平均总收入及人均收入

省区	户数（户）	平均户均收入（元）	平均人均收入（元）
云南	62	58 719	12 791
四川	64	33 657	9 308
山西	67	34 849	14 540
广西	76	37 192	8 698
湖南	79	31 454	7 844
甘肃	71	39 261	8 732
贵州	66	42 825	9 267
陕西	68	49 686	12 635
全部	553	40 567	10 370

从安置类型来看，不同安置模式下平均家庭总收入和人均收入差别不大，县城安置的搬迁户人均收入最少。其中，县城安置的搬迁户平均总收入为 40 437 元，平均人均收入为 9 628 元；乡镇安置搬迁户平均总收入为 43 903 元，平均人均收入为 11 281 元；村内安置搬迁户的平均总收入为 37 133 元，平均人均收入为 10 051 元。总体来看，三种安置方式平均总收入近似，其中乡镇安置的平均总收入相对较高（见表 7-2）。

表 7-2　　　　　不同安置类型下搬迁户平均总收入及人均收入

安置类型	户数（户）	平均户均收入（元）	平均人均收入（元）
县城安置	165	40 437	9 628
乡镇安置	200	43 903	11 281
村内安置	188	37 133	10 051

另外，三种安置方式的群体中，大部分居民的家庭年总收入都有所增加，总共有 62.2% 的搬迁人口表示搬迁后总收入有显著增加，经济融入情况较好。其中，县城安置的居民中认为总收入增加的占比最高，

有70.9%的居民表示家庭年总收入较搬迁之前有所增加，有22.9%的居民表示收入不变，有6.2%的居民表示收入有所减少；乡镇安置居民中，有53.9%的居民表示收入有所增加，有36.3%的居民表示收入不变，有9.8%的居民表示收入有所减少；村内安置居民中，有70.0%的居民表示收入有所增加，有26.7%的居民表示收入不变，有3.3%的居民表示收入有所减少。

（二）收入构成及分布

在收入构成方面，搬迁户的总收入中占比最高的是工资性收入，平均占比57.4%，务工比例显著增加。在全部样本中，经营性收入平均占比18.1%，其中，村内安置的经营性收入占比最高，为22.0%，其次是乡镇安置的搬迁户，经营性收入占比为17.0%，县城安置居民的经营性收入平均占比为15.0%。全部样本中工资性收入平均占比57.4%，其中县城安置居民的工资性收入占比最高，为60.5%，乡镇安置居民为58.5%，村内安置居民为53.6%。财产净收入平均占比3.1%，其中县城安置居民为2.3%，乡镇安置居民为2.8%，村内安置居民为4.1%。转移性收入平均占比21.1%，其中县城安置居民为22.2%，乡镇安置居民为21.1%，村内安置居民为20.2%。总体来看，工资性收入占总收入的比重最大，且在三种安置群体中均属最重要的收入来源。就经营净收入占比来看，村内安置居民的经营净收入占比较之其他两种安置居民更高（见表7-3）。

表7-3　　　　　　　　搬迁人口收入结构差异

收入类型	总样本	村内安置	乡镇安置	县城安置
人均收入（元）	10 370	9 628	11 281	10 051
经营净收入（%）	18.1	22.0	17.0	15.0
工资性收入（%）	57.4	53.6	58.5	60.5

续表

收入类型	总样本	村内安置	乡镇安置	县城安置
财产净收入（%）	3.1	4.1	2.8	2.3
转移性收入（%）	21.1	20.2	21.1	22.2

（三）总支出情况及分布

搬迁后样本总支出平均为 23 733 元，搬迁后 63.5% 的人表示总支出有所增加，县城安置的总支出最高，平均为 26 237 元，其次是乡镇安置搬迁户，平均年家庭支出为 23 116 元，村内安置搬迁户家庭年支出总额最少，平均有 17 694 元。从整体收支情况来看，80.8% 的人表示能够收支相抵，并且每年每户平均能够储蓄 16 835 元。

从支出结构来看，首先，搬迁户的恩格尔系数，即食品支出占总支出的比重平均为 48.5%，根据国际标准，恩格尔系数在 40% ~ 50% 范围内属于小康水平，所以搬迁户平均已达到小康水平。其中，县城安置的恩格尔系数最高，平均有 51.3%，乡镇安置的恩格尔系数最低，平均为 45.0%，除了食品消费之外，搬迁户消费支出占比最高的为医疗费用支出，平均占比为 12.7%，其中村内安置搬迁户的医疗卫生支出占比最高，平均为 15.2%（见表 7 - 4）。

表 7 - 4　　　　　　　　搬迁人口支出结构差异

支出	总样本	村内安置	乡镇安置	县城安置
户均支出（元）	23 733	17 694	23 116	26 237
人均支出（元）	6 017.2	5 219.2	6 277.1	6 606.5
食品支出（%）	48.5	49.9	45.0	51.3
衣着支出（%）	6.5	7.0	7.0	6.8
水电燃气支出（%）	6.3	7.3	6.6	6.4
生活用品及服务支出（%）	5.3	3.8	7.6	5.1

支出	总样本	村内安置	乡镇安置	县城安置
交通通信费用支出（%）	7.3	8.4	7.6	7.7
教育文化娱乐支出（%）	3.9	3.3	3.7	5.4
医疗费用支出（%）	12.7	15.2	13.2	12.6
其他商品和服务支出（%）	9.5	5.1	9.3	4.8

二、政治和身份融入情况

从政治和身份融入来看，80%以上搬迁户会参加安置地的换届选举，90%以上搬迁户认为自己是现居住地本地人，政治参与程度和身份认同感较强。从调研情况来看，所调研的安置区中有一半举办了民主选举，居委会成员是通过民主重新选举产生，并且77.1%的安置区的居委会成员中有搬迁户，搬迁户参与民主选举的比例平均为80.3%。整体来看，搬迁户的政治融入较好。91.7%的搬迁户表示在当地能够得到更好的发展，不愿再回老家。

搬迁户迁户口的比例较低。具体来看，县城安置居民有92.7%的居民未迁移户口，仅有7.3%的居民将户口迁移到居住地；在未迁移的居民中，有36.2%的居民表示有政策也愿迁移，但还未办理，有8.6%的居民表示有政策但不愿迁移户口，有55.3%的居民表示无相关政策。乡镇安置居民中，有82.0%的居民未迁移户口，有18.0%的居民表示已迁移；已迁移户口的居民中，有41.7%的居民为农村户口，有27.8%的居民为城镇户口，有30.6%的居民为临时过渡户口。村内安置居民中，有89.4%的居民表示未迁移户口。虽然91.7%的安置区的搬迁户均没有迁移户口，但是搬迁户均可享受当地人口待遇，在当地上学和就医。虽然部分地区关于房子不动产权证的办理有所受限，但不会对搬迁户的居住和基础设施的使用产生影响，搬迁户整体的身份认同感和融入感仍较强。

县城安置的搬迁户身份认同感相对较低。在整体身份认同感和融入感方面，在问及是否觉得自己是现居住地本地人的问题时，县城安置居民中，有57.0%的居民表示非常同意，有27.9%的居民表示比较同意，有6.7%的居民表示一般，有8.5%的居民表示比较不同意或非常不同意；乡镇安置居民中，有70.0%的居民表示非常同意，有24.0%的居民表示比较同意，有2.5%的居民表示一般，有3.5%的居民表示比较不同意或非常不同意；村内安置居民中，84.6%的居民表示非常同意，有12.8%的居民表示比较同意，有1.1%的居民表示一般，有1.6%的居民表示比较不同意或非常不同意。

三、文化融入情况

从文化融入来看，大部分搬迁户不存在语言障碍，交流顺畅。调研发现，因为搬迁户搬迁后仍然在熟悉的民族范围内，搬迁后97.6%的搬迁户与当地人不存在语言障碍，少数搬迁户存在口音问题，但并不会影响正常交流。具体来看，县城安置居民中有92.4%的人完全没有语言障碍，4.3%的居民对于当地人的口音大部分都能听懂，1.2%的居民一般能听懂，有1.8%和0.6%的居民不太能和搬迁地社区居民交流或者完全无法交流；乡镇安置居民中有97.0%的人完全可以听懂当地人的日常交流，有1.5%的居民大部分能听懂，有1.5%的居民完全无法和当地人进行交流；村内安置居民中有96.3%的人日常交流完全没有问题，有1.6%的居民大部分能听懂当地人交流，有1.1%的居民一般能听懂，有1%的居民不太能听懂当地人的交流或完全无法和当地居民交流。

大部分搬迁户都能适应当地的风俗习惯。在问及是否适应新家周边的风俗习惯问题，县城安置居民中有97.6%的人回答可以适应，只有2.4%的居民给出相反答案；乡镇安置居民中有99.5%的人可以适应，只有0.5%的居民无法适应；村内安置居民中有98.4%的居民可以适应，有1.6%的居民无法适应。

搬迁户参加周边文化休闲活动的频率较高，文化融入障碍较小。从搬迁户去周边文化休闲场所的频率来看，每周都参加文化休闲活动的搬迁户占比75.6%，每天都去周边文化休闲场所的搬迁户占比41.2%。具体来看，县城安置居民中有43.0%的居民表示每天都去，21.2%的居民表示一周去2~6次，7.9%的居民表示一周仅去1次，16.4%的居民表示几乎不去；乡镇安置居民中，有35.0%的居民表示每天都去，有26.0%的居民表示一周去2~6次，有12.5%的居民表示一周仅去1次，有25.5%的居民表示几乎不去；村内安置居民中，有46.3%的居民表示每天都去，有27.1%的居民表示一周去2~6次，有7.5%的居民表示一周仅去1次，有11.7%的居民表示几乎不去。

四、社会融入情况

在社会融入方面，搬迁户对于社区的生活方式仍存在一定的不适应，但生活习惯逐渐改善。调研中发现，在搬迁的初期，搬迁户对于小区生活和管理方式不适应，存在随处乱扔垃圾、高空抛物等现象，由村民身份向市民身份的转变存在困难，但搬迁后通过引导和教育，生活习惯逐渐改善，生活方式也发生转变。98.2%的搬迁户已经适应使用抽水马桶，97.1%的搬迁户适应使用电磁炉、煤气灶等做饭工具，在楼房住户中96.7%的搬迁户习惯了上下楼梯，并且99.6%的搬迁户已经会自觉把垃圾扔到固定投放点。总体来看，96.9%的搬迁户能够适应安置区生活，仅有0.8%的搬迁户与周边邻居发生过矛盾，主要因为个人生活问题而产生冲突，如醉酒闹事、精神问题以及原有种植养殖的利益冲突等。

　　具体来看，县城安置居民有 80.6% 的人表示非常适应迁入地社区的生活，只有 1.2% 的居民表示非常不适应；乡镇安置居民中，有 78.5% 的居民表示非常适应迁入地社区生活，只有 0.5% 的居民表示非常不适应；村内安置居民中，有 88.3% 的居民表示非常适应迁入地社区生活，只有 0.5% 的居民表示非常不适应。

五、心理融入情况

　　在心理融入方面，总体来看，大部分搬迁户表示对当前的社区生活非常满意，并且打算长期居住。调研结果显示，搬迁户中有 83.2% 表示对当前的社区生活非常满意，有 15.4% 表示比较满意。并且有 93.7% 的搬迁户非常愿意在现居住地长期居住，有 4.2% 的搬迁户比较愿意在安置点长期居住。搬迁后，搬迁户之间以及搬迁户与原住民之间相处相对融洽，仅有少数 3.8% 的搬迁户表示会受到当地非搬迁户的歧视或排斥，主要原因可能是原本生活习惯的差异或者原居民与搬迁户生活水平落差而产生的排斥心理。总体来看，搬迁户自身的心理融入感较强，主人翁意识也在慢慢培养。

　　具体来看，在问及社区生活满意度，对于县城安置居民，有 80.6% 的居民表示对当前的社区生活非常满意，有 18.8% 的居民表示比较满意，仅有 0.6% 的居民表示一般；对于乡镇安置居民，有 80.5% 的居民表示非常满意，有 16.5% 的居民表示比较满意，有 2.5% 的居民表示一般，仅有 0.5% 的居民表示比较不满意；对于村内安置居民，有 88.3% 的居民表示非常满意，有 11.2% 的居民表示比较满意，仅有 0.5% 的居民表示非常不满意。

　　在问及是否打算长期居住在搬迁地的问题，县城安置居民中，有93.9%的居民表示非常同意，有5.5%的居民表示比较同意，仅有0.6%的居民表示比较不同意；乡镇安置居民中，有93.5%的居民表示非常同意，有3.5%的居民表示比较同意，有2.0%的居民表示一般，有0.5%的居民表示比较不同意，有0.5%的居民表示非常不同意；村内安置居民中，有93.6%的居民表示非常同意，有3.0%的居民表示比较同意，有2.1%的居民表示一般，仅有0.5%的居民表示比较不同意。

第八章

易地扶贫搬迁后续社区融入的
经验总结及对策

前一章实证分析显示，搬迁贫困人口对于安置区的生活逐渐适应，搬迁户在生活习惯、生活方式和思想观念等方面均有所改变，在经济融入、政治融入、文化融入、社会融入和心理融入方面已经得到有效提升。本章将基于实地调研和深度访谈获得的资料，结合前一章实证分析的结果，系统梳理易地扶贫搬迁后续社区融入的主要做法，总结提炼推进易地扶贫搬迁后续社区融入的典型经验，深入剖析目前后续社区融入工作中存在的问题，并针对问题提出政策建议。

第一节　易地扶贫搬迁社区融入的
主要政策措施梳理

易地扶贫搬迁不仅是一项社区再造和重建工程，更是一项关于人口分布、资源环境、经济社会重新调整与完善的系统工程，注重因地制宜、精准施策"挪穷窝"与"换穷业"同步，将"搬迁是手段，脱贫是目的"的理念贯穿于搬迁的全过程。这一过程不仅涉及安置住房、基础设施和公共服务设施建设，更涉及搬迁群众的社区融入、文化传承以及社区治理等诸多方面，直接关系到脱贫攻坚成效，关系到千万贫困群众的幸福感和获得感。因此，在易地扶贫搬迁建设过程中就必须充分考虑到搬迁后群众生计、适应、社区融入以及社区治理等方面。目前，各地针对已经搬迁群众的后续融入与发展出台了相关政策。

一、发展产业，推动就业，提高可持续性

易地搬迁是解决一方水土养不好一方人、实现贫困群众跨越式发展的根本途径，也是打赢脱贫攻坚战的重要途径。搬得出的问题基本解决后，能否稳得住、有就业、逐步能致富，则是下一步的重点，也是检验易地扶贫搬迁最终效果的关键。在短时期内实现就业、保障基本生活是搬迁群众融入新的生产生活环境、提高脱贫可持续性的基本条件。针对这些问题，目前各地安置区主要在发展产业和推动就业方面保障搬迁群众尽快融入新的社区环境，逐步实现致富。

在发展产业方面，安置区因地制宜发展产业扶贫项目，以扩大搬迁户收入来源。各地安置区配套产业项目主要采取"政府＋合作社＋农户"和"政府＋企业＋合作社＋农户"两种形式，通过龙头企业、农民专业合作社等新型经营主体直接带动发展种植业、养殖业或手工业。没有劳动力的搬迁户可与龙头企业、农民专业合作社等新型经营主体签订代种代养、代加工、委托经营、股份合作、合作经营等协议，以获得稳定的产业收益。在有条件的地区，结合地方传统文化和民族特色文化，打造民俗村落，发展特色旅游业、农家乐等扶贫产业，使搬迁贫困户每年享受固定收益分红，提高经济收入水平。

在推动就业方面，打造技能培训平台、用工信息平台、求职信息平台、中介服务平台、维权服务平台五大平台为一体的人力资源市场，为劳动者和用工单位提供优质高效的就业技能培训、劳务信息咨询和求职

信息登记等服务。针对缺乏劳动技能和无法自主就业的劳动力，开展劳动技能培训和组织劳务输出，落实"一户一就业"。面对突如其来的新冠肺炎疫情，各地积极规划，通过援企稳岗、劳务就业补贴等政策措施，鼓励企业、扶贫车间等吸纳贫困劳动力务工就业，鼓励贫困劳动力主动务工、积极就业。同时还大力开发公益性岗位，发挥岗位托底作用。

此外，也通过各种补贴降低搬迁群众的生活成本。搬迁后的生活环境和生活方式均发生较大程度的变化，尤其对于县城集中安置的搬迁户，从原来封闭落后的山区转移到了相对发达的县城居住，这种转变更加突出。一方面，由于无法从事农业生产，搬迁户需要从市场购买满足家庭基本生活需求的食物，如肉、蛋、奶、蔬菜等。另一方面，居住在安置区的搬迁户，需要缴纳物业费、水费、燃气费；电器使用频率增加，也导致电费上涨。为了解决搬迁户生活成本上涨问题，部分地区出台相关政策，补贴搬迁居民水电费和物业管理费，如在搬入新居前两年暂时免除水电费或者免收物业管理费等。

二、保障迁出地基本经济权益，建设配套基础设施

因搬迁而损失基本经济权益是阻碍搬迁和长期入住的主要因素之一。为免除搬迁群众的后顾之忧，需要保障他们基本的经济权益，并且完善迁入地的基本公共设施，提高其生活便利程度。

首先，迁出地所在村要保证搬迁户享有的土地承包经营权、集体收益分配权、分红权、房屋所有权、种粮良种农资补贴、退耕还林补助、林木的采伐和利用等各项惠农政策不变。部分搬迁至城镇或县城的群众，农村户籍虽然转变为城镇户籍，但原本附属于农村户籍的基本权益不变，保证原有的土地、林地、荒山和宅基地的确权办证和自愿流转等

权利不变，迁出地的宅基地复垦后产生的收益归搬迁户所有。同时，无论是在迁出地，还是易地搬迁安置区，确保全面落实城乡低保、特困供养、残疾人补贴、孤儿和事实无人抚养、临时救助、农村"三留守"等救助和关爱政策，有效解决许多农户因担心原有利益受损，而不愿意搬迁或者搬迁后长期居住意愿低的问题。

其次，建设配套基础设施，保障搬迁群众基本生活需求。部分地区将基础设施建设和公共服务配套作为搬迁群众生活的重要保障，与集中安置点同步规划，一体建设。在建设安置区过程中，普遍要求配备基本水、电、路、网、垃圾处理设施及公共厕所，保障良好的生活环境。同时，根据安置区规模和周边基本设施情况，配套医疗、教育、文化、卫生、超市、公墓、消防、生活垃圾、污水处理设施以及社区服务中心等公共服务设施，实现服务功能"全覆盖"。同时，开展社区精神文化建设，通过丰富搬迁群众精神文化生活，促进其社会交往和社会互动，增强社区归属感和身份认同感，激发易地扶贫搬迁群众"搬得出、稳得住、能致富"的奋进之心，凝聚力量打造易地扶贫搬迁群众精神文化家园。

三、保障基本政治权益，构建社区治理体系

乡土情结和生活生产环境的改变使得搬迁户在适应安置区过程中融入意愿薄弱，阻碍了社区生活共同体的形成，搬迁户普遍缺乏社区归属感。此外，搬迁破坏了部分搬迁户原有的社会关系网络，他们从农村熟人社区进入城市陌生人社区，邻里关系淡漠。这要求各地区必须从制度设计上努力消除融入壁垒，营造良好的管理氛围，帮助搬迁户顺利融入新社区。

首先，建立安置点基层党组织。各地按照全面覆盖、有效覆盖的要

求，开展安置点党员情况排查工作，做到安置点党组织全覆盖。同时要求党员结对帮扶，密切联系群众。引导党员干部进楼入户开展政策宣讲、感恩教育、素质提升、走访帮扶等工作。保持党员干部队伍与群众密切联系，做到了解民情，转达民意，解决民忧，共同做好社区的管理服务工作。

其次，保障搬迁群众的基本政治权益。各地区规定在搬迁群众入住后，成立居民（村）委员会、群团组织等居民自治组织，落实民主选举制度，鼓励搬迁群众参与竞选居委会管理成员；建立民主决策和信息公开制度，邀请社区群众参与公共事务决策，及时公开与群众切身利益相关的重要信息，保障移民的选举权、知情权、参与权、决策权和监督权。此外，部分地区还开展基层协商民主试点工作，通过基层"协商议事厅"开展多领域、多层次的平等对话，营造平等协商、有序表达的协商民主氛围。

最后，在安置区初步运转时，成立社区管理委员会，负责处理社区大小事务，为搬迁群众顺利入住社区服务。打造社区服务中心，为搬迁群众提供一站式办理户籍、培训、就业、就学、就医、政策咨询等服务项目。此外，为了协助安置区管理，各地也普遍在安置区组织了其他多元主体，协助开展社区治理工作，包括调解员、安全协管员和警务室等，打造宜居、安全社区，以推动搬迁群众尽快适应新生活、融入新环境。

第二节　易地扶贫搬迁社区融入的典型经验总结

部分地区在搬迁过程中也积累了推动社区融入方面的成功经验，为解决易地扶贫搬迁社区融入中存在的问题提供了有益借鉴。

一、推行积分制，促进搬迁人口参与公共服务，积极融入社区生活

在社区公共服务建设与管理过程中，通过多种形式邀请搬迁群众参与公共服务及相关设施建设，是推动他们积极融入当地社区新生活的有力举措。部分地区还通过设立积分制的方式，实现现实表象与积分评定相挂钩，物质奖励和精神引领相统一，激发了贫困群众积极性，增强了搬迁户集体归属感，消除了"等靠要"的消极思想。

首先，鼓励搬迁群众参与公共服务，提高群众社区治理参与度。社区居民的参与是社区建设过程中不可或缺的要素。尽管他们难以直接从事所有社区公共服务建设和管理，但是可以广泛参与部分社区服务工作，贡献自己的力量。例如，云南省某安置区通过居委会引导，利用"积分制"激励搬迁居民参与社区环境治理工作。具体实施方案为，由居委会进行协调分配，要求部分搬迁家庭负责社区某一公共区域的卫生环境，规定每天早晚各打扫一次。同时还安排部分家庭负责轮流打扫社区公用道路，并且相互检查和监督工作绩效。在鼓励搬迁居民参加社区公共服务的同时，也为他们参与社区治理提供了有效渠道。一方面，社区居委会通过充分发挥小组的网格化特点，鼓励他们以小组为单位形成相对较为完整的组织架构，逐步成为专业的社区治理单元，共同参与社区治理工作，有效提高社区治理效率；另一方面，这些小组也发挥了沟通协调功能，通过与社区居委会共同工作，有效讨论并实施与居民生活相关的决策，切实提高搬迁群众参与社区治理的程度，拓宽沟通渠道，推动社区融入。

其次，设立"爱心超市"，将"积分制"激励制度引入搬迁贫困户日常管理，引导贫困户精神脱贫，不断增强贫困群众自主发展、自主脱

贫致富意识。各地定期对贫困户的表现进行评定，主要包括遵守法律法规、维护公共环境、搞好邻里关系、保持家庭卫生、参加义务劳动、参与民主协商等方面，对表现优秀者给予积分奖励，积分可到"爱心超市"兑换所需物品。如甘肃省某安置区为充分发挥妇女在人居环境整治和村容村貌改善中的独特作用，深入推进寻找"最美家庭"活动和"美丽庭院"创建工作，制定了巾帼家美积分超市实施方案。评分内容包括夫妻和睦、邻里互助、勤劳致富、遵纪守法、绿色环保、热心公益、移风易俗；居室床铺、灶台、地面干净；庭院整洁、绿化美化；厕所干净无异味；外观整齐有序，无乱贴乱画行为等。引导群众以"劳动""善行义举"换"积分"，以"积分"换"商品"，激发贫困群众内生动力。

二、建立网格化管理机制，精准服务搬迁群众，有效提高社区治理效率

对于城镇集中安置的社区，搬迁户面临新的生活环境，在生活方式以及就业、医疗、卫生、教育等公共服务方面均会产生一定的不适应现象，无法快速融入城镇的生活方式。为系统构建与易地扶贫搬迁相适应的管理服务体系，强化管理力量，全面提升治理能力，更好地服务易地扶贫搬迁群众，确保"搬得出、稳得住、能致富"，各地的安置区创新了网格化管理体系，确保把所有搬迁群众纳入有效管理。

具体而言，主要构建"居委会—网格—楼栋"的网格化管理机制。首先，每个社区成立居委会进行民主管理。居委会成员从安置区成员中通过民主选举产生。在安置区成立之初，由于人员配备不齐，居委会成员大多由上级政府直接任命，处理安置区成立筹备事务。安置区管理制度逐渐成熟之后，再进行民主选举，组建居委会管理部门及成员。一般居委会成员主要包括居委会书记、副书记、居委会主任、副主任、会

计、妇女主任等，分别负责社区内相应事务。

其次，将安置区划分为若干网格（片区），并选拔相应负责人进行管理。对于较大型安置区，仅成立居委会难以进行有效管理。因此，将安置区划分为若干个片区，每个片区由上级政府和居委会选拔确定片区负责人，协助居委会管理安置区，向他们传达相关政策和信息，积极帮助片区内搬迁群众解决生产、生活困难，如就业、培训、教育、医疗等公共服务。

最后，安置区内每栋楼配备楼长，集中反映搬迁群众的生活问题与诉求。在安置区内，每栋楼从搬迁贫困户中选拔任命一名楼栋长，负责集中向上级部门反映该楼内搬迁群众的诉求，并帮助他们解决生活问题。搬迁群众可直接向楼栋长表达在安置区管理和自身生活方面的诉求，楼栋长负责汇总收集，由上级政府相关部门和安置区管理部门集中出台相关政策，有效解决了安置区内干群矛盾以及邻里矛盾。除此之外，在安置区成立之初，地方政府还从各搬迁乡镇抽调部分工作人员以协助安置区开展管理工作，负责对接和管理各自乡镇的搬迁群众，以帮助他们适应新的生活。在安置区管理体系和机制成熟、搬迁群众完全适应新的生活环境之后，这些派驻干部再返回原乡镇工作。

在网格化管理机制下，安置区构建了完善的社区管理机制，既能有效管理社区事务，帮助搬迁群众解决生活和心理问题，快速适应新的生活环境，又充分利用原有基层治理网络和人员，确保搬迁群众能够参与到社区治理，完善民主决策制度和社区治理制度。

三、开展社区文化建设，增强搬迁户对新社区的认同感和归属感

搬迁群众搬离熟悉的原居住地，除了生产、生活外，心理上也会面

临较大的挑战。尤其是搬入城镇的群众，生活方式上的转变更大，致使群众心理融入困难。社区文化建设能够激发搬迁群众后续发展的内在动力，通过加大社区文化活动供给，丰富搬迁群众精神文化生活，加速其文化融入和心理融入，增强其搬迁幸福感。

首先，开展感恩教育，扶志与扶智相结合，提高搬迁贫困户发展能力与动力。一方面，大力宣传党和国家易地扶贫搬迁的好方针好政策、宣传新时代搬迁群众幸福生活、宣传群众搬迁后生产生活发生的巨变、宣传就业养老、医疗教育、社会保障等惠民利民政策，提高搬迁群众的政策知晓率和普及率，让搬迁群众切切实实感受到党的恩情，提升搬迁群众饮水思源、感恩奋进的意识，树立不等不靠、独立自强的思想。另一方面，通过感恩教育激发搬迁群众脱贫致富的内生动力，大力宣传勤劳致富典型事迹和人物，鼓励他们通过自身的辛勤劳动实现脱贫致富，用自己的双手建设美好家园、创造幸福生活。

其次，建设社区公共文化服务体系，满足搬迁群众精神文化需求。各地采取多种措施，开展形式多样的文体活动，促进搬迁群众之间、搬迁群众与当地群众之间的交流沟通，引导搬迁群众尽快融入新环境、开启新生活。同时，举办各种形式的培训活动，如个别地区举办"农民夜校"和实行"一村一幼"工程，帮助搬迁群众学习现代社会知识、养成良好生活习惯，逐步适应城镇生活和提高市民意识。此外，有条件的安置区配建红白理事会，明确喜丧办事标准，为社区居民办理红白公事提供全过程服务。

最后，结合地方传统文化和民族特色文化，增强搬迁民众的归属感。基于原住地的民族风俗、节日习俗、传统礼仪等，结合乡村振兴战略打造搬迁群众更易适应的文化氛围，不断丰富搬迁群众文化生活。在安置点建设过程中，因地制宜融入民族文化符号和特色，避免让文化脉络在搬的过程中断裂，通过搬迁让民族文化更好汇集、创新发展和与时

350

俱进。如贵州省水城县某安置点，支持搬迁群众保留好本民族特色手艺，充分挖掘搬迁群众中的民族文化艺人和民族民间工艺，组织非物质文化传承人免费为搬迁群众培训民族刺绣、蜡染手艺，把民族文化内涵融入安置点，把苗族文化元素"绣"在安置房上，打造有"灵魂"的安置点，形成特色鲜明、亮点突出的乡村美景，让安置点有文化、有故事。

四、发展社区集体经济，拓宽社区发展资金来源，解决社区融入资金难题

当前精准扶贫、易地扶贫搬迁工作造成了地方财政，尤其是县一级政府的财政压力。在这种情况下，安置区的发展不能完全依赖于政府财政资金，必须要建立有利于自我发展的造血机制，有效衔接乡村振兴战略。各地区通过各种形式的经济手段，建立了可持续的造血机制，解决社区治理与融入工作的资金难题。

首先，发展社区集体经济，筹集社区发展资金。部分地区依托政府优惠政策和安置区资源，结合自身优势发展社区集体经济。如云南省某安置区，在修建联排安置房时，统一为搬迁户预留了一楼商铺，搬迁贫困户可用来经营小卖店、小商品店等增加收入，同时又可以为安置点其他住户提高生活便利。部分地区运用区位优势，如毗邻高速公路的安置区，通过在安置楼房底层预留车库、在高速公路口设立加油服务站的方式发展社区集体经济，可用于支付物业管理成本以及保洁保安费用。此外，还有地区利用自身土地资源吸引投资设立社区工厂，积极承接劳动密集型产业转移，并参与管理，同时提供便利搭建电子商务平台，不仅解决资金短缺问题，也解决了部分搬迁群众的就业难题。

其次，开展社区市场化建设，发展社区集体产业。部分地区为了节

省社区治理成本，开展了社区市场化建设，借此发展社区集体产业。例如，使用市场化手段建设社区公共服务设施，如便民超市、通信网点、物业管理等，通过招标等方式吸引外部资金参与这些社区治理及服务设施的建设，实行市场化运营，节省了安置区建设成本。此外，部分地区还开展资源变资产、资金变股金、农民变股东的资产收益扶贫。鼓励组建合作社或由平台公司统一经营管理安置点商铺、车间、仓库、集贸市场、停车场（有条件的应建设充电桩或预留充电设施安装条件）等营利性物业，让搬迁群众享有稳定的资产收益。通过这些市场化的方式吸引市场化主体参与到社区治理之中，形成居委会、居民小组、市场化主体、搬迁群众和社会组织等要素齐全的社区治理服务新格局。

第三节　易地扶贫搬迁社区融入存在的问题

尽管在易地扶贫搬迁工作中，社区融入取得了初步成效，也积累了较好的经验，但在推进搬迁人口长期融入新环境方面，仍然存在诸多问题。

一、部分搬迁后续政策不明确，不利于搬迁户的长期融入

在新的生活环境下，除了稳定的生计外，户籍管理、住房以及教育医疗等问题与搬迁户的稳定生活和长期融入紧密相关。当前各地在就业、产业等短期后续扶持方面均出台了明确的政策，然而在社会保障与权益方面的长期政策安排仍然不够明确，搬迁户在城镇的自身定位不清，导致心理上缺乏长期融入的动力。

首先，户籍管理不明确，配套政策缺位。户籍身份不仅关系到搬迁

户在城镇的经济社会福利，更直接影响他们在新居住区的自我身份定位与心理融入。但目前，部分地区针对搬迁人口的户籍管理政策尚不清晰。有些地区为搬迁人口设置了户口过渡期，在搬迁一定时间后可自愿决定是否转移户口。特别是有些地区明确城镇集中安置搬迁户暂时仍为农村户口，未来是否能够转为城市户口尚未有明确的计划。然而，对于户籍所在地与居住地不一致的"户居分离"群体，相关社会保障、医疗、补贴等配套政策方案尚未出台，一方面导致搬迁户办理相关事务"两头跑"，增加生活成本；另一方面搬迁户对未来户籍属地并不确定，导致心理上的归属感相对较弱。

其次，安置房产权不清，集体产权收益分配不明确。随着易地扶贫搬迁项目的完成，安置房产权归属问题成为搬迁户的担忧。特别是城镇集中安置户是否享有住房产权、享有比例多少、原宅基地如何处理等问题仍然模糊不清，各地之间的政策差异也较大。而且目前随着户籍人口变动和人员流动，也引起两方面的潜在问题。一方面，随着人口出生和死亡的动态变化，户籍人口数量开始分化，许多搬迁户出现住房面积不足问题，但尚不具备购买商品房能力。部分地区提出通过廉租房途径解决，但目前还没有充分的政策依据。另一方面，搬迁户在搬迁后大部分还会选择外出务工，尤其是村内安置的搬迁户，人员流动较大，会存在安置房空置的问题，在安置房产权不明晰的情况下，资源就不能得到有效利用。另外，宅基地复垦的集体产权分配也没有得到明确，不利于长期开发与利用。

二、搬迁人口与原住民及边缘贫困户融入程度不够，容易引发社会矛盾

部分地区搬迁户与原居民之间的矛盾初步显现。一方面，主要是由

于安置区享受到更多的补贴和政策优惠，安置区的水电基础设施、社区管理、卫生环境以及文娱活动等均优于原住民，搬迁户在就医、上学方面都具有优惠，如搬迁户的孩子可以优先上学等措施，使得原住居民内心产生不公平感，心理落差较大，容易与搬迁户之间由此产生不和睦问题。使得原居民与搬迁户之间近乎处于"平行生活"的状态，原居民也不会参加新安置点的文化娱乐活动，对搬迁户的信任程度较低，社区之间缺乏交际，邻里之间不常交流，使得原住民与搬迁户的社区融合存在问题。另一方面，在搬迁户搬迁后，部分地区建设了扶贫车间，多数扶贫车间建在原居民区附近，车间产生的噪声影响了原居民的生活，使得原住民与搬迁户产生矛盾。以及部分地区安置区的垃圾在原居民附近处理，影响到原居民的日常生活。

另外，安置区内，政策向贫困户的明显倾斜导致群体之间存在落差。给予贫困户的大量补贴及优惠政策，会让边缘的非贫困户产生心理不平衡，促使大家争当贫困户，这个长远地看可能会影响社会风气。并且边缘非贫困户在社区生活也存在一个适应过程，有可能因各种外界因素增加致贫风险，而社区融入工作政策对其的保障力度不够，这不仅会增加致贫的概率，也会造成边缘非贫困户的心理不平衡，降低社会融入的主观能动性，不利于社区治理长期发展。

三、社区治理体系有待优化，安置区后续的物业管理缺乏市场主体的有效参与

完善的社区治理体系是保障社区有效运转、居民顺利融入的重要因素。目前，全国新建的安置区已经基本构建了社区治理体系，但尚不完善，特别是缺乏成熟的物业管理。主要表现在社区管理不成熟、治理主体单一两个方面。

　　首先，社区管理不成熟，物业管理费没有统一征收标准，部分地区物业管理压力大。在没有引进物业公司的安置小区，会存在管理人员配备不具有专业性、工作不成熟的问题，物业服务均由社区干部负责，一方面加大了社区干部的管理压力，另一方面服务质量不高会造成社区管理人员与居民之间的矛盾。在引进物业公司的安置小区，物业费的收取是当地最主要的困难，目前为缓解搬迁户入住后的生活压力，部分地区暂时不收取物业费，通过财政进行补贴，造成县级财政压力，即使部分地区依靠租赁厂房等资金来进行补助，但长期来看并不是一个可持续发展之计，并且不具有普遍性，不利于构建成熟社区。

　　其次，治理主体相对单一，难以实施有效管理。易地扶贫搬迁户在未搬迁之前，都是一户一宅，房屋、环境卫生、水电暖等设施的权属归农户自己所有，对它们的建造和维护农户都很有意愿，属于自发行为。但当把他们全部搬迁到同一个安置区之后，安置区内的环境卫生、住房、水电暖等公共设施的权属归社区所有，它们的管理和维护单纯依靠单个搬迁户很难解决。并且社区治理是多元的治理，不能仅依赖政府和基层管理部门简单地参与。目前，我国安置区管理机制，主要依赖社区管理委员会的行政管理，缺乏社区内外治理主体的广泛参与，如企业、公益机构等社会组织。导致政府部门压力大、任务重，社区治理效率不高。然而贫困地区产业风险高、搬迁户购买力较低等原因导致物业公司发展产业效益有限，也是阻碍市场主体有效参与安置区管理的重要因素。

四、人口老龄化问题加大社区管理难度，社区养老服务有待完善

　　搬迁户中的青壮年劳动力多选择外出务工，安置区内的常住人口

中，60 岁以上的老年人占据了绝对比例。入住城市后的搬迁户思想观念没有转变，部分老年群体难以适应城市生活，不会乘坐公交车，不会使用手机支付，缴纳水电费等，以及关于婚丧嫁娶等风俗习惯还没有转变，造成心理融入困难。由于许多老年人出行不便，对于社区组织的各类活动缺乏兴趣，难以真正地参与到社区活动中去，这对社区管理提出了更大的挑战。

在老龄化造成社区管理难的背景下，目前的社区养老服务还有待完善。许多留守老人或者五保户搬迁后单独居住，部分贫困老年人口由于户籍原因，分配安置房时无法与子女同住，在社区普遍割裂、缺乏互动的情况下，老年人口的养老保障相对不足。尽管部分地区出台了针对符合条件的老年人口的供养政策，但仅解决了经济困难，精神生活仍然较为匮乏，导致其无法融入新的社区生活。虽然部分安置区组织建设日间照料中心，旨在为 60 岁以上的贫困老人提供日间休闲场所，但由于目标人群缺乏对该项目的了解，因此日间照料中心无法切实解决老年人问题，也未能取得预期成效。

五、社区融入资金缺口较大，搬迁户后续生活开支政府补贴较高，造成严重财政负担

易地扶贫搬迁的地区多为贫困县或深度贫困县，财政资金本已较为紧张。在开展易地扶贫搬迁建设、产业扶贫等精准扶贫项目的过程中，大多数地区已经通过贷款筹集部分资金，县级财政还款压力大。尤其是2020 年遭遇新冠肺炎疫情的冲击，给贫困地区就业、经济带来较大负面影响，进一步加剧了财政压力，贫困县债务问题十分突出。

然而，社区融入是一项长期任务，所需资金投入量大、持续时期长、涉及范围广，加上缺乏有效融资渠道，难以有效筹集所需资金。尽

管根据易地扶贫搬迁资金管理方案，中央、省等地方政府发放专项资金用于易地扶贫搬迁建设，且成立了扶贫开发公司负责贷款筹集和管理资金。但这些资金仅够用于房屋建设及迁出地房屋拆除，后续帮扶体系建设资金需要县级政府另外自行筹集。调研过程中发现，作为社区建设与社区治理的重要部门，鲜有地区的民政部门设有易地扶贫后续帮扶的相关建设资金。

另外，为了降低搬迁户的消费支出，提高搬迁群众的经济融入水平，各安置点针对性实施了物业管理费、水费由政府代缴或"水费全免，电费补贴"等措施。这些措施当下减轻搬迁户的负担，但政府资金负担较重，长期难以为继。对于部分引入专业物业管理机构的社区，物业管理费用主要依靠政府补贴。政府对于这些搬迁户后续生活费用的高昂补贴会给财政带来较大压力，长期难以为继，并且会加大后期收取和管理这些费用的难度。

因此，在巨大的资金需求下，县级财政也面临巨大的压力，社区融入与治理资金严重缺位。一方面，导致部分地区相关工作迟迟难以开展，社区治理与融入状况相对落后；另一方面，也要谨防由于财政资金紧张导致易地扶贫搬迁后续帮扶措施停滞。

第四节　推动易地扶贫搬迁社区融入的政策建议

针对当前易地扶贫搬迁社区融入存在的问题，并结合典型经验，本部分提出相关建议，为进一步推动搬迁户尽快融入新环境、完善搬迁社区治理政策提供有益参考。

一、稳定政策预期，解决搬迁人口后顾之忧

随着搬迁人口的全面入住，后续保障政策直接关系到搬迁户能否在生活上和心理上持续稳定地融入新环境。目前，现有易地扶贫搬迁后扶政策能够确保短期内的基本生活和公共服务保障，但从长期来看，仍需进一步明确户口管理、住房以及养老等与搬迁人口切身利益紧密相关的政策措施，以妥善解决后顾之忧。

首先，加强顶层设计，明确搬迁人口户籍管理及其配套政策。从中央和地方政府层面出台关于搬迁人口户籍管理的指导性文件，在不违反相关规定的前提下，允许各地因地制宜制定户籍政策。一方面，针对不同搬迁安置方式实行不同户籍管理政策，县城集中安置人口可考虑统一将户口迁至县城按照市民管理，中心城镇或者分散插花安置人口可仍为农村户口，但需确保迁移至现居住地；另一方面，也要尽快确定与户籍挂钩的社会保障、低保等政策，确保搬迁户迁移户口之后的基本福利不减，能够享受当地的教育、医疗政策，并且能够就地、就近办理，最大程度减少搬迁人口"两头跑"。

其次，明确住房产权，出台利用廉租房、经济适用房或者住房补贴等多种方式解决住房拥挤问题。第一，进一步明晰安置房产权归属问题，根据出资比例、贫困程度等多维标准，合理划分产权归属，确定安置房继承、转让、出租、销售的详细政策，让搬迁人口吃下"定心丸"，提高资源利用效率；第二，针对贫困人口动态变化，出台规范性指导文件，明确住房拥挤问题的解决方案，如合理利用廉租房、经济适用房等资源使得符合条件的搬迁贫困户优先获得住房；对于家庭特别困难的搬迁户，可通过住房补贴的形式解决租房难、租房贵问题，有效防止因租房返贫。

二、精细化社区管理，推动社区交流与互信

在新的生活环境下，植根于原有环境的生活习惯短期内难以改变，必然面临不适应的过程。帮助搬迁人口尽快适应新的生活环境，是社区管理的重要任务。目前，在后续就业、产业扶持政策下，经济融入相对顺利，但在社会融入方面，要进一步加强精细化管理，制定差异化社区管理政策，化解搬迁户与原住户及边缘贫困户之间的矛盾，推进社区交流与互动，尽快建立熟人社区。

首先，针对不同安置方式、安置区规模以及家庭特征，合理制定社区融入政策。一是，结合集中安置、分散安置的不同特征，制定不同的融入政策体系，对于集中安置，亟需构建新的社会网络以快速融入社区生活。对于分散安置，需要切实保障移民搬迁群众的经济利益和政治利益，尽快融入当地生活文化圈。二是，根据安置区规模大小，建立不同的治理体系，较大型安置区，可调整城市建设规划，纳入城镇管理体系，对于中型或者小型安置区，可由乡镇或街道管辖，设立社区居民委员会管理日常事务。三是，结合搬迁家庭人口具体特征出台针对性措施，尤其是难以在城镇自主就业的老年劳动力、女性劳动力以及独居老人等群体，通过安排公益性岗位、最低生活保障、就近择业、文体活动等多种措施，保障经济生活的同时满足精神需求。

其次，因地制宜开展教育与交流活动，增强社区互动和互信。一方面，开展各种形式的教育活动，增强搬迁群众的市民意识。引导搬迁群众逐渐培养市民生活习惯和行为规范，如乘坐公交车、公共场所使用、物业费等杂费缴纳等，同时引导搬迁群众破除封建迷信、酗酒赌博等各种陈规陋习，增强搬迁群众的市民意识，从心理上融入城镇生活；另一方面，开展各种形式的思想文化教育，营造开放包容、互相帮助的社区

文化，鼓励社区内部以及跨社区开展交流互动、形成良好的邻里关系。此外，也鼓励搬迁群众积极参与社区开展的公共活动，并共同参与社区管理，增强主人翁意识，养成与新环境相适应的生产方式和生活习惯，顺利融入新社区。

最后，未来政策设计应当适当关注同步搬迁户及未搬迁非贫困户的利益，化解搬迁户与原住户及边缘贫困户的矛盾。建议在后续搬迁政策或者扶贫政策中，尽量避免此类"一刀切"政策安排，可以按照选定标准将政策对象分段分类补贴，或者利用精准扶贫和乡村政策中的多种政策工具，对未享受大量政策福利的农村群众进行适度帮助。安置区内，要高度关注并全面掌握边缘贫困户生产生活情况，对照实际因户施策，在政策范围内给予他们最大化的帮助。同时，要加大对非贫困搬迁户的政策宣传、政策解释，切实增强群众对社区管理工作的认可度。要多关注非贫困搬迁户的心理状态，由于政策的不关注可能导致非贫困搬迁户的心理不平衡，这就需要多在其他方面给予帮助，如就业咨询、法律援助等。另外，加强非贫困搬迁户和贫困搬迁户以及原居民的交流，构建和谐、安定的社区氛围。

三、完善治理体系，促进搬迁人口融入区域发展

完善的治理体系是有效开展社会融入工作的重要保障，主要体现在完善的治理机构和较强的治理能力。更为重要的是，促进搬迁人口全面融入新环境，尤其需要注意搬迁人口与原住民之间的融合发展，构建区域层面的协同治理体系，充分利用搬迁人口带来的契机，以易地扶贫搬迁统揽区域发展全局。

首先，构建多元主体参与社区治理结构，提高治理能力。目前来看，各易地扶贫搬迁集中安置区均建立了相对完整的管理部门，初步发

挥出一定的治理效果。然而仍然需要进一步完善相关机构，提高治理能力。一方面，要逐步建立、健全群团组织和社会力量协同参与的治理机制。社区功能的发展与完善离不开社会力量的参与。安置区要搭建社会组织参与社区治理的服务平台，积极引导安置区以外的社会组织、慈善组织、社会专业工作力量和志愿者为搬迁群众提供家政培训、文体活动、心理疏导、医疗保健、法律咨询、交通安全宣传教育等各项服务；另一方面，选拔优秀社区管理干部，提高治理能力。注重提拔和任用搬迁群众中离任村干部、退役军人，可选配其为居民小组和楼栋长负责人。对于整村搬迁的村民小组，考虑任用原有迁出地中工作能力强、政治觉悟高的村干部在安置区继续担任管理与服务工作。同时，鼓励搬迁群众参与社区治理，对搬迁群众中拥护党的领导、有威信、有能力的优秀人才要重点培养、有限提名，逐步建立和培养一支业务能力强、综合素质高的社区干部队伍，帮助搬迁群众尽快熟悉社区生活环境。

其次，建立县域层面治理体系，推进搬迁人口与原住民深度融合。推动搬迁人口真正融入新环境，不仅仅是让安置区内部的交流与融合，更要让搬迁人口与原住民深度融合，全面融入城镇的经济社会发展中。因此，必须构建更高层面的治理体系，统揽县域发展全局。一方面，要构建县域层面的治理体系，充分缓解搬迁人口与原住民之间的矛盾与冲突，逐步探索相对贫困治理方式，建立将全部居民考虑在内的城乡统筹的贫困治理体系，以帮助搬迁人口在经济、社会、文化、政治等多个方面真正融入到城镇；另一方面，充分利用易地扶贫搬迁契机，结合扶贫车间、产业扶贫、公益性岗位等综合措施，统揽县域经济社会发展全局，承接中东部发达地区劳动密集型产业转移，发展农产品加工业，以促进县域经济更好地发展，惠及包括贫困人口在内的全部居民，进而推动搬迁贫困人口与原住民的深度融合。

四、立足搬迁人口实际需求，加强老年人供养服务和社区公共服务

首先，加强易地扶贫搬迁老年人口供养服务。一方面，在资金层面，针对特困搬迁老年人口，积极发挥临时救助制度和社会保障救助制度，解决困难老年人遭遇到的突发性、紧迫性、临时性基本生活困难；另一方面，充分发挥社区、社会组织、社会工作者等多元主体的作用，针对留守独居老人、五保、特困等老年人需求，鼓励社区组织开发设计、社会组织竞争承接、社工团队执行实施服务项目，满足农村留守、空巢老年人的多样化、个性化服务需求，尤其是精神和陪伴需求，切实保障搬迁老年人口搬迁至城镇后能够安享晚年。

其次，因户施策，努力解决搬迁人口最为关注的现实问题。尤其是留守儿童、妇女、老年人和残疾人等特定困难群体需要特别关注，努力解决他们最关心、最直接、最现实的利益问题，加强关爱服务。对没有劳动能力的，通过社会保障兜底，实现"两不愁、三保障"；对长期患病的，结合实施健康扶贫加大救治力度；对于需要照顾子女就学的妇女，建设儿童照料活动室或者爱心课堂，帮助她们照看子女，以免耽误就业，进而提高搬迁群众对新家园、新环境的认同感和归属感。

最后，充分利用公共服务设施，促进建立互相熟悉、信任的新社区。安置区要充分利用已建成的公共服务设施和空间，如活动室、图书阅览室、娱乐室、便民服务室、社区邻里中心、殡葬中心等，开展相关娱乐、交流和民俗等活动，整合来自不同村落移民的风俗文化和集体记忆；推动社区居民广泛参与社区公共服务设施建设和公共活动，增强社区主人翁意识，从而构建一个具有开放多元的社会文化、公平正义的社会环境、有较强心理归属感的社区共同体。

五、整合多渠道资金，纾解社区融入资金困境

当前，社区融入的发展资金主要来自上级财政拨款。但受财政资金限制，特别是在新冠肺炎疫情的冲击下，经济下行压力加大，财政资金更是捉襟见肘。为保证资金充足，稳步推进社区融入工作，需要整合多渠道资金，更重要的是要积极发挥社区集体经济的作用，充分利用市场机制，建立可持续的社区融入资金筹集机制，有效化解社区融入资金困境。

首先，统筹多部门扶贫资金，设立易地搬迁后续发展基金。短期内，在现有政策条件下，允许地方政府利用各种渠道资金，如产业扶贫基金中的剩余资金、东部对口帮扶地区的出资、中央扶贫资金，以及地方政府扶贫的剩余资金，共同设立易地搬迁后续发展基金，采用市场化方式投资运作，以基金保本微利为前提，解决易地扶贫搬迁后续发展、社区治理等方面的资金问题，精准帮扶大型易地搬迁安置区搬迁群众的社区融入。在地市级层面或县级层面设立融资平台，与易地扶贫后续发展基金对接，多种渠道同步筹集资金，解决社区治理的资金难题。

其次，发展社区集体经济，建立可持续的市场化资金筹集机制。长期来看，社区治理与融入资金不能完全依赖上级政府拨付的扶贫资金，必须依靠自身发展才能得以有效解决。考虑鼓励安置区利用现有政策及软硬件设施，发展社区集体产业，开展创收项目，以保证充足的资金来源，并将资金用于推动社区治理和居民社区融入。例如，利用安置区房屋、会议室以及娱乐活动场所，开展租赁业务，将所得资金用于代缴社区居民物业费、水费等，也可将资金用于开展文体娱乐活动、聘请小组长、楼栋长以及老人儿童照料人员等，推进完善社区治理体系和促进搬迁群众融入社区。

第九章

易地扶贫搬迁后续社区
融入的典型案例研究

目前，易地扶贫搬迁工作第一阶段"搬得出"的任务目标已基本完成，后续搬迁群众是否"稳得住""能致富"是决定成败的关键。为此，中国人民大学扶贫研究院课题组针对易地扶贫搬迁安置地的后续扶持工作开展了大量的实地调研，对广西、云南、四川、贵州、山西、陕西、湖南、甘肃八个省（自治区）进行了深入访谈和实地考察，经考察，各地区、各部门因地制宜，探索创新，在政策体系和实施路径方面，形成了很多值得推广的社区融入的典型经验和做法。本章将基于调研的数据资料，详细分析和总结各省区社区融入的典型案例，为创新后续社区融入典型做法提供建议。

第一节　甘肃省后续社区融入典型案例

一、巾帼家美积分超市

实施背景：古浪县黑松驿镇黑松驿村为充分发挥全村妇女在人居环

境整治和村容村貌改善中的独特作用，深入推进寻找"最美家庭"活动和"美丽庭院"创建工作，按照省妇联《在全省深度贫困村实施"巾帼家美积分超市"示范点项目方案（试行）》，结合自身实际，制定了巾帼家美积分超市实施方案。

实施方案：（1）积分项目包括基础得分、评比得分、临时奖励得分和一次性奖励。基础得分每户10分。评比得分包括：①"最美家庭"：夫妻和睦、孝老爱亲、科学教子、勤俭持家、邻里互助、勤劳致富、遵纪守法、绿色环保、热心公益、移风易俗等；②"美丽庭院"：居室床铺、灶台、地面干净，物品摆放整齐；庭院整洁、绿化美化；厕所干净无异味；外观整齐有序，无乱贴乱画行为等。临时奖励得分包括参加村务议事、义务劳动和其他临时性活动。同时，对月、季、半年和年终累积得分高者给予一次性奖励。

（2）积分方式包括现场评定、综合评定、临时奖励和半年考核四种方式。现场评定每月一次，根据积分项目和现实表现对应打分，发放相应分值的积分卡，集中兑换1次物品。综合评定每季度一次，对每月积分前10名的家庭再给予一次性奖励，发放相应分值的积分卡，兑换等值的物品。临时奖励是对参加村务议事、义务劳动和其他临时性活动的，每次奖励不超过5分。半年考核分别在6月底和12月底各一次，对每半年积分前20名的家庭每户给予一次性奖励。

（3）对受到治安处罚、发生邻里纠纷、参与"黄赌毒"、非法信访和其他违法违规行为的家庭，给予黄牌警示，扣除基础得分，一个月内不得积分。

实施效果：积分超市的设立，通过现实表象与积分评定相挂钩，物质奖励和精神引领相统一，有效地唤起了贫困群众积极性，激发了贫困群众从"要我脱贫"到"我要脱贫"的内生动力。

一是人居环境更加靓丽。通过积分激励引导，调动了贫困群众维护居家环境和参与村庄环境治理的积极性，贫困户个人讲卫生爱整洁、屋内物品摆放整齐现象增加，房前屋后垃圾杂草、乱搭乱建、乱堆乱放等现象减少。

二是推动社会关系更加和谐。邻里之间互帮互助，子女主动赡养父母，贫困学生失学辍学现象减少，自觉遵守村规民约。

三是使贫困群众脱贫信心更加坚定。以表现换取积分、以积分换取物品的激励机制，树立了受助者有尊严、懒惰者没空间的导向，让部分贫困户逐步改变了好吃懒做、不劳而获的坏习惯。唤起了贫困群众自立自强、感恩回报的意识。

经验做法：（1）黑松驿村文明新风（巾帼家美）积分评价工作是"志智"双扶的重要手段。村"两委"、包村工作组、驻村帮扶工作队通过召开群众大会、划片小会及走访入户、微平台宣传等多种形式进行宣传，做到家喻户晓，人人皆知，户户参与。（2）积分评价工作由村"两委"和村妇联具体负责，包村工作组和驻村帮扶工作队监督指导，评价工作领导小组具体实施。加强了干群工作互动，密切了干群关系，村里公益活动有人参加，开会议事有人参与，形成了全体干群团结一心谋发展大格局。（3）积分超市购置商品所需资金主要来源于甘肃省妇联巾帼家美超市项目扶持资金及村集体积累资金，下一步，将积极汇报镇党委政府，协调相关部门及单位，不断拓展资金来源渠道。

二、文明股

实施背景：古浪县针对部分贫困群众脱贫信心不足、内生动力不强、"等靠要"思想严重甚至不愿脱贫等现象，把精神扶贫作为深化农村精神文明建设，激发群众脱贫致富的内生动力，树立弘扬乡村文明新风的重要举措，与农村"三变"改革相结合，创新设立"文明股"，有效激发贫困群众脱贫攻坚的积极性和主动性。制定《关于旗帜鲜明反对"等靠要"思想进一步推动精神扶贫工作的通知》及《古浪县农村精神文明建设"文明股"管理办法》,积极引导在农村形成学先进、当先进、争先进、树先进的鲜明导向,助力脱贫攻坚,助推精神文明建设。

实施方案:(1)注重激励先进、鞭策后进。在全县贫困户中开展脱贫"红黑榜"评选活动,按照引导与警示相结合的原则,对勤劳致富、带头移风易俗、达到脱贫条件能主动申请脱贫的贫困户通过"红榜"进行表彰奖励;对在脱贫攻坚中存在"懒汉思想",不求上进、坐等政府救济、故意隐瞒家庭真实收入、在公共场合宣扬"贫困光荣"的群众通过"黑榜"进行曝光批评,3年内不得评选为任何优秀和先进。(2)精准实施"三变+乡村新风尚"股份激励,设立县级"文明股",县财政筹措资金124万元入股扶贫产业开发有限公司,按照10%的比例每年进行分红,村委会通过"一事一议"方式,作为乡村新风尚"文明股"股份激励基金。行政村拿出村集体经济收入的15%,设立"创业股""奉献股""文明股"三种股权对文明新风先进典型和行为进行奖励,针对产业发展和增收效果明显的贫困户、脱贫攻坚中做出突出贡献和无私奉献的家庭、弘扬社会主义文明新风的个人或家庭制定相应积分标准,采取"动态管理、一年一奖"的方式,满一年后将积分量化折股进行奖励,让文明户等先进典型从村集体收入中获得相应股份收益。

实施效果:县级"文明股"分红每年组织一次,每年年初,由各乡镇组织开展文明创建活动,积极倡导文明新风,深入挖掘筛选先进典型,经县文明办审议合格后组织发放"文明股"奖金。完善监督管理机制,坚持公平、公正、公开的原则,对于精神文明先进个人和家庭评选、积分操作、积分管理、资金入股、资金发放等环节严格把关,公开运行、阳光操作,增强社会透明度,保护群众参与的积极性。建立投诉、核查等机制，对虚构事实、弄虚作假、优亲厚友等骗取荣誉和分红的，依法追回，在一定范围内进行通报批评，并根据情节轻重追究相关责任。

自 2018 年起，古浪县实行"文明股"奖励政策，主要奖励孝敬老人、抵制高价彩礼、带领群众脱贫的先进家庭和个人，进一步引导广大贫困群众摈弃"等靠要"思想，树立自力更生、脱贫致富的志向，积极发展增收产业，大力弘扬传统美德，扎实推进移风易俗，通过辛勤劳动过上幸福美好的小康生活。2019 年全县共评选出年度"文明股"分红对象 2 118 人，共发放分红 12.4 万元。

经验做法：（1）转变思想创新精神扶贫。积极引导在农村形成学先进、当先进、争先进、树先进的鲜明导向，助力脱贫攻坚，助推精神文明建设。注重激励先进、鞭策后进。（2）积分量化增强脱贫活力。对弘扬传统文化、推进移风易俗、强化精神扶贫等方面表现突出的家庭和个人，特别是获得道德模范、文明家庭、八星级文明户、最美家庭、身边好人、优秀共产党员、"红黑榜"红榜个人或家庭给予奖励。（3）兑现分红提振脱贫信心。县文明办按全县"文明股"红利总额和总积分分配红利，确定分配方案，以奖金的形式由县扶贫产业开发有限公司按照分配方案将红利分配到各乡镇，由乡镇负责通过"一折统"方式发放到先进个人和文明户手中。

三、长兴新村创新社会治理

古浪县绿洲小城镇长兴新村承接古浪县南部山区黑松驿、新堡、黄羊川、干城、古丰 5 个乡镇搬迁移民。全村现下辖 8 个村民小组，628 户 2 587 人，其中建档立卡贫困户 433 户 1 740 人。现有耕地 3 998.75 亩（约 266.58 公顷），经济林 788 亩（约 52.53 公顷），日光温室 312 座，养殖暖棚 75 座。按照全县村干部职业化管理改革试点村工作要求，由组织部选聘配备了专职党支部书记和"大学生"A岗文书，并于2020年2月底，通过民主选举配齐了村"两委"班子。在社区治理中以党建为核、自治为体，服务为本、法治为基、德治为魂，探索政治、自治、法治、德治、智治为一体的社会治理创新。

（1）探索基层党建+模式，做实基层服务。一是2020年2月底健全村党支部——楼幢党小组——党员中心户三级党组织网络，划分了4个党小组，配强了党小组长，动员在家党员主动认领服务岗位。特别是2020年疫情期间，党支部充分发挥服务群众解难事作用，号召在家党员发挥先锋模范作用为民办实事。在家党员克服恐惧，发扬"我是党员我先上"的精神，战斗在抗击疫情的第一线，体现了村党组织核心作用的进一步增强。二是高水平打造党群服务中心。按照一中心、一屋、两室，一栏、一场的要求，标准化打造了便民服务中心、农家书屋、党员活动室、综合办公室，宣传栏和活动广场，确保了党支部开展工作有场所、党员活动有阵地、群众办事有窗口，做实了服务群众的最小单元。

（2）发挥自治基础作用，壮大集体经济。一是多渠道增强村集体经济。以300万元财政涉农发展壮大村级集体经济项目资金，依托横梁乡扶贫产业开发有限公司，联合5个新村，建设横梁乡村级集体经济养殖示范点，集中发展肉羊养殖产业，按照不低于入股资金5%进行分红；以村集体商铺、甘肃新供销保鲜库收益资金；以村级光伏扶贫电站发电收益等三个渠道，将每年获得收益纳为村集体经济。至目前三项集体经济收入28.266万元，并按照村集体资金分配管理办法，开发了公益岗位124名，用于干道保洁、水电管理、村内绿化等工作。二是坚持产业+就业模式提高群众收入。把培育产业和劳务就业作为推动本村经济发展的根本出路，以种养业为基础，依托五道沟日光温室产业园区种植辣椒、番茄、茄子、西瓜、甜瓜、芦笋等现代高效农业和规模化设施养殖，通过群众承包大棚自种或者到园区务工，实现群众稳定增收，确保了易地搬迁群众搬得出、稳得住、能致富。

（3）发挥法治保障作用，做优公共服务。依法治理是社会治理的基石，为社区营造良好的法治环境。一是健全了"两中心、三室"法治服务平台，设立了综治中心、法律援助中心，人民调解室心理咨询室和警务室，实现矛盾纠纷"统一受理、集中梳理、分流办理"，并牵头协调、强化指导，通力协作，自觉融入中心工作，形成了协调联动合力、化解社会矛盾和处置突发事件合力、综合整治社会治安突出问题合力和群防群治工作合力。运行以来在化解村级矛盾、维护村级稳定、加强流动人口服务管理，以及提高村民安全意识等方面切实发挥了积极的作用。二是充分发挥网格作用。2020 年按照"一网多格、一格多员、一员多能"的原则建立了网格化管理机制，将全村 8 个村民小组和两个公共服务单位，划分为 10 个网格，每个网格由 1 名网格员担任，村"两委"班子成员分别担任各网格指导员，实现了网格管理的全覆盖、规范化。探索建立了网格化＋服务模式，制定了"巡查走访——采集上报——受理处置——上下联动"的工作流程，做到"人在网中走，事在格中办"，不断提升社区网格服务和管理水平。

（4）发挥德治先导作用，做强志愿服务。把开展志愿服务、移风易俗作为倡导德治的主抓手。一是开展志愿服务引领。以保洁、交通劝导员和绿化管护为主体的 124 个公益性岗位为志愿者服务基础，通过定期开展清理各组楼前屋后和通组道路的生活垃圾、路边垃圾、树木花草管护等，积极引导全村群众养成定点堆放垃圾的好习惯，切实提高人居环境治理效果。二是倡导移风易俗。村上制定了《红白理事会章程》，农村党员和村组干部严格实行操办婚丧喜庆事宜"报告承诺"制度，大力提倡生前孝敬老人，死后从简祭祀，反对高价彩礼。对大操大办、薄养厚葬、封建迷信、铺张浪费、高价彩礼等反面典型，主动在红黑榜上进行曝光，形成警示效应，引导群众转变观念。

（5）发挥智治的支撑，做细民生保障。一是在便民服务大厅设置了社会保障服务岗、就业服务岗和综合服务岗，根据各类服务事项的规范流程为群众开展业务办理，大力推行"最多跑一次""马上办、一次办"等服务。目前为全村的69名残疾人（其中一级残疾11人，二级残疾12人，三级残疾20人，四级残疾26人），全面落实了残疾保障政策；为39户低收入家庭办理了低保，其中一类低保1户3人，二类低保29户125人，三类低保4户15人，四类低保5户25人，实现了应保尽保。二是及时提供就业信息。依托横梁乡劳动力市场，建立本村人力资源库，定期通过发布培训就业信息，定点培训输转，为全村富余劳动力精准输转提供了保障。目前，全村16~60岁的劳动力1 522人，已输转1 169人，其中就近就地输转353人，输转率达76.8%。

四、村（社区）开展基层协商民主试点

古浪县根据《关于在村（社区）开展基层协商民主试点工作的实施方案的通知》精神，确定黑松驿镇黑松驿村（安置区）、干城乡富民新村（安置区）、城关街道昌灵路社区为基层协商民主试点单位。目前基层协商民主试点工作正顺利有序推进，试点工作进展情况如下：

（1）加大保障力度，强化议事阵地建设。县财政为每个试点村（社区）安排专项资金3万元，专门用于试点村（社区）协商议事阵地建设，改造装修了协商议事办公用房，购置配备了办公设施设备，设计布置了各具特色的阵地版面内容，着力营造协商氛围，培育协商文化，推进基层协商民主程序化、制度化、规范化建设，为试点村（社区）基层协商民主顺利开展提供了场所、搭建了平台。

（2）选准协商切口，因地制宜开展协商活动。各试点村（社区）按照"坚持党的领导、坚持群众自治、坚持依法协商、坚持民主集中、

坚持因地制宜、坚持为民利民、坚持灵活多样、突出协商实效"的原则，高标准、严要求组织开展协商议事活动。截至 2020 年 7 月底，3 个试点村（社区）共开展协商议事活动 30 次，其中，促进产业发展方面 4 次，环境卫生整治方面 2 次，落实政策方面 6 次，基础设施建设方面 3 次，民生方面 4 次，调处矛盾纠纷方面 3 次，其他方面 8 次。

（3）凸显亮点特色，试点村有序开展协商工作。试点村把协商民主作为促进基层民主法制工作、推动美丽乡村建设有力抓手，按照"民事民提、民事民议、民事民决、民事民监"的要求，创新"有事好商量，协商办好事"的工作思路，一是黑松驿镇黑松驿村突出"魅力黑松驿"建设，推行基层协商民主"六步议事法"（收集问题、确定议题、议前调研、协商议事、公开结果、组织实施），严格协商内容，规范协商程序，丰富协商形式，就"千亩马铃薯种植"事宜，采取网络协商、会议协商、面对面协商等多种方式，综合吸纳民意、充分讨论协商，达成共识，落实种植马铃薯 1 100 亩（约 73.33 公顷）；就"解决农村'脏、乱、差'的问题"开展会议协商，制定"门前三包"制度，督促清理门前屋后各类垃圾、杂物等，全面提升美丽乡村形象。

二是干城乡富民新村把"老百姓的幸福就是共产党的事业"贯穿基层协商民主工作全过程，建立为老百姓谋幸福的协商议事队伍、创新为老百姓谋幸福的协商议事方法、完善为老百姓谋幸福的协商议事制度，大力推行"五进十问"工作法（进困难户问生产生活问致贫原因，进务工户问就业现状问创业思路，进党员户问发展良策问模范作用，进发展户问致富经验问发展瓶颈，进上访户问事情原委问症结所在），把协商工作和脱贫攻坚紧密结合，广泛征集协商议题，深挖热点难点堵点问题，召开了光伏扶贫资金收益分配的民主协商会，村民代表就议题充分发表看法，畅谈意见建议，最终决定"建档立卡贫困户在经济林义务参加田间劳动和管理，以分红形式分配光伏扶贫收益资金"，促进了富民新村产业发展，为建档立卡贫困户增加了收入。

三是城关街道昌灵路社区倾心打造"贴心党建＋基层协商民主议事会"品牌，选优配强议事队伍，大力推行"二三四"工作法（两网融合、三级互动、四步协商），构建社区"党总支是一盏灯，党支部是一杆旗，党小组是一张网，党员是一团火"的党组织网格和社会共建网络"两网融合"体系，搭建"协商议事委员会——协商议事小组——协商议事网格"三级协商主体，推行协商议事网格灵活议（楼口事、楼栋事、小矛盾、小纠纷、小面积服务事项）、协商议事小组现场议（涉及片区的矛盾纠纷及服务事项）、协商议事委员会专题议（涉及全社区的共性问题）等协商议事方式。

五、古浪县安置区治理典型经验

（1）加强移民区基层组织能力建设。按照边批复边建设，由组织部门和民政部门指导，乡镇党委、政府采取"新村党总支＋小区党支部"模式，划分居民小区，居民小区划分居民小组。18 个移民新村现已完成"两委"班子选配，组建移民区村党总支 12 个、党支部 58 个，村民小组 213 个。不断健全完善以村党总支为核心，村民自治和村务监督组织为基础，共青团、妇女等群团组织为纽带，各种农民合作组织为补充的组织架构，探索实行移民新村村干部职业化管理，从未就业大学本科毕业生中为每个移民新村选配 1 名专职村文书，为村干部队伍输入新鲜血液，提升村干部现代化办公水平。

（2）落实移民区基层组织建设经费。为保障移民安置社区服务能力，适应移民新村工作和社会管理需要，坚持差异化、绩效化、统筹化原则，按照每村每年 6 万元标准落实移民新村村级办公经费，移民新村小区党支部书记工作报酬达到每人每年 1.8 万元，村干部基本报酬达到每人每年3.6万元，村级监委会主任工作报酬达到每人每年1.1万元，居民小组长工作报酬达到每人每年0.96万元，并以镇为单位单列村干部绩效报酬，确保村级组织有钱办事。同时，县人社局积极协调解决公益性岗位指标，有效缓解了社区服务群众人力不足的问题，加强了移民新村社区干部的工作力量。

（3）不断强化党建引领工作。借鉴城市社区管理的理念和模式，紧紧抓住移民区党组织建设这个核心，把加强基层党的建设、巩固党的执政基础作为贯穿社会治理和基层建设的主线。按照"社区党总支+居民小区党支部"的模式及时跟进选举产生基层党组织，着力构建"党总支+村委会+村监会+群团组织+小区党支部"的"一核多元"村级组织体系。持续增强社区居民参与能力。注重提高村级议事协商能力，制定印发《关于加强城乡社区协商的实施意见》，扩大参与主体、完善协商机制，凡涉及城乡社区公共利益的重大决策事项、关乎居民群众切身利益的实际困难问题和矛盾纠纷，由社区党组织、基层群众性自治组织牵头，组织居民群众协商解决。

（4）坚持把完善村民自治章程、村规民约作为加强农村精神文明建设的一项基础性工作。一是建立健全村民自治章程。各村（社区）全部建立了村务监督机制、村集体经济组织运行机制、"五议五公开"制度，组建了村级公益设施共管共享理事会，逐步形成了民事民议、民事民办、民事民管的基层协商格局。全县251个行政村（社区）均成立了红白理事会，制定完善了村规民约。举办首届集体婚礼，引导群众自觉抵制高价彩礼和陈规陋习。

二是修订完善村规民约。将公共环境卫生整治、公共基础设施建设管护、推进移风易俗、培养良好生活习惯等内容纳入村规民约，从社会公德、社会稳定、民族团结、生态保护、家庭美德、移风易俗、邻里关系、公共秩序、治安管理等方面为村民制定基本行为准则。全县244个行政村均成立了红白理事会，制定完善了村规民约。建立了乡村新风尚股份激励基金，对农村各类弘扬文明新风先进典型和行为进行股份奖励，激发了移民群众脱贫致富的内生动力。

三是加强网格化信息化管理。全面落实"人—户—网格—社区"服务管理机制，围绕"综治中心＋X＋网格化＋信息化"的工作要求，以提升综合治理能力、主动服务民生为目标，制定了《古浪县城乡社区网格化服务管理规范化建设实施意见》，在20个乡镇（街道）科学划分基层网格803个，配备网格员1 606人，整合人民调解员、护林员、交通管理员等工作职责、待遇，着力打造了一支能力精干、责任心强的网格员队伍，开展生活融入、邻里互助等社区服务和各类群众性文化娱乐活动，促进群众交往交流交融，增强群众归属感和认同感。

六、靖远县创新安置区管理方式

靖远县民政局对全县易地搬迁安置区社区治理工作进行了调研，与各有关乡镇就安置区社区治理情况进行了对接，形成了《关于调整优化社区（村）规模的报告》，经县政府常务会议审议通过，下发了《靖远县人民政府〈关于同意调整优化社区（村）规模的批复〉》和《关于印发〈靖远县调整优化社区（村）规模的实施意见〉的通知》，对全县易地扶贫搬迁安置区进行调整优化，同意在碾湾坪易地搬迁点成立若笠乡富民社区居民委员会，管理模式参照城市社区管理；同意将金三角易地扶贫搬迁安置点移交乌兰镇二七九社区管理；同意在大坝安置区成立东湾镇新民社区居民委员会；同意设立五合镇惠安社区居委会，将白茨林安置点纳入社区居委会管理。同意对高湾镇贾崖村安置点、北滩镇插花安置点等53个安置点（集中安置点38个，分散插花安置区15个）的管理意见，由有关乡镇对人口较多的集中安置点指导成立村民小组并入安置点所在村进行管理，对人口较少的分散插花安置区并入安置区所在村村民小组进行管理。

坚持以人民为中心，把服务居民、造福居民作为社区治理的出发点和落脚点，始终以为民服务为宗旨，尊重居民的主体地位和首创精神，不断丰富社区服务内容。针对易地搬迁群众户籍未迁移，办事"两头跑"、惠民政策享受不及时等问题，全县5个大型易地搬迁点均设立了便民服务工作站，采取代办服务方式，由原乡镇工作人员定期在站内为本辖区居民提供代办服务，为辖区居民办理低保、临时救助、残疾人"两残"补贴、缴纳社会保险、就学就业等服务，有效减少了群众"两头跑"现象，防止群众惠民政策享受不及时等问题。为切实解决易地搬迁群众受疫情影响，复工复产缓慢、群众收入不稳定、生活困难等情况，县民政部门加强与易地搬迁安置区有关乡镇的沟通衔接，对已入住易地搬迁安置区群众收入情况进行全面核实，对因收入来源不稳定造成生活困难的及时给予临时救助，符合低保等条件的及时纳入社会救助政策范围，确保各易地搬迁安置区所有符合条件的贫困人口应保尽保、应兜尽兜、应救尽救、应补尽补。

各乡镇严格落实易地扶贫搬迁安置点社区治理中的主体责任和社区建设的属地责任，统筹谋划易地搬迁安置区社区治理工作，促进公共资源在社区间的均衡配置，注重优势互补、共同提高，使社区建设更好地服务当地居民。截至2020年8月，各易地搬迁安置区新成立村（居）委员会选举工作正在有序推进，金三角易地扶贫搬迁安置点移交乌兰镇二七九社区管理；若笠乡富民社区和东湾镇新民社区均已完成居委会的选举工作；五合镇惠安社区居委会于2020年8月5日进行选举；三滩镇银滩村搬迁群众3 444人，18周岁以上有选举权的群众2 785人，有1 051名群众2020年已经在原村参加了选举，行使了选举权利，鉴于这种情况，该村的村民委员会选举工作于2021年进行。

第二节　广西壮族自治区后续社区融入典型案例

一、环江县：创新"1234"综治工作机制推动搬迁群众融入新社区

2019 年以来，环江毛南族自治县创新"1234"综治工作机制，抓好安置点综治中心和信访服务平台建设，妥善处理和化解移民群众信访诉求，做到"小事不出网格，大事不出社区，矛盾不上交"，群众获得感、幸福感、安全感日益提升。2020 年 4 月，该县荣获全国信访工作"三无县"称号。

6 月 8 日，全区易地扶贫搬迁安置点后续扶持综治（信访）中心建设推进会在环江召开，环江在会上作了典型发言。

（一）"一把手"层层抓，破解组织保障工作难题

环江毛南族自治县易地扶贫搬迁共安置建档立卡贫困户 4 360 户 17 860 人，其中在县城区毛南家园城西安置区和黄烟安置区共安置 4 031 户 16 331 人。该县坚持把易地扶贫搬迁安置点后续服务管理工作，特别是综治信访工作作为党政"一把手"工程，将安置点综治中心和信访服务平台建设与全县中心工作同安排、同部署、同落实、同考评。

组织保障到位。制定下发了《关于成立环江毛南族自治县易地扶贫搬迁安置区大党委的通知》，建立 1 个由县领导任书记、镇党委和县直有关部门领导任副书记的易地扶贫搬迁安置区大党委，2 个安置区党支部（45 名党员），5 个楼栋党小组（17 名党员），11 户党员中心户（11

名党员），统筹推进综治信访工作。

经费保障到位。先后投入 500 多万元，在各个移民安置点实施天网工程，安装视频监控探头 400 余个。投入 90 万元建设集监控视频、综治视联、信访视频、综治平台"四网合一"的综治信访中心。落实约 500 平方米的办公场地建立群众来访接待厅、矛盾纠纷调解室、监控研判室、心理咨询室和警务室，基本实现治安防控、信访接访、人民调解等一体办公联动作战。每年从财政拿出 80 万元作为工资报酬，提升安置区 106 名楼栋长的工作责任心和积极性。

（二）"双平台"同步建，破解群众诉求反映难题

创建综治中心平台。创建综治视联网、公共安全视频监控网、广西综治信息管理系统合为一体的综治中心平台，将安置区划为 16 个网格，配备 16 名网格员，106 名楼栋长担任网格员助理。在安置点配备电脑端账号，每个网格开通一个手机端账号，网格员在广西综治信息系统录入人口、房屋信息 2 万多条，化解纠纷 125 起，协助出警 90 多次，参与大型活动维稳信访安保任务 20 多次。在疫情防控期间，网格化服务管理优势得到充分发挥，网格员和楼栋长积极参与联防联控，做到"不漏一栋、不漏一户、不漏一人"，发放宣传资料 3 万多份，有效制止移民群众聚集聚餐行为 50 多次。

创建信访工作平台。创建视频信访平台，县乡两级党政领导干部同时、同步、异地、远程接待安置点来访群众。在安置点安装信访查询机，引导群众安装"广西信访"APP 或扫描微信公众号，信访事项 100% 得到及时受理和按期答复，达到"让信息多跑路，群众少跑腿"的目的。

（三）"三发挥"强驱动，破解服务管理工作难题

发挥党建引领作用。充分发挥安置区大党委、安置区党支部、楼栋党小组、党员中心户四级党群服务网络作用，确保党建宣传、综治信访等工作有党组织引领，每栋楼有党员带动。通过开展易地扶贫搬迁"党建联抓、自治联管、产业联扶、就业联创、文化联办、服务联动，全力带动移民群众安居乐业"（简称"六联一带"）工作，建立健全安置点社区卫生医疗、入学教育、便民服务、综治信访等方面公共服务体系，不断增强移民群众的获得感、幸福感、安全感。

发挥平台支撑作用。选派业务能力强、经验丰富的法官、检察官、警官、律师和信访干部进驻安置点，开展信访诉求化解、法律咨询、普法宣传等，健全完善人民调解、行政调解、司法调解多元化解矛盾纠纷工作机制。截至目前，"三官一律"进社区进网格共化解各类信访矛盾纠纷80余件，有效管控风险源头。

发挥窗口服务作用。推行"群众信访服务室＋心理咨询室"工作模式，按照自治区"九有"标准在安置区综治中心设立群众信访服务室，增设心理咨询室，为移民群众提供心理辅导服务，化解信访矛盾纠纷。目前，共接待移民群众45批293人次，矛盾纠纷100%化解。

（四）"四机制"聚合力，破解矛盾纠纷化解难题

按照"属地成网、网中有格、格中有责，责任到人、管理到位、服务到家"的管理模式。

健全网格信访矛盾纠纷化解责任机制。在各安置点合理划分网格，落实综治信访工作"属地责任"，推动基层要素在网格汇聚，平安建设在网格升级，实现对安置点基本要素的全面掌握。

健全网格长综治信访工作责任机制。由安置点社区主任担任网格长，负责社区各网格综治信访工作，及时汇报或组织力量处理信访诉求事项。社区综治信访工作实行网格长负责制，网格长对社区和安置区的党委负责，做好综治信访统筹协调、上传下达、督办落实等工作。

健全网格员楼栋长信访工作责任机制。安置点社区由"两委"干部担任网格员，楼栋长从移民群众中挑选文化程度较高、服务能力强、热心公道、群众普遍认可的居民担任。综治信访工作实行网格员、楼栋长负责制，楼栋长对网格员负责，网格员对居委会和网格长负责。网格员、楼栋长每日到自己的责任区了解社情民意，并将情况报告网格长或居委会，遇到问题及时推动解决。

健全微信群群众工作责任机制。在各安置点建立"楼栋长""网格员"等工作微信群，及时掌握并妥善处理移民群众遇到的生产生活难题，及时解答群众诉求，做到"随呼随应、随叫随到"。同时，通过微信群发布招工信息、政策法规、文明准则等内容，为移民群众提供就业信息，倡导健康文明生活，摒弃陈规陋习，更好地融入社区新生活，当好新居民。

二、兴业县：强化"保障"、用好"平台"助力社区融合

兴业县以搬迁群众"搬得出、稳得住、可发展、能致富"为目标，全力推进易地扶贫搬迁各项工作，2017年11月建成了兴业县易地扶贫搬迁老乡家园安置小区，5 617名贫困人口相继入住。2018年以来，该县通过强化"三个保障"、用好"五平台"，大力推进易地扶贫搬迁后续扶持工作，助力搬迁群众安居乐业，取得了明显成效。

（一）强化"三个保障"，让"农民"转"市民"

强化教育保障。兴业县立足当前，着眼长远，统筹做好易地扶贫搬迁移民子女教育工作。2016年，在安置点同步配套建设了高标准的1所幼儿园、1所小学、1所中学，可容纳学生8 000人，从全县选调优秀教师到这几所学校任教，配足配齐师资力量。该学区2018年秋季开始招生，保障了全部移民子女就近上学，目前在校师生共计2 600多人。同时认真落实好教育扶贫政策，做到精准资助、应助尽助。

强化医疗保障。2018年，在安置小区配套建设了1所卫生服务站，

有专职医生和护士服务，方便搬迁群众就近就诊就医。2020 年，利用补短板项目资金在安置点建设了 1 所社区卫生院，2020 年 9 月投入使用，同时强化落实好移民的各项医保政策，做好家庭医生签约服务。

强化服务保障。2018 年，安置点成立了社区党组织和基层自治管理服务组织，运用现代科技信息技术对安置点实施网格化精准管理，为搬迁移民提供户籍管理、社会保障、物业管理等高效便利服务。创建安置点社区儿童托管中心，为外出务工的搬迁群众消除后顾之忧。开通扶贫公交车专线让移民免费乘坐，从安置点可直达县城各站点，方便搬迁群众外出务工、购物等。每年在重要节日举办慰问演出、感恩教育和政策宣传等活动，让搬迁群众融入新生活，安家更安心。

（二）用好平台，营造居民安居乐业家园

利用爱心公益超市，激励移民爱护小区。在安置点设立爱心公益超市，对热心支持参与安置点公益活动、自觉爱护小区公共设施和环境卫生、做好事的移民群众，由安置点社区负责统计，移民凭积分到爱心公益超市兑现日常用品，激励移民自觉爱护居住小区。

创建小区"农家书屋"，丰富群众文化生活。2020 年 4 月，在安置点创建了易地扶贫搬迁"农家书屋"，上架的书籍包括少儿读物、文学作品、社会科学、自然科学、历史地理、医药卫生等共计 4 000 多册。书屋每天对移民群众开放，免费让移民阅读，既丰富了群众文化生活，又能让他们增长知识。

三、田东县："三把抓手"拔穷根"三个强化"保稳定

搬迁只是手段，脱贫才是目的。田东县推出"三把抓手、三个强化"，促进居民社区融合。

（一）"三把抓手"拔穷根

抓扶智。高度重视并大力发展搬迁户子女基础教育，搬迁户子女全

部实现就地就近就学。在盛林安置小区建设小学到高中十二年一贯制综合性学校——滨江学校，可容纳 153 个教学班 7 410 名学生。在小龙安置点旁边新建的田东县第四中学，学校教学班规模为 60 个班，学生人数 3 000 人。在思林江北安置小区新建的思林第二小学和幼儿园，是整个田东县最好的小学和幼儿园。其余安置点距离学校直线距离在 200 米以内。

抓扶志。着力开展针对搬迁劳动力的技术培训，利用田东职业技术学校优势，深入实施"雨露计划"，全县 100％的贫困家庭子女都能接受"9＋3"职业教育；实施就业扶贫奖励，对年内累计外出务工达 6 个月以上的贫困劳动力给予 3 000 元/人的奖补；实施深圳百色扶贫协作新居民转移就业万人培训计划，依托碧桂园集团技能培训精准帮扶行动，在移民社区开展技术培训，确保搬迁新居民 1 年至少接受 1 次以上的培训，至少掌握 1～2 项实用技术，经鉴定考试合格颁发全国通用的职业资格证书。仅 2019 年，在易地扶贫搬迁安置点开展职业技能培训 13 期，培训 578 人，其中搬迁户 467 人。碧桂园集团培训电工、焊工、育婴师共 545 人，实现就业 327 人。

抓励志。通过开展感恩和励志教育，激发搬迁群众的内生动力。搭建新时代讲习所、实习所、践习所"三所合一"平台，建立感恩教育展示馆，宣传党的好政策，展示搬迁前后对比，让搬迁群众脱贫不忘党恩、永怀感激之情。祥周镇福明安置小区以旧房子的模样建成感恩教育馆，展示搬迁前群众的生活场景、日用旧物、耕作工具等，形成强烈鲜明对比，让群众在留住乡愁中增强感恩意识。平马镇小龙安置小区自发组建了一支文艺宣传队伍，自编自演社区之歌《幸福花开》，歌颂群众搬迁后的幸福生活，突出歌颂党恩、铭记党恩。

（二）"三个强化"保稳定

强化自主管理。在安置小区周边建立"微田园"农耕场所，解决搬迁群众"菜篮子"问题，减少生活开支。在安置点举办民俗节日活动，引导搬迁群众参与，让他们在活动中互相交流、收获欢乐，增强社区归属感和幸福感。在各安置小区建立爱心公益超市，搬迁群众通过打扫卫生、义务劳动、做好人好事、友爱邻居等小事情获得积分兑换物品，实现了从"等、靠"思想向主动参与集体活动、公益活动的转变。此外，每个安置小区成立治安联防队，加强对小区巡查和人员出入管理。同时实行楼长制、单元负责制和把党支部建在楼栋上，实行"网格化"管理。全县 8 个安置小区 62 栋安置楼和 118 栋一户一宅，有 37 位包楼县领导，63 个包楼单位，2 236 名帮扶干部，全部实行无缝对接，确保搬迁群众生产生活和财产安全。

强化基本保障。落实医疗、低保、养老等基本保障，全县 8 个安置小区全部新建或扩建周边卫生室（院），备齐备足医务人员和常用药品。盛林安置小区新建一所面积约 450 平方米的医疗服务中心，安排 10 多张床位，配备约 10 名医护人员。同时，帮扶干部负责引导搬迁群众参加城乡居民基本医疗保险或城镇职工基本医疗保险，参保率达 90% 以上；全县符合条件已纳入低保的易地搬迁建档立卡贫困对象有 1 219 户 4 744 人，其中农村低保有 1 158 户 4 513 人，城市低保有 61 户 231 人。符合享受养老金待遇的搬迁群众全部享受，并由县财政在原养老金每人每月 95 元的基础上再补助每人每月 30 元。

强化服务教育。制定《田东县易地扶贫搬迁生计保障和后续发展工作推进实施方案》《田东县易地扶贫搬迁移民后续扶持实施方案》等文件，组织力量加强对所有搬迁户的后续扶持力度，巩固搬迁户的脱贫效果。每个安置小区均建立基层党组织、群团组织、小区自治委员会、党群服务中心、爱心公益超市，并从县直相关单位或当地政府的民政、公安、人社、司法、教育等单位各抽调 1 名业务人员轮流坐班，实行"一站式服务"，第一时间解决小区群众的需求。通过安置点的文化室广播、宣传长廊、帮扶干部、QQ和微信等形式，加强对党的政策、用工信息、生活常识等进行多方位宣传，同时把党的惠民政策制成小册子，便于群众携带和阅读。创建"腾讯为村"信息平台，让搬迁群众足不出户了解小区每天的工作情况、好人好事、公告通知、就业信息、提出意见和建议，参与小区相关事务的讨论等内容，让搬迁群众找到"家"的感觉，增进搬迁群众的获得感和幸福感。

四、田阳区：农事城办管理服务办公室

百色市田阳区在城区周边建设老乡家园一二期、老乡家园三期、福晟家园3个易地扶贫搬迁安置点，集中安置6 068户25 145名扶贫搬迁群众。为了更好地引导和鼓励居民积极参与社区文明建设，早日融入城市生活，该区创新"农事城办"服务机制，探索推行以基层党建为引领，努力建设和谐幸福社区。

（一）强化党建根基，让党组织成为搬迁群众的"主心骨"

健全社区组织体系，提升社区党组织战斗堡垒，充分发挥党建在社区治理工作中的引领作用，让搬迁群众有了"主心骨"。一是"四级架构"夯实战斗堡垒。设立易地扶贫搬迁社区党委，负责统筹全区3个安置点的管理和服务。在老乡家园一二期和三期安置点分别建立丽林老乡家园社区、五指山老乡家园社区，并相应建立社区党总支部和社区居民委员会，各党总支部下以网格为单元共设7个党支部，各党支部下以楼宇为单元共设11个党小组，形成了"党委建在易地扶贫搬迁工作上、党总支部建在安置点上、党支部建在网格上、党小组建在楼栋上"的社区组织架构；建立易安点新型社区，落实社区组织活动场所，选优配强"两委"班子，同步建立妇联、共青团和工会等配套组织，推动群团组织参与社区建设。二是"五个岗位"促发挥作用。根据党员个人特长

和群众需要，设定政策宣传教育岗、社情民意收集岗、矛盾纠纷调解岗、社区治安巡逻岗、疫情防控监督岗五个岗位，引导 161 名中青年党员在社区治理中发挥先锋模范作用。三是"六种类别"促素质提升。按照党员年龄、学历、能力等要素将 174 名搬迁党员分为"两委"干部和楼栋长党员、青年无业党员、无技能劳力党员、有技能务工党员、患病或残疾党员、老龄党员六种类别，实施党员分类教育管理，提升党员自我管理和服务群众能力。

（二）强化素质教育，培塑居民主人翁意识

一是设立"荣誉超市"唤醒文明。为了激发搬迁户内生动力，2019 年 11 月该区在老乡家园搬迁点设立居民"荣誉超市"每户都有一个积分账户，居民平时参加社区各项活动、建言献策、参加公益活动等都能得到积分，1 个积分等同于 1 元，田阳区易地扶贫搬迁工作已进入后续扶持管理阶段，针对搬迁群众"融入城市难"的问题，田阳区通过建设"荣誉超市"，引导社区居民主动参与社区治理、认领社区工作任务、进行志愿服务等，以群众参与促进基层社会治理，不断提升搬迁群众的幸福感、归属感和获得感。"荣誉超市"实行一户一账号，按正向激励积分和反向警示扣分两种方式计分。居民参加社区会议、宣传政策、社区事务、技能培训、招聘活动、综合调解、好人好事、见义勇为、家风良好、创先争优先 10 个活动，用积分兑奖方式鼓励搬迁居民积极参与社区工作，尽快融入社区大家庭，融入城市生活。化解邻里矛盾纠纷、参与社区治理等将获得相应积分；反之，不配合社区工作、不爱护家庭卫生、不遵守规章制度的居民将被扣除积分。2019 年 11 月以来，已有 1 500 人次参加社区文明自治活动，发放近 40 000 个积分。二是开展"感恩教育"活动。充分利用扶贫展示馆红色教育联盟平台资源，以网格为单位，组织居民群众到展示馆进行参观学习，强化对居民的感恩教育，引导居民牢记党恩，摒弃以贫为荣的"等、靠、要"

思想，主动融入发展大格局，活动开展以来有 4 000 多人次接受感恩教育。

（三）推行"农事城办"服务，让搬迁群众办事不回乡

在总结"农事村办"成功经验基础上，推行"农事城办"服务新机制。一是建立"一办三中心"。根据搬迁群众的需求建立"一办三中心"，"一办"即农事城办管理服务中心，"三中心"即政务服务中心、就业服务中心、物业服务中心。其中农事城办管理服务办公室是从各部门抽调 7 名干部组成，正常进驻社区，主要承担老乡家园社区日常管理服务职能，同时从社会上公开招聘 10 名社工担任网格专职管理员，按照社区网格化管理要求，日常充分发挥联系居民、服务群众，配合"两委"、管理社区的职能作用；政务服务中心由组织部、公安局、教育局、卫健局、民政局、国税局、司法局、市监局、林业局、农业局、残联 11 个部门派出工作人员进驻服务窗口办理业务，同时开通"农事网办"服务系统，搬迁群众通过扫描二维码填写信息和推送材料就可以网上办理准生证，学生转学，失业、就业登记、城乡居民基本养老保险、基本医疗保险、农村低保、困难救济申请和现场办理居民身份证、工商营业执照等业务；就业服务中心由人社局、总工会及社区党组织组成，通过开展"党建＋就业"结对共建活动，组织社区 8 个党组织与周边 8 家企业党组织结对共建，2019 年 7 月以来，通过共建向企业输出劳动力 1 770 人，同时在农事城办服务大厅设立 LED 务工信息播放显示屏，连接就业信息平台，全天候滚动播放区内外企业用工信息，为居民群众提供实时务工信息，近 2 年来，已有 2 000 多名搬迁群众通过信息平台实现就业；物业服务中心由恒茂集团物业公司组成，分有物业客服、物业缴费、物业水电、物业巡楼、物业保安、物业保洁，为社区居民的生活提供有力保障。二是科学设计服务流程。按照"双线服务"工作思路，由农事城办负责对接各帮扶干部，提高农事城办服务效率，努力形成

"一站式""最多跑一次"服务格局。近 2 年来，农事城办服务中心共为搬迁群众提供服务 9 032 件，其中办理用水业务 5 212 件、物业上门服务 2 553 件，真正让搬迁群众办事不回乡。

第三节　贵州省后续社区融入典型案例

一、水城县经开区创建"和谐社区·活力社区"

（1）健全基层党建体系，打造活力型社区。易地扶贫搬迁安置点新桥街道已于 2020 年 3 月 21 日正式挂牌成立，干部队伍已到位开展移民、扶贫、就业、教育、医疗、低保等业务工作，县财政划拨 100 万元作为启动经费。按照基层组织全覆盖的要求，共成立 3 个社区党支部和居委会，其中 2018 年成立新桥社区、和欣社区，2019 年 3 月成立新业社区，共组建居民小组 55 个，配备党支部书记 3 名、居委干部 20 名，居支两委人员工资及经费纳入财政预算管理。安置点社区党员总计 47 人，其中易扶搬迁党员 43 人。社区党支部依托党员活动室，建设社区党群中心、打造初心墙，教育引领广大党员群众学党史、知党情、听党话、跟党走，促使社区党员在参与社区管理、服务社区居民、维护社区和谐等方面更加主动作为，做到"一个支部就是一座堡垒，一名党员就是一面旗帜"。

（2）强化基本公共服务体系，打造服务型社区。教育：安置点建有董地中心幼儿园、老鹰山小学、董地小学、老鹰山中学、董地中学等教育资源，搬迁群众子女全部实现就近入学。其中：水城经开区一小和董地街道办二幼为省易扶教育配套挂牌督战项目，于 2020 年 4 月 15 日建设完成。共解决易扶搬迁就学 2 076 人，其中学前教育 500 人，小学 1 232 人，初中 344 人。医疗：建成社区卫生室 3 个，设置有诊室、治疗室、公共卫生室、信息室、健康教育室、值班室、药房等功能科室，床位 8 个，配备医务人员 10 名，保证搬迁群众看病就医需求；实现建档立卡贫困搬迁群众医疗保险参保率 100%。民政：按照"应保尽保、应转尽转"原则，落实城乡低保 4 467 人；按照 1 500 元/人标准审核发放搬迁建档立卡贫困人口一次性临时救助金 1613.7 万元，惠及 10 758 人。管理服务：按照"一室多能、一室多用"原则，各社区办公阵地和服务场所实现全覆盖，开设户籍管理、就业、就学、就医和供水供电、社保、法律咨询等各类公共服务窗口，提供"一站式"服务。

（3）注重培训和就业服务体系，打造发展型社区。通过加大搬迁劳动力技能培训、建设扶贫工厂、开发公共服务岗位、举办大型职业推介招聘服务活动等方式，多渠道开发就业岗位促进搬迁劳动力就业。共有易扶搬迁劳动力 6 366 人，实现就业 5 134 人，其中县内 2 289 人、县外省内 570 人、省外 2 275 人。一是引进意难忘劳务输出公司，对在家劳动力进行就业培训、推荐就业，新桥街道干部职工、社区干部、网格员对所有楼层进行"地毯式"的搜索走访，对适龄劳动力进行摸排、登记、宣传。截至 2020 年 8 月促进搬迁劳动力外出务工 990 人。二是依托现有的职业教育资源和东西部扶贫协作对口帮扶资源，引导搬迁群众中有劳动力未就业的人群进行职业技能培训。以家政服务、保洁、物业管理、服装加工等就业容量大的行业用工需求为重点开展常态化培训，确保每户有劳动力的搬迁家庭至少有一人掌握一门技能，提升搬迁群众的就业创业能力。截至 2020 年 8 月，共开展了 68 期培训，参训 2 929 人次，实现培训就业 950 人。三是已引进扶农脱服装、午阳服装、坤华职业培训学校三家工厂，解决搬迁劳动力就业；计划引进长顺鞋业，解决就业 150 人。

（4）健全文化服务体系，打造多彩型社区。一是培育组建易扶社区全民健身广场舞队伍 3 支，新业社区配套面积为 2 250 平方米的易地扶贫搬迁综合文化广场，开展易扶社区送文化下乡活动 5 场 950 人次、少数民族传统工艺和少数民族传统文化传承培训 2 场 350 人次，结合中华传统节日、少数民族特色节日等节庆活动，开展贴近生活、群众喜闻乐见的各种文体活动。2019 年 7 月 23 日，新业社区安置点成功承办消夏文化节暨六盘水易地扶贫搬迁群众广场舞展演赛，共有 3 000 余人参与。二是设立感恩学堂、奋进书屋、电子阅览室，共配备 8 台电脑、购置图书 8 109 余册、放置各种文具、玩具供学生使用、阅读、娱乐。根据学生的兴趣爱好，编制科学合理的课程表，并开设音乐、舞蹈、绘画等课程，目前兴趣爱好培训周末班已经有 170 人报名开班，分为两个大班（音乐 46 人、舞蹈 46 人，书法 38 人、绘画 40 人）。三是共招募社区志愿者 171 人，各社区分别成立了"治安治理、文明社区、敬老爱幼、技能帮扶"四支志愿者队伍，开展志愿活动 50 次。每周五组织大扫除活动，如除草、修补台阶、清理楼道等活动，为社区群众提供一个良好的居住环境。

（5）完善社区治理体系，打造法治型社区。2020 年 8 月，安置点搬迁群众户籍迁移办理已全部完成。规范成立了"工青妇""春晖社"等群团组织，共建成警务室 4 个，配置警务人员 7 名，"雪亮工程"安装摄像头 31 个，成立人民调解委员会 3 个，配备调解员 11 人，开展送法进安置点 20 场次，约 3 300 人次接受教育；发放普法宣传资料 2 000 余份，接受 580 余人次法律咨询。安置点社区实行网格化管理，设立楼栋长，采取入户包保、走访排查、建立台账，精准掌握搬迁入住情况和生活需求，及时发现问题、研究解决问题，安置点社区治理体系逐步建立完善，着力实现安置点长治久安目标。

二、水城县综合案例

（1）加强安置区基层党建体系建设。新业社区以党建引领打好"为民服务"品牌，筑牢新时期"鱼水情深"新型移民干群关系。围绕"专业化、专职化、专班化"思路，安置点在社区治理体系上聚焦突出以党建引领"四个一"即选好一个带头人、配强一批社区干部队伍、抓实"一户一就业"、服务一个群体，构筑新时代"鱼水情深"的新型移民干群关系为着力点，落实好搬迁群众后续服务和社区管理，加快推进搬迁群众从进入向融入转变、从人齐向心齐转变、从稳定向安定转变，有效破解安置点稳定难、发展难、服务难、治理难的问题。一是配强干部队伍，完善工作机制。成立新业社区党支部，选举支部委员4人，任命原老选居委主任王静担任新业社区党支部书记，从搬迁群众中考察选取服务意识强、热爱社区工作的4名同志担任社区居委委员，全面加强社区两委班子建设。二是强化支部阵地建设。制定党建清单，及时对接转接搬迁党员组织关系，严格执行"三会一课"，加强党员的教育培养，按时完成"不忘初心、牢记使命"主题教育学习，组织工作人员参加考试及知识竞赛。积极引导搬迁群众中的优秀知识青年向党组织靠拢，现已登记搬迁党员10名，发展预备党员1名。三是充分发挥党员模范带头作用。引导党员干部进楼入户开展政策宣讲、感恩教育、素质提升、走访帮扶等工作。保持党员干部队伍与群众密切联系，做到了解民情、传达民意、解决民忧，共同做好社区的管理服务工作。

（2）抓好安置区精神文化建设。社区文化建设是搬迁群众后续发展的内在动力。通过丰富搬迁群众精神文化生活，促进社会交往和社会互动，增强社区归属感和身份认同感，激发易地扶贫搬迁群众"搬得出、稳得住、能致富"的奋进之心，凝聚力量打造易地扶贫搬迁群众精神文化家园。水城县重点聚焦感恩教育，增强文化引领能力。一是开展社区文明教育。米箩安置点设立新时代市民讲习所、道德讲堂、移民夜校，通过音响以颂党恩、歌典型、扬美德为主题开展宣传教育活动，用通俗易懂、喜闻乐见的方式引导搬迁群众感党恩、听党话、跟党走，教育和引导群众牢记社会主义好，激发脱贫致富内生动力。二是加强政策宣传力度。蟠龙安置点按照人口规模，将安置点内 8 栋楼划分为 8 个网格，选优配齐 8 个网格员 8 个楼长。采取上门走访、召开群众会和院坝会等形式，大力宣传党和国家易地扶贫搬迁的好方针好政策、宣传新时代搬迁群众幸福生活、宣传群众搬迁后生产生活发生的巨变，宣传就业养老、医疗教育、社会保障等惠民利民政策，提高搬迁群众的政策知晓率和普及率，让搬迁群众切切实实感受到党的恩情，提升搬迁群众饮水思源、感恩奋进意识，树立不等不靠、独立自强的思想。

（3）注重安置区民族文化传承。结合原住地的民族风俗、节日习俗、传统礼仪等，结合乡村振兴战略打造搬迁群众更易适应的文化氛围，不断丰富搬迁群众文化生活，水城县在安置点建设过程中，因地制宜融入民族文化符号和特色，避免让文化脉络在搬的过程中断裂，通过搬让民族文化更好地汇集、创新发展和与时俱进。一是做好民族文化传承。陡箐镇安置点支持搬迁群众保留好本民族特色手艺，充分挖掘搬迁群众中的民族文化艺人和民族民间工艺，组织非物质文化传承人免费对搬迁群众培训民族刺绣、蜡染手艺，把民族文化内涵融入安置点，把苗族文化元素"绣"在安置房上，打造有"灵魂"的安置点，形成特色鲜明、亮点突出的乡村美景，让安置点有文化、有故事。二是集中打造民族文化载体。如海坪安置点，在彝寨打造了彝族特有的希慕遮广场、支格阿鲁广场、太阳历广场、火把广场、九重宫殿、土司庄园等彝族文化载体，进一步丰富和传承了彝族文化的内涵，现已成功申报国家易地扶贫搬迁示范点。

三、威宁县"五子行动"做实易地搬迁后续工作

（1）党委政府"搭台子"，强化基本公共服务体系。一是强化教育服务保障。通过整合安置点周边教育资源，争取省级教育项目补助资金及东西部协作扶贫资金，新建八小、九小、恒大幼儿园、五幼、八幼、十一中、改扩建九三中学，保障搬迁适龄学生就近就学需求；二是强化医疗服务保障。综合搬迁安置点医疗服务半径、地理条件等因素，争取省级医疗项目补助资金和东西部协作扶贫资金，用于新建或提级改造卫生室5个，进一步提升安置点所在街道卫生院的服务能力，让安置点搬迁群众在家门口就可享受优质诊疗服务；三是强化便民服务保障。按照"一室多能、一室多用"原则，着力抓好4个安置点综合服务窗口建设，逐步建立完善安置点"一站式"公共服务大厅，开设户籍管理、就医、就学、就业、社保、党建等服务窗口，公开便民利民服务清单，就地服务搬迁群众，搬迁群众的获得感、幸福感显著提升。完成户籍迁移938户4 027人，办理"易地扶贫搬迁市民证"5 856户25 163人，让搬迁群众同等享受安置地基本权益，享受低保1 788户7 164人。通过在安置点上的"平价超市"，实施购物优惠补贴，让搬迁户能就近方便购买生活必需品，保障搬迁对象基本生活需求；开通城区安置点公交线路，方便搬迁群众出行。

（2）部门协调"找路子"，完善培训和就业服务体系。一是搭建就业培训平台。在县级层面成立了就业创业服务公司，街道成立了就业创业服务中心、安置点成立了就业创业服务窗口，形成了"一中心多窗口"的格局。二是整合资源抓培训。整合团委、妇联、工会、办事处等资源，在安置点设立人社服务窗口，对搬迁户劳动力、就业需求等情况进行全面摸排并逐户建立动态管理台账，根据群众就业需求意愿有针对

性地开展种植业、家政、医护、厨师等技能培训和创业培训。通过技能培训，不断提升就业本领和能力，并结合自身家庭条件、从业经历和就业能力等情况主动争取工作机会，实现从"要我就业"向"我要就业"转变，共组织 10 期 600 人培训。三是多个渠道促就业。通过"五个一批"即政府推荐就业解决一批、公益性岗位解决一批、鼓励外出务工解决一批、自主创业解决一批、园区工厂解决一批解决搬迁群众就业需求。建设劳动密集型手工扶车间 3 个，投产 3 个，在建 1 个，累计吸纳搬迁劳动力 156 人。搬迁群众中共有劳动力 16 046 人，实现就业 13 350 人。其中省外务工 6 789 人，县外省内务 1 085 人，县内务工 5 476 人（其中输送到 7 万亩（4 666.67 公顷）易地蔬菜基地务工 1 265 人），有劳动力家庭实现一户一人以上就业，动态消除"零就业"家庭。

（3）干部走访"结对子"，保障群众生活充实。一是开展户户走访。坚持干部每月走访一次，严格落实县委县政府"全排全查"期间走访的工作要求，认真开展走访帮扶工作，通过"户户走访"，对搬迁安置点的群众进行入户摸底核查，全面了解搬迁群众家庭基本情况，就业、教育、医疗等扶贫政策落实情况。二是及时研判补短板。开好三个会，走访前，召开动员培训会，让干部掌握走访方法步骤。开好街道研判会，对走访发现的问题进行逐一研判，明确哪些问题是安置点可以消化解决的，哪些问题必须要县级指挥部办公室协调解决的，哪些是常规工作，不属于问题性质的。开好整改工作会，召集责任部门，对排查出的问题，明确整改责任、整改措施、整改时限，建立整改机制，推进整改销号，切实帮助搬迁群众解决实际问题。三是注重宣传聚民心。重点围绕易地扶贫搬迁政策为搬迁移民提供了哪些优惠政策支持，办了哪些看得见、摸得着的实事好事，为他们带来了生产和生活的上巨大改变，让他们跟党走，感党恩。同时，积极解答搬迁群众关心的就医、就学、就业、养老保险、医疗保险、最低生活保障等政策咨询，及时解决搬迁户的困难和需求，着力提高他们的满意度和认可度。

（4）群众勤劳"赚票子"，保障群众安居乐业。一是强化感恩教育。一个国家富裕、强盛的表现，不仅是经济层面的，还有精神层面的。同样，脱贫攻坚，让老百姓不仅在生活上脱贫，还要在精神上脱贫。贫困户之所以贫困，跟他们的眼界、知识、思想有很大的关系。五里岗街道既要围绕社会主义核心价值观，培育老百姓正确的人生观、价值观、道德观，还要围绕产业发展、科学管理、技术提升等，培育老百姓可持续致富的能力。这样，才能促使贫困群众从物质和精神两方面同时"脱贫"。在各安置点社区通过组织开展自主自强，感恩奋进等主题感恩教育 109 次，普法教育 70 次，市民意识教育活动 34 次，让群众知道恩从何来，惠在何处，自觉遵守法律法规。通过悬挂新旧住房照片，让搬迁群众对比今昔变化，怀着知恩、感恩、报恩之情感党恩、听党话、跟党走、享党福，齐心协力共建幸福家园。二是发展易地产业。在离安置点几公里的产业基地，由搬迁群众中有经验的群众成立合作社，组织搬迁群众务工，发展蔬菜产业 3 000 亩（合 200 公顷）。三是自主创业就业。坚持各类创业就业优惠政策向搬迁群众倾斜。通过产业和就业带动，搬迁群众从"贫困户"变为"小老板"，赚到更多票子，过上好日子。

（5）基层党建"强底子"，保障社区组织坚强。一是建立健全党组织体系。根据搬迁群众中的党员人数在 100 人以上的，在安置点成立党委，明确由党员科级干部任党委书记。以楼栋为单位成立党支部。在 4 个安置点成立社区党委 2 个、党支部 7 个，4 个安置点成立党小组纳入所在村（居）党支部管理，配齐配强党支部班子，将搬迁群众中的党员吸纳进支部，共吸纳搬迁群众党员 295 人，让搬迁群众实现自我管理，自我发展。同时，加快培养发展搬迁群众党员，强基固本。目前，4 个安置点共发展入党积极分子 4 人、发展对象的 2 人。二是建立健全群团服务体系。划拨 60 万元用于 4 个安置点党建示范点打造，通过不断完善各项服务功能和制度，基层党建在搬迁安置、后续发展工作中的引领作用有效发挥。整合工青妇组织力量，加快推进"新市民·筑梦桥"服务中心建设，搭建"五桥"、建好"五家"，为服务安置点干部职工、青少年、妇女儿童提供优质服务。三是建立健全自治服务体系。在 4 个安置点同一栋楼或同一个单元（24 户左右）成立小组，共挑选搬迁群众中有威信，服务意识强的 314 人担任小组长。形成一名党员干部结对包保一户搬迁群众，着力构建"党员包户、组长包组、科级干部包点"的三级长效结对帮扶网络。实现搬迁群众自我服务、自我管理，确保安置点工作有人抓，服务群众工作有人管。

四、威宁县基础党建

（1）组织体系建设。一是设置组织机构。按照规定成立社区党组织和居委会，纳入安置点党工委、办事处管理。构建"居委会+网格+楼栋"的纵向网格化管理层级，确保把每名搬迁群众纳入有效管理。同步建立工、青、妇、残、老年协会等群团组织和各类经济、社会组织。二是优化党组织设置。在已经搬迁入住全县易地扶贫搬迁安置点共建立党总支 4 个、党支部 11 个、纳入搬入地党支部管理 6 个，已搬迁入住党员 379 人，建立团委、妇联、工会等群团组织 9 个，基本实现了安置点党的建设全覆盖。

（2）干部队伍配备。一是配强社区干部。从安置点党委（党工委）选派 1 名熟悉党务工作和群众工作的同志担任"第一书记"，实现安置点社区"双书记"全覆盖。县城安置点每个社区党组织设委员 5～7 人、居委会设委员 5～9 人，社区"两委"成员交叉任职。每个社区配备 5～9 名县财政保障报酬的专职工作者（搬迁入住群众 5 000 人以下配 5 名、5 000 ~ 8 000 人配 7 名、8 000 人以上配 9 名），每个社区保证有 1 名以上专职党务工作者。二是强化阵地保障。安置点社区办公阵地标准化建设全覆盖，最大建筑面积达 1 002 平方米。三是强化经费保障。县财政每年为安置点农村社区划拨工作经费 2 万元，县城安置点社区按每个人 10 元标准划拨工作经费，按社区干部正职 3 500 元，副职 2 800 元划拨社区干部报酬。在此基础上，各安置点党委（党工委）拿出一定考核资金，通过"考评管理"激励机制，部分社区干部月报酬达 4 000 元以上。四是加强党员教育管理。每月定期组织党员教育培训，切实提升党员的素质，努力实现党员管理规范化、党的活动经常化、党内生活制度化。2018 年，培训安置点社区党组织书记和党务干部 17 期 293 人次；2019 年，安置点党委（党工委）组织社区党组织和党务干部培训 20 期，培训 324 人次；2020 年，安置点党委（党工委）组织社区党员培训 11 期，培训 218 人次。

（3）政治功能发挥。一是强化政治功能。发挥安置点党组织领导核心作用，健全党组织议事规则，及时讨论决定涉及本安置点社会建设、社区治理等重大事项和重要问题，巩固好易地扶贫搬迁成果。二是规范组织生活。严格执行"三会一课""主题党日"以及民主评议党员等组织生活制度，严肃党内政治生活。对搬迁党员组织关系进行动态排查，及时更新完善党员信息台账。全面推行社区党组织星级管理、社区党员评分管理、社区干部考评管理"三管机制"，推进社区党组织标准化建设。三是加强社会治理。构建以社区党组织为核心、居民为主体、社会各方共同参与的一核多元服务体系，领导和支持居民开展居民自治。探索以居民代表会议、群众会等形式的民主决策实践，在五里岗社区建设了居民谈心室、说事室等社区功能室，调动社区各类组织和党员群众共同参与安置点社区治理工作。

（4）党建工作机制。一是建立沟通协调机制。建立了搬出地党委

（党工委）与安置点党委（党工委）的沟通协调机制。2018 年召开协调会议 19 次，2019 年召开协调会议 17 次，2020 年召开协调会议 12 次，解决党员组织关系转接、户口迁移等问题 874 个。二是搭建党建服务联系平台，县城安置点，由党组织牵头，每栋楼均实行"双楼长"制，一名楼长负责搬迁群众的就医、就学、低保、医保、社保等衔接工作，另一名楼长负责发布企业招工岗位，提供企业用工信息平台；在每个安置点党组织建立时，社区党支部书记由乡镇（街道）正式工作人员兼任，选取搬迁对象中思想较好、素质较高的党员参选居委会主任，由社区党组织牵头，在每个小区设立综合服务中心，服务中心设立党建服务、民政事务、社保、综合治理、卫计服务、群团服务等服务窗口，为搬迁群众办理合医报销 646 户 1 031 人、办理子女入学 14 523 人、迁移户口 891 户、协调县工会慰问 1 903 户。三是建立完善网格化管理机制。构建"居委会＋网格＋楼栋"的纵向网格化管理层级。建立"党总支＋党支部＋党员中心户"党组织网格体系。社区建立党总支，依托楼栋组建 9 个党支部 8 个网格党小组，明确 35 名党员作为联系服务群众中心户，形成"总支部连支部、支部连党员、党员连群众"格局，达到"树好总支一面旗、织牢支部一张网、点燃党员一把火、带富搬迁一方人"的效果。四是搭建公益平台，聚力公益服务。树立"小社区、大社会"理念，整合人社、卫健、民政、公安、教育等各方力量，大力培育公益服务类、社会事务类、慈善救济类等社会组织，用好儿童之家、老年之家、图书室等，全年 365 天零距离服务，构建专业化程度更高的社区服务体系。人社、卫健、民政、公安、教育等部门的志愿者 27 名，开展志愿服务 247 余次，集中培训 1 118 户 2 646 人，实现就业 886 人。

第四节　湖南省后续社区融入典型案例

一、平江县洪家塅社区

（一）建立管理领导班子

由城关镇继续完善洪家塅社区管理，成立楼栋长、小组长，成立调解委员会，家庭纠纷矛盾调解委员会等长期服务于洪家塅安居小区；成立党支部，所有党员的党组织关系全部转入社区，发挥支部领导核心作用；易地扶贫搬迁工作指挥部负责于2020年9月前建好和提供社区的办公场地及便民服务中心。

由洪家塅社区负责在9月10日前依法产生小区业主委员会，社区牵头会同业主委员会管理好小区公共资产，所有公共资产均需通过公开招租等方式产生收益。其收益可用于支付式补贴物业管理等公共管理所需费用，若有节余按人均应占有面积的相关政策作为服务收益分红到户。

由县公安局、天岳派出所负责开设"绿色通道"，对有意愿进城落户的，免费及时办理落户手续，并须做到2小时以内办结，在社区协同下，做到让群众最多跑一次。

办理房产权证。由县国土局牵头，在2018年11月前或搬迁户入住一个月时间内完成搬迁入住的精准扶贫户社区住房不动产登记证免费办理。原则上洪家塅社区居民房产五年内不得上市交易。

因易地扶贫搬迁户籍变更的对象，原农村生产资料的相关权属维持不变。所有入住洪家塅安居小区的贫困对象均由城关镇负责，会同安监、食卫、交警、城管、文明办等单位采取集中培训或上门服务的方式在入住一周内完成好生活安全、交通安全、公共安全、城市文明等城市生活常识培训，让进城群众快速融入城市生活。水电气、收视、物业管理费用给予大幅优惠。

（二）完善基本公共服务

平江县以公共教育、医疗卫生、社会保障、社会服务配套建设为重点，推进安置点基本公共服务体系建设，使搬迁群众共享城镇优质公共服务资源，实现基本公共服务均等化。

完善公共教育服务。各级教育扶贫政策包括助学金、免学杂费等资助政策精准落实到户到人，降低搬迁群众家庭经济困难学生就学负担，基础教育、中等教育、高等教育全程覆盖。高校毕业生到平江基层就业（服务期三年及以上），给予连续三年学费补偿。基础教育配套设施建设方面，做好转学衔接工作，保障搬迁群众子女实现就近及时入学。对存在一定缺口的，按"填平补齐"原则，通过改扩建满足新增就学需求。对搬迁规模大，教育资源严重不足的，结合整体搬迁或配套新建教育项目，确保满足就学需求。支持每个乡镇办好一所床位充足、软硬条件达标的标准化寄宿制学校，尽可能实现"芙蓉学校"、普惠性幼儿园等教育资源向安置区全覆盖。师资力量配备方面，充实迁入地特别是大型集中安置区教育服务人员队伍。创新编制管理，建立县级教职工编制调配机制，及时调整划转人员编制，保障安置点师资力量。

完善医疗卫生服务。健康扶贫政策宣传以讲课、咨询、发放健康处方等形式提供面对面的健康知识服务，宣传医保、分级诊疗政策及看病流程。每年提供一次免费健康体检筛查和免费义诊活动，针对不同的病情给予健康指导并免费发放治疗药品。实行家庭医生签约服务。以包户的形式入户走访，完成所有入住对象的签约服务，开展有针对性的健康干预。建立慢病健康档案，提供慢病随访等服务。对大病患者，由家庭医生负责转诊、预约到上级医院进行治疗。医疗保障政策方面，符合特殊门诊政策的建档立卡贫困人口门诊用药给予80%报销。建档立卡贫困人口县域内住院实际报销比例乡镇卫生院达90%，县级医院达85%。县域外住院报销按《平江县健康扶贫工程实施细则（暂行）》（平办〔2017〕102号）文件执行。社区公共服务方面，协助相关县直部门开展覆盖范围内食品卫生、公共卫生、职业卫生、学校卫生、托幼机构、饮水卫生检查管理。社区卫生服务中心实施镇村一体化管理，按照县卫生健康局制定的一体化管理办法执行。开展社区卫生室工作人员继续教育，鼓励社区卫计人员参加学历教育，提升学历层次。

完善社会保障服务。按照群众自愿原则，做好各类社会保障政策的转移接续，确保所有搬迁群众应保尽保。一是户口迁移登记。搬迁后将户口迁入城镇的，享受城镇居民同等公共服务和社会保障，在城镇安置且不迁移户口的，全面推行居住证制度，由迁入地政府做好搬迁对象各项社会保障管理服务。二是搬迁贫困人口各项参保优惠政策。对搬迁对象城乡低保和社会兜底保障，识别"三无对象"（无生活来源，无劳动能力，无法定赡养人或抚养人），做到应保尽保、"脱贫不脱保"。三是搬迁困难群众救助体系。对遭遇突发事故和急难问题的搬迁困难家庭，加大临时救助力度。稳步提高特困人员救助供养标准，动员特困人员入住特困供养机构，或采取签订照顾护理协议等方式购买护理服务、社会工作服务，确保搬迁特困人员享受供养服务。

完善社区综合服务。社区综合服务设施。遵循"一室多用"原则，根据安置点人口规模，以新建、改造和整合共享等形式，建立社区服务中心（站）、文体活动中心、老年服务中心、平价购物中心等社区综合服务设施。服务体系建设方面，县乡村干部进驻服务中心或服务站提供公共服务，规模大的迁出地乡镇要抽调干部驻点服务。优化服务流程，推行一站式办理、上门办理等服务方式，提升公共服务水平。便民利民服务方面，鼓励和支持各类组织、企业和个人兴办居民生活服务业，重点发展购物、餐饮、维修等生活服务，满足搬迁群众多样化生活需求。通过优化调整或新增公交线路，完善安置点公共交通服务，方便搬迁群众出行。落实优惠用水、用电等各项帮扶措施，对低保户实施减免政策。

（三）健全社区治理体系

建立健全党委领导、政府负责、社会协同、公众参与、法治保障的现代社区治理体系，推进自治、法治、德治"三治融合"，把安置社区建成充满活力、和谐有序、共建共享的幸福家园。

一是强化管理服务功能。按照便于管理、便于服务、便于居民自治的原则，结合安置点人口规模，以强化组织管理和提升公共服务为重点，合理设置管理机构。县城安置点结合实际设置社区居委会，实行"多块牌子、一个班子"工作机制，对全体搬迁对象进行统一管理。安置人口在300人以上的，可成立新的村民小组，并入当地管理。全面加强安置区所在社区综合服务平台建设，履行好管理、服务、教育培训等职能，为搬迁群众提供更加便捷、优质的基本公共服务。工作人员编制给予保障和倾斜，从县内统筹调剂解决。重点迁出地乡镇要抽调干部到社区联合办公，共同做好后续工作。

二是加强自治组织建设。健全社区居民自治机制。及时启动安置点村（居）民委员会的选举工作，对搬迁群众中的优秀人才优先提名。注重把年轻党员群众、致富带头人、退役军人选配为居民小组和楼栋负责任人，构建"居委会—网格—楼栋"的网格化管理机制。推进民主决策制度建设。健全村（社区）党组织、村（居）民委员会、村（居）民议事会、村（居）务监督委员会"四位一体"治理机制，形成党组织领导的民事民议、民事民办、民事民管的多层次协商格局，民主协商由党组织牵头，村（居）民委员会组织。依托居民会议等组织形式，广泛动员搬迁群众参与和关注社区协商实践，引导搬迁群众通过协商表达利益诉求，维护其在社区重大事务中的参与权和决策权，提升居民自治水平。完善居（村）务公开和民主监督制度。健全公开目录，确保日常管理公开公正、阳光透明。建立居（村）务监督委员会，把为搬迁群众服务的情况作为民主评议的重要内容，切实维护群众合法权益。

三是发挥社会协同作用。健全安置点群团组织。发挥妇联、工会、共青团等群团组织在搬迁群众利益表达、协商方面的平台作用，覆盖到各安置点，为搬迁群众提供更好的服务。引导社会组织参与。积极推动各类社会组织、慈善机构和志愿者联动发展，为搬迁群众提供常态化的教育培训、文体活动、心理疏导等各项服务。"大爱平江"全民行动。总结"大爱平江"结对帮扶、专项帮扶等扶贫助困模式成功经验，扩大帮扶范围，激发社会力量参与积极性，积极探索社会扶贫长效机制，筑牢返贫"防火墙"。

四是健全治安防控机制。在县城安置点成立天岳派出所洪家塅社区警务室，选派一名服务意识强、善做群众工作的优秀民警担任社区警长，配备一至两名协警，设立警务室 24 小时报警电话，警力人员编制由公安局内部统筹调剂解决。加大群防群治工作，建设安置点"天网工程"和"雪亮工程"，做好源头治理、落实前端防范。建立社区人民调解委员会，推进社区网格化服务管理，落实治安联防联控机制，加强消防安全和法律知识宣传，提高社区居民遵纪守法意识，营造和谐安定的社区环境。

五是推进社区法制建设。强化法治教育宣传。深化普法宣传，扎实推进"法律进乡村（社区）"活动，重点加强土地管理、承包地和宅基地流转、乡村治理、社会救助、生态保护、劳动和社会保障等方面法律法规的宣传教育。将法治文化阵地延伸至乡镇、村居（社区），到2022年，实现乡村法治文化阵地全覆盖。完善公共法律服务体系。健全法律援助和司法救助网络，到 2022 年，实现一村（社区）一法律顾问。推动实体、网络、热线三大平台无缝连接与一体化建设，切实为搬迁群众做好法律咨询和办事服务。全面推进"一村一法律顾问"工作，实现全县范围内村（居）法律顾问全覆盖。

六是提升社区德治水平。强化道德教化作用。结合新时代文明实践站建设，大力弘扬社会主义核心价值观，传承弘扬"平江起义"革命精神和新时代平江精神，深入推进社区文明创建工作。挖掘礼仪习俗、家风家训等道德规范，培育规则意识、契约精神、诚信观念、向上向善、孝老敬亲、勤俭持家的良好风范。创新开展"优良家风建设"活动，积极开展"评好人、学先进、当模范"和"最美"创建活动，深入开展道德模范评选、"文明家庭""卫生家庭""五好家庭""身边好人"等系列评比活动。开展群众性文化活动。强化文化资源供给与搬迁群众文化需求的有效对接，通过争资争项分批逐步解决安置点配套文化器材、体育器材、图书室、电子阅览室等公共服务设施。加强对平江民歌、花灯戏、皮影戏、平江九龙舞等非物质文化遗产的挖掘传承、开发和保护，指导安置区开展多种形式的本土文化活动，以文化氛围浸润人心。巩固德治建设。完善移风易俗工作机制，深化乡风民风建设。引导、激励新乡贤参与或组建自治组织和自治队伍。建立健全县委宣讲团文明乡风宣讲常态化机制，深入基层面对面微宣讲。强化社会宣传载体，利用大型户外公益广告、文化墙、"村村响"等多种载体展示良好的民风、村风。鼓励乡村本土文化组织、妇女组织、养老组织、合作经济组织等自治组织提供乡村公益服务，以自治为载体推动德治建设。培养健康社会心态。探索乡村社会心理服务体系建设，在基层综治中心、乡镇卫生院和村（农村社区）卫生服务中心和农村学校设置心理咨询室，专业化开展精神卫生和心理抚慰工作。聘请专业社会工作者或心理辅导人员、志愿者，开展心理健康宣传教育和心理疏导。多举措推进农村心理咨询志愿服务。建立重点人群心理疏导及危机干预制度，加强人文关怀、心理疏导和危机干预。

（四）实施帮扶措施

一是救助帮扶。对生活特别困难的家庭，凡符合城乡居民最低生活保障条件的，按程序由民政部门审批纳入。并且每年由民政局、城关镇负责对洪家墩安居小区易地扶贫搬迁户进行一次核定，对低保户实行动态调整，确保公平公正、精准扶持。以及对生活特别困难，经核查属实的，依政策给予临时救助。

贫困残疾人家庭可享受补贴：①重度残疾人护理补贴。一二级重度残疾人享受 60 元/人/月的重度残疾人护理补贴；②困难残疾人生活补贴。一二级重度残疾人及三四级低保户残疾人享受 60 元/人/月的困难残疾人生活补贴；③重度残疾人养老保险代缴。一二级重度残疾人养老保险由政府代缴，代缴金额 100 元/年，无需残疾人缴纳；④重度残疾人医疗保险代缴。一二级重度残疾人医疗保险个人缴费部分由政府全额代缴；⑤残疾人学生及贫困残疾人家庭学生补助。残疾人大学生按下述标准给予一次性资助：专科学生 4 000 元/人，本科学生 5 000 元/人，硕士及以上层次学生 6 000 元/人；对贫困残疾人家庭子女大学生给予一次性资助 3 000 元/人。残疾人高中生按下述标准给予资助：残疾人高中生 1 400 元/人/年，贫困残疾人家庭子女高中生 1 000 元/人/年（牵头单位：民政局；责任单位：残联、城关镇）。

二是生活帮扶。一方面，优惠用水、用电和用气费用。入住洪家墩安居小区的易地扶贫搬迁户供水供气入户的管网建设费每户减免 1 080 元，按 600 元/户收取。入住洪家墩安居小区易地扶贫搬迁户按城市低保政策标准同等享受每月每户免收 4 立方米水费和 4 立方米污水处理费。由华润燃气公司对洪家墩小区易地扶贫搬迁户每户负责赠送燃气灶一台，属低保户的，每户每月免费提供 4 立方米管道天然气。

另一方面，优惠收视费用和其他费用。除前端及干线费用外，实际终端按标准费用的 50% 收取，实收 180 元/户的安装费用。除应免收的住户外，基本收视费在标准基础上核减 102 元/年，均按低保标准（180元/年）收取。对于宽带数据需求的用户，根据有线公司市场宽带资费政策下浮 10%，订购两年期宽带的住房免收光猫费，同时使用湖南有线宽带和电视两年以上的用户，基本收视费从第三年开始按 100 元/年的标准收取。另外，入住洪家塅安居小区的易地扶贫搬迁户可享受以下殡葬政策：①"六免一补"。严格按照《平江县殡葬管理实施细则》兑现惠民殡葬政策。②提供殡仪馆五年免费寄存骨灰服务。③提供公墓山3 000～8 000 元区间的廉价墓地（截至 2020 年）。④免费提供公益性生态安葬墓地（火化深埋、不留坟头、不立碑石）。

三是物业帮扶。小区物业在入住居民享受免交物业管理费期间由社区居民委员会组建物业公司负责管理服务，入住居民免交物业费，期满由小区业主选举产生业主委员会，其管理服务职能归属业主委员会。入住居民免交物业管理费期间，物业管理费按照物价部门审定的标准，按每平方米月租费 1.2 元计算，分别在政府购买公益性岗位和财政补助经费中解决。物业管理服务用工应从符合条件的入住对象中优先聘用，工资待遇参照同行业标准确定。邻里中心、幼儿园、停车场等公共资产由洪家塅社区居民委员会负责管理使用，租赁收入用于公共设施维修、添置，按照"四议两公开"程序接受居民监督和财务审计。

四是文化帮扶。一方面，加强基本生活常识学习。从安全教育、文明习惯、生活习性等方面着手，加大培训和引导力度，提高居民安全意识和安全技能，培育居民良好文明习惯，加快适应城镇生活节奏，合力同心共创文明社区。另一方面，丰富居民精神文化生活。结合易地扶贫搬迁、居民思想生活实际，不断满足精神文化生活需要，有的放矢从转变观念，激发热情入手，推行文化、教育、体育、卫生计生等方面的有效对接，组织居民开展学习求知、生活保健、休闲娱乐、公共卫生、安全常识等多领域、全方位有益的活动。搭建学习教育平台，完善基础设施建设，建设小区文化广场，多方位推进小区文艺队建设，营造文化氛围，增强感召力。

二、麻阳县大桥江乡安置点社区

为加快推进乡村振兴和新农村建设，彻底改变历年来集镇以路为市、占道经营现象，确保集镇主干道交通畅通，保障人民群众生命财产安全，2019 年 10 月 8 日，大桥江乡湘西年货市场正式投入使用，原以路为市的乡集镇市场即行废止。该市场位于大桥江乡易地扶贫搬迁集中安置点内，占地总面积 19 000 余平方米，市场内设门面商铺 64 间，钢架结构零售摊位 106 个，农副产品交易零担区 700 余平方米，基础设施配套到位，可供数千人同时交易。重点打造"湘西年货"市场，发展农业产业电子商务平台。交易以当地及周边县市区生态有机土特产品为主，引进外商进行农产品批发、零售。摊位划分为 7 个区，有蔬菜区、鞋服区、百货区、水果区、腌卤区、鲜肉区、水产区、活禽区和农副土产区等。门面商铺还有家具家电、特色餐饮小吃、生态有机土特产品展销等。为规范市场管理，该乡还成立了市场管理委员会，聘用了 3 名专职市场管理人员。该市场开市不仅为易地扶贫搬迁群众提供了更为丰富、便捷的购物渠道，切实保障了搬迁群众搬迁后的基本生活和后续发展，更方便了全乡人民群众出行和生产生活，增强了大桥江集镇的聚集和辐射功能，提升了集镇的品位和形象，有力带动了乡村经济发展。

三、麻阳县龙升社区

（一）完善社区配套设施

建设建筑面积 2 230 平方米的龙升社区幼儿园，2020 年 12 月完工后将增加 300 个学位；9 月 142 名小学生到龙池小学就近入学，实现了无一人失学目标。完成社区医务室建设，配齐医务人员 2 名，慢性病签约和随访工作实现全覆盖。设立公交站台，开通龙升家园至城东锦江小学的 11 路公交线；亮化绿化提升，119 盏路灯安装到位；县农村商业银行自助银行投入使用；2 家购物平价超市营业，经常性开展优惠销售活动向群众派发"红包"；公厕、图书室、篮球场、健身器材等设施齐全。强化综合保障服务。抓好菜园建设，一期 28 亩（约 1.87 公顷）、二期 32 亩（约 2.13 公顷）按照户均 0.5 分面积无偿租给搬迁户。搬迁户基本医疗保险和基本养老保险做到应保尽保。帮助搬迁户落实低保转移，对无劳动能力的搬迁群众实行兜底保障。抓好住房管护，设立易地扶贫搬迁住房后期维护专项资金，确保搬迁户住房安全。抓好物业保障，荣升物业服务有限公司进驻，对搬迁户物业费实行减半收取，每户每月免费供应 4 立方米天然气。畅通便民服务渠道。开设基层党建、社区治理、产业对接、就业帮扶、文化活动、乡镇联络、项目建设等公共服务窗口，相关职能部门派人进驻集中办公，提供"一站式"服务。建设便民利民"六个一"服务中心，即社区综合服务中心、文体活动中心、老年活动中心、少儿活动中心、残疾人康复中心、平价超市购物中心，方便群众咨询政策、保健养生、休闲娱乐。

（二）注重扶智和扶志，突出感恩教育、励志宣讲、文明创建

引导搬迁群众发扬自力更生的愚公移山精神，形成感恩奋进、勤劳致富的良好社会风尚。饮水思源激励感恩奋进斗志。聚焦感恩奋进主

题，建立 20 余米文化墙、40 余米文化长廊，设立文化宣传专栏，在 1~7 栋住房墙体，悬挂固定标语、横幅，集中宣传习近平总书记精准扶贫重要论述精神和扶贫政策知识，深化搬迁群众对"脱贫攻坚奔小康，党的恩情永不忘"思想认识。建设"乡愁馆"，对比展示脱贫后的巨大变化、崭新面貌。政策宣讲浓厚感恩奋进氛围，以"四支队伍"为政策宣讲主体，结合"两访两查"民情大走访和"网格化"走访，每月至少 1 次深入搬迁户家中开展政策宣讲和帮扶活动，宣讲 1.1 万余次，发放政策宣传资料 2 000 余份，帮助解决群众困难诉求 2 000 余个，因户施策帮助搬迁群众制定发展规划，促使群众从"要我脱贫"向"我要脱贫"转变。文明创建提振感恩奋进精气神，坚持示范典型引领，开展社区"文明家庭""致富能手""身边好人"等评选活动，用身边典型教育身边人。结合文明社区创建，开设道德讲堂，广泛开展社会公德、家庭美德、个人品德教育，推进移风易俗。组建舞蹈队、歌唱队、龙灯队，举办群众喜闻乐见的文体活动，2019 年 8 月，由中国电信公司和社区联合举办的"2019 湖南 IPTV 广场舞大赛"，参赛队伍 30 余支，参演群众 600 余人。

（三）社区管理和社会融入情况：三大举措并进

一是突出了党建引领。"四支队伍"集社区，干群同心攻脱贫。联社区县级领导和县直联社区帮扶单位责任人、包社区乡镇干部、驻社区帮扶工作队队员、社区两委干部"四支队伍"进驻社区，成立脱贫攻坚联合党支部，让搬迁群众有了主心骨。民生服务。对搬迁户基本医疗保险和基本养老保险做到应保尽保；帮助搬迁户落实低保转移；对无劳动能力的搬迁群众实行兜底保障；对搬迁户物业费实行减免，电、气等价格给予适当优惠。

二是"微菜园"建设，在安置区周边为每户搬迁户建设一块 30 平方米的菜园，既解决了搬迁户日常生活所需，又让搬迁户的农作习惯得以保留，为其进一步融入新生活起到了很好的过渡作用。"两块地"经营，对搬迁户的原有田地、林地按照"三权分置"进行确权颁证，通过土地流转等方式增加收入。

三是强化宣传引导。注重扶智和扶志，突出感恩教育、励志宣讲、文明创建，引导搬迁群众发扬自力更生的愚公移山精神，形成感恩奋进、勤劳致富的良好社会风尚。开展饮水思源激励感恩奋进斗志。集中宣传习近平总书记精准扶贫重要论述精神和扶贫政策知识，深化搬迁群众对"脱贫攻坚奔小康，党的恩情永不忘"思想认识。开展氛围浓厚感恩奋进宣讲教育。促使群众从"要我脱贫"向"我要脱贫"转变，知党恩、感党恩深入人心。开展文明创建提振感恩奋进精气神。坚持示范典型引领，开展社区"文明家庭""致富能手""身边好人"等评选活动，用身边典型教育身边人，激发全县广大干部群众脱贫攻坚热情，有力增强了搬迁群众归属感和认同感，坚定他们建设幸福美好家园的信心和决心。教育卫生服务配套合格安置区为100%。

（四）在基本公共服务方面

全县35个易地扶贫搬迁集中安置点实施土地平整、场地硬化、挡土墙、室外管网、室内给排水、强弱电、人行道、道路硬化等附属设施建设，使搬迁安置区域基础设施进一步完善，35个安置区基础设施建设合格率为100%。通过把易地扶贫搬迁与麻阳县支柱产业开发相结合，不断增强搬迁群众的自我发展能力。因地制宜选定了"特色农业＋乡村旅游""就业培训＋园区务工""资产收益＋物业经济"3种扶持方式，形成了产业推动型、市场带动型等多种产业发展模式。依托易地扶贫搬迁工程实施，配套规划建设消防工程、人饮工程、公共设施、环卫绿化等，有效解决了搬迁群众教育、文化、生活等需求，35个安置区公共服务设施建设合格率为100%。安置点贫困户人均纯收入已由搬迁前的贫困线以下提高到2019年底的5 000元以上；移动网络、广播电视覆盖率均达到100%；电冰箱、电磁炉、太阳能热水器等生活必需品进入了搬迁户家庭。对迁出区不适宜耕作的坡耕地和旧宅基地，采取土地流转等方式，结合退耕还林、土地整治、水土保持等项目进行整体生态恢复，大力发展柑橘、黄桃等经济林，有效遏制了迁出区水土流失。同时，全力推进美丽乡村建设，对安置区垃圾进行集中收集清运，农村面貌焕然一新。

第五节　山西省后续社区融入典型案例

一、大同市云州区昊盛里网格化管理——精细化社区管理

昊盛里社区成立于2020年7月，服务辖区为西坪中心村，建设安置住房1 398套，该安置点安置西坪镇、瓜园乡和聚乐乡3个乡镇17个村1 348户、3 002人，建档立卡贫困户953户2 175人，同步搬迁395户827人。西坪中心村是大同市云州区实施易地扶贫搬迁项目的区址集中安置点，位于云州区址西北，2018年12月建设完工，同时配套建设村委会、文化活动室、卫生室等基础公共服务设施，建筑面积92 660.36平方米，累计投入资金16 812.25万元。为更好地融入社区治理，该社区提出了网格化管理方法，采用精细化管理方式提升社区服务和管理水平。

昊盛里网格化社区管理的主要做法有：（1）党建引领。把党组织设在网格上，设立一个或多个网格党小组，协同管理。（2）建章立制。实施一套制度，做到"发现问题在网格，大事不出社，小事不出片"。（3）健全工作机制。社区以网格信息库为基础，建立有人巡查、有人

报告、有人负责、有人解决、有人督查的"五有"工作机制。（4）摸清家底。社区开展辖区内人口信息摸底工作，实现各群体详实信息全部入库，为网格化管理提供了信息基础。（5）组建队伍。两委干部担任片长，社区老党员和有责任心的群众担任楼长，明确岗位职责，社区为他们提供必要的工作保障。（6）定人定岗定责。"定人"，是明确一名党员干部责任人，实行包保到位。"定岗"，是将巡查作为网格责任人的日常工作，坚持每天巡查。"定责"，是明确网格管理的职责内容，其中不仅包括党建、文化、市容管控、环境卫生，民政、计生、社保、创城、违建巡查等内容将逐步被纳入网格中。

昊盛里的网格化管理目前已经取得了显著的成效：（1）打通了服务群众"最后一公里"。通过网格化管理，推动了社会治理重心下移。信息在网格采集、问题在网格解决、矛盾在网格化解，服务的触角直接延伸到了居民的家中。（2）密切了党群干群关系。网格化管理搭建了党员干部与居民群众的联系纽带。党员干部每月对重点人群开展不定期走访，使党员更了解居民的生活情况，同时居民认识了党员干部、感受到了党组织就在身边。（3）有效转变工作作风。因为每位片长和楼长都有自己的一份"责任田"，这促使他们深入群众，了解听取居民的意见建议，逐步消除了机关化工作现象，有效减少了工作"盲区"和"真空"。（4）助力疫情防控。在疫情防控期间，各楼长逐户排查，通过"双网"（网络＋网格）和线下走访线上统计，共摸排居民 1 327 户，3 002 人。居民情绪平稳，社区秩序稳定，促进了"防输入，防蔓延，防输出"疫情防控目标的实现。

昊盛里社区通过网格化管理方式推动社区管理模式朝着社会化方向过渡，同时伴随着从"村民"变"市民"的转变。该社区以"党建"为抓手，将原来的 12 个党支部合并成立昊盛里党总支，加强党建引领。推行"网格化管理"工作制度，实行"社区服务中心＋党支部＋楼长"

管理机制，做到层层有任务，人人有责任。真正实现民情信息在网格中采集、治安防控在网格中加强、平安幸福感在网格中提升。党员带动、群众参与的共建共治共享的社会治理新局面在昊盛里社区有序开展。切实解决搬迁户的后顾之忧，努力打造成脱贫致富、民主管理、和谐有序、共建共享的幸福宜居示范小区。网格化管理与昊盛里社区的千人规模相适应，其运行模式的核心在于将党建组织与基层管理以一种精细网格的方式结合起来，实现了基层中的干群互动沟通。目前仍存在群众对社区网格体系不熟悉的问题，未来随着网格化管理体系的进一步建设与成熟，这一情况或有待改善。

二、吕梁市临县湫水柏林苑社区"爱心超市"——积分兑换激励社区参与

临县湫水柏林苑移民安置点是临县委县政府重点打造的易地扶贫搬迁集中安置工程之一，位于城庄镇东柏村。项目总占地252亩（16.8公顷），预算总投资3.87亿元。共建有32栋1 371套安置房，共安置9乡镇67个自然村4 944人，其中：贫困人口3 595人，同步搬迁1 349人。该安置点配套建设了文化活动广场、社区卫生院、小学、幼儿园、物业管理用房、商业网点等公共服务设施，配套完善了水、电、暖、路、网等基础设施，实现服务功能全覆盖。该安置点聚焦"稳得住"的问题，突出党建引领，强化社区治理，组建社区党支部、居民委员会，设立便民服务中心，实行"一站式"综合服务，并提出成立"爱心超市"积分项目，为社区管理提供了新样式新思路。

"爱心超市"积分项目即为居民（重点是建档立卡的贫困户）在内生脱贫、参政议政、移风易俗、环境卫生、勤俭节约等方面的突出表现进行积分，具体包括勤智积分和赠与积分两大类。其中勤智积分包括环

境卫生积分、善行公益积分、文化事业积分、响应政策积分、表彰奖励积分和产业发展积分，用以记录居民在上述领域的突出表现。居民可以凭借积分在"爱心超市"兑换免费生活用品，以此激励广大群众在以上各方面的活动积极性，发挥先锋模范的示范引导作用。

"爱心超市"相关详细情况如下：（1）超市设立及运行管理。社区借助原高飞超市设立"爱心超市"。该超市负责居民日常积分兑换；按要求配备、补充货物；设立消费扶贫与捐助物品兑换专间，用于发布、展览村民待售农产品及存放接受的捐赠物品。超市管理工作小组负责管理爱心超市运行并接受社区领导及居民监督。（2）物资筹集与兑换。"爱心超市"物资主要由包联单位（人员）、爱心人士和企业捐赠，社区适当购买补充。居民平时持积分票到爱心超市内兑换相应物品，居民积分兑换超市接受的捐赠物品原则上每月集中兑换 1 次。爱心超市管理工作小组每季度公布 1 次全社区各户积分、兑换情况。（3）积分原则。以居民自治为依据，扶贫扶志为目的，建立"扶勤扶智、以工代赈、以奖代补、多劳多得"的脱贫奖励激励机制。具体积分范围包括环境卫生积分、公益活动积分、文化事业积分、产业发展积分等。

除积分兑换之外，爱心超市还设立消费扶贫专区，全社区居民将准备销售的农特产品具体情况提供给超市，由超市登记建档，并向帮扶人员及外界发布，帮助居民推广、销售产品。

为适应该社区人口规模大且来源地广的实际情况，漱水柏林苑通过"爱心超市"积分项目整合社会帮扶资源，激发广大群众脱贫致富内生动力，充分发挥道德模范的示范引导作用，促进消费村民农特产品，提升村民在内生脱贫、参政议政、移风易俗、社区卫生、勤俭节约等方面的主动性与参与率，将各方面的积极行为量化变现，是社区基层管理的一项创新举措，利于村民在社区融入的过程中形成良好现代的生活习惯，改善整体的精神面貌。目前该项目在具体积分计算和赠予的环节仍存在界定不清晰问题，随着社区管理工作经验的积累这一问题或可解决。

第六节 陕西省后续社区融入典型案例

一、大力弘扬新民风 激发脱贫新动力

近年来，紫阳县在加快推进易地扶贫搬迁后续扶持发展工作中，坚持扶志扶智相结合，大力推进"诚孝俭勤和"新民风建设，扶起了搬迁群众自主脱贫的志气和能力，助推搬迁群众精神融入、文化融入。

第一，坚持党建引领，上下联动抓新风。县委把新民风建设纳入年度目标责任考核和脱贫攻坚考核，县委主要领导任领导小组组长，宣传部门牵头抓总，县、镇、村（社区）三级书记齐抓共管、协同发力、层层推进。坚持把新民风建设融入基层党建工作全过程，充分发挥基层党支部引领和党员干部带头作用，全县197个村、街道社区党支部书记和133名驻村第一书记组织引导广大群众主动参与，各级党员干部以身作则、带头落实，引领推动新民风吹进搬迁安置社区。

第二，坚持思想发动，宣传引导践新风。一是强化宣传引导。户户签订承诺书、发放告知书，在139个安置点设立文化墙、公益广告、遵德守礼提示牌；组建新民风"文艺演出团"，巡回开展"百场文艺进百村"演出，引导群众主动融入新民风建设。二是强化舆论引导。在政府网站、广播电视台、紫阳宣传微信公众号等媒体开设新民风建设专栏，在网络平台、广播电视、电子显示屏定时播放公益广告、动态信息、典型事迹，推动新民风建设家喻户晓、深入人心。三是强化五项教育。全

面开展政策、文化、科技、卫生、法律"五项教育",创新活动载体,开展"新风惠民"村村行活动 135 场次,参与群众 12 万余人,视频点击量 200 余万次,提升了新民风建设知晓率和满意度。同时,大力弘扬"汉王陈氏、双安储氏"等优秀家规家训,用优良家规家风正德树人、淳化民风。

第三,坚持问题导向,标本兼治树新风。一是大力整治"人情风"。坚持纪律规定约束干部、村规民约管理群众,做实"一约四会",多方联动整治大操大办、请客送礼等不良风气。大力推行《八种喜事集中新办简办仪式》,2019 年在全县组织开展集体"升学礼"171 场次,全县 2 000 余名大学新生参加,公开签订承诺书,不办"升学宴"。组织开展移民搬迁群众集体乔迁仪式 46 场次,参与群众 5 万余人次,全县农村摆酒席减少三分之二,人情分子下降七成。二是道德评议立志气。针对部分贫困户"等靠要"和少数非贫困户"缠访闹"争当贫困户问题,深入开展道德评议,对先进典型进行宣传褒奖,对落后群众专人帮包转化,2017 年以来全县开展道德评议 1 970 场次,帮教转化后进群众 1 600 余人,提振了脱贫攻坚精气神。狠抓民风积分爱心超市建设,引导群众以"劳动""善行义举"换"积分",以"积分"换"商品",激发贫困群众内生动力。三是智志双扶添动力。针对贫困群众就业能力弱、脱贫信心不足的问题,大力开展以修脚足疗、家政月嫂为主的免费技能培训,全县累计培训 3.6 万人,探索出"党政主导+龙头带动+基地培训+定向就业"的技能脱贫模式,坚定了脱贫信心,激发了致富动力,实现了就业增收,紫阳技能脱贫模式被评为全国优秀扶贫案例和全球减贫最佳案例。四是依法治理净环境。针对社会诚信缺失、阻挠工程建设等问题,组织开展"诚信个人、诚信政务、诚信经营示范户"评选活动,深入推进扫黑除恶专项斗争,深化重点行业专项治理,积极化解各类矛盾纠纷,为脱贫攻坚营造了诚实守信、安定有序的社会环境，紫阳县连续七年被评为全市平安建设先进县。

第四，坚持培树典型，示范引领立新风。着力培育脱贫攻坚先进典型，开展星级文明家庭、勤劳致富先进个人和"最美家庭"等评选表彰，开展"树千名自强标兵、交万名农民朋友"活动，全县评选表彰"脱贫标兵、诚信个人、文明家庭、美德少年"等先进典型4 200余人，身残志坚创业典型朱忠乾被评为陕西省第五届自强励志道德模范，勇救落水群众的90后小伙梅源荣登"中国好人榜"，4人荣登"陕西好人榜"，2名小学生荣获"陕西省美德少年"，带动激励广大群众爱党爱国、孝老爱亲、勤劳奋斗、无私奉献，为脱贫树立社会价值风向标。

通过近年来持续不懈推进新民风建设，取得了明显成效，紫阳连续三年获得全市新民风建设先进单位，2017年全市新民风建设现场会在该县召开，《紫阳县推行八种喜事新办简办仪式》被评为2017年度全市宣传思想文化工作创新一等奖，2018年全省第二次扶贫扶志宣传工作推进会在紫阳县实地观摩，2019年在全省扶贫扶志现场会上交流工作经验。人民网、新华社、中国政府网、中宣部学习强国平台、陕西日报、陕西电视台等主流媒体对紫阳县新民风建设进行集中报道。

二、坚持党建引领，打造"五心"家园——平利县抓实易地搬迁社区党建推动群众融入案例

建强基层桥头堡，社区发展有"主心"。哪里有群众，哪里就有党的工作；哪里有党员，哪里就有党组织。平利县按照"抓党建、壮队伍、优保障、建制度、强引领"的思路，采取单独成立、挂靠组建和选派党建指导员、设立群团组织等方式，实现易地搬迁社区党的组织、党的工作全覆盖。110个易地搬迁社区中，9个规模较大且具备条件的社区单独成立党组织，为剩余101个易地搬迁社区选派了101名党建指导

员。同时，采取从现任村支委班子成员中调整、当过村干部的党员中遴选、镇机关干部选派等方式，选优配强 9 名易地搬迁社区党组织书记，实现组织联建、班子联抓、工作联动的格局。

城关镇白果社区有贫困户党员 15 人，其中 60 岁以上党员 11 名，最高年龄 91 岁。社区党支部成立后，面对无人可选、无人可用的窘状，镇党委选派党委委员、副镇长汪晓军担任支部书记，镇组织委员联系包抓，2 名镇干部担任党建指导员，迅速强化了支部力量，同时积极吸纳培养了入党积极分子 2 名，确保"后继有人"。

基层党组织建立起来了，还要强化基础保障，确保服务群众有场所、党员活动有阵地。以打造"15 分钟服务圈"为目标，采取"镇村自筹一点、帮扶单位帮补一点、上级争取一点、项目配套一点"的办法，按照"功能齐备、布局合理、美观整洁、特色鲜明"的要求，重点推进 9 个单独成立党组织的易地搬迁社区党群服务中心标准化规范化建设，实现办事有平台、办公有场所、活动有场地、学习有去处，切实提升了基层党组织服务党员群众的水平。

支部引领兴产业，群众增收有"信心"。发挥易地搬迁社区党组织核心纽带作用，按照"支部 + 产业 + 搬迁群众"的模式，围绕每 100户以上易地搬迁社区配套建设一个农业产业园的目标，依托茶饮产业、特色种植、生态养殖、康养旅游等优势产业，大力培育农业产业园区、农民专业合作社、新型经营主体，切实把搬迁群众嵌在产业链上。加大金融服务支持，用好用活扶贫小额信贷政策，结合户情实际，选好主力产业，协助有发展能力的搬迁群众贷款用于发展种植业、养殖业等增收产业。加快"三变改革"，采取"土地流转、入股分红、大户承包经营"等多种方式，在依法自愿有偿的原则下，盘活搬迁群众原有闲置土地和资源，集中开发利用，确保搬迁群众老家不留空地，块块有收入，形成了搬迁群众和产业发展利益联结机制。

长安镇中原村三星寨产业园，通过与社区党支部建立联抓联强机制，以土地流转、入股分红、产品回购等形式，发展壮大了产业园规模，群众收入也节节升高，实现双赢。自 2016 年以来，公司帮扶贫困户 24 户 80 人，每年配股分红 5.6 万元，流转贫困户土地 300 余亩（20公顷），每年支付土地流转费 9.5 万元，为贫困户长期提供就业岗位 20余个，年支付劳动报酬 15 万余元。

老县镇女娲凤凰茶业农业园区非公党支部通过与社区党支部建立联结机制，社区党支部为园区发展协调解决土地流转、劳动力、项目争取等；园区通过吸纳群众务工、企业代收代销、提供技术支持、委托后期包装加工、委托分散销售等方式，实现社区与农业园区优势互补、抱团发展。2020 年该园区对 1 200 亩（80 公顷）茶园进行改造提升，建成1 000 平方米的茶叶加工厂，年产茶叶 15 吨、产值 400 多万元，当地群众也凭借这片茶山，鼓起了腰包，有了"信心"。

搭建平台扩就业，群众乐业更"安心"。解决好就业问题，才能确保搬迁群众搬得出、稳得住、逐步能致富，防止返贫。平利县以支部为引领，搭建"三大"平台，引导社区群众扩就业、促创业。即：搭建信息共享平台，由社区党支部牵头对社区内群众劳动力状况、劳动力意愿和就业创业意愿进行精准摸排，并与县内外企业建立岗位需求信息互通共享机制，一对一精准推送就业信息，确保每户有一人就业；搭建技能培训平台，通过开办社区"小课堂"、建设社区讲习所、用活远程教育，加大搬迁群众就业创业技能培训力度，做到搬迁家庭新增劳动力免费技能培训、搬迁家庭实用致富技术培训、搬迁群众就业创业培训、搬迁家庭外出务工返乡人员再就业培训"全覆盖"；搭建创业就业平台，按照"山上兴产业、山下建社区、社区建工厂"的思路，确保 100 人以上社区都配套建设 1 个扶贫车间或社区工厂，真正实现"楼上居住、楼下就业"。

在洛河镇集镇社区，悦途星越制袜厂热火朝天，40多个工人正在忙碌地赶制订单。"我月工资是2 600元，在这里做活时间弹性大，也能照顾家庭，不比外边打工差。"居住在社区的贫困户吉红艳说。

即使是无法正常工作的特殊人群，社区党支部也积极给他们解决就业岗位。同是洛河镇集镇社区的贫困户王首明患有先天小儿麻痹，无法像正常人一样生活劳作。为了保障王首明的基本生活，社区给他安排了公益性岗位，让他当起了环卫工人，每月能领到600元的"固定工资"。

目前，平利县已兴办社区工厂83家，提供就业岗位6 000余个，培育农民企业131家，农民专业合作社144家，家庭农场82家，落实222家市场主体带动搬迁户5 685户8 535人，年人均增收2 200元，走出了一条"支部为龙头、工厂企业为依托、党员为骨干、群众为主体、富民为目标"的新路子。

三治融合强治理，服务群众能"暖心"。坚持党建引领的基层法治、德治、自治有机结合，按照"五有服务"（遇事有人办、说话有人听、困难有人管、贫困有人帮、致富有门路）目标，建立健全社区党支部、居委会、物业公司三层管理体系和监委会、业主委员会为主体的监督体系，整合社区保洁、物业管理、连锁超市等多个服务领域建立"三业统筹"体系。实行一卡（居民信息卡）、一牌（共产党员户牌）、两张网（"社区党支部—网格党小组—楼栋党员中心户"三级网格化管理体系＋"党建O2O"网络党支部）管理模式，做到"人在网格走、事在网上办"。推行"三单制"管理，即结合党员干部岗位责任制，建立"责任清单"；定期进家入户听取服务事项诉求建议，以户为单位建立"需求清单"；开展便民代办、志愿服务、"微心愿"认领等，落实"服务清单"，切实提升社区治理效能，使每一个搬迁群众都能感受到党的关怀，让群众搬得安稳。

广佛镇广佛寺社区共有 1 370 户 4 349 人，全镇 12 个村都有搬迁来的群众，安置区内居住人员构成状况复杂，矛盾纠纷多、治安隐患大、社会治理难。社区支部书记彭泽兵说："安置社区前期由所在地村党支部代管模式，事实上却存在原地管不了，现地不好管的问题。我们入户摸底时，很多群众都说，成立社区党支部是个非常好的事情，我们终于有人'管'了。"

原住八仙镇花园岭村 7 组的贫困户谢余兵于 2019 年正式搬迁至集镇安置区，一家 4 口住进了宽敞明亮的新楼房。虽说搬进集镇、住进新房，但他本人是贫困户，户籍仍然保留在原村，需要缴纳农村合作医疗或者办理证明的时候还是需要回原村办理。八仙社区党支部成立后，针对社区群众事项办理难的问题，社区党支部在党群服务中心开设了"一站式"服务窗口，社区居民所有需要到原居住村办理的事项全部由社区代办，极大地方便了群众。谢余兵说："自从有了社区党支部，我们的搬迁群众办事方便了，心也暖了"。

文化引领新民风，群众生活更"舒心"。按照"美丽乡村·文明家园"建设要求，以"十个一"建设为载体（即：建设一个农家书屋，建设一个广播室，建设一个公共文化活动室和文化活动广场，有乡村文明一条街，有善行义举榜，有乡贤文化骨干队伍，有道德讲堂，有一整套乡规民约制度，每年坚持开展"十星级文明户"评选活动，每年评选表彰一次"好公婆""好儿媳""好家庭"），党员干部带头组织为搬迁群众提供求知求乐求美的文化阵地。大力开展道德模范、十星级文明户、五好文明家庭、好婆婆、好媳妇、好邻居、优美庭院、创业致富能手等符合乡村实际的文明引领活动，设置光荣榜、曝光台，弘扬正能量。党员、物业带头自发组织举办文化活动，丰富小区搬迁户业余生活，切实让搬迁群众把家安置在社区、把心留在社区、把日子融在社区。

同时，把完善公共服务作为搬迁群众安下心、稳得住、过得舒心的基础保障，持续完善搬迁安置区便民服务中心、教育、医疗、物业、养老等为重点的公共服务配套。围绕集镇搬迁安置区"十小工程"，配套完善停车场、农贸市场、老年活动中心、儿童托管中心等搬迁群众生活服务设施，规范提升现有物业服务水平。

三、长安镇双杨村"美丽乡村·文明家园"

近年来，双杨村深入贯彻落实习近平总书记系列重要讲话精神，以"党建＋"系统思维为引领，围绕长安镇新民风建设要求，坚持问题导向、群众主体、典型引领、上下联动的原则，全力打造"党建＋新民风"社会治理模式，倡导科学文明的生活理念，弘扬勤劳节俭的优良传统，形成崇德向善的良好风尚，破除陈规陋习，树立新风正气，不断提升本村道德素质和社会文明程度，为打赢脱贫攻坚战、建设文明和谐双杨提供了强大的价值引导力、文化凝聚力和精神推动力。

一是组建一约四会，筑牢民风转变之基。按照《村民委员会组织法》的规定，坚持村民自主约定、共同认可、乐于遵守的原则，围绕社会治安、生态环境、公共设施、公益事业、邻里关系、移风易俗、弘扬美德等问题，修改完善了村规民约，提供了民风转变的基本制度；坚持依法治村，按照村民自治的原则，立足本乡本土实际，组织退休老教师、老干部、老退伍军人等20名德高望重能人，成立了村民议事会、道德评议会、禁毒禁赌会、红白理事会，参与民间事务的调解、监督和服务，为民风转变建成组织机构。

二是开展道德评议，带动民风持续向好。按照走访调查、听取被评议对象的陈述、群众说事、乡贤论理程序，每季度开展一次道德评议，评选好公婆、好媳妇、最美家庭、孝老敬亲模范、助人为乐善行义举、苦干脱贫光荣户、十星级文明户等一批先进典型；按照"唱一首道德歌曲、看一部事迹短片、讲一个道德故事、诵一段道德经典、谈一点道德感悟、送一份吉祥祝福"的流程常态化开展好道德讲堂，让身边人讲身边事，以身边事教育身边人，带动民风持续向好。

三是集中宣传示范，润物无声转民风。建成农家书屋，完善了《农家书屋管理员岗位职责》《农家书屋管理制度》《图书借阅制度》，引导社区群众汲取文化营养，提升村民素质。建成广播室，定时播放宣传党的路线、方针、政策，实现了电视户户通，广播时时响。建成文化广场，极大方便了农民群众开展文化体育活动。以村委会为中心建设了乡村宣传文化街、文化墙集中宣传示范区，以耳濡目染、润物无声的方式引领民风转变。

四是打造文化队伍，活跃农村文化生活。组织当地20多名政治强、威望高和有经验、有能力的老党员、老干部、老模范、老教师和老退伍复转军人，整理历代名贤积累下来的思想观念、文化传统、文史典籍，延续乡村文脉和传统，挖掘富于地方特色和时代精神的乡贤文化。培育一批乡土文化能人，组建了新时代农民宣传队，深入开展民俗文化活动，极大活跃了双杨群众文化生活。

五是"红黑榜"评比，褒奖曝光树新风。认真落实新民风道德评议，建立了"红黑榜"，"红榜"即为"善行义举榜"，"黑榜"即为"曝光台"。对正面典型突出闪光点、载明典型事迹上"红榜"表彰，让群众学群众，形成"人人做好人、好人做好事、好事就上榜"的浓厚氛围；对评议出的不文明、不道德的人和事，在保护个人隐私、保障个人合法权益、不违反法律法规的前提下，载明后进事实，通过村"曝光台"曝光，广泛接受群众监督，形成了比学赶超的浓厚氛围。

六是开展帮教转化，激发动力增信心。对评议出来的后进典型，按照便于联系、有利转化的原则，确定一名帮教责任人，重点帮助其在思想转化上，采取"一人一案、一事一策"办法，对症下药，制定切实可行的帮教方案；立足人文关怀、精准方法，通过谈心、说教、叩问道德良知，协调解决实际困难，促其打开心结，自觉转化。动员后进典型居住地周边及其活动范围内群众积极参与，对其进行帮助，发挥群策群力作用，使其增强自信心，增强上进心，增强荣誉感。

七是引导能人返乡，干事创业助脱贫。按照支部＋X＋贫困户模式，村两委先后组织16名外出创业能人返乡兴产业、办企业，坚持了特色的2 000余亩（约133.33公顷）中药材、2 000余亩（约133.33公顷）绞股蓝、2 000余亩（约133.33公顷）魔芋产业园，开办了2家绞股蓝加工厂、1家魔芋烘干厂，通过土地流转、劳务用工、产品回购带动贫困户增收，提供就业岗位300多个，实现了经营主体带动贫困户全覆盖，形成了引老乡、回故乡、建家乡，兴产业、促就业、置家业的"三乡三业"发展模式，有效激发了群众的内生动力。

截至2020年8月，全村累计评选先进典型87人，帮教转化后进典型3人，有效激发了群众的脱贫内生动力，建成了美丽文明新家园。2018年12月，双杨村被省住建厅、生态环境厅等部门联合评定为美丽宜居示范村。2019年10月24日，央视新闻联播节目以《贫困村里的红黑榜》为题，用了近4分钟把双杨村的扶志扶智工作进行了深度报道。

第七节　四川省后续社区融入典型案例

一、洪雅县中山乡"支部＋合作社＋贫困户"抱团发展脱贫奔小康

（一）坚持因地制宜，规划增收项目

中山乡是典型的农业乡镇，境内以山地和丘陵地形为主，茶园种植

面积达 3.2 万亩（约 2 133.33 公顷），素有"茶乡"美誉。该乡在谋划搬迁贫困户产业发展上，立足实际、因地制宜，始终围绕茶产业做文章，依托"宏图茶业专业合作社"有机茶产业基地，在党员贫困户的示范引领下，20 户易地扶贫搬迁贫困户通过资金入股的方式，实施前锋村易地搬迁贫困户抱团产业发展项目。项目基地占地 30 亩（2 公顷），总投资 25 万元，其中产业发展资金 12 万元，贫困户自筹资金 4 万元，合作社投入资金 9 万元，户均量化茶园面积 1.5 亩（0.1 公顷），由合作社统一进行有机茶种植、管理、销售，既促进农民脱贫致富、稳定增收，也推动适度规模经营、建立现代农业经营体系，释放"1＋1＞2"的聚合增益效应。

（二）突出支部引领，服务产业发展

坚持"抓党建、促发展"理念，充分发挥基层党组织"领头雁"作用。抱团产业发展项目启动实施前，村党支部多次组织易地搬迁贫困户和合作社召开动员协调会，大力宣传相关政策，动员贫困户积极参与。项目基地建成初期，村党支部指导帮助合作社建立健全章程和运行管理、集体决策、民主监督等制度，明确各方权利义务。项目基地日常运营中，村党支部组建监督小组，定期检查项目、财务及合作社履职等情况，发现问题及时解决，确保项目实施高效推进。

（三）注重利益联结，共享发展成果

建立完善贫困户与合作社之间的利益联结机制，构建利益共享、风险共担的利益共同体。项目基地投产后，按"保底＋分红"的方式进行收益分配，合作社占 25%，村集体占 10%，5% 作为茶叶品改和后续发展基金，60% 作为贫困户收益，贫困户年人均增收 3 600 元以上，减少了贫困户自主发展生产缺技术、缺劳力、风险大的问题，让无劳动能力或弱劳动能力的贫困人口也能够分享财政支持产业发展带来的红利。同时，基地管理、生产用工均坚持贫困户优先的原则，进一步拓宽搬迁

贫困群众增收渠道，促进持续增收、稳定脱贫。

二、首届新时代四川十大城市基层治理创新案例推荐（沐恩邸社区）

沐恩邸社区，隶属于昭觉县城北乡，是全省最大易地扶贫搬迁集中安置点社区，共安置全县 28 个乡镇 81 个村 1 428 户 6 258 人。易地扶贫搬迁集中安置点的治理与发展，是 2020 年基层治理的重点。社区积极探索"1357"治理工作模式，采取线上线下结合、上下联合联动的方式，积极构建"双联四包"提振信心、党群联动群众安心、三治融合群众放心、七化服务温暖人心的"四心工程"，让搬迁群众身心"安"下来、居住环境"优"起来、腰包"鼓"起来、日子"好"起来，着实提高幸福指数。

坚持党建"一个"核心，整合基层治理各方力量。县委成立县城集中安置点治理工作临时党工委，明确 1 名县级领导联系沐恩邸社区，联系县领导任点长，相关单位负责同志任副点长。抽调乡镇机关干部 9 名、招考干部 3 名、调整帮扶队员 6 名组成社区干部队伍，18 名同志组成社区干部队伍，其中明确书记、副书记各 1 名，全面负责社区基层治理工作。构建"双联四包"工作机制，即县级领导联系社区，帮乡单位、乡镇、社区联动；总支包社区、支部包楼栋、党小组包单元、党员干部包住户。整体联动，横向到边、纵向到底。每名机关党员干部帮扶 2~4 户，全覆盖帮扶搬迁农户，入户开展宣传培训，手把手教会农户使用居家设施。由县教体局总支牵头，组织县城中小学各党支部，采取"入社区、进校园"的方式，开展"小手牵大手"活动，引导搬迁农户树立感恩意识，转变生活习俗。

用心实施"三治"融合，构建共建共治共享格局。一是健全自治。

细化居民公约，组建居委会、居务监督委员会、居民自治组织三支队伍，实施"三事分流"自治模式，凸显居民主体地位，真正实现"群众的事大家办，别人的事帮着办"。二是推进法制。搭建工作平台，健全居委会、司法员、德古、家支、禁毒20条五项工作机制，落实网格化管理，构建和谐法治社会。三是提升德治。开展"3579"工作法、彝族传统道德教育等培训，实施"一户一档"积分管理法，为社区1 428户居民建立"档案"，将社区治理重要事务量化为积分指标，民主形成评价办法，对居民日常行为进行积分评价，同时，建立壹基金爱心、青年先锋、里鲁博三家超市，用好红黑榜，强化积分管理结果运用，激励居民赶学比超，推进移风易俗，实现"村民变市民"。

落实民生"五项"保障，确保搬迁群众后续发展。一是构建"八个一批"就业保障体系，着力"多一项技能、多一个选择、多一个就业"目标，严抓就业培训，依托产业园区、东西部协作劳务输出、彝绣居家就业、设立公益性岗位等方式，多渠道解决就业难题，切实让村民的腰包"鼓起来"。二是新建配套农业园区13个，建设光伏扶贫3.8万千瓦，实现固定收益超过1 000万元/年，全力支持后续发展；建设服装加工扶贫车间，解决1 000人就业。三是完善医疗服务机构，解决群众医疗卫生需求。四是抓实抓细适龄儿童就学工作，做好控辍保学。五是引入壹基金、残联公益组织落实特困人群关爱救助。

开展优质"七化"服务，打造基层治理品牌。始终贯彻"治理为了群众"理念，落实"服务就是治理"的要求。一是以一键式服务、一屏读懂社区等，建设智慧化社区。二是建立基层干部反向考评机制，社区干部也实行"一人一档"积分考核办法，考评结果与绩效挂钩。三是建立专业化工作队伍，引入物业管理公司，开展专题培训，提升"全岗通"服务能力。四是实施"十问工作法"，开展留守儿童爱心家园"四点半课堂"、居家老人暖心贴心、伤残人士上门护理等精准服务。五是以亲民化服务打造党群服务中心，实现群众办事"最多跑一次"。六是发挥日间照料、农家书屋、党员之家等作用，常态开展文体娱乐、志愿服务等多元化服务。七是采取群众点单、支部派单、责任人接单、监委会验单的方式，实施点单化服务。

第八节　云南省后续社区融入典型案例

一、云南省会泽县钟屏街道突出党建引领，强化社区综合治理

会泽县钟屏街道是万人以上大型安置区，下辖七个社区，易地扶贫搬迁人口共计 50 200 人，居民来源构成复杂，行为习惯、思想观念等总体素质偏低。钟屏街道坚持"党委统领一盘棋、党群共建促脱贫"的工作思路，构建党组织领治、搬迁群众自治、其他组织协治、物管公司参治的"四方共治"社区治理机制。

在治理体系方面，钟屏街道通过健全"街道党工委—社区党总支—安置点（组团）党支部—楼栋党小组—党员中心户"的党建网络，"街道承包干部—园（区）长—楼栋长—单元长"的社区治理网络，实现党建网格与社会治理网格"双网合一"。一是抓组织强引领，实现组织全覆盖。组建木城、泽兴、双河等 5 个社区党委，从街道机关选派 8 名干部充实到社区，成为党建引导的"主阵地"，设立 14 个搬迁小区党支部，开辟了党的建设"主战场"，成立了 24 个党小组，建强了"主力军"，通过无职党员设岗定责，创新党员积分管理岗等方式，实现了609 名搬迁党员作用全员化。二是抓治理强带动，和谐自治全覆盖。以

党建带群建，依托木城、泽兴、双河等5个社区，选举14名园长、136名楼栋长、225名单元管理员，配齐200余名物业服务团队，发动四支队伍，即党员干部58人包到楼栋（单元）、组建欣枫巡逻队（公益岗位）治安巡逻、欣城大叔（无职党员）志愿服务队伍，实现了党组织领治、群众自治、物业公司参治、其他组织协治的四方共治机制。在党工委的统一领导下，完善了社区、小区、楼栋自治章程，制定居民公约。逐步按照群众建议、党组织提议、社区"两委"商议、党员大会审议、居民大会或居民代表会议决议、群众评议，建立了决议公开、程序公开、结果公开的"六议三公开"议事制度，实现了民事民参、民事民议、民事民决的自治全覆盖。

在社区服务方面，钟屏街道成立由辖区内22名无职党员、乡贤、治安积极分子为核心队员，90余名公益岗群众为补充的"欣城大叔"自治服务队，平均年龄65岁，帮助搬迁群众尽快适应城市生活，营造全民共管的良好氛围。自大叔服务队成立以来，累计调解矛盾纠纷20多起，参与街道社区组织的各项活动173次，受益群众达5 500余人。

在社区治安方面，通过三方联合确保搬迁群众安全：一是街道派出所在每个楼栋单元门口张贴公布联系方式，并实行24小时值班，群众有事随时可以找到警察；二是组建欣枫巡逻队（公益岗位），由街道派出所具体负责，并进行统一培训、管理和考核，目前已有46名队员。在培训合格后，队员三至五人一组，由民警带队，在固定责任区进行巡逻和入户走访。巡逻队自2020年3月成立以来，共参与破获刑事案件5起，治安案件13起，调处纠纷48起，处理隐患33件，教育引导不良行为2 000余起；三是社区党员干部和公共服务岗位人员联合执勤，处理群众在街道摆摊设点等情况，维护市场规范有序和社会治安稳定。

二、云南省会泽县以礼街道河滨社区"四治融合"强治理

云南省会泽县以礼街道河滨社区辖3组团,楼房37栋84个单元,26个居民小组,总人口3 703户15 884人,其中,建档立卡贫困户3 004户13 065人,同步搬迁699户2 819人。社区结合搬迁群众需求多样化、多层次的实际,社区党委采取党组织"领治"、单位部门"联治"、小区居民"自治"、志愿服务"帮治"的"四治融合"工作方法。

(1) 社区组织"领治",聚焦"三个好"。一是把好党的领导。强化党组织核心领导地位,紧盯"党的组织全覆盖、党的领导全领域、党的干部培养全方位、党的作用发挥全体现"的目标,通过组织推荐、公开招考等方式,将33名有工作经验、群众基础好、干事劲头足的优秀党员吸收进入社区"两委"、组团党支部委员及楼栋党小组,实现党要管党、全面从严治党。二是织好党建网络。根据安置小区位置分布及搬迁人口规模,整合物业服务、城市管理、卫生监督等岗位资源,构建由"社区党委+3个支部+26个党小组+39个楼栋长+262名党员"组成的五级党建"大网"和681名公益岗位、182名无职党员设岗定责的"小网",做到"大网""小网"无缝对接,实现党的组织全覆盖、党员作用全发挥。三是建好活动阵地。建设党群服务中心、感恩广场、妇女儿童之家、老年活动室、民情议事厅、新时代文明实践所等硬件设施,开展"主题党日"、文明践行、民情恳谈、感恩会等活动5 000余人(次),为群众解决烦心事、揪心事426件;开设社区微信公众号、为民服务微信工作群、房屋水电报修微信小程序等3个软件设施,及时解决群众诉求2 500余件,实现了活动有阵地、议事有场所。

(2) 单位部门"联治",建立"四项制度"。一是建立联席会议制度。结合街道和社区办公场所紧邻实际,整合街道站所(部门)力量,

在成立社区为民服务工作站，建立"社区吹哨、部门报到"会议制度，确保群众诉求在最短的时间内得到解决。2020年以来，共计开展"社区吹哨、部门报到"196次，为群众提供疫情防疫知识宣传、临时救助、水电维修、就业三送服务等工作15 000余人（次）。二是健全结对共建制度。围绕搬迁群众就学、就业、就医"三就"需求，发挥行业资源和人才优势，推行社区党委与学校、社保中心、卫生服务站等党支部的结对共建模式，队伍共建、培训共抓、活动共办，逐步形成资源共享、互联互通的开放式社区党建格局。三是完善多元共治制度。按照"社区领导保障、组团指导协调、社会广泛参与"的工作理念，充分发挥社区内群团组织、物管公司、市场主体等社会帮扶作用，为社区治理注入新活力。四是探索服务公示制度。秉承"搬迁为民、服务为民、发展为民"的工作理念，将街道所有站所（部门）的为民服务工作情况纳入公示公开范围，广泛接受群众监督，实现社区党务、政务、财务、服务"四务"公开。

（3）小区居民"自治"，做到"三个参与"。一是人人参与建言献策。坚持用城市社区的理念推进习惯的养成，由社区党委牵头，通过入户宣传、召开户代表和群众代表会议等形式，广泛征求群众意见，共同制定人人适用的《社区文明自治公约》，形成"社区是我家、建设靠大家"的良好自治氛围。二是人人参与践行承诺。深入开展"同住一座城、共爱一个家"新时代文明实践签字承诺活动，引导全体居民自觉遵守社区公约，逐步养成文明健康的生活习惯。三是人人参与全面监督。以组团为单位，定期不定期开展社区大讲堂、楼栋群众会、"相约在周末、文明在行动"等活动，并在社区公开栏内亮出"红黑榜"鼓励先进、鞭策后进，引导群众树立公共意识、协作意识和主人翁意识，形成社区自我管理、自我服务、自我监督的鲜明导向。

（4）志愿服务"帮治"，发挥"三个作用"。一是发挥服务队伍作用。由各党支部牵头负责，建立有关政策宣传、就业服务、文明创建等志愿服务队伍 13 支，并结合群众需求实际，量身定制了"七教会""八熟悉"服务清单，有序引导搬迁群众尽快适应新环境、融入新生活。二是发挥爱心超市作用。依托社区爱心超市，深入开展积分管理兑换活动，根据群众日常行为表现进行加减分，分值兑换米、油、热水壶、电饭煲等日常生活用品，正向激励社区群众养成良好生活习惯。三是发挥新时代实践中心作用。依托街道新时代文明实践中心和社区党群服务中心，开展感恩教育、道德教育、法治教育，让群众知晓"惠"在何处、"恩"从何来。通过组织开展"每月一次感恩会、每周一台山歌对唱、每天一场广场舞"的"三个一"活动，教育引导搬迁群众"感党恩、听党话、跟党走"。群众搬迁入住以来，社区共计组织开展感恩教育、道德教育和法律教育宣讲 129 场；广场舞、山歌对唱等娱乐活动 197 余场。

三、云南省会泽县以礼街道创建文明积分，培育健康生活方式

会泽县以礼街道共有易地扶贫搬迁安置人口 7 264 户 31 240 人。以礼街道导入银行管理理念，开设"文明银行"，"存折"里存的是以家庭为单位的文明积分，将文明积分与爱心超市衔接，有效激发了群众"靠行动获积分、用文明换商品"的内生动力。

会泽县新时代文明实践中心制定了《"文明银行"积分评定细则》，围绕人居环境、政策知晓、崇德有礼、感恩自强制定 27 项评分标准，每一项赋予 1~10 分的具体分值，有"按月评定"和"按次计入"两种评定方式。如：楼道干净、敬老孝老等是"按月评定"；家庭成员新增外出务工、参加志愿活动等是"按次计入"。"文明银行"设立了一

票否决制度，针对"'等、靠、要思想'严重，不感恩党恩等情节严重的""拒不履行赡养父母、抚养子女义务教育，造成恶劣影响的""越级上访，造成恶劣影响的""出现违纪违法及其他严重违规行为"这四类情形，取消本月积分。由社区志愿服务队牵头，街道、社区、楼栋长等组成考评小组。文明积分可到新时代文明实践超市、爱心超市兑换相应的生活物资。每个小区积分最高的前 10 户家庭将作为十星级文明户、文明家庭等对象优先推荐。"文明银行"注重发挥群众主体作用，引导搬迁群众自我管理和自我服务，正向激励群众坚持已有的文明习惯，改进不良的文明习气，群众参与积极性较高。

四、云南省个旧市大屯街道多措并举促进搬迁群众的社区融入

个旧市大屯街道幸福社区涉及 8 个乡镇搬迁户，自 2018 年起分批搬入，共计 249 户 1 019 人，包含汉族、彝族、苗族、哈尼族、壮族、傣族、仡佬族 7 个民族。

（1）强化党建引领，提升基层组织凝聚力，促进搬迁户的政治融入。安置点按照"党委统揽、分片承包、网格管理、群防群控"的原则，建立了四个层级的防控网格化责任管理体系，细分落实各级网格长的责任，落实网格化包保工作。将社区内"幸福之源"作为党员活动室，积极开展党支部学习和活动，动员党员搬迁户发挥先锋模范作用，带头革除陋习、带头收家治家、带头参加志愿等活动。2020 年 1 月 22日市民政局指导大屯街道办事处在大屯城镇化安置区成立"幸福社区"，选举思想觉悟高、有一定组织能力的搬迁群众为社区"两委"班子成员，实现党的领导、政府管理和社会调节、基层自治良性互动，指导搬迁群众成立互助服务组织，及时反映群众诉求，协调解决矛盾纠纷

和生活问题，促进搬迁群众和谐发展。

（2）开展社区文化建设，促进搬迁户的心理和文化融入。第一，强化宣传意识，通过微信群、手机短信、宣传栏等方式进行广泛宣传，积极动员社区居民主动参与到人居环境整治工作中来。第二，积极开展"光荣搬迁户""家庭卫生星级评议""文明家庭""最美家庭"等评比活动，设立光荣榜，传递正能量。第三，成立"巾帼志愿服务队"，以"革除陋习、移风易俗、清洁家园、精准脱贫"为目标，广泛宣传卫生习惯带来的好处和不讲卫生带来的危害，培育居民群众清洁卫生的自觉意识。四是将有文艺爱好的搬迁群众集中起来成立小区文艺队，现共有40名队员，其中最小的6岁，最大的68岁，已经自导自演了《我们都是追梦人》《最美花腰》《竹竿舞》《七月火把节》等节目。

（3）加强公共服务保障，促进搬迁户的社会融入。在教育保障方面，市教体局结合实际制定了《个旧市教育体育局"精准脱贫"易地扶贫搬迁实施方案》，充分利用现有教育资源，努力保障好搬迁群众家庭适龄子女有学可上、有书可读，目前已将安置区内的适龄入学儿童共196人分别安排至大屯街道办保莫幼儿园、新瓦房小学、小寨小学、个旧七中、个旧十五中就学，有效解决搬迁群众儿女就学难的问题。在医疗保障方面，市卫健局在安置区内设立"幸福就医"办公室，定期对小区建档立卡户开展家庭医生签约服务，定期健康体检，对65岁以上老年人、高血压、糖尿病、重性精神病、孕产妇、儿童等开展国家基本公共卫生服务，并做好健康扶贫等政策宣传。在饮水安全方面，安置区内搬迁群众的居民用水为自来水，水的质和量均已达标。

五、云南省蒙自市龙泉寨多措并举引导搬迁群众适应新生活

龙泉寨安置点项目涉及五里冲水库周边期路白苗族乡突吐白村委会

水头冲、荒田、松毛坡、突吐白、嘎白马珠、南斗冲、中哨、八丘田、白猛孔村委会大丫口、山尖石岩共 10 个村民小组 365 户 1 660 人（建档立卡贫困户 139 户 555 人）进行集镇安置。其中涉及易地搬迁任务的 120 户 479 人（无易地搬迁随迁户），2018 年搬迁建档立卡 85 户 362 人，2019 年搬迁建档立卡 35 户 117 人。

一是党建引领推动社区团结。由乡党委、政府组建龙泉社区临时管委会，乡党委书记和乡长任"双组长"，班子成员和村"两委"干部、小组干部为成员，抓实抓好龙泉寨管理。并将原突吐白村党总支、村委会搬迁至龙泉寨鼎辰楼，实现从村党总支到社区党总支、村委会到居委会的逐步过渡。在新的办公地点设置了为民服务大厅、党员活动室、党建书屋、人大代表联络室等，更好地将党的阵地筑牢在龙泉寨。龙泉寨打破原有的村委会、村小组管理模式，相邻 6～8 户为一卡，设卡长一名，6～7 卡设为一个小组，设组长一名，每两个组归为一个片区，设片区长一名，全村共五个片区，由临时管理委员会进行管理，形成"卡—组—区—管"四级联动网格化管理。在原突吐白党总支的领导下，撤销原有的 10 个党支部，按照片区新成立 5 个党支部，强化基层党支部在苗族聚集区管理作用的发挥。为实现苗族同胞思想和习惯的转变，实现自然村到社区的转接，各支部牵头组织村民完善《龙泉社区十不准》，规范村民的行为。组建党员干部志愿服务队，2020 年 1～8 月，组织开展卫生集中治理 4 次，在疫情防控期间，党员干部积极开展设卡登记、消毒等各项工作，在新社区中树立起红色的旗帜。

二是加强基础设施和公共服务保障。为切实保障村民的权益，制定《龙泉寨村规民约》《龙泉寨十不准》，规范村民的行为，私搭乱建、环境卫生整改成效显著，实现村风之变（从烟酒乐到致富热）。实施搬迁后，人员集中，集镇资源共享，乡卫生院、乡敬老院、乡文化服务中心在安置区域内，幼儿园、小学距离安置点不足 1 000 米，集镇农贸市场布局距离安置点100米。2020年完成了污水处理系统和全区监控安装，村民生活、休闲、娱乐十分方便，实现了饮水之变（从水窖水到自来水）、电力之变（从常停电到常有电）、道路之变（从泥土路到水泥路）、教育之变（从水上漂到路上跑）、住房之变（从茅草房到小洋房）、医保之变（从看病难到易看病）、环境之变（从山村到集镇）、村风之变（从烟酒乐到致富热）。

三是开展社区精神文明建设。依托"清洁家园荣誉超市"和乡"新时代文明实践站"，充分发挥社区妇联和七支志愿服务队的功能，出台了《期路白乡荣誉体系建设加减分机制》，引导群众改变不良生活习惯，增强了"爱卫生、讲文明"的意识。"清洁家园荣誉超市"已成为群众互学、互比、互促的新平台，通过"积分转变习惯、勤劳改变生活、小手拉大手共建美好家园"的模式，逐渐转变了大部分群众"等靠要"的思想，充分调动群众向上向善的积极性，不断激发内生动力。

六、云南省屏边县湾塘乡沿河村强化社区服务功能，推动搬迁安置点规范化管理

屏边县湾塘乡沿河村安置点位于乡集镇所在地，占地面积7.9亩（约0.53公顷），共建安居房112套9554平方米，配套水、电、绿化及公共活动场地等附属设施建设，总投入资金3334.28万元。搬迁对象涉及5个村委会15个村小组，搬迁112户415人（其中建档立卡贫困户101户380人，同步随迁户11户35人）。沿河村通过强化社区服务功能，推动搬迁安置点规范化管理。

（1）强化党组织的核心领导。将搬迁入住的党员全部纳入新成立安置点党支部，切实凝聚搬迁安置点党员力量。一是结合党支部每月"主题党日活动""党员固定活动日"等活动，组织党员开展卫生大扫

除、看望孤寡老人及留守儿童等活动，让党员亮身份、做模范，争做安置点生产生活的管理人、争做广大群众的关怀人，不断引领群众主动参与到沿河村日常事务管理中来。二是以"多对一"的服务模式，由党支部多名党员共同服务一栋楼群众，不定期对群众开展政策宣传、征求管理意见、建议等上门服务。三是积极引导素质好、有作为、能致富的优秀年轻群众入党，为建强党组织、优化服务管理打好坚实基础。

（2）加强基础设施和公共服务保障。在广场区域增设健身器材，让搬迁群众茶余饭后娱乐有去处。同时，对安置区域配套完善基础设施建设，共建设停车位 20 个、摩托车停车位 60 个、新增设垃圾桶 5 个、安装照明路灯 6 盏。并协调卫生院、派出所等部门工作人员挂点服务，保证群众有事能找到人，遇到困难时有人能上门。安置点建筑着重突出苗族文化风貌特色，采用现代建筑材料，按照"屏边苗式"建筑风格体系，充分融入苗族建筑和苗文化元素，打造苗族特色鲜明、韵味浓郁的现代住宿。同时，在安置点每栋楼绘制"诚信感恩""建设美丽家园"等主题墙体画，开展最美村庄、最美家庭等创建活动，增强群众对安置点的归属感和认同感。

（3）推动搬迁点群众自我管理。2019 年 9 月在沿河村组建了湾塘乡首个安置点管理委员会，管理委员会成员由安置点党组织提名推荐、乡党委考察通过后产生，经推荐考察，最终选定管理委员会主任 1 名、副主任 4 名、委员 6 名。实行"楼长负责制"，由 6 名委员兼任各栋楼楼长，自觉参与到各栋楼的日常管理中。一是负责做好各项政策的宣传员。主动抓好群众在扶贫、医疗、就业、养老等方面的政策宣传，引导群众知晓党和国家的各项政策。二是负责做好群众关系的协调员。积极当好群众团结互助的黏合剂，及时掌握群众的思想动态和现实需求，搞好沟通协调，化解群众邻里之间生产生活方面产生的利益冲突，形成邻里融洽、团结、友爱、互助的良好氛围。三是负责做好环境整治的监督员。不定期对各楼栋区域内环境卫生进行巡查，督促提醒群众打扫清理好各自区域内生活垃圾，确保居住环境卫生、整洁，促进群众形成爱干净、讲卫生的良好生活习惯。

（4）引导群众自觉参与管理。集中安置点党支部结合脱贫攻坚"爱心超市"项目，引导群众对照"爱心超市"的积分评比制度和标准，做好人居环境、政策知晓等方面的自我管理和提升，并由支部党员及管理委员会委员组成工作组，每月深入搬迁户家中就人居环境、政策知晓、家庭美德、移风易俗等7个方面进行打分评分，在红黑榜进行公示。按每1积分抵现金1元兑换方式，获取积分的群众可到指定爱心超市兑换生活用品，营造比做赶超的浓厚氛围。截至2020年8月搬迁群众通过积分兑换生活用品13次3万余元。通过物质激励与精神激励相结合，增强正向激励，教育引导搬迁群众摒弃陋习，培养健康、文明、向上的生活方式。

七、云南省屏边县和平镇集镇完善小区社会管理制度及工作机制

和平镇集镇安置点易地扶贫搬迁项目共涉及31个迁出点，搬迁农户312户1 287人（其中：建档立卡贫困户259户1 070人，同步搬迁户53户217人），项目共有19幢单体32个单元，房屋为6层小高层建筑，总建筑面积32 347.7平方米，配套基础设施建设，项目总投资7 853.7万元。集镇安置点安置房重点体现"简约苗式"的地域特征，营造更加贴近搬迁群众风俗习惯的生活氛围，缓解搬迁群众离开故土的乡愁，让他们住得舒心。

（1）以党建党为核心，加强党组织建设。将安置点共25名共产党员组建安置点党支部，全面领导小区内各类组织和各项工作。党支部围

绕小区管理、脱贫攻坚、扫黑除恶、小区建设等开展工作，组织带领群众发展经济，走共同富裕道路。充分发挥党员的先锋模范作用，配合镇党委政府、小区管理委员会、楼长、片长等做好小区的各项管理工作。

（2）组建小区管理委员会。镇党委、政府组建集镇安置点小区管理委员会，管委会负责主持召开住户大会、片长、楼长会议等日常工作，监督管理公共建筑、公共设施、公共场所等的使用，充分发挥小区的配套设施功能，为小区群众提供便民服务，研究制定或更新小区管理办法、规章制度等。按区域划片，选取片长。安置点共划分为 4 个片区，每个片区选出一个片长，在管委会领导下工作，负责做好片区日常管理工作；监督管理好各辖区内楼长和公益性岗位人员认真履行职责；加强群众自我管理服务，及时收集汇总各楼长反映群众诉求；协助解决住户矛盾纠纷和生活困难问题，促进楼幢、片区居民和谐，生活和睦；做好上级党委政府及小区管理委员会安排的其他工作等。

（3）实行楼（幢）长制。安置点共 32 个单元，每个单元选取一名楼（幢）长，负责做好本幢楼群众的思想工作，向住户宣传国家政策、法律法规、小区管理规章制度等；监督住户打扫好本幢楼公共环境卫生、家庭环境卫生和个人卫生，做到干净整洁；加强群众自我管理服务，及时反映群众诉求，协助解决矛盾纠纷和生活困难问题，促进楼幢、片区居民和谐，生活和睦。

（4）组建小区治保队。镇党委、政府组建小区治保队，设队长 1人，副队长 1 人，队员 6 人。主要负责宣传国家法律法规，教育群众增强法制观念和安全防范意识，定期组织对小区及周边进行治安巡逻、安全检查等工作，落实防盗、防火、防破坏、防治安等安全防范措施；协助公安机关做好小区治安管理各项工作等。

后　记

在脱贫攻坚取得全面胜利的背景下，总结易地扶贫搬迁成果，从产业、就业和社区融入三个维度探讨易地扶贫搬迁户后续可持续发展问题，对于促进社会稳定、巩固脱贫成果至关重要。

本书所采用的数据和案例除了来源于微观调研数据、实地访谈资料和国家乡村振兴局信息中心的宏观数据之外，部分来自调研省区地方政府所提供的资料，并对相关资料进行了必要的文字加工。在此，向给予本书帮助和支持的单位与个人表示诚挚的感谢。

本书中所开展的调研活动受到国家乡村振兴局（国务院原扶贫开发领导小组办公室）"2020 年易地扶贫搬迁安置点跟踪监测项目"的委托和支持，在此，向国家乡村振兴局开发指导司表示感谢。本书是国家自然科学基金国际合作与交流项目"易地扶贫搬迁的社会经济与环境影响评估"（编号：71861147002）、国家自然科学基金青年项目"易地扶贫搬迁户返贫风险评估与阻断机制研究——基于多维贫困脆弱性视角"（编号：72003185）和国家自然科学基金专项项目"中国农业农村渐进式改革的理论框架与行动逻辑：兼顾多目标发展的政府与市场关系的动态调整"（编号：72141307）的阶段性成果。在此，向国家自然科学基金委的支持表示感谢。同时，本成果受到中国人民大学 2022 年度"中央高校建设世界一流大学（学科）和特色发展引导专项资金"支持，在此表示感谢。

　　本书凝聚了研究团队所有成员的心血和付出，在这里诚挚感谢其他参与写作的人员：刘明月、程刚、冯晓龙、唐建军、余嘉玲、杨三思、陈威、王翔瑞、张君、张崇尚、冷淦潇、张晨、洪俊侨、翟越骁。

　　由于能力所限，书中难免存在不足或不妥之处，恳请读者批评指正，以便我们不断改进提高。

著者

2022 年 6 月